21世纪高等院校税收系列教材

税收学原理

（第5版）

王 玮 ◎ 编著

清华大学出版社
北京

内容简介

本书以"为什么要征（纳）税"→"征（纳）多少税"→"怎样征（纳）税"→"征（纳）税会产生什么影响"为逻辑主线，系统地阐述了税收学的基本理论、基本知识和基本方法。内容包括税收导论、税收活动主体及其约束规则、税收原则、税收负担的基本分配与局部调整、税收负担转嫁与归宿、税种设置与税制结构、商品税、所得税、财产及其他税、最优税收、税收的微观经济效应和税收的宏观经济效应 12 章。

本书既可供税收学和财政学专业的学生、报考和攻读税务硕士专业学位（MT）的学生、攻读企业税务方向会计硕士专业学位（MPAcc）和财税方向公共管理硕士专业学位（MPA）的学生使用，又可供经济学类、工商管理类、公共管理类、法学类等专业以及选修税收通识课的学生在相关课程的学习中参考；此外，本书也适合财税工作者和对税收问题感兴趣的读者有选择地阅读。

本书封面贴有清华大学出版社防伪标签，无标签者不得销售。
版权所有，侵权必究。举报：010-62782989，beiqinquan@tup.tsinghua.edu.cn。

图书在版编目（CIP）数据

税收学原理 / 王玮编著. -- 5 版. -- 北京：清华大学出版社，2024.10. -- （21 世纪高等院校税收系列教材）.
ISBN 978-7-302-67514-3

Ⅰ．F810.42

中国国家版本馆 CIP 数据核字第 2024J0S011 号

责任编辑：杜春杰
封面设计：刘　超
版式设计：文森时代
责任校对：范文芳
责任印制：刘　菲

出版发行：清华大学出版社
网　　址：https://www.tup.com.cn，https://www.wqxuetang.com
地　　址：北京清华大学学研大厦 A 座　　邮　编：100084
社 总 机：010-83470000　　邮　购：010-62786544
投稿与读者服务：010-62776969，c-service@tup.tsinghua.edu.cn
质量反馈：010-62772015，zhiliang@tup.tsinghua.edu.cn

印 装 者：定州启航印刷有限公司
经　　销：全国新华书店
开　　本：185mm×260mm　　印　张：21.5　　字　数：505 千字
版　　次：2015 年 1 月第 1 版　2024 年 11 月第 5 版　印　次：2024 年 11 月第 1 次印刷
定　　价：69.80 元

产品编号：107068-01

第 5 版前言

税收从来都是现代社会经济生活中不可或缺的一个组成部分。在西方国家，甚至有"世界上只有税收和死亡是不可避免的"（In this world nothing is certain but death and taxes）的说法。在中国，虽然现阶段需要直接缴纳税收的民众所占的比例在总体上还不高，但税收在我们的生活中同样是无处不在的，衣、食、住、行的每一个环节中都"潜伏"着多个税种，每一个社会成员都毫不例外地直接或间接向政府缴纳数额不等的税款。在这种背景下，不仅需要面向社会大众进行税收基本知识的普及，更要有精通税收理论与政策的专门人才。

近年来，国内出版的《税收学》教材（含《税收经济学》《国家税收》和《税收理论与实务》等同类教材），可谓"百花齐放"，各具特色。在实用主义思潮的影响下，当前《税收学》教材的编写普遍存在"重视税收实务，而相对忽视税收理论"的导向，有的甚至用三分之二或以上的篇幅来介绍现行税收制度。应当说，这一导向有其客观必然性，因为它在一定程度上满足了部分读者"短、平、快"式的知识需求。然而，任何一个国家的税收制度都处于动态调整之中，对仍处于改革发展中的中国来说就更是如此。如果没有很好地掌握基本的税收理论，那么在税制改革措施不断推出的情况下，相当多的社会成员就会觉得不懂其所以然，不知道该如何来应对。所以即使是对普通民众来说，学习和掌握一定的税收理论知识都是非常必要的；而对财政学类各专业的学生来说，税收理论的学习更是不可或缺。

本书是一本系统阐述税收基本理论、基本知识和基本方法的教科书，它以"为什么要征（纳）税"→"征（纳）多少税"→"怎样征（纳）税"→"征（纳）税会产生什么影响"为逻辑主线，具体包括税收导论、税收活动主体及其约束规则、税收原则、税收负担的基本分配与局部调整、税收负担转嫁与归宿、税种设置与税制结构、商品税、所得税、财产及其他税、最优税收、税收的微观经济效应和税收的宏观经济效应 12 章内容。在体系和内容的安排上，本书不求"大而全"，而是突出重点，并充分考虑到税收学课程与财政税收专业其他课程之间的衔接，如在财政学中介绍较多的市场失效等内容，本书就只是一带而过，对税务管理、开放经济条件下的税收问题以及税收管理体制等方面的内容则基本没有涉及，而是留给了相关的后续课程。这样，就有效地避免了不同课程教材内容上的重复。

本书既可供财政学和税收学专业的学生、报考和攻读税务硕士专业学位（MT）的学生、攻读企业税务方向会计硕士专业学位（MPAcc）财税方向和公共管理硕士专业学位（MPA）的学生使用；也可供经济学类、工商管理类、公共管理类、法学类各专业和选修税收通识课的学生在相关课程的学习中参考；此外，本书还适合财税工作者和对税收问题感兴趣的读者阅读。不同的对象，可以根据自身需要对具体内容和教学环节进行适当的筛选。

为了更好地服务于教学，在保持基本框架和逻辑体系大体不变的前提下，本书先后进行了多次修订。历次修订，既从篇章、结构和内容等"大处"着眼，又从课堂讨论案例、参考文献和网络资源等"小处"着手，主要体现在以下几个方面：

（1）根据税收理论的新发展，对部分章节的内容和结构进行了相应的调整；根据中国和主要经济发达国家税收制度改革的新动向，对部分章节的内容和专栏进行了一定的删改或补充。

（2）根据官方或权威来源将教材中使用的数据更新至能够获得的最新年份。

（3）对全书进行了细致校改，包括对部分概念界定和观点表述的推敲，对部分注释、注解和主要税收专业术语的英文表达等的核实、校正或补充，对"参考文献""延伸阅读资料"和"网络资源"等的增减。

经过多次修订之后，本书不仅内容更充实、结构更完善、与现实联系也更紧密，而且在整体的逻辑性、内容的可读性和表述的精准性等方面都有了进一步的提升。

本书的出版，首先要感谢中国社会科学院杨志勇研究员和清华大学出版社杜春杰老师的帮助和支持！也要感谢东北财经大学马国强教授、厦门大学张馨教授和中国社会科学院高培勇教授，是老师们在不同阶段的耳提面命，使我具备了从事财政税收教学的能力，而且本书很多地方也直接或间接体现了他们的学术思想和研究成果。从老师们那里获取的知识，我将尽可能地通过自己的努力以"薪火相传"的方式传递给我的学生！本书在编写过程中借鉴和参考了国内外同类教材和专著，在此也一并对相关学者表示感谢！

教材的编撰在高校虽然不属于"科研成果"的范畴，但是真正编好一本教材其实并不是一件容易的事情。正因为如此，编者以非常谨慎和负责的态度，对本书的编写和修订投入了较多的时间和精力，以期为大家提供一本令人满意的教科书。然而，由于编者专业素养有限，书中难免会有这样那样的纰漏甚至是错误，真诚希望使用本书的各位老师和同学提出宝贵的修改意见。对本书提出修改意见的读者，请发送电子邮件至 wweijz@whu.edu.cn。本书配备有电子课件，可以提供给将本书作为教材的老师使用，如果需要电子课件的老师，请登陆清华大学出版社网站获取。

王 玮
2024 年 4 月

目 录

第1章 税收导论 ·· 1
  1.1 税收的产生与发展 ·· 1
    1.1.1 税收的产生 ·· 1
      专栏1-1 "税"字的由来 ·· 2
    1.1.2 税收产生的条件 ·· 3
      专栏1-2 短命的"无税王朝" ·· 5
    1.1.3 人类文明的演进与税收的发展 ······································· 6
      专栏1-3 "税收法定原则"的产生及其在中国的实现 ·············· 9
  1.2 税收的概念 ·· 10
    1.2.1 西方社会对税收范畴的界定 ·· 11
    1.2.2 中国对税收范畴的界定 ·· 12
    1.2.3 对税收范畴的共识 ··· 13
    1.2.4 对税收范畴认识差异的分析 ·· 14
      专栏1-4 税收与国家治理 ··· 14
    1.2.5 税收的形式特征 ·· 16
      拓展阅读1-1 税收为民生撑起一片"绿荫" ························· 16
      专栏1-5 明税与暗税 ·· 18
  1.3 税收根据 ··· 19
    1.3.1 西方的税收根据理论 ·· 19
    1.3.2 中国的税收根据理论 ·· 21
    1.3.3 对市场经济条件下税收根据的基本认识 ························· 23
      拓展阅读1-2 中国确立"利益赋税"思想难在哪里？ ············ 24
  1.4 税收职能与作用 ··· 24
    1.4.1 税收职能 ··· 24
      专栏1-6 税收与三个层次的收入分配 ······························· 25
    1.4.2 税收作用 ··· 27
      拓展阅读1-3 是是非非"筵席税" ··································· 29
      专栏1-7 拥堵税：治理城市交通拥堵的良药？ ···················· 30

第2章 税收活动主体及其约束规则 ··· 33
  2.1 税收活动主体的权利与义务 ·· 33
    2.1.1 税收活动主体的细分 ·· 33
      拓展阅读2-1 我们都是"纳税人" ··································· 34

  2.1.2 纳税人的权利与义务 ·············· 34
 2.2 税收活动主体的约束规则 ·············· 36
  2.2.1 重新界定"税收制度" ·············· 36
   专栏 2-1 "制度"的基本逻辑 ·············· 37
  2.2.2 税收正式制度安排 ·············· 38
   拓展阅读 2-2 纳税人参与政府预算，遏止"白宫"肆意建设 ·············· 39
 2.3 税收非正式制度安排 ·············· 40
  2.3.1 税收非正式制度安排概述 ·············· 40
  2.3.2 税收观念 ·············· 40
   专栏 2-2 纳税人观念·征税人观念·用税人观念 ·············· 42
  2.3.3 税收惯例 ·············· 42
   专栏 2-3 国际税收惯例与中国的税收实践：以税收法定原则为例 ·············· 43
  2.3.4 中国与税收密切相关的其他非正式制度安排 ·············· 44
   专栏 2-4 马克思、恩格斯和列宁有关税收的部分经典论述 ·············· 45

第3章 税收原则
 3.1 税收原则理论的演变 ·············· 49
  3.1.1 亚当·斯密的税收原则理论 ·············· 49
   专栏 3-1 中国古代的治税原则：以傅玄的赋税思想为例 ·············· 50
  3.1.2 瓦格纳的税收原则理论 ·············· 51
  3.1.3 马斯格雷夫的税收原则理论 ·············· 53
 3.2 税收的财政原则 ·············· 54
  3.2.1 充裕原则 ·············· 54
  3.2.2 适度原则 ·············· 55
  3.2.3 弹性原则 ·············· 56
   专栏 3-2 中国改革开放后的税收弹性 ·············· 57
 3.3 税收的公平原则 ·············· 58
  3.3.1 税收公平原则的内涵 ·············· 58
  3.3.2 受益原则 ·············· 59
  3.3.3 支付能力原则 ·············· 60
   专栏 3-3 税收公平原则在中国的实现：以企业所得税为例 ·············· 63
 3.4 税收的效率原则 ·············· 64
  3.4.1 税收的经济效率原则 ·············· 64
   专栏 3-4 "人头税"与英国"铁娘子"的政治命运 ·············· 66
  3.4.2 税收的行政效率原则 ·············· 69
   拓展阅读 3-1 中国的税收成本：以增值税专用发票为例 ·············· 70

第4章 税收负担的基本分配与局部调整
 4.1 宏观税收负担与微观税收负担 ·············· 73
  4.1.1 税收负担的分类与税收负担的实质 ·············· 73

		4.1.2 宏观税收负担	74
		拓展阅读4-1 "税收自由日"：测度宏观税负水平的另类视角	76
		专栏4-1 中国1994年以来的宏观税负	78
		4.1.3 微观税收负担	80
		4.1.4 宏观税收负担与微观税收负担关系	81
	4.2	税收负担的分配	82
		4.2.1 税收负担基本分配格局的确立	82
		4.2.2 对税收负担基本分配的局部调整	84
	4.3	纳税人对税收负担基本分配的局部调整	85
		4.3.1 税收负担转嫁	85
		4.3.2 税收筹划	85
		专栏4-2 为什么许多国际知名企业纷纷选择在开曼群岛注册	86
		4.3.3 偷逃税	89
		专栏4-3 逃税经济分析模型	89
	4.4	政府对税收负担基本分配的局部调整	91
		4.4.1 税收优惠	91
		拓展阅读4-2 税式支出理论的产生及其早期应用	92
		4.4.2 最低税负制	95
		专栏4-4 全球最低税：走上"历史舞台"	96
		拓展阅读4-3 美国的最低税负制及其社会经济效应	99
		4.4.3 重复征税的免除	99
		拓展阅读4-4 中国增值税制中的重复征税及其免除	101
		4.4.4 反避税	102
		拓展阅读4-5 中国的反避税进入新阶段	102
		专栏4-5 弃籍避税与"弃籍税"	102
		4.4.5 反偷逃税	104
		4.4.6 税收赦免	104
		专栏4-6 中国未能正式引入"税收赦免"	106
		4.4.7 对税收负担基本分配进行局部调整过程中的政策选择	107
第5章	**税收负担转嫁与归宿**		110
	5.1	税负转嫁的方式与实质	110
		5.1.1 税负转嫁的方式	110
		专栏5-1 消费税让电子烟价格普涨了不少	111
		5.1.2 税负转嫁的前提条件与实质	113
		专栏5-2 税负转嫁与中国房地产市场中的税收调控	114
		5.1.3 税负归宿	115
	5.2	税负转嫁的影响因素	116
		5.2.1 税负转嫁程度的衡量	116

5.2.2　供需弹性对税负转嫁的影响 ·· 116
　　5.2.3　市场结构对税负转嫁的影响 ·· 120
　　5.2.4　市场期限对税负转嫁的影响 ·· 122
　　5.2.5　行业成本对税负转嫁的影响 ·· 123
　　5.2.6　其他因素对税负转嫁的影响 ·· 125
5.3　税负归宿的局部均衡分析 ·· 125
　　5.3.1　商品税税负归宿的局部均衡分析 ·· 125
　　5.3.2　生产要素税税负归宿的局部均衡分析 ······································ 127
　　　专栏 5-3　为什么美国的穷人反对课征奢侈品税？ ·························· 129
5.4　税负归宿的一般均衡分析 ·· 129
　　5.4.1　税负归宿一般均衡分析方法的产生与发展 ································ 129
　　5.4.2　税收等价关系 ·· 130
　　5.4.3　税负归宿的一般均衡分析 ·· 132
　　　专栏 5-4　税收的凸显性与税负转嫁 ·· 134

第 6 章　税种设置与税制结构 ·· 137

6.1　税种设置与税种分类 ·· 137
　　6.1.1　国民经济循环与税种设置 ·· 137
　　　拓展阅读 6-1　中国纳税人需要缴纳哪些税？ ································ 141
　　6.1.2　税种分类 ·· 141
6.2　税种制度要素 ·· 145
　　6.2.1　纳税人 ··· 145
　　6.2.2　课税对象 ·· 146
　　6.2.3　税率 ·· 147
　　6.2.4　纳税环节、纳税地点和纳税期限 ·· 152
　　6.2.5　税收优惠 ·· 153
　　　专栏 6-1　中国个人所得税改革聚焦"起征点" ······························ 153
　　6.2.6　税务违法处理 ·· 156
6.3　税制结构 ··· 156
　　6.3.1　税种制度的类型 ·· 156
　　　专栏 6-2　曾经颇受青睐的"单一税"逐渐遇冷 ····························· 157
　　6.3.2　税制结构的演变 ·· 160
　　6.3.3　税制结构的现实选择 ··· 164
　　　拓展阅读 6-2　双主体税种：中国税制结构改革的目标模式？ ··········· 167

第 7 章　商品税 ·· 170

7.1　商品税概述 ·· 170
　　7.1.1　商品税的特点 ·· 170
　　7.1.2　商品税税种的设置与分类 ·· 172
7.2　增值税 ·· 174

7.2.1 增值税的产生与发展 ·········· 174
专栏 7-1 美国为何不课征增值税? ·········· 175
7.2.2 增值税的课税对象与类型 ·········· 176
拓展阅读 7-1 中国增值税制的变迁 ·········· 179
7.2.3 增值税的税率 ·········· 179
专栏 7-2 新西兰的"现代型"增值税制 ·········· 181
7.2.4 增值税的计征方法 ·········· 182
7.2.5 增值税的免税项目 ·········· 183
专栏 7-3 自产农产品免征增值税与农民的增值税负担 ·········· 183
7.2.6 增值税有效实施的社会经济条件 ·········· 184
7.2.7 增值税的经济效应 ·········· 185
专栏 7-4 数字经济时代增值税制面临挑战 ·········· 187
7.3 消费税 ·········· 188
7.3.1 消费税的特点 ·········· 188
拓展阅读 7-2 中国消费税制的历史沿革 ·········· 189
7.3.2 消费税的课税范围与类型 ·········· 189
7.3.3 消费税的税率与计征方法 ·········· 190
7.3.4 消费税的经济效应 ·········· 192
拓展阅读 7-3 消费税制改革对中国百姓生活有什么影响? ·········· 192
7.4 关税 ·········· 192
7.4.1 关税的类型 ·········· 193
拓展阅读 7-4 让"海淘族"爱不起来的进口税收政策调整 ·········· 194
7.4.2 关税壁垒 ·········· 194
7.4.3 关税的经济效应 ·········· 196
专栏 7-5 关税与"中美贸易摩擦" ·········· 196

第 8 章 所得税 ·········· 200
8.1 所得税概述 ·········· 200
8.1.1 所得税的特点 ·········· 200
8.1.2 对"应税所得"的界定 ·········· 201
8.1.3 "应税所得"的特征 ·········· 203
专栏 8-1 应税所得的合法性:基于税收原则的分析 ·········· 203
8.2 个人所得税 ·········· 206
8.2.1 个人所得税的纳税人与课征范围 ·········· 206
专栏 8-2 中国的个人所得税:从"富人税"向"大众税"流变 ·········· 206
拓展阅读 8-1 中国歌星为什么会被瑞典税务机关指控涉嫌逃税? ·········· 209
8.2.2 个人所得税的基本模式 ·········· 209
专栏 8-3 中国个人所得税制模式的调整 ·········· 211

8.2.3 个人所得税的课税单位 ·· 212
8.2.4 个人所得税的计税依据 ·· 214
  专栏 8-4 中国也应对"附加福利"课税 ·· 215
  拓展阅读 8-2 中国个人所得税制中居民个人的成本费用扣除 ············ 217
8.2.5 个人所得税的税率 ·· 219
8.2.6 个人所得税的课征方法 ·· 222
8.2.7 个人所得税的经济效应 ·· 223
8.2.8 负所得税 ·· 224

8.3 公司所得税 ·· 225
8.3.1 企业的组织形式与相关所得税的设置 ·· 225
8.3.2 公司所得税存在的必要性 ·· 226
8.3.3 公司所得税的类型 ·· 228
  拓展阅读 8-3 中国台湾地区的"两税合一"改革 ····································· 228
8.3.4 公司所得税的纳税人与课征范围 ·· 229
8.3.5 公司所得税的计税依据 ·· 231
8.3.6 公司所得税的税率 ·· 232
8.3.7 公司所得税的主要激励措施 ·· 234
  拓展阅读 8-4 中国高新技术企业的所得税优惠 ······································· 234
8.3.8 公司所得税的经济效应 ·· 234

8.4 资本利得税 ·· 235
8.4.1 资本利得概述 ·· 235
8.4.2 资本利得的课税形式 ·· 236
8.4.3 资本利得的税收负担政策 ·· 237
  专栏 8-5 中国的资本利得课税 ·· 238

8.5 社会保障税 ·· 239
8.5.1 社会保障税的产生与发展 ·· 239
8.5.2 社会保障税的特点 ·· 239
8.5.3 社会保障税的类型 ·· 240
8.5.4 社会保障税的制度要素 ·· 241
  专栏 8-6 中国的社会保障：缴税还是缴费？ ·· 243
8.5.5 社会保障税的经济效应 ·· 244

第9章 财产及其他税 ·· 247
9.1 财产税概述 ·· 247
9.1.1 财产税的特点 ·· 247
  专栏 9-1 美国的财产税限制制度 ·· 248
9.1.2 财产税的发展与功能 ·· 249
9.1.3 财产税的分类 ·· 250
9.1.4 财产税的征收管理 ·· 251

9.2 财产保有税 ... 252
9.2.1 一般财产税 ... 252
9.2.2 特种财产税 ... 253
专栏9-2 中国房产税制的改革 ... 253
专栏9-3 房地产税的性质与房地产税的税负归宿 ... 255
拓展阅读9-1 中国车船税制的演进 ... 256

9.3 财产转让税 ... 257
9.3.1 遗产税 ... 257
专栏9-4 为什么一些经济发达国家和地区纷纷停征遗产税? ... 258
9.3.2 赠与税 ... 261
9.3.3 契税 ... 262

9.4 其他税 ... 262
9.4.1 环境税 ... 263
专栏9-5 欧洲国家的碳税 ... 264
9.4.2 资源税 ... 266
拓展阅读9-2 中国的资源税制改革 ... 267
9.4.3 印花税 ... 267
拓展阅读9-3 印花税的由来与中国印花税制的沿革 ... 268

第10章 最优税收 ... 271
10.1 最优税收理论概述 ... 271
10.1.1 最优税收理论的产生与发展 ... 271
专栏10-1 米尔利斯和维克里对最优税收理论的贡献 ... 272
10.1.2 最优税收理论的基本思想与方法 ... 273

10.2 最优商品税 ... 274
10.2.1 商品税的最优征税范围 ... 274
10.2.2 商品税的最优税率 ... 276

10.3 最优所得税 ... 278
10.3.1 埃奇沃斯模型 ... 278
10.3.2 最优所得税的现代研究 ... 279
专栏10-2 最优税收理论与税收征管 ... 281
10.3.3 最优税收理论的积极意义 ... 282
专栏10-3 税制优化的理想与现实 ... 283

第11章 税收的微观经济效应 ... 286
11.1 税收对生产者和消费者行为的影响 ... 286
11.1.1 税收对生产者行为的影响 ... 286
11.1.2 税收对消费者行为的影响 ... 287
拓展阅读11-1 丹麦用税收引导汽车消费 ... 288

11.2 税收对劳动力供给和需求的影响 ... 289

11.2.1 税收对劳动力供给的影响 289
　　　　专栏 11-1　税收影响劳动力供给的实证研究 292
　　　11.2.2 税收对劳动力需求的影响 294
　　　　专栏 11-2　社会保障税对劳动力需求的负面影响：以西欧国家
　　　　　　　　　为例 294
　11.3　税收与家庭储蓄 295
　　　11.3.1 家庭储蓄行为的决定因素 295
　　　11.3.2 个人所得税对家庭储蓄的收入效应和替代效应 296
　　　　专栏 11-3　中国"利息税"的目的为何没有达到？ 299
　　　11.3.3 其他税种对家庭储蓄的影响 299
　11.4　税收与私人投资 300
　　　11.4.1 税收对私人投资收益的影响 301
　　　11.4.2 税收对私人资本使用成本的影响 302
　　　11.4.3 税收对资产组合和风险承担的影响 303
　　　　专栏 11-4　税收与中国的 FDI 304

第 12 章　税收的宏观经济效应 307
　12.1　税收与经济增长 307
　　　12.1.1 国民收入决定中的税收因素 307
　　　　专栏 12-1　"双循环"新发展格局下促进居民消费的税收政策 309
　　　12.1.2 税收对经济增长的影响机制 310
　　　12.1.3 宏观税收负担与经济增长 312
　　　　拓展阅读 12-1　拉弗曲线的提出 312
　　　　拓展阅读 12-2　近年来部分国家的减税实践 313
　12.2　税收与经济稳定 315
　　　12.2.1 税收对经济稳定的影响机制 316
　　　12.2.2 税收政策的类型 318
　　　12.2.3 税收政策的时滞 319
　　　12.2.4 税收政策的局限性 320
　　　　专栏 12-2　税收政策：相机抉择还是自动稳定？ 321
　12.3　税收与收入分配 321
　　　12.3.1 收入分配与收入分配差距的衡量 322
　　　　专栏 12-3　中国的收入分配差距 323
　　　12.3.2 税收对收入分配的影响机制 323
　　　12.3.3 实现社会公平的税收政策选择 325
　　　　专栏 12-4　个人所得税制改革的政策目标：公平分配还是经济
　　　　　　　　　效率？ 326
　　　12.3.4 税收收入分配效应的评价 327

第1章 税收导论

学习目标

- 掌握税收产生的原因与税收存在的必要性；
- 掌握税收的概念与形式特征；
- 掌握税收法定原则的价值内涵；
- 掌握市场经济条件下的税收根据与利益赋税思想的合理内核；
- 掌握税收的职能与作用。

古今中外的政治家、哲学家、经济学家和史学家，都曾不懈地探索过税收的奥秘。然而，直到步入农业文明中晚期和工业文明的早期后，人们才开始逐步形成对税收范畴相对科学的认识。

1.1 税收的产生与发展

税收是人类文明的产物。在几千年的历史长河中，人类从最初的原始文明过渡到农业文明，再经过工业文明最终进入如今的后工业文明。正是在人类文明不断演进的过程中，税收得以产生，并不断得到发展。

1.1.1 税收的产生

人类进入现代文明社会之后，无论在地球的哪个角落，也不管是处于哪种社会形态、何种经济体制之中，税收都是一种客观存在，以致后来出现了"税收是人类为文明社会所付出的代价"的论断。[①]

1. 人类社会最早税收的产生

据考证，世界上已知最早的税收制度，是古埃及在公元前 3000 年至公元前 2800 年间创立的。[②]

公元前 3100 年左右，随着社会贫富的分化和阶级矛盾的发展，作为人类文明发源地之一的古埃及由氏族部落逐步演化为统一的奴隶制国家。古埃及的最高统治者是专

[①] 这是 19 世纪美国最高法院法官、著名法学家小奥利弗·W. 霍尔姆斯（Oliver Wendell Holmes, Jr.）的话语，原文为 "Taxes are the price we pay for a civilized society"。

[②] 参见维基百科"税收"（http://en.wikipedia.org/wiki/Tax）。

制君主法老，他代表奴隶主阶级掌握全国的政治、军事和司法等权力，除占有奴隶的劳动产品外，还强迫平民缴纳谷物、蔬菜、皮革和酒等物品，法老每两年到全国各地巡视一次，向平民收取税收，这是人类社会有历史记载以来最早征收的实物税。《圣经》中《创世纪》第 47 章第 24 节中的"谷物成熟后，将其中的 1/5 交给法老"，就是对这一早期税收活动的记载。古埃及土地的最高所有权属于专制君主法老，其中有很大一部分土地构成法老控制下的"王庄"，由王室派官员经营，收取贡赋；此外，也有大片土地归公社占有，由公社农民使用，农民通过公社乃至州的管理机构向法老缴纳租税并为国家服役。①

2. 中国税收的产生

根据《史记》中"自虞、夏时，贡赋备矣"②的记载，中国的税收产生于夏代。中国早期的税收，与当时的土地制度紧密联系在一起。

在夏代，中国开始实行"井田制"。在"井田制"下，土地由国王所有，但国王并不直接经营土地，而是将大部分土地赐给诸侯作为他们的俸禄，诸侯们要从这些"公田"的收获物中拿出一部分，以"贡"的形式缴纳给国王作为财政收入。到了商代，"贡"法演变为"助"法，"助"也是一种与"井田制"联系在一起的力役课税制度，即"借民力而耕之"，助耕公田收获物中的一部分要上缴，成为国王的租税收入。到了周代，土地课征制度由"助"法进一步演变为"彻"法，开始打破井田内"公"与"私"的界限，将全部的公田分给平民耕种，收获农产品后，彻取一定的数额交给王室。国家以"贡""助""彻"等形式取得土地收获物，在一定意义上已经具有了税收的某些特征，但其中也包含租的成分。"贡""助""彻"虽然可以说是中国税收的雏形，但由于它们具有租税不分的性质，所以还不是纯粹意义上的税收。

进入春秋时期，中国的社会生产力得到进一步的提高，私田迅速扩张，作为奴隶制经济基础的"井田制"开始瓦解。公元前 594 年，鲁宣公宣布实行"初税亩"，不论公田和私田，一律按田亩课征田赋。"初税亩"首次承认了土地私有制的合法性，表明中国的税收已基本脱离租税不分的阶段，从而初步确立了完全意义上的税收制度。

专栏 1-1   "税"字的由来

汉语中的"税"字在殷墟甲骨文和商周金文中都没有出现过，它最早见于孔子所修编年史《春秋》一书中关于"初税亩"的记载。"税"由"禾"与"兑"两个字组成，其中"禾"泛指农产品，而"兑"有送达的意思。"税"的字面含义就是社会成员向政府缴纳一部分农产品或者说是政府从社会成员那里取走一部分农产品。

在中国古代税收发展历程中，"税"还有其他各种各样的名称，如"赋""租""捐""课""调""算""庸""粮""榷布"等。有的情形下，"税"字还经常与"赋""租"和"捐"等连用，形成"赋税""租税""税捐"等。直到今天，中国的港台地区

---

① 崔连仲. 世界通史（古代卷）[M]. 北京：人民出版社，2004：54-55.
② 史记·夏本纪. 转引自：王成柏，孙文学. 中国赋税思想史[M]. 北京：中国财政经济出版社，1995：1.

仍在使用"赋税"和"租税"等表述。

虽然中国古代既有"税"字，又有"收"字，但却从未将两者连缀成词。1916年，贾士毅在《民国财政史》一书中首次使用"税收"一词，此后"税收"一词的使用范围不断扩大，并为人们普遍接受。

资料来源：根据马国强. 税收学原理[M]. 北京：中国财政经济出版社，1991：14-16等编写整理。

1.1.2 税收产生的条件

税收是一个非常古老的范畴，但并非是一有人类社会就有了税收。税收是人类社会发展到一定阶段、具备了一定的政治、经济和社会等方面的条件后才产生的。税收与社会公共需要之间存在本质联系，具有独立形态的社会公共需要的形成，是税收产生的基本前提条件。

1. 社会公共需要与税收的产生

人类包括税收在内的一切经济活动，都是从人的"需要"（wants）开始的。根据主体的不同，人类的需要可以区分为"私人个别需要"（private wants）和"社会公共需要"（public wants）。每一种需要的存在，都必然与满足这种需要的活动紧密联系在一起。需要的性质不同，满足需要活动的形式也就不同。与人类需要被区分为私人个别需要与社会公共需要相对应的是，整个满足人类需要的活动也被分为"私人事务"与"社会公共事务"两个方面。

私人个别需要具体包括个人的生存需要和发展需要。在现实生活中，生存需要主要表现为劳动力的再生产。劳动力再生产的主体是个人或由个人组成的生活单位，其客体主要是吃、穿、住、用、行等方面的生活资料。发展需要在现实生活中主要表现为物质资料的再生产。物质资料再生产的主体是生产组织，其客体是获取生活资料所必需的各种生产要素。私人事务是满足私人个别需要的社会活动，其执行者为家庭（household）或厂商（firm）。私人事务具体包括生活资料的生产和生产要素的供给两个方面。生产生活资料的目的，是满足家庭对生活资料的需要，家庭消费生活资料，以维持劳动力的再生产，同时为厂商提供生产要素；供给生产要素的目的，是满足厂商对生产要素的需要；厂商利用各种生产要素来完成生产资料的再生产，同时为家庭提供生活资料。

相对于私人个别需要而存在的社会公共需要，是以整个社会为单位而产生的需要，它的主体既不是社会中的某个人，也不是社会中某个集团，而是社会成员整体。在任何国家、任何时期，社会公共需要都是一种客观存在，即便是在利益严重对立的社会也是如此。社会公共需要与社会成员生产生活的共同外部条件密切相关，主要包括由不同社会共同体之间的矛盾冲突产生的需要、由同一社会共同体内部不同个人或集团之间的矛盾冲突产生的需要、由人和自然之间的物质变换即共同的生产和消费活动产生的需要以及由人的自身发展所产生的需要等。[①]作为满足社会公共需要的活动，社会公共事务具体包括四个方面：一是保卫社会和平，以解决不同社会共同体之间的

---
① 马国强. 税收学原理[M]. 北京：中国财政经济出版社，1991：4.

矛盾冲突，为社会提供和平的环境；二是维持社会秩序，以解决同一社会共同体内部不同个人或集团之间的矛盾冲突，为社会提供安定的秩序；三是兴建公共设施和公共工程，以解决人和自然之间物质变换的矛盾，为社会生产和生活提供便利的设施和良好的环境；四是举办文化、教育、卫生等公共事业，以保护并促进人类自身的发展。[①] 满足社会公共需要的客体，一般是不能被划分成若干份额的，更不能划归某一主体所占有而排斥其他主体的同时享用。

社会公共需要与人类社会具有同样悠久的历史。在人类社会的早期阶段，受生产力水平低下等因素的制约，社会公共需要并没有与私人个别需要明确分离开来。随着社会经济的不断发展，社会公共需要逐步在时间上具有了连续性、在数量上具有了稳定性、在范围上具有了广泛性，从而成为一种经常性的需要。正是在这样一种情形下，社会公共需要与私人个别需要才完全区别开来，并取得独立形态。

与社会公共需要一样，独立形态社会公共事务的产生，也经历了一个较长的历史过程。在早期，社会公共需要较为简单，社会公共事务是由全体或部分社会成员兼职承担的，如部落间发生战争就由社会成员组成军队，并且战争所需的武器和粮食也都由参战的社会成员自己准备。在不断发展的社会经济中，社会公共需要的外延逐步扩张，与此同时，社会公共事务也日渐复杂。这样，由社会成员兼职承担社会公共事务，已难以满足人类发展的需要。于是，原来由社会成员兼职执行的社会公共事务，开始改由一部分社会成员专职执行，这部分社会成员也因此分化出来，不再直接从事物质生产活动。"政府"就是在这样一种背景下应运而生的，它是社会公共事务由社会成员兼职执行向由相关组织和机构专职执行演变的产物。社会公共事务的专职执行机构不直接从事物质生产活动，但在承担社会公共事务的过程中又不可避免地会消耗一定的物质财富，因而它必然要在社会产品分配中占有一定的份额以补偿其消耗。税收就是与政府执行社会公共事务有着本质联系的一种产品分配形式，它是在原始社会末期的社会公共事务执行者发展演变为政府的过程中，为满足政府执行社会公共事务的需要，而从社会产品分配的一般形式中逐渐分化并独立出来的。

2. 税收产生的其他条件

尽管税收是一个与社会公共需要有着本质联系的范畴，但这并不意味着只要有社会公共需要，就必然产生税收。事实上，税收的产生和存在是由经常化的社会公共需要、一定的经济发展水平以及独立经济利益主体的存在等多方面因素共同决定的。

作为一种分配形式，税收必须有被分配的对象。如果一个社会不能生产出在范围上具有广泛性、在时间上具有连续性以及在数量上具有稳定性的物质财富，那么税收分配的基础就是不稳固的。而物质财富具备广泛性、连续性和稳定性等特征，又是以一定程度的经济发展为前提的。只有当经济发展到一定水平，才能为税收提供坚实的基础。

私有制的出现，是税收产生和存在的另一个重要条件。只有在财产私有制度产生以后，才会出现私有财产权利与社会公共需要之间的对立。政府唯有通过强制性的税

---

① 马国强. 税收学原理[M]. 北京：中国财政经济出版社，1991：6.

收课征，才能将属于私人所有的资源或产品中的一部分转由政府支配，以满足社会公共需要。如果社会成员或经济组织不具有独立的利益，那么他们生产的产品和提供的服务就不具有排他性，满足其生产和生活的需要就会与社会公共需要混淆在一起，因而也就没有必要存在为满足社会公共需要而进行分配的税收。

 专栏 1-2　　　　　　　　短命的"无税王朝"

　　明朝末年，课征在农民身上的税收负担已经非常重了。到崇祯年间，为了抵御辽东清兵、镇压农民起义和训练新兵，明廷又按田亩先后加征"辽饷""剿饷"和"练饷"，税收负担超过了常赋的一倍多。而当时天灾不断、粮食连年歉收，再加上地方官吏又私加暗派或提前预征，使得农民叫苦不迭，对繁重的赋税和劳役深恶痛绝，也导致农民起义此起彼伏。贫苦百姓出身的起义军领袖李自成，目睹了重赋带给劳动人民的种种苦难，敏锐地捕捉到了普通民众最质朴的需求，在听取了牛金星和宋献策等底层知识分子的意见后，提出了"均田免粮"的口号。"均田"就是夺取地主豪绅的土地分给农民，而"免粮"则意味着起义军不课征任何赋税。一句十分朴素的口号，迎合了广大农民的迫切愿望，产生了巨大的政治影响力。在各地民众"杀牛羊、备酒浆、开了城门迎闯王、闯王来了不纳粮"的欢呼声中，李自成领导的起义大军浩浩荡荡地杀入北京，一举推翻了明朝的统治。

　　李自成建立"大顺政权"后，起义军的规模发展到近百万人。政权运转需要钱，军队维持需要钱，封赏将士也需要钱，然而在"均田免粮"的旗帜下，这些钱不能通过向普通民众征税获得，于是李自成采取了"追赃助饷"的政策。"追赃助饷"政策的核心就是通过抄没明朝宗室、官员以及富豪等的资财的方式来满足军需和政权的开支。为确保"追赃助饷"的顺利进行，李自成在"户政府"下设立"攉饷司"，专管其事；又在"刑政府"下设立"比饷镇抚司"，配合刑追。

　　李自成的"追赃助饷"政策，最初使得从重税下挣脱出来的老百姓喜笑颜开。但是，以打土豪、吃大户、斗地主为主要特征的劫掠之策却不具有可持续性，日久天长难免劫掠无门。这种情况在攻占北京后尤为严重，虽然征得钱财无数，但没有从根本上解决"大顺政权"的财政需要，于是矛头不仅指向全部官绅，也不可避免地波及广大普通商民。过于激烈的劫掠行为、过大的打击面，迅速激化了社会矛盾，引起了社会的动荡不安，而李自成对此没有采取任何应对措施，不久后就遭到了报应。当李自成的军队受挫于山海关，在清军的追赶下撤离北京时，京城百姓已对其"恨入骨髓矣"，纷纷拿出床桌等物，"窒塞巷口，或以白梃从小巷突出，击其下马，立杀之"。李自成撤离北京回西安后，不得不下令全面停止"追赃助饷"，以期稳定后方。尽管后来李自成逐步实行改按田亩征税来满足财政需求，但为时已晚，在清朝八旗军队的乘胜追击之下，李自成的军队惨遭失败。

　　在"均田免粮"政策的麻痹和掩盖下，起义军的税制体系长期处于真空状态，以至于粮饷不保、赈济无力。李自成最初在采纳"均田免粮"口号时可能压根就没想过攻占紫禁城之后他的大顺政权靠什么维持的问题。难道那么大一堆国家机器、那么大一群文臣武将都跟着他喝"西北风"？历史已经表明，一个无税的朝廷，必定是一个没有根基的短命朝廷。如果说崇祯皇帝死于横征暴敛，那么李自成就死于免税劫掠。各走极端的税收政策，最终使大明王朝和大顺政权走向殊途同归的败亡之路，这是一出"成也税收、败也税收"的悲剧。从短命的"无税王朝"中，我们可以清楚地看到税收存在的必要性，因为赋税和财政供给制度是一个政权健康发展不可或缺的保障。

资料来源：根据曾耀辉. 李自成农民起义兴亡的税收诱因[J]. 经济研究参考, 2014（40）: 56-59编写整理。

1.1.3 人类文明的演进与税收的发展

在人类文明的演进过程中，各个阶段的政治进程、经济发展水平和文化建设等诸多方面都各不相同，由此决定了各个文明时期税收的观念、存在形态、征管方式和制度安排等方面都存在较大的差别。原始文明时期，有原始文明的税收形式；农业文明时期，有农业文明的税收特色；工业和后工业文明时期，有工业和后工业文明的税收形态。①

在税收漫长而复杂的发展历程中，税收的名称、征收方式、计税依据、规模、结构和确立方式等，都发生了较大的改变，其中对人类文明的发展与社会进步有着至关重要意义的是税收确立方式的变化。税收确立方式指的是政府与社会成员之间税收关系成立的途径，它的变化与整个社会形态的演进是紧密联系在一起的。从确立方式来看，税收经历了从"自由贡献"到"请求援助"、再从"专制课征"到"立宪协赞"这样一个发展过程。②

1. 自由贡献阶段的税收

原始文明和农业文明初期，社会生产力低下、物质财富匮乏。这一时期人类公共资源的积累，主要来自基于崇拜的纳贡、建立在武力基础上的战利品以及基于集体活动的劳役，这三种形式可以说是原始形态的税收。由于此时的公共权力机构是由原始部落联盟演变而来的，所以其收入中有一部分来自于社会成员和被征服部落的"自由贡献"是很自然的。

"自由贡献"表明这一时期的税收体现的是一种"由下敬上"的关系。在这种"由下敬上"的关系中，社会成员贡献何物、贡献多少以及何时贡献，都具有较强的自发性和随意性，并不十分严格，因而这时的税收在人们的观念中包含有"馈赠"的意思。在欧洲，古拉丁语中的"donûm"和英语中的"benevolence"都曾用来表示税收，它们的本意就是"自愿献纳"。③中国夏代的"贡"，其字面意思也是将产品献给国

---

① 许国云. 税收与文明演进[M]. 北京：中国税务出版社，2007: 6.
② 美国著名财政学家塞利格曼（Seligman）根据确立方式的不同将税收的演进分为捐赠时期（gift）、供给时期（support）、牺牲时期（sacrifice）、资助时期（assistance）、义务时期（obligation）、强制时期（compulsory）和依率课征时期（rate or assessment）等七个不同的阶段（参见塞利格曼. 租税各论[M]. 胡泽，译. 北京：商务印书馆，1934: 7-9）。在塞利格曼的基础上，日本财政学者小川乡太郎进一步将税收的演进归纳为任意献纳、税收承诺、专制赋课和立宪协赞等四个阶段（参见小川乡太郎. 租税总论[M]. 萨孟武，译. 北京：商务印书馆，1934: 37-38）。
③ 小川乡太郎. 租税总论[M]. 萨孟武，译. 北京：商务印书馆，1934: 39；徐祖绳. 比较租税[M]. 北京：商务印书馆，1933: 10.

王或君主。

自由贡献阶段的税收征缴，以实物和力役形式为主。这一时期的税收具有较强的临时性，收入规模也比较小，财政支出需求更多的依靠公产收入等收入形式。自由贡献阶段的税收并不是真正意义上的税收，或者说这一时期的税收还处于萌芽阶段。

2. 请求援助阶段的税收

人类步入农业文明初期之后，许多国家在社会形态上都已经演进到奴隶社会。随着奴隶制国家王室费用和军事费用的急剧增加，仅靠公产收入、社会成员和被征服部落的贡纳已难以满足财政支出需求。正是在这种背景下，税收从最初的自由贡献阶段发展到请求援助阶段。在这一阶段，每当国王或君主遭遇紧急事故或发生临时的财政需要，便向社会成员提出请求，社会成员承诺之后，便将税款分摊下去，然后再把筹集上来的资财交给国王或君主。

请求援助阶段的税收不再是完全自发的"由下敬上"，而是先由上对下提出请求，再由下对上给予援助；下对上援助什么、援助多少以及何时援助，是按照一定的标准进行的，而不再是完全随意的。在欧洲，拉丁语中的"precarium"和"adjutorium"，英语中的"aid""subsidy"和"contribution"以及德语中的"bede"，都曾表示过税收，它们的本意都是"请求援助"或"给予资助"。①中国商代的"助"，也是一种带有鲜明援助性质的收入形式。

请求援助阶段的税收在某种程度上已经具有了税收的一些性质，但还不是很完备的征税方式，如强制性不够，而且其课征更多地基于某种特定的目的，而不是为了应付一般性的财政支出。

3. 专制课征阶段的税收

到了奴隶社会末期和封建社会初期，各国陆续建立起中央集权制度和常备军制度，不仅王权得到极度扩张，军费开支亦不断膨胀。为了应对不断增长的财政支出需求，国王或君主一方面废除了往日的税收承诺制度，开始实行专制课税，使纳税成为社会成员必须履行的义务；另一方面为了笼络贵族和僧侣阶层，赋予他们享有税收豁免的特权。

相对于自由贡献和请求援助而言，专制课征的税收是单纯的"由上取下"。至于取什么、取多少和何时取，完全取决于至高无上的专制权。在欧洲，英语中的"impost"和"rato"，法语中的"impôt"和"taxe"以及德语中的"abgabe"，都表示过税收，它们的本意均为"强制课征"。②中国历史上，周代的赋税被称为"彻"。学术界虽对"彻"的理解存在较大分歧，但一般都认为"彻"中含有强制的意思。

当税收进入专制课征阶段时，农业文明已经发展到了一定程度，不断进步的农耕技术使得农业成为社会财富最主要的来源，此时的税收主要针对农产品以及与农业紧密联系在一起的土地来课征。这一时期，税收由临时性的课征变成经常性的课征，收入规模也不断扩大。虽然如此，但受农业生产有限性的制约，农业文明时期的税收并

---

① 小川乡太郎. 租税总论[M]. 萨孟武, 译. 北京：商务印书馆, 1934：39；徐祖绳. 比较租税[M]. 北京：商务印书馆, 1933：10.
② 同①.

没有成为最主要的财政收入形式，财政收入中仍然有相当一部分来自公产收入、特权收入和其他形式。由于农业文明时期，自然经济占统治地位，物物交换是其主要特征，因而尽管对商业、手工业和财产或经营行为课征的各种税，有以货币形式征收的，但占主体地位还是实物和力役形式，而且多以"包税制"（Tax Farming）等简单的形式征收。进入专制课征阶段，是税收从不成熟走向成熟的标志。

4. 立宪协赞阶段的税收

封建社会末期，随着生产力的进步和私有财产权的发展，税收在政府财政收入中所占的比重越来越大，并最终成为政府的主要收入来源；与此同时，税收成了私人财产权固定和经常性的负担。在这种情况下，社会成员建立相应的制度对封建君主随意征税的行为进行适当约束的愿望也越来越强烈。新兴资产阶级力量的不断壮大，逐步改变了纳税人与专制君主之间的力量对比，并最终导致约束或限制封建君主征税权的财政立宪制度的确立。

"财政立宪"是在宪法中确立财政收支法定的原则，并建立相应的保障体系，以确保纳税人及其代表控制政府财政收支活动的一种制度安排。[①]税收发展到立宪协赞阶段是财政立宪的核心内容之一，而税收法定原则的确立，又是税收进入立宪协赞阶段的主要标志。

税收法定原则（Tax Legalism）指的是税收活动主体的权利和义务必须由法律加以规范，税收制度的各个构成要素必须并且只能由法律予以明确规定，没有法律依据，任何主体都不得征税，社会成员也不得被要求缴纳税款。[②]税收法定原则具体包括课税要素法定、课税要素明确和课税程序合法等内容。[③]"课税要素法定"指的是纳税人、征税对象和税率等税制要素，必须要由国家权力机关制定的法律予以规范。税收行政法规和规章，不能作为政府征税的依据。"课税要素明确"指的是法律对税制要素的规定必须尽可能的明确，不致于因表述上的歧义而使纳税人误解、使权力不当行使甚至滥用。除了要求由正式的法律来明确规范税制要素外，税收法定原则还要求在立法过程中对课税的程序进行明确的规定，政府征税、纳税人纳税以及对税务纠纷的处理，不仅要遵循税收实体法，而且应当按照相关程序法的规定来进行。

虽然税收法定原则非常强调"政府依法征税"和"纳税人依法纳税"，但它的意义却不仅局限于此，其更为重要的价值内涵是强调社会成员在税收活动中能够对政府征税权进行必要的约束和限制。国家的课税权不再操之于封建君主，而是操之于代表社会公众利益的民意机关，是立宪协赞阶段的税收区别于专制课征阶段税收的根本性标志。进入立宪协赞阶段后，政府课税权的行使必须得到社会公众的认可，政府的税收活动，无论是开征新税、废除旧税，还是调整税率或税收优惠方面的规定，都必须以不违反宪法为原则，并经过民选代议机关的同意。

税收的确立方式从专制课征过渡到立宪协赞，意味着税收步入最高发展阶段。在

[①] 翟继光. 财税法原论[M]. 上海：立信会计出版社，2008：108.
[②] 张守文. 论税收法定主义[J]. 法学研究，1996（6）：57-65.
[③] 陈清秀. 税法总论[M]. 台北：元照图书出版有限公司，2010：38；中里实，弘中聪浩，渊圭吾，等. 日本税法概论[M]. 郑林根，译. 北京：法律出版社，2014：17-18.

这一时期，任何一个阶级或阶层都不再享有豁免税收的特权，征税普遍性原则得到广泛实行；税收法定原则也使得社会成员经济行为的税收负担具有了确定性和可预测性，从而为近代社会经济的快速发展提供了基础性的条件；在经济发达国家，税收法定原则的确立还成为其民主政治的重要基石之一，并帮助建立起了有效防止税收负担过重的机制。①

专栏1-3　　"税收法定原则"的产生及其在中国的实现

　　税收法定原则起源于英国。中世纪及更早以前的英国王室，基本遵守"国王生计自理"的惯例，王室开支和军费开支主要由王室的地产收入、法庭收入和贡金等来支撑，除非发生对外战争，一般不得向臣民征税。进入封建社会后，英国的国家权力逐步掌握到国王手中，征税权也不例外。由于王室奢侈、战争等方面的原因，王室的收入难以维持其支出的需要。为了缓解财政上的紧张局面，国王开始在自有收入之外巧立名目肆意征税，这使得英国民众与国王之间的矛盾逐渐加深，并就课税权与国王展开了斗争。随着斗争的深入，自视为国民代表的大贵族开始寻求建立未经批准国王不得擅自征税的制度，同时将税收批准权归属于他们可以参加的机构（即议会的前身）。通过这一机构，封建贵族和新兴资产阶级形成了对王权强有力的限制。1214年贵族会议拒绝了诺曼王朝约翰王提出的征税要求，双方关系进一步紧张，并导致了内战的爆发。在领主、教士和市民的联合压力下，约翰王被迫于次年签署了《大宪章》。《大宪章》第12章中"除非得到普遍的赞同，否则在王国中既不应征收兵役税，也不应征收协助税"的规定，对英国国王征税权问题作出了明确的规范和限制。这是人类历史上首次以法律形式确认"非赞同毋纳税"原则。1225年，英国重新颁布了《大宪章》，并补充了御前会议有权批准赋税的条款，进一步明确了征税权的归属。

　　虽然英国早在13世纪就以法律形式确认了"非赞同毋纳税"的原则，但这一原则在相当长一段时期内并未得到很好的遵守。后来，英国在议会与国王之间长达几个世纪的持续斗争过程中，又先后制定了《无承诺不课税法》（1295年）、《权利请愿书》（1628年）和《权利法案》（1689年）等一系列在税收上限制王权的文件，这些文件都无一例外地阐述了"税收课征的合法性来自被课征者的同意"。直到英国资产阶级革命之后，尤其是1689年英国国会制定的《权利法案》重申"国王不经国会同意而任意征税即为非法"之后，"非赞同毋纳税"原则才逐步开始真正执行。至此，税收法定原则在英国最终得以确立。

　　税收法定原则在英国得以确立后，先后被美国、法国及其他大部分经济发达国家和发展中国家所接受，并在宪法中加以确认。有学者曾对亚、欧、美和大洋洲等111个国家的宪法文本进行考察，其中规定税收法定原则的国家占80%以上；部分国家，如德国、俄罗斯等，虽然没有在宪法中明确税收法定原则，但也在税收基本法中确定

---

① "罪行法定原则"和"税收法定原则"的确立，对人类近现代发展进程有着非常重要的意义。这两项原则分别担负了维护社会成员的人身权利和财产权利不受随意侵犯的重任。

了税收法定原则。

在 1949 年后的相当长一段时间里，中国既未在理论上接受税收法定原则，也没有在税收活动中践行这一原则。从改革开放一直到 2012 年，中国只有个人所得税、企业所得税、车船税等少数税种的征税办法完成了立法程序。2013 年，中共十八届三中全会通过的《中共中央关于全面深化改革若干重大问题的决定》，明确提出要"落实税收法定原则"，这是该原则第一次在中国被写入执政党的纲领性文件。2015 年，第十二届全国人民代表大会第三次会议通过的经过修改之后的《中华人民共和国立法法》明确规定，"税种的设立、税率的确定和税收征收管理等税收基本制度必须制定法律"，从而在法律层面将税收法定原则确立下来。

为全面落实依法治国的基本方略、加快建设社会主义法治国家，中国全国人大常委会于 2015 年发布了《贯彻落实税收法定原则的实施意见》，明确开征新税应当通过全国人大及其常委会制定相应的税收法律，同时对原有税收条例修改上升为法律或者废止的时间做出了安排。此后，在保持税制基本框架和税负水平总体不变的前提下，中国采用"制度平移"的方式陆续将烟叶税、耕地占用税、车辆购置税、船舶吨税、资源税、契税、印花税和城市维护建设税等税种的征税办法从"暂行条例"上升为"税法"。截至 2024 年 8 月，中国现行 18 个税种中已有 13 个税种实现了有"法"可依。尽管在践行税收法定原则的过程中已经迈出了坚实的一大步，但中国在有效约束政府课税权等方面仍任重道远。

资料来源：根据张馨. 部门预算改革研究[M]. 北京：中国财政经济出版社，2001：7-20 和刘剑文. 落实税收法定原则的意义与路径[J]. 中国人大，2017（19）：35-41 等编写整理。

立宪协赞阶段的税收主要存在于工业文明和后工业文明时期。进入工业文明后，工业以及由工业化衍生出的发达的商业和服务业，突破了土地等自然资源的束缚，为社会提供了大量的物质财富，成为人类文明发展的主要支柱，此时商品税和所得税的地位日渐凸显，而农业税和土地税日渐式微。由于工业文明和后工业文明时期货币经济占据统治地位，货币成为主要交易媒介，税收的征缴也相应地转变为以货币形式为主，实物和力役等征收形式所占的份额逐渐降低，目前相当一部分国家是税收已经完全实现了货币征收。伴随着数字经济的发展，税收的征管方式还有可能进一步多元化和复杂化。工业文明和后工业文明时期，各国的经济都实现了长期增长，再加上税收的普遍课征，所以税收的收入规模也持续扩大，逐渐成为当今世界最主要的财政收入形式，税收不仅是应对一般性财政支出需要的主力，而且整个国家财政都以税收为中心来展开。

1.2 税收的概念

长期以来，人们对"什么是税收"这一看似简单实际非常复杂的问题，做了相当多的探讨。在不同的社会发展阶段，由于经济发展水平、社会制度以及政府职能等方面的差异，人们对税收的认识各不相同，并不断发生着变化。

1.2.1 西方社会对税收范畴的界定

在不同的历史时期,西方哲学家、经济学家、政治学家和法学家等都曾站在各自的立场上,用不同的方式表达了自己对税收范畴的认识。

1. 早期西方社会对税收范畴的认识

在古典经济学诞生之前,西方社会对税收范畴的界定,主要是由一些政治家、法学家和哲学家做出的。英国著名政治学家、哲学家托马斯·霍布斯(Hobbes)在1651年出版的《利维坦》中指出,"主权者向人民征收的税,不过是公家给予保卫平民各安生业的带甲者的薪饷"。① 法国路易十四时期的政治家科尔伯特(Colbert)则形象地将政府征税比喻成拔鹅毛:"征税的艺术就是拔最多的鹅毛又使鹅叫声最小的技术"。② 法国著名法学家、政治学家孟德斯鸠(Montesquieu)在1748年出版的《论法的精神》中写道,税收是"公民所付出的自己财产的一部分,以确保他所余财产的安全或快乐地享用这些财产"。③

早期西方社会对税收的认识,从经济学的角度看虽然不够完备,但其中却包含了一些精髓的税收思想,如霍布斯对税收的认识就是在现代税收理论中仍占据重要地位的"利益赋税论"的思想源头。

2. 近代西方社会对税收范畴的认识

古典经济学诞生之后,西方社会对税收范畴的界定,更多是由经济学家做出的。不同国家、不同时期的经济学家,都给出了自己对税收的看法。

英国经济学家亚当·斯密(Adam Smith)是西方较早明确回答"什么是税收"的经济学家。斯密在《国民财富的性质和原因的研究》中指出,"作为君主或政府所持有的两项收入源泉,公共资本和土地既不适合用以支付,也不够支付一个大的文明国家的必要开支,那么这些必要开支的大部分,就必须取决于这样或那样的税收。换言之,人民必须从自己私有的收入中拿出一部分上缴给君主或政府,作为公共收入。"④

法国经济学家让·巴蒂斯特·萨伊(Jean-Baptiste Say)在《政治经济学概论》中指出,"所谓赋税,是指一部分国民产品从个人之手转到政府之手,以支付公共费用或提供公共消费"。⑤ 在该书中,萨伊还提到赋税是"政府向人民征收他们的一部分产品或价值"。⑥

德国社会政策学派的主要代表阿道夫·瓦格纳(Adolph Wagner)在《财政学》中,从财政和社会政策两个层面对税收进行了界定:"从财政意义上来看,赋税是作为对公共团体事务设施的一般报偿……公共团体为满足其财政上的需要,以其主权为基础,强制地向个人征收赋课物。从社会政策意义上来看,赋税是在满足财政需要的同

---

① 霍布斯. 利维坦[M]. 黎思复,黎廷弼,译. 北京:商务印书馆,1936:269.
② 转引自:ROSEN H, GAYER T. Public Finance[M]. New York: McGraw-Hill Education, 2013: 301.
③ 孟德斯鸠. 论法的精神:上册[M]. 张雁深,译. 北京:商务印书馆,1997:213.
④ 斯密. 国民财富的性质和原因的研究[M]. 唐日松,译. 北京:华夏出版社,2005:580.
⑤ 萨伊. 政治经济学概论[M]. 陈福生,陈振骅,译. 北京:商务印书馆,1982:501.
⑥ 同⑤:516.

时，或者说无论财政有无必要，以纠正国民所得的分配和国民财产的分配，调整个人所得和以财产的消费为目的而征收的赋课物"。①

近代西方社会对税收概念的表述虽有差别，但基本都认识到税收是社会产品或资源从私人部门向政府的一种转移，同时也大体上指出了政府征税的目的是为了补偿公共费用，或者说是为了公共消费，但这一时期对税收概念的定义在完备性上还有所欠缺。

3. 现代西方社会对税收范畴的认识

20世纪上半叶，英国财政学的主要代表巴斯特布尔（Bastable）指出，"所谓赋税，就是个人或团体为履行公共权力所进行的公共活动，在财富方面被强制分担的贡献"。②同一时期美国财政学的主要代表塞利格曼认为，"赋税是政府对于人民的一种强制征收，用以支付谋取公共利益的费用，其中并不包含是否给予特种利益的关系"。③

20世纪50年代后，西方经济学者对税收范畴的认识进一步趋同。例如，日本财政学家井手文雄认为，"所谓租税，就是国家依据其主权，无代价地、强制性地获得的收入"；④英国税收问题专家西蒙·詹姆斯（Simon James）和克里斯托弗·诺布斯（Christopher Nobes）将税收定义为"由公共政权机构不直接偿还的强制性征收"。⑤此外，税收是"纳税人为享用政府提供的公共产品和服务而支付的价格"（prices paid for public goods and services）的界定，也为当前的西方税收学界普遍接受。

现代西方社会对税收概念的界定已较为完备，不仅明确地回答了"税收是什么"的问题，而且在相当大程度上指出了税收的特征、目的、用途以及税收与其他财政收入形式之间的差别。

1.2.2 中国对税收范畴的界定

中国古代社会，一般把税收界定为"征收"或"征敛"，如《周礼·地官·里宰》中就有"以待有司之政令，而徵敛其财赋"的表述；《墨子·辞过》中有"以其常征，收其租税，则民费而不病"的主张；《孟子·尽心下》中也有"布缕之征，粟米之征，力役之征"的说法。类似的表述，在中国历代古籍中还有许多，如明朝何良俊的《四友斋丛说·史三》的"然今之征收，甚至一户之田有数十处分纳者"等。

清朝末年，体系化的财税理论作为舶来品引入中国，一直到20世纪40年代末，中国财政学界主要都是在做引进、翻译和介绍日本以及欧美国家财税理论的工作，因而这一时期中国对税收概念的表述与当时西方学者的认识大体相同，一般都把税收界定为政府施加给人民的强制征收。"赋税为国家公共机构，谋共同之利益，根据于国家

---

① 转引自：坂入长太郎. 欧美财政思想史[M]. 张淳，译. 北京：中国财政经济出版社，1987：304-305.
② 同①：366.
③ 原文为"A compulsory contribution from the person to the government to defray the expenses incurred in the common interest of all without references to special benefits conferred"（参见：SELIGMAN E R A. Essays in Taxation[M]. London: Macmillan, 1925: 10）.
④ 井手文雄. 日本现代财政学[M]. 陈秉良，译. 北京：中国财政经济出版社，1990：254.
⑤ 原文为"A compulsory levy made by public authorities for which nothing is received directly in return"（参见：JAMES S, NOBES C. Economics of Taxation[M]. Fiscal Publications, 2015: 10）.

之总制权,遵照国家之经济政策,布定适当方法,征收国民之财富"[1],就是这一时期对税收概念界定的一种有代表性的表述。

新中国成立后,受苏联的财税理论的影响,"非税论"得以在较大范围内传播。[2] 与此同时,伴随着计划经济体制的建立,国有企业的利润上缴也取代税收成为最主要的财政收入形式。在整个计划经济时期,中国学者对税收范畴的认识都较为模糊。直到改革开放以后,税收再次成为中国主要的财政收入形式后,税收理论研究才重新受到重视并逐步深入,中国学者对税收概念的理解和把握亦逐渐加深。改革开放以来,中国学者对税收范畴的界定,概括起来主要可以分为以下两类。

1. 将税收界定为一种财政收入

在这一类界定中,有代表性的观点有:

(1)"国家为满足公共需要,凭借政治权力,按预定的标准,向居民和经济组织强制、无偿地征收取得的一种财政收入。"[3]

(2)"国家为了实现其职能,制定并依据法律规定的标准,强制地、无偿地取得财政收入的一种手段。"[4]

2. 将税收界定为一种分配

在这一类界定中,也有一些不同的观点表述:

(1)"政府为满足一般的社会共同需要,按事先确定的标准,对社会剩余产品所进行的强制、无偿的分配。"[5]

(2)"政府凭借政治权力,按照预定标准,无偿地集中一部分社会产品形成的特定分配关系。"[6]

(3)"国家为满足一般的社会公共需要,补偿由此发生的社会公共费用,按照法律规定的对象和标准,占有和支配一部分剩余产品而形成的一种特定的分配形式。"[7]

1.2.3 对税收范畴的共识

到目前为止,中西方仍未对税收范畴做出一个被广为接受的界定,但中西方对税收范畴的不同认识都在一定程度上反映出了税收的本质,其中就包含了一些在现代社会得到普遍认同的观点。

1. 税收是以政府为主体进行的课征

在任何一个国家、任何时期,税收总是与政府联系在一起的。只有政府才具有征税权(tax raising power),其他任何组织或机构均无权征税。在多级政府体系下,不仅中央政府享有征税权,而且地方政府也有权征税。也只有经济活动主体向政府所做的

---

[1] 胡善恒. 赋税论[M]. 北京:商务印书馆,1934:13.
[2] 对"非税论"的介绍,参见第 1.4.2 小节。
[3] 胡怡建. 税收学[M]. 北京:中国财政经济出版社,1996:1.
[4] 董庆铮. 国家税收[M]. 大连:东北财经大学出版社,1991:1.
[5] 侯梦蟾. 税收经济学导论[M]. 北京:中国财政经济出版社,1990:3.
[6] 王诚尧. 国家税收[M]. 北京:中国财政经济出版社,1988:9.
[7] 朱明熙. 税收学[M]. 成都:西南财经大学出版社,1996:7.

贡纳，才有可能是真正意义上的税收。

2. 税收是以公共权力为依托进行的强制的、无偿的课征

虽然税收并不是公共权力的产物，但两者之间却存在不可割裂的关联。在现实中，任何一个国家的政府征税都以公共权力为依托，强制向社会成员进行的课征，任何不履行纳税义务的组织和个人，都会被政府采取强制性措施来履行纳税义务，而且政府征收的税款在征收时或征收后都不会直接以对等的代价返还给纳税人。

3. 现代社会政府征税的目的是为了满足社会公共需要

从本质上看，政府是社会公共事务的执行者，其活动的主要目的是满足社会公共需要。为了实现满足社会公共需要的目的，政府在履行其职能的过程中必然要消耗一定数量的社会资源，税收就是政府占有一部分社会资源的手段。正因如此，现代社会政府征税的主要目的是满足社会公共需要。

1.2.4 对税收范畴认识差异的分析

古今中外的许多学者虽然都认识到"税收是政府进行的一种强制征收"这一表象，但对税收范畴的认识却仍存在较大的分歧。对税收范畴认识存在差异的原因是多方面的，其中最关键的一点就在于不同的学者认识税收的角度不同。与大部分中国学者主要从"分配"角度认识税收范畴不同的是，西方学者更多地从"生产"或"交换"的角度来认识税收范畴。

1. 从"分配"角度认识税收

在税收实践中，一方面是政府在征税，另一方面是社会成员在缴税，这一征一缴导致资源或财富从私人部门手中转移到政府手中。政府以税收手段占有和支配一部分社会资源，实际上就是税收参与国民收入分配的过程，参与分配的最终结果就表现为政府获得了一定的财政收入。从"分配"角度可以将税收范畴界定为"政府为了满足社会公共需要，凭借其在社会经济生活中所发挥的作用，以公共权力为依托，按照法律规定的标准，向社会成员强制地征收而取得的一种不直接偿还的财政收入"。

作为一个分配范畴，税收是分配形式、分配活动和分配关系的统一。从税收在社会再生产中的地位看，它就是一种分配形式。社会再生产中的分配形式相当复杂，具体包括工资、价格、利润和租金等多种。税收是整个分配体系中的一个重要的组成部分，是诸多分配形式中的一种。从实质上看，税收也体现出一种分配关系。其实，任何分配所引起的产品或资源的运动都体现着不同主体间的分配关系。税收分配引起社会资源在政府和社会成员之间流动的背后，就是政府与社会成员之间的分配关系以及由此而派生出的不同社会成员之间的分配关系。

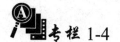

专栏 1-4　　　　　　税收与国家治理

2013 年 11 月，党的十八届三中全会通过的《中共中央关于全面深化改革若干重大问题的决定》，提出了"财政是国家治理的基础和重要支柱"的论断。之所以说财政是国家治理的基础，是因为在任何经济社会和任何发展阶段，国家治理的主体都是政府，财政则是政府履行职能的基础所在；之所以说财政是国家治理的重要支柱，是因为在构成现代国家治理体系的诸种要素中，财政几乎是最重要的一个。

"财政是国家治理的基础和重要支柱"的论断，将以往作为经济范畴、经济领域要素之一的"财政"提升到国家治理层面，放在国家治理的总棋局中定位，使其功能和作用得到全面提升和拓展。

作为现代社会政府取得财政收入的基本形式，税收理所当然也是国家治理的基础和支柱之一。

资料来源：根据高培勇. 为什么说财政是国家治理的基础和重要支柱[N]. 中国财经报，2014-01-18等编写整理。

2. 从"生产"角度认识税收

经济学意义上的"政府"就是在社会大分工中专门为社会成员提供其生产生活所不可或缺的公共产品和服务的部门。政府在提供公共产品和服务的过程中，必然会产生一定的成本和费用。从"生产"的角度看，税收可以被视为政府向社会成员提供公共产品和服务的成本费用的一种补偿，也可以说税收是社会成员对社会公共费用的一种强制分担。

3. 从"交换"角度认识税收

从"交换"的角度看，一方面政府向社会成员提供公共产品和服务，另一方面享用了公共产品和服务的社会成员也要向政府缴纳税款，这实际上可以被看作社会成员以纳税的方式与政府提供的公共产品和服务进行交换，这种交换与普通市场上私人产品的买卖极为相似，于是税收就表现为公共产品和服务的价格，即税收是纳税人为享受政府提供的公共产品和服务而支付的对价。

4. 从不同角度认识税收范畴背后的"政府观"

在近代社会，主要有"机械论"（Mechanistic View of Government）和"有机论"（Organic View of Government）两种不同的政府观。[①] "有机论"认为，社会实际上是一个有机的统一体，每个人、家庭和企业都是这个有机体的一个部分，政府是这个有机体的心脏；在这样的社会中，个人、家庭和企业只有作为这个有机体的一部分才有意义，在这个有机体中，社会实际上是凌驾于个体之上，个体利益必须服从整体利益。而"机械论"则认为，在整个社会中，处于中心地位的是个人，政府是个人为了更好地实现个人目标而创立的机构，它是满足个人需要的手段。

从不同角度对税收范畴进行的界定，其蕴含的政府观是不同的。从分配角度认识税收范畴，在逻辑上与"有机论"的政府观保持一致；而从生产和交换角度界定税收范畴，则与"机械论"的政府观是相吻合的。长期以来，"有机论"一直是中国居主流地位的政府观，而在西方国家"机械论"是占主导位置的政府观，这大概就是中西方学者分别从不同视角来界定税收的深层次原因之一。

[①] ROSEN H, GAYER T. Public Finance[M]. New York: McGraw-Hill Education, 2013: 3-5.

从不同的角度来认识税收范畴、得出的存在一定差异的结论并非绝对对立、相互间完全不能调和的，从某种意义上可以说这是对税收范畴认识的拓展和深化。

1.2.5 税收的形式特征

在近现代，税收的形式特征通常被概括为无偿性、强制性和确定性，它体现的是税收与其他财政收入形式之间的区别。一般认为，只有同时具备无偿性、强制性和确定性这三方面特征的财政收入形式才是税收。

1. 税收的无偿性

税收的无偿性（unrequited）是指在形式上政府不需要向纳税人直接付出任何代价就占有和支配其拥有的一部分社会资源。税收的无偿性仅仅是就政府和具体纳税人对社会资源的占有关系而言的，它体现在政府取得税收收入的不直接偿还上。如果政府征收的税款在征收时或征收后直接以对等的代价返还给纳税人，那么税收也就失去了其存在的意义。

就政府与全体纳税人之间的关系看，税收也体现出了一种利益关系。虽然政府征税使纳税人丧失了部分经济利益，但政府用所取得的税收收入为全体纳税人提供了公共安全、社会秩序和基础设施等公共产品和服务，而纳税人也"无偿地"享受了政府提供的公共产品和服务所带来的利益。从这个意义上来说，税收对全体纳税人而言是有偿的，即"整体有偿性"或"共同报偿性"；但对具体的某一位社会成员来说，税收并不像商品交易中的等价交换那样体现出的是一种完全对等的利益关系，而是一种不完全对等的利益关系。所谓不完全对等的利益关系指的是，现实中不同的经济活动主体总是有的纳税多，有的纳税少，而纳税多的经济活动主体并不必然从政府提供的公共产品和服务中享受较大的利益，纳税少的经济活动主体并不必然享受较小的利益。

税收整体上的有偿性是税收深层次的本质问题，而不是税收的形式特征。但税收形式上的无偿性与本质上的整体有偿性之间也存在着一定的关联，这是因为整体利益的层次越高、范围越广，整体利益与个人利益之间的相关性就越低，在形式上就越表现为"无偿"。

拓展阅读 1-1

税收为民生撑起一片"绿荫"

2. 税收的强制性

税收的强制性（compulsory）是指任何按照法律的相关规定负有纳税义务的单位和个人都必须依法纳税，否则就要受到法律的制裁。税收的强制性，具体包括纳税义务形成上的强制性和纳税义务履行上的强制性两方面的内容。

在现代社会，强制性是税收作为公共产品和服务的价格这一基本性质所决定的。因为公共产品和服务在消费上具有非竞争性和非排他性的特征，所以公共产品和服务在其提供过程中经常会出现"搭便车"的行为。如果单凭社会公众"自觉"纳税，则必然产生大量的偷、逃税现象，使得政府缺乏足够的财力为社会公众提供其生产生活所必不可少的公共产品和服务。政府往往利用手中的公共权力采取强制性的方式，来克服"搭便车"可能带来的种种困难和问题。当然，政府强制性的课税行为也不是不受任何约束，它必须获得代议机关的同意或授权。

3. 税收的确定性

税收的确定性（certainty）指的是纳税人从事某一经济活动是否需要缴税、要缴什么税、要缴多少税、何时缴税以及按照什么程序缴税等，都事先由相应的法律做出明确的规定。在具体的税收征缴过程中，任何组织、机构和个人都不能随意改变或调整法定的征税标准、范围和程序等。

税收的确定性不仅有约束纳税人履行纳税义务的一面，也有约束政府必须正常有度地进行征税活动的一面，它既能保证政府获得稳定可靠的财政收入以更好地提供公共产品和服务，又能防止政府侵害纳税人的合法权益。

并不是所有社会形态下的税收都具有"确定性"的形式特征。税收的确定性与税收法定原则是紧密联系在一起的。只有在税收法定原则得到落实之后，税收才真正具有了"确定性"的特征。

4. 税收与其他财政收入的区别

古往今来，被政府用来取得财政收入的形式非常多。进入近代社会后，仍然存在并保持一定规模的财政收入形式，主要有税收、政府收费、政府公债、国有企业利润上缴、公有财产收入、罚没收入、捐赠收入以及货币的财政发行等。虽然在直观上各种财政收入形式都表现为社会财富由非政府性的经济活动主体向政府的转移，但不同的财政收入形式之间还是存在或大或小的区别。税收的形式特征，是将税收与其他财政收入形式区分开来的主要判断标准。

政府收费是各级政府部门在一定范围内提供某些特定的服务或规制某些经济行为，而向相关经济主体收取的一种费用。在市场经济条件下，规范的政府收费只有使用者收费（user charges）和规费（fees）两种形式。[①]政府收费具有直接有偿性，政府收费的缴款人可以从政府的行为或提供的服务中直接获得收益或报偿，如缴纳了商标注册费的生产者，就可以在规定的时间内合法地独占该商标的所有权及相应的受益权，即特定的费与特定的服务往往具有对称性。而在税收活动中，征纳双方之间是不存在对等的利益报偿关系的，也就是说纳税人缴纳的税收与国家提供的公共产品和服务之间不具有对称性。政府收费的直接有偿性有别于税收形式上的无偿性和本质上的整体有偿性，这是区分税收和政府收费的重要标志。从某种程度上说，政府收费是非强制性的，因为经济行为主体可以通过他们的行为自主地决定是否缴纳政府收费，但税收却是强制的。政府收费无论是确立还是废止以及收费标准的调整等，基本上无须经过立法机关以法律的形式批准，从而具有较大的灵活性，这与税收所具有的确定性截然不同。[②]

政府公债是政府以债务人的身份、以信用为基础取得的一种财政收入。政府发行公债只是将本来属于企业和居民所有的资金的使用权在一定时期内让渡给政府，债务到期后政府必须连本带息一并归还给企业或居民。政府公债具有直接有偿性的特点，这与税收形式上的无偿性和本质上的整体有偿性形成鲜明对照。在市场经济条件下，政

[①] FISHER R. State and Local Public Finance[M]. New York: Routledge, 2022: 188.
[②] 政府收费与税收的不同，决定了政府提供纯公共产品所发生的费用，只能以税收方式来补偿，而不能用政府收费来补偿；而政府提供混合产品所发生的费用，也不能全部用税收来补偿，应当由税收和政府收费来共同补偿。

府公债的发行一般都是建立在自愿原则的基础上的,[①]由企业或居民自由认购;而税收则不同,只要发生应税行为,纳税人不论是否愿意,都必须及时、足额地缴纳税收,否则就要受到相应的处罚。税收是按照事先确定的标准连续取得的财政收入,而政府公债的发行在相当大的程度上取决于政府的财力状况和宏观经济调控方面的考虑,并不具有确定性的特征。

税收的形式特征也可将税收与其他财政收入形式区分开来。税收形式上的无偿性和本质上的整体有偿性,可将税收与罚没收入、特许权收入等收入形式区分开来。税收的确定性使税收与货币的财政发行、摊派和罚没收入等区分开来,货币的财政发行、摊派和罚没收入等都不是具有确定性的财政收入形式。[②]税收的强制性使税收与捐赠收入等区别开来。与税收相比,捐赠收入取决于捐赠者的意愿,它是自愿的。

专栏 1-5 　　　　　　　　明税与暗税

"明税"与"暗税"是相对应而存在的。"明税"(visible taxes)一般是指以正式颁布的税收法律法规作为征收依据,它同时具有强制性、无偿性和确定性等特征,既有"税"之名,也有"税"之实。在现代社会,"明税"是政府取得财政收入的主体。

所谓的"暗税"(hidden taxes)通常没有相应的税收法律法规作为征收依据,它虽无"税"之名,而且社会成员不容易感受到其存在,但它却导致财富或资源强制、无偿地从社会成员转移到政府手中,在很大程度上有"税"之实。在很多国家的税收发展史中,"暗税"都曾是一种客观存在,只不过存在的方式有所不同而已。"通货膨胀税"是各国普遍存在的一种暗税形式。市场经济体制下的政府财政收支,应是依法"明取明予"的,所以政府不应过多地依赖"暗税"来筹集财政收入。

虽然中国历史上曾经存在"黄宗羲定律"所揭示出的"明税轻、暗税重、横征杂派是个无底洞"的弊端,但市场化改革后中国政府一直致力于税收分配的明晰化和规范化。随着法治化和民主化进程的不断深入,"暗税"在中国的生存空间必定越来越小。

资料来源:根据高培勇. 论更新税收观念[J]. 税务研究,1999(2):2-6 和杨斌. 将农民缴纳的"钱"还给农民[J]. 涉外税务,2004(3):5-9 等编写整理。

5. 税收是现代社会政府取得财政收入的基本形式

除了将税收与其他财政收入形式区分开来,无偿性、强制性和确定性等形式特征也使得税收具有了收入来源的广泛性、及时性和稳定性等相对其他财政收入形式而言的优势,从而使其成为现实中运用最广泛、筹集财政资金最有效的一种财政收入形式。

税收是强制征收的,在现代社会税收可以普遍课征于所有的社会成员和全部的社会经济活动,这使得税收收入具有了来源的广泛性,它不像国有企业利润上缴和公共财产收入那样受所有制的限制,也不像政府收费那样受可收费行政服务范围的限制,亦不像专卖收入那样受经营范围的限制。只要国民经济正常运行,政府就能够持续、

[①] 以强制方式发行的政府公债不是真正意义上的公债,它在很大程度上已经具有了税收的性质。
[②] 罚没和税收虽然都同时具有无偿性和强制性的特征,但罚没有着明显的惩罚性,而税收具有的却是非罚性。

稳定地获得较大规模的税收收入。

税收是无偿征收的，政府通过税收取得的收入或社会财富是不直接返还给纳税人的，不像政府公债那样需要到期归还本金并支付相应的利息，而是由政府永久占有和支配使用，从而形成稳定的财政收入。其他收入形式因有偿或其他原因而难以持续获得。

在进入立宪协赞阶段之后，税收也具有了确定性的特征。由于政府征税直接减少了纳税人的经济利益，只有在税收具有确定性的情况下，生产者才能从长远角度安排自己的生产经营活动，消费者才能从长远角度安排自己的消费活动；也只有在税收具有确定性的情况下，经济才能持续发展，社会才能不断进步。税收确定性的特征，还大大降低了不确定因素对税收的影响。此外，政府征税在取得正常收入的同时，也不会凭空扩大购买力、进而引起严重的通货膨胀。

1.3 税 收 根 据

在现实中，税收的征纳直观地表现为政府"无偿地"从经济活动主体取走收入或财富，这就是政府对经济活动主体利益的一种直接"侵犯"。税收根据理论要解决的是政府和社会成员之间税收分配关系形成和存在的根本原因，或者说回答政府为什么有权利向社会成员征税或社会成员为什么有义务向政府缴税。

1.3.1 西方的税收根据理论

虽然税收是一个已经存在了数千年的社会经济现象，但直到四百多年前人类社会才开始对"政府征税侵犯私人利益是否具有合法性"的问题做出解释和说明。在西方税收理论数百年的发展过程中，先后出现了"公共需要说""利益说""牺牲说""保险说""掠夺说""社会政策说""经济调节说"等形形色色的税收根据理论和学说。

1. 公共需要说

"公共需要说"（public demand theory）是西方早期的税收根据理论，它也被称为"公共福利说"。"公共需要说"最早是官房学派学者于17世纪提出的，德国的克洛克（Klock）、法国的波丹（Bodin）和卜攸（Beaulieu）以及意大利的柯萨（Cossa）等是"公共需要说"的主要代表人物。

"公共需要说"认为，人民具有某种公共需要，为满足这种需要，就要由政府履行相应的职能；而要由政府履行相应的职能来增进公共福利，就要使其拥有一定的资财，人民就要向政府纳税，因而税收存在的客观依据就在于公共需要或公共福利的存在。德国学者克洛克曾指出，"租税如不是出于公共福利的公共需要，即不得征收，如果征收，则不得称为正当的征税，所以征收租税必须以公共福利的公共需要为理由"。[①]

2. 利益说

"利益说"（benefit theory）产生于"社会契约论"盛行的17世纪，主要代表人物

[①] 转引自：小川乡太郎. 租税总论[M]. 萨孟武，译. 北京：商务印书馆，1934：57.

有英国的霍布斯和亚当·斯密、法国的卢梭（Rousseau）和蒲鲁东（Proudhon）等，它亦被称为"交换说"（Exchange Theory）。

"利益说"最早见于英国哲学家霍布斯的有关论述："人民为公共事业缴纳税款，无非是为换取和平而付出代价，分享这一和平的福利部门，必须以货币或劳动之一的形式为公共福利做出自己的贡献"。[①]法国启蒙思想家卢梭也赞同"利益说"的观点，他认为国家是人民契约而成的，人民的利益要由国家来保障，所以人民应以其部分财产作为国家保护利益的交换条件，这样国家征税和人民纳税就与法律上的买卖契约相同。可见，"利益说"认为政府征税的根据就是政府维持社会秩序为人们提供利益的交换代价。

在西方当代财政税收理论中占有重要地位的"税收价格说"，是由瑞典经济学家威克塞尔（Wicksell）和林达尔（Lindahl）等在"利益说"的基础上发展起来的，它也被称为"新利益说"。"税收价格说"立足于市场等价交换的角度来说明问题，它认为政府的征税权利来自为社会提供公共产品和服务。

3. 义务说

"义务说"（obligation theory）产生于"国家主义"思潮兴起的19世纪，主要代表人物有法国的萨伊、英国的穆勒（Mill）和巴斯特布尔等，它又被称为"牺牲说"（Sacrifice Theory）。

"义务说"认为，国家由人民共同组成，所有成员理应对其组成的团体的财政需要负有共同分担的义务；也就是说，缴纳税收是国民对国家应尽的义务，也是必要的牺牲。法国经济学家萨伊最早明确指出，"租税是一种牺牲，其目的在于保存社会与社会组织"。[②]在萨伊的基础上，英国经济学家穆勒发展了"牺牲说"，他依据纳税人的量能负担原则提出了均等牺牲的观点。英国财政学家巴斯特布尔则进一步阐述了穆勒的均等牺牲学说。他认为，"均等牺牲原则不过是均等能力原则的另一种表现。均等能力意味着负担牺牲的能力均等"。[③]

4. 其他学说

"保险说"（insurance theory）认为国家如同一个保险公司，国家保护人民的生命财产，人民因受国家保护而向国家缴纳税收，如同被保险人向保险公司缴纳保险费一样。"国家勤劳费用说"（cost of service theory）认为，政府向人民提供了公共服务，于是人民应当依据各人从政府提供的服务中的获益程度来承担政府提供公共服务的费用。从实质上说，"保险说"和"国家勤劳费用说"都是在"利益说"基础上发展出来的分支学说。

"掠夺说"（exploitation theory）产生于19世纪，其主要代表人物是空想社会主义者圣西门（Saint-Simon），这一学说是用剥夺关系来解释政府的征税行为的，它认为税收是一个阶级掠夺其他阶级财产的一种手段。

产生于19世纪末的"社会政策说"的主要代表人物是德国的瓦格纳和美国的塞利

[①] 霍布斯. 利维坦[M]. 黎思复, 黎廷弼, 译. 北京: 商务印书馆, 1936: 22.
[②] 萨伊. 政治经济学概论[M]. 陈福生, 陈振骅, 译. 北京: 商务印书馆, 1982: 509-510.
[③] 转引自: 坂入长太郎. 欧美财政思想史[M]. 张淳, 译. 北京: 中国财政经济出版社, 1987: 367-368.

格曼,"社会政策说"认为税收应是矫正社会财富与所得分配不公的手段,是实现社会政策目标的有力工具。

"经济调节说"产生于20世纪30年代,主要由凯恩斯学派的经济学家所倡导,它认为国家征税除了为筹集公共需要的财政资金,更重要的是全面地运用税收政策调节经济运行;也就是说,通过税收调整资源配置以实现资源的有效利用,通过税收进行国民收入与财富的再分配以提高社会福利水平以及通过税收调节有效需求以稳定经济发展。

在西方学者提出的诸多税收根据学说中,影响最大的是"利益说"和"公共需要说",它们在相当大程度上揭示出政府征税合法性命题的真谛;而"社会政策说"和"经济调节说"等只是在一定程度上阐明了在当时社会经济形势发生变化以后税收应当发挥的作用,并未真正回答"政府为什么有权征税"的问题,严格说来它们并不是真正意义上的税收根据理论。

20世纪五六十年代,西方税收学在步入现代发展阶段后,就极少再涉及税收根据问题,而更多地侧重于从"市场失效"(market failure)的角度来阐明税收存在的必要性。由于完全竞争市场是不存在的,现实生活中市场的资源配置很难达到帕累托最优状态,必然出现垄断、公共产品、外部性、不完全信息、不确定性、收入分配不公平以及宏观经济运行不稳定等市场失效。市场失效问题,从根本上是不可能依靠市场自身解决的,只能由政府以非市场的方式来弥补,以使得市场运行重新恢复到正常有效的状态上来。税收是政府干预或弥补市场失效的重要手段。

1.3.2 中国的税收根据理论

长期实行的计划经济体制,直接导致了中国税收理论的贫乏和滞后。除传统的"国家分配论"[①]简单地把税收根据归结为国家的政治权力外,基本上没有成形的税收根据理论。改革开放后,中国学者才开始对税收根据理论进行了系统的研究,先后提出了"国家职能说"和"国家最高所有权说"[②]等;进入20世纪90年代后,中国税收学界就税收根据又提出了一些新的论说或就以前提出的观点做了补充论述,如"国家社会职能说""法律权利交换说""独立经济利益说"[③]"税收债务关系说"[④]等。

[①] "国家分配论"是中国在计划经济体制下形成的一种"财政本质"学说,其核心命题是"财政是以国家为主体的分配,它体现了以国家为主体的分配关系"。
[②] 王绍飞. 财政学新论[M]. 北京:中国财政经济出版社,1984:45.
[③] 叶子荣. 税收分配与税制结构研究[M]. 成都:西南财经大学出版社,1997:14.
[④] "税收债务关系说"认为,政府之所以有权征税、人民之所以有义务纳税,是因为政府与人民之间存在一种债务,政府征税只是在行使债权人的权利,人民纳税只是在履行债务人的义务。政府是人民为了获得幸福、安全、自由、福利等而共同设立的一个公共机构,人民为了使这一公共机构——政府能够为人民提供幸福、安全、自由和福利等公共产品和服务,就自愿同意缴纳一定的财物给政府,人民的同意是通过代议机关制定的宪法和法律来体现的。这样,就在政府与人民之间形成了一种债权债务关系,双方互负债务、互享债权。政府的债权是征收税款,政府的债务是提供公共产品和服务,人民的债权是享受公共产品和服务,人民的债务是缴纳税款(参见刘剑文,熊伟. 税法基础理论[M]. 北京:北京大学出版社,2004:63-67)。"税收债务关系说"最早源于德国1919年制定的《帝国税收通则》,它实际上是"税收利益说"的一种逻辑引申,被引入中国后更多地流行于法学界。

1. 国家政治权力说

"国家政治权力说"认为，国家参与社会产品的分配总要凭借某种权力，在我们面前有两种权力，一种是财产权力，另一种是政治权力，国家征税凭借的不是财产权力，而是政治权力。① "国家政治权力说"一度在中国财税学界广为流行。

中国确立建立社会主义市场经济体制的目标后，部分"国家分配论"者也逐步将利益因素引入"国家政治权力说"中，提出了所谓的"权益说"。"权益说"仍然坚持"国家政治权力说"的核心命题，同时承认社会主义国家与纳税人之间也存在着利益关系，但又认为这种利益关系不同于等价交换的利益关系，而是长远利益与眼前利益、整体利益与局部利益、国家利益与个人利益的关系，或者说是"取之于民，用之于民"的利益关系。"权益说"强调"国家政治权力说"是以"利益说"为前提的，两者是统一的。②

2. 国家职能说

"国家职能说"认为，国家为满足实现其职能的需要就必须以强制的、无偿的方式参与对社会产品的分配，即政府征税的根据是满足国家实现其职能的需要。这一学说也被称为"国家需要说"。

后来，有学者对"国家职能说"做了补充论证：税收分配形成对社会产品的扣除，依据的是现有的生产规模、生产能力、国家的需要和可能以及在实践中摸索出来的规律性，这些都是凭借国家职能才能解决的；法律上的国家职能外化成法权，于是税收就成为一种权利和义务法律关系，而在事实上国家职能外化为宏观生产要素，依据受益原则构成整个社会经济活动的一部分成本，即税收。国家职能的外化形式法权和宏观生产要素，构成国家课税的直接依据。③

3. 国家社会职能说

"国家社会职能说"提出，在社会正义的范围内参与分配的根据只能是参与生产，国家以执行社会职能为社会再生产提供必要外部条件的形式参与生产，所以税收根据是国家的社会职能。

"国家社会职能说"将国家的社会职能区分为服务性职能和管理性职能。税收根据首先是国家的服务性职能及由此产生的国家与人民之间的互利关系；在此基础上根据社会经济发展的需要，国家也可在一定范围和限度内以其管理性职能为根据向人民征税。国家执行其社会职能是其课税的权利，国家拥有政治权力是其课税的力量保障，权利与权力的统一，构成国家课税的事实。④尽管也是从国家职能的角度来论证税收根据，但"国家社会职能说"在理论基础和逻辑推理等方面，与"国家职能说"有着很大的区别。

4. 法律权利交换说

"法律权利交换说"认为，税收之所以存在，除了国家的存在，还在于人民的权利

---

① 王诚尧. 国家税收[M]. 北京：中国财政经济出版社，1988：10-11.
② 邓子基. 社会主义市场经济与税收基础理论[J]. 当代经济科学，1993（4）：3-9.
③ 喻雷. 再谈课税依据[J]. 财经问题研究，1993（8）：36-38.
④ 马国强. 税收学原理[M]. 北京：中国财政经济出版社，1991：26-27.

需要得到政府的确认和保护；税收就是个人和企业为获得各种权利而承担的义务并付出的一种费用，它是一种超经济法权关系的体现。[①]

"法律权利交换说"不仅希望在总体上解释国家课税的根据，而且力求说明各具体税种开征的原因。这一学说认为，不同的人（包括法人）所享有的权利是不同的，按权利与义务对等的原则，他们应当承担的税收义务或者说国家应开征的税种也应不同，例如企业享有自然资源开采权，国家就应开征资源税；企业享有利润支配权，国家就可开征所得税；而企业享有经营权，国家就可以开征流转税。

中国传统的税收理论认为利益赋税思想是对等价交换法则的滥用、将利益交换关系引入政府征税中有损税法的严肃性。改革开放以后中国学者提出的税收根据理论，已不再简单地认为税收只是人民对国家的一种无偿支付了，而都不同程度地认同政府与人民之间的税收关系包含利益因素在内的观点，并且在解释税收根据时或多或少地吸纳了利益赋税或利益交换的思想。如果说"国家职能说"中体现的利益赋税思想还有些模糊的话，那么在"国家社会职能说"和"法律权利交换说"等论说中，这一思想就已经相当明确了。随着市场经济体制的建立与逐步完善，中国的税收根据理论吸收利益赋税和利益交换的思想是很自然的，而且似乎也是一种必然。

1.3.3　对市场经济条件下税收根据的基本认识

中国的税收根据理论研究，尽管从不同的侧面立论并得出不尽相同的结论，但总体上看大多立足于一般意义上的税收，力图概括几千年来不同社会形态下国家课税根据的共性，而较少与特定的经济体制联系起来，致使税收根据理论的现实解释力较差。从税收确立方式的演变过程来看，成熟形态的税收主要存在于普遍推行市场经济体制的立宪协赞时期。也只有在市场经济条件下，税收才真正成为政府唯一的基本财政收入形式，而且不再像自然经济、简单的商品经济和计划经济条件下经常出现租、税、赋、利等范畴在事实上难以区分的情形。正因为这样，对税收根据的研究大可局限在市场经济条件下税收根据的诠释上。

税收根据有一般外在表象，它在不同制度环境中与特定的经济运行体制及其相适应的价值观念、道德规范相结合后也会有特殊表象。市场经济就是利益经济，其等价交换的基本法则表现为利益的等价交换。现代市场经济体制得到充分发展后，等价交换的市场观念渗入社会经济生活的每一个角落，一切经济和非经济关系都被打上了市场交换的烙印。尽管税收是非市场行为，不受纯市场机制的调节，但从根本上看却是服从和服务于市场经济体制的，仍要受准市场机制的约束。这样，非市场性的税收关系也不例外地被包容进了市场关系，或者说是准市场化了。市场经济条件下通行的等价交换原则，在本质上要求政府模拟市场价格机制来征税，即通过类似于利益交换的方式，来筹集提供公共产品和服务所需的财政资金；市场经济所包含的消费者主权的哲学思想也要求政府按个人对公共产品和服务的效用评价来征税。在这种制度背景下，将政府行使其职能为市场提供公共产品和服务与纳税人的纳税视为双方进行市场

[①] 马国贤. 政府经济学[M]. 北京：中国财政经济出版社，1995：258-261.

式的交换活动，就不是什么不着边际的奇想了①，此时政府征税的根据在现象上也就表现为一种利益交换了。可以说，政府与纳税人之间在公共产品和服务提供过程中的利益交换，就是税收根据在市场经济条件下的特有表象。

拓展阅读 1-2

中国确立"利益赋税"思想难在哪里？

市场经济也是法治经济，各种经济利益关系在法律层面上表现为各项权利与义务。市场经济条件下税收关系中所体现出来的利益交换，从法律角度看，实际上也是一种权利与义务的对等交换：政府享有向社会成员征税的权利，同时负有向社会成员提供公共产品和服务的义务；而社会成员负有向政府纳税的义务，同时享有政府提供公共产品和服务带来各种利益的权利。

1.4 税收职能与作用

税收职能是税收范畴所固有的职责和功能，它内在于税收分配过程之中，体现着税收的基本属性。准确把握税收职能，全面认识税收在社会经济生活中发挥的作用，对于建立起符合客观经济规律的税收制度和制定恰当的税收政策都是极其重要的。

1.4.1 税收职能

在参与社会产品分配的过程中，税收使政府获得一定数额的财政收入，同时对社会经济发展产生影响，这种影响具体体现为影响收入分配和作用于社会经济运行。尽管自产生之日起，税收就具有取得财政收入和对社会经济运行产生一定影响的能力，但主流经济理论对税收职能的认识，却是随着社会经济形势的变化而逐步深化的。

1. 税收的财政收入职能

税收的财政收入职能是指税收参与社会产品的分配从而占有一部分社会资源的功能，它是税收最基本的职能。无偿性、强制性和确定性的形式特征，决定了税收在取得财政收入方面具有及时、可靠和均衡等特征，这就使得税收成为政府取得财政收入的首选形式。在现代社会，税收的收入职能日益突出并不断得以强化，使得税收成为"政府机器的经济基础"。"税收国家"（tax state）的称谓②，就是在这样一种背景下出现的。

从亚当·斯密创立古典经济学到 19 世纪下半叶，主流经济理论一直将税收职能仅定位为取得财政收入。之所以如此，首先要归因于当时人们对政府的认识。这一时期，经济自由主义（liberalism）在理论和实践上都占据着统治地位。经济自由主义认为政府应尽可能地不对经济运行进行干预，基本上只需充当"守夜人（night watchman）"的角色。此时，政府对市场活动的干预，被认为是对社会经济发展起消

---

① 张馨. 个人课税：权利、义务、职责[J]. 涉外税务，1998（2）：4-8.
② "税收国家"概念是从收入层面对国家进行的定位。据考证，"税收国家"一词最早见于德国著名经济学家熊彼特（Schumpeter）1918 年所著的《税收国家的危机》（Diekrisedes Steuerstaats）。熊彼特认为，"财税与现代国家有着密不可分的关系，以至于可以把现代国家称为'税收国家'"。后来，"税收国家"概念被日本知名税法学者北野弘久用来指税收构成政府财政收入最主要来源的国家，从而被广泛接受和使用。

极作用的异己因素。另外一个原因在于这一时期的生产力水平相对低下，收入和社会财富的分配差距从总体上不是非常大，无须借助政府的力量加以矫正；与此同时，生产和消费基本上都是以家庭为单位来进行，生产和消费间的联系是非常直观的，一般不会发生脱节现象，也不需要由政府进行太多的调节与控制。当然，也不否认这一时期有个别国家自发地利用税收手段来作用于社会经济的发展，但并不具有政策导向的性质，也不具有经常性。

2. 税收的社会公平职能

税收的社会公平职能是指税收所具有的调节收入分配的功能。尽管一定的收入分配差距对保持市场机制的有效运行是不可或缺的，但过大的收入分配差距也会对国民经济的平稳运行产生不利的影响，并造成社会成员之间的矛盾和冲突，导致社会的不稳定。为了防止这种状况的出现，就要由政府对市场机制所形成的收入分配进行适当的调节，以使得现实中的收入分配差距控制在社会各阶层所能接受的状态。在征税的过程中，政府通过征与不征、多征与少征等方式，是可以影响和改变不同社会成员之间的收入分配状况的。①

专栏 1-6　　　　税收与三个层次的收入分配

2021年，中共中央财经委员会第十次会议指出，"要坚持以人民为中心的发展思想，在高质量发展中促进共同富裕，正确处理效率和公平的关系，构建初次分配、再分配、三次分配协调配套的基础性制度安排"。税收在三个层次的收入分配中都发挥着重要的作用。

1. 初次分配

市场经济条件下，国民收入初次分配的基本原则是按照生产要素进行分配，即根据劳动、资本、土地、知识、技术、管理、数据等生产要素在生产过程中的贡献进行收入分配。通过市场机制实现的初次分配，体现的是效率原则和市场竞争的结果。

在现实生活中，人与人之间占有的生产要素本来就存在较大差异，加上由于各种生产要素在生产中的贡献不同而使得各自获得的单位报酬率也不相同，再加上初次分配在很大程度上还受到市场供求关系等因素的影响，所以国民收入初次分配的结果必然是人与人之间存在着或大或小的差距。

2. 再分配

再分配是政府在初次分配结果的基础上，通过税收、财政支出、社会保障等手段对各经济主体在初次分配中获得的要素收入进行的调整。再分配强调的是公平原则，其目的是为了缩小初次分配所形成的不均衡，体现了政府促进社会公平和稳定的意图。

3. 第三次分配

第三次分配是指社会组织和个人以捐赠、慈善等方式进行的分配。第三次分配以

---

① 对实现社会公平的税收机制、税收对微观经济运行的调节手段以及税收对宏观经济运行的影响等的详细论述，分别参见第12.3.2小节、第3.4.1小节和第12.2节。

自愿为原则、以道德力为驱动，不带有强制性，参与第三次分配的社会组织和个人通常是出于对社会的责任感和使命感。第三次分配既有助于克服市场机制分配所带来的弊端，还能够在一定程度上弥补政府调节机制的不足，它是对初次分配和再分配的有益补充。

在实践中，三个层次的分配并不是依次进行的，而是互相交错并行不悖的。税收参与了三次分配的全过程。在初次分配中，税收以生产税（produce tax）净额的形式参与分配，体现了政府生产要素的提供者身份。在再分配中，税收以转移税（transfer tax）形式参与分配，体现了政府管理者身份。在第三次分配中，税收主要以通过税收优惠引导和激励社会资源流向第三次分配领域的方式参与分配，体现了政府对公益事业发展的导向。

注：生产税的重要标志是"其应该发生在生产者营业利润之前，在一定程度上可以附加于产品价格之上，通过生产产品的出售转嫁给购买者"。"生产税净额"是政府部门在初次分配收入中获取的净收入，即生产和进口税与生产和进口补贴之间的差。

资料来源：根据梁朋．重视发挥第三次分配在国家治理的作用[J]．中国党政干部论坛，2020（2）：33-36 和梁季．税收促进第三次分配与共同富裕的路径选择[J]．人民论坛，2021（10 上）：34-39 等编写整理。

从 19 世纪下半叶开始，主流经济理论逐步认识到，税收职能不应仅停留在取得财政收入上，政府还应当运用税收手段来调节社会财富的分配以贯彻社会政策。推动主流经济理论做出这一转变的是德国社会政策学派。从 19 世纪中叶开始，德国的资本日益集中，人与人之间财富占有的差距越来越大，资产阶级、工人阶级以及专制主义的政权机构形成三足鼎立的复杂社会结构，日趋尖锐的阶级对立不仅妨碍了经济的发展，而且威胁到社会的稳定。为了促进经济发展并保持社会稳定，德国著名财政学家瓦格纳提出，政府要制定相应的社会政策来承担起调节财富分配的任务。在其他经济发达国家，也先后出现了资本集中、财富分配两极分化和社会矛盾异常突出等问题。正是在这样一种背景下，税收的社会公平职能被纳入主流经济理论的框架。

3. 税收的经济调节职能

税收的经济调节职能是指税收提高微观经济运行效率、促进宏观经济平稳运行的功能。在取得财政收入的同时，政府征税也改变了各经济活动主体的利益，而利益的多寡又直接影响到他们的行为。在这样一种情况下，政府就可以有目的地利用税收手段来影响和改变各经济活动主体的利益，以使他们的行为尽可能地符合政府相关的社会经济政策，与此同时也实现宏观经济的平稳运行。

从微观层面看，市场经济条件下的经济活动主体都是以利润最大化为活动目标的，此时资源配置主要取决于经济活动主体自身收益与成本的对比关系。然而某些产品与服务的生产，不仅给生产者自身带来收益或成本，而且给他人或社会带来收益或成本，即存在外部性。当出现正外部性时，生产者以自身收益为依据安排的生产活动对社会而言会显得过少，没有充分利用现有的经济资源最大限度地满足人们的需要；而当出现负外部性时，生产者以自身成本为依据安排的生产活动对社会而言又会显得过多，造成了经济资源的浪费。为了实现整个社会经济资源的有效配置，需要由政府对资源配置进行适当的调节。税收就是政府调节资源配置的一种重要手段，出现正外部性时可以采取低税、减税或免税的办法，而出现负外部性时则可以采取征税或加重税负的办法。

从宏观层面看，市场经济的自发运行总是会出现周期性的波动。从根本上说，宏观经济运行不稳定是由社会总供给和社会总需求失衡造成的。但是宏观经济总量失衡又不是市场机制本身所能有效解决的，而只能由政府来进行适当的干预和调节。政府对社会总供求进行调节可以运用货币政策，也可以运用财政政策，更多的时候是两者相互配合。运用财政政策来调节社会总需求又有财政收入与财政支出两种手段。由于支出的刚性较强，所以财政支出手段的作用力度在一定程度上受到限制，此时财政收入手段的作用就显得相对突出。在现代市场经济条件下，税收占财政收入的比重基本保持在90%左右，财政收入的作用主要体现为税收的作用。政府为保持宏观经济的平稳运行，必然把税收作为一个重要的工具。

20世纪30年代爆发的席卷全球的经济危机，使人们从"市场万能"的迷信中醒悟过来，认识到仅依靠市场机制这只"看不见的手"是不能自发地保持宏观经济的平稳运行的，政府还必须对经济运行进行必要的干预，而税收恰恰是政府干预和调节经济运行的一个重要手段。在这样一种背景下，税收还具有调节经济运行的职能，就成为主流经济理论的共识。

1.4.2 税收作用

税收作用（role of taxation）是政府税收活动与社会经济环境相结合所产生的效果，它是税收职能的外在表现。要有效地发挥税收的职能，就必须正确认识税收的作用，既不能忽视税收对社会经济生活所产生的影响，也不能任意夸大税收的作用。

1. 税收作用是有限的

在社会经济发展过程中，税收的存在是客观的、税收的作用是现实的，但税收也不是万能的，同其他所有事物一样，税收作用是相对的、有限的。

税收作用之所以具有局限性，原因有四。

首先，在于税收功能自身的局限性。任何一个税种的征税对象都是特定的，税收作用的发挥只能限定在征税范围之内，其作用对象也只针对特定的纳税人，对于不属于征税范围的领域或不是纳税人的经济活动主体，税收的作用就无从谈起。

其次，税收作用受到征税深度的限制。由于税收作用是通过税收负担水平的界定和调整来实现的，所以税收作用的力度就会受到纳税人缴纳税额的限制。税收作用的有效性不单取决于政府，还有赖于纳税人对税收政策或税收制度调整带来的税收负担变化的敏感性；有时，纳税人对税收负担变化的行为选择，会使得税收作用达不到预期的效果。

再次，税收制度设计和实施过程中存在的问题，也可能限制税收作用的发挥。在一些国家，由于多方面的现实原因，有时甚至是受既得利益的影响而在税收制度设计时就没有达到最优，在这样一种情况下，税收的作用必然也是具有局限性的。在现代社会，税收制度是经过法定程序批准的，在一定时期内应具有相对稳定性，而不能频繁地调整。即使要调整，也需要经过法定程序批准，由此也决定了税收作用于千变万化的社会经济时存在着明显的时滞。

最后，税收作用的发挥还要受到一定征管水平和税收成本的制约。离开现实的税收征管水平、不问税收成本，也不可能发挥税收应有的作用。

2. 中国对税收作用认识的演进

中国对税收作用的认识，随着意识形态和经济体制模式的变迁发生了较大的变化，同时在相当大的程度上制约着中国的税收实践。1949年以来，中国对税收作用的认识先后经历了三个阶段。

1）"税收无用论"阶段

"非税论"在20世纪50年代初期由苏联传入中国，并很快被全盘接受。"非税论"是以否定国有经济税收和社会主义税收必要性为主要内容的一种理论，它认为在社会主义公有制条件下，政府向国有企业征税已失去税收所固有的强制转移所有权关系的特性，使得基于这一特性的税收对财政和经济的特殊作用已不复存在，或者说税收的作用完全可以被诸如计划价格和利润上缴等其他分配范畴所取代。

"非税论"及由其引申出的"税收无用论"，是中国计划经济时期历次税制简化、直至取消税收的理论基础。1950年颁布实施的《全国税政实施要则》规定，除农业税外，全国范围内统一开征货物税、工商业税、盐税、关税、薪给报酬所得税、存款利息所得税、印花税、遗产税、交易税、屠宰税、房产税、地产税、特种消费行为税和使用牌照税等14种工商税。1953年，中国按照"保证税收，简化税制"的原则，对原工商税进行了一些修订，保留了12种工商税。1958年，又本着"基本上在保持原有税负的基础上简化税制"的方针，对《全国税政实施要则》规定的税制体系做了相当大的调整，其中一项重要内容就是把原来对产品销售实行一次性课征的商品流通税、对一部分工业品所征收的货物税、对工商企业按销售额征收的营业税以及印花税简并为"工商统一税"，改革后只保留了9个税种。1959年中国停征了存款利息所得税，1966年又废除了文化娱乐税。1973年的工商税制改革把工商统一税及其附加、城市房地产税、车船使用牌照税、盐税和屠宰税等5个税种合并为"工商税"，合并后对国营企业只征收工商税，对集体企业只征收工商税和工商所得税；与此同时，各税种的税目和税率也被简化，税目由原来的108个减为44个，税率由原来的141个减为82个。在整个计划经济阶段，税收制度多次被简化至近乎单一税制，税收的作用几乎被全盘否定，税收也被视为与公有制经济和社会主义分配关系不相融的"异物"。

2）"税收万能论"阶段

1978年12月党的十一届三中全会召开以后，全国上下都解放了思想，对过去几十年的税收理论和税收实践的经验教训进行了总结，"税收无用论"受到了批判，税收作为重要经济杠杆的地位被确立下来。在"税收杠杆论"思想的指导下，税收实践也发生了巨大变化，这集中体现在1984—1993年的税收制度上。

进入20世纪80年代后，中国首先废止了1973年出台的"工商税"，接着又围绕两步"利改税"①对税收制度进行了较大幅度的调整，改革的主要内容包括两个方面：一是预算内国营企业由上缴利润改为征收国营企业所得税，税后利润归企业支配，紧接着又推行承包制和实行一户一个税率的国营企业调节税；二是出台产品税、增值税、营业税、盐税、国营企业奖金税、建筑税（后改为"固定资产投资方向调节税"）、城市维护建设税、国营企业工资调节税、城乡个体户所得税、私营企业所得税、中外合资企业所得税、外国企业所得税、个人收入调节税、集体企业奖金税、事业单位奖金税、特别消费税、资源税、烧油特别税、城镇土地使用税、集体企业所得税、工商统一税、印花税、牲畜交易税、屠宰税、筵席税、集市交易税、车船使用税、房产税、城市房地产税、个人所得税等多个税种。到1993年12月，中国共开征了五大类42个税种。

是是非非"筵席税"

虽然在"税收杠杆论"的指导下，改革开放后中国的税收制度从计划经济时期的单一税制恢复为复合税制，为进一步深化税制改革做了前期准备，但是在批判"税收无用论"的过程中，中国并没有很好地解决税收在社会经济中作用的合理定位问题。在对税收作用的认识上，中国刚走出"税收无用论"的极端，又渐渐步入"税收万能论"的极端，过分夸大税收的功能和作用，把税收视为解决改革中出现种种问题的"灵丹妙药"，主张用税收来解决现实经济生活中的一切问题。在实践上，"税收万能论"导致一遇到问题，首先想到的便是税收，进口调节税、国营企业工资调节税、个人收入调节税、集体企业奖金税、事业单位奖金税、特别消费税、烧油特别税和筵席税等税种就是在这种指导思想下出台的。此时，税收杠杆常常超越自身能力代替其他经济杠杆"工作"，其直接结果是税种越来越多、税制越来越繁复以及税制越来越不规范。

3）辩证认识税收作用阶段

"税收无用论"和"税收万能论"尽管在表现形式上截然相反，但都是人们在税收作用认识方面所反映出来的形而上学观点，这两种态度显然都是不可取的。以这样的思想指导实践，只会给政府财政和社会经济运行带来不良的后果。只有辩证、客观地认识税收的作用，才能正确地指导税制改革。

1994年中国对税收制度进行了较大幅度的调整，建立了以规范化的增值税为核心，消费税、营业税相互协调配套的商品税体系，统一了个人所得税和内资企业所得税，同时也取消了集市交易税、牲畜交易税、资金税和工商调节税，调整了城市维护建设税，新开征了土地增值税。进入21世纪后，中国又启动了新一轮税制改革，先后完善了消费税制度，取消了农业税和农林特产税（除烟叶外），停征了屠宰税和筵席税，新开征了车辆购置税和环境保护税，实现了增值税的转型，统一了内外资企业所得税，推出了资源税改革，完成了"营改增"以及个人所得税模式的转变，与此同时也在积极酝酿房产税的改革。1994年及其后的历次税制改革，是中国进入科学、理性地认识税收在社会经济中的作用阶段的具体体现。

---

① 两步"利改税"，指的是中国1983年和1984年分两个步骤将国营企业上缴的利润改为缴纳税收的改革。

专栏 1-7　　拥堵税：治理城市交通拥堵的良药？

2003 年，英国伦敦正式引入"拥堵税（London Congestion Charge）"，目的是为了缓解伦敦中心城区的交通状况。起初，在拥堵税的作用下，伦敦的交通拥堵情况确实有所缓解，中心城区的行车速度一度从 8.69 英里/小时提高到 10.56 英里/小时，市中心拥堵减少了 30%。然而，仅 4 年后，伦敦中心城区的行车速度就又回到 9.32 英里/小时的"前拥堵税速度"。伦敦决定课征拥堵税的另一大理由是促进"减排"，但 2012 年部分环境学家的追踪结果却是"效果几乎没有"。

在中国，伴随着快速城市化进程，越来越多城市的道路拥堵问题也凸显出来。在城市道路愈发拥挤的背景下，不少城市、官员和学者提出通过采取道路拥堵税或费的方式，来限制城市道路高峰期的车流密度，达到缓解城市交通拥挤的目的。住房和城乡建设部前副部长仇保兴在"2015 年城市发展与规划大会"上发表演讲，建议用征收汽车拥堵税的办法解决交通拥堵问题，并称人口比伦敦多三倍的广州更应该征收汽车拥堵税。2016 年，北京市出台了《关于推进价格机制改革的实施意见》，也明确提出要研究交通拥堵收费政策。

近些年来，美国纽约、加拿大多伦多和温哥华等多个城市都曾论证过"拥堵税"，但除了新加坡等个别例外，大多数提案都"胎死腹中"，被市民公投或地方议会否决。中国是否利用税收手段来治理城市交通拥堵，还是应慎之又慎，否则又有可能陷入"税收万能论"的窠臼。

资料来源：根据陶短房."伦敦拥堵税"几乎是个失败案例[N]. 新京报. 2015-07-24 等编写整理。

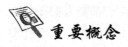

重要概念

税收　社会公共需要　税收法定原则　明税　暗税　无偿性　整体有偿性　强制性　确定性　税收根据　公共需要说　利益说　交换说　税收职能　税收作用　税收国家　税收无用论　税收万能论

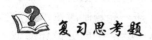

复习思考题

1. 什么是税收？请分别从分配、生产和交换等角度来界定。
2. 简述税收存在的必要性。
3. 税收与社会公共需要之间存在什么关系？
4. 就确立方式而言，税收的发展与演进经历了哪几个阶段？不同阶段的税收各自具有什么特点？

5. 应如何理解税收形式上的无偿性和本质上的整体有偿性？
6. 为什么说税收是现代社会政府取得财政收入的基本形式？
7. 什么是利益赋税思想？如何理解市场经济条件下的税收根据？
8. 在现代社会，税收有哪些职能？为什么说税收在社会经济运行中的作用是有限的？

课堂讨论

请结合以下案例材料，并联系现实，就"税收在实现中国式现代化过程中应发挥怎样的作用"进行讨论。

案例材料　　　　中国式现代化

习近平总书记在庆祝中国共产党成立 100 周年大会上提出了"中国式现代化"这一重要论断。党的二十大报告在擘画新时代新征程的宏伟蓝图时，深入阐述中国式现代化理论，着重强调了中国式现代化的五个方面的中国特色、九个方面的本质要求和必须牢牢把握的五个重大原则。

中国式现代化的特色包括：中国式现代化是人口规模巨大的现代化；中国式现代化是全体人民共同富裕的现代化；中国式现代化是物质文明和精神文明相协调的现代化；中国式现代化是人与自然和谐共生的现代化；中国式现代化是走和平发展道路的现代化。

资料来源：根据共产党员网相关资料编写整理。

参考文献与延伸阅读资料

1. 弗里斯比. 权力的钥匙：世界税收史[M]. 刘生孝，译. 杭州：浙江人民出版社，2022.
2. 内格尔，墨菲. 税与正义[M]. 许多奇，萧凯，译. 上海：上海三联书店，2023.
3. SLEMROD J, BAKIJA J. Taxing Ourselves: A Citizen's Guide to the Debate over Taxes[M]. Cambridge: The MIT Press, 2017.
4. JAMES S, NOBES C. Economics of Taxation: Principles, Policy and Practice[M]. Bath: Fiscal Publications, 2018.
5. AMBROSIO F. Principles of Taxation in the United States: Theory, Policy, and Practice[M]. New York: Routledge, 2020.

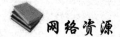 网络资源

http://www.chinatax.gov.cn
中国国家税务总局网站

https://ntanet.org/publications/ntj/
国家税收杂志（*National Tax Journal*）网站

第 2 章 税收活动主体及其约束规则

学习目标

- 掌握纳税人的权利与义务;
- 掌握税收制度的内涵及主要构成;
- 掌握税收正式制度安排的构成;
- 了解税收非正式制度安排的作用机理;
- 掌握与市场经济体制相适应的税收观念。

在不同国家的税收活动中,都有为数众多的主体参与进来。为了确保税收活动的正常开展,所有的税收活动主体都必须遵守相应的约束规则。各税收活动主体应当遵守的约束规则,既包括成文的正式制度安排,又包括以观念等形态存在的非正式制度安排。

2.1 税收活动主体的权利与义务

在各国的税收实践中,税收活动中的不同主体,都既享有一定的权利,也要履行相应的义务。不同性质的税收活动主体所享有的权利和承担的义务是各不相同的。

2.1.1 税收活动主体的细分

完整的税收活动,应当是政府征税、纳税人纳税以及政府用税的有机统一体。根据在税收活动中发挥作用的不同,可以把税收活动主体区分为"征税主体""纳税主体""用税主体"。[①]

1. 征税主体

征税主体是在税收活动中享有征税权力的行为方。作为征税主体的"政府"指的是广义上的政府,不仅包括中央政府,也包括各级地方政府。在具体的实践中,各国都设置了专门的税务机构代表政府履行着具体的征税职责,负责关税征管的海关也承担着部分征税职责。

2. 纳税主体

纳税主体是在税收活动中根据法律的相关规定负有缴纳税款义务或实际承受税收

---

① 高培勇. 纳税人·征税人·用税人[N]. 光明日报, 2000-09-28.

负担，同时又独立享有相应权利的经济活动主体，它也常常被称为"纳税人"。①在现代社会，纳税主体主要是依法从事各项经济活动的厂商、家庭或个人。在某些情况下，以自己的信誉和财产保证纳税人履行纳税义务的纳税担保人，也有可能承担纳税义务。

拓展阅读 2-1

我们都是"纳税人"

3. 用税主体

用税主体是依照法律的规定使用税款的行为方。税款的使用实际上也是完整税收活动不可或缺的一个重要环节。

税收是纳税人为享有政府提供的公共产品和服务而付出的费用。纳税人并没有真正将税款"给"政府，而是委托政府利用这些钱去配置社会资源，向他们提供在市场上无法购买到的公共产品和服务。作为税款的使用者，政府必须按照经过法定程序批准的政府预算安排使用。在现实中，各级财政部门代表政府履行主要的用税职责，政府各职能部门是税款使用过程中的具体执行者。

2.1.2 纳税人的权利与义务

作为社会公共事务的执行者，政府在享有向社会成员征税的权利的同时，也负有合理使用税款、及时足额提供公共产品和服务以满足社会公共需要的义务；纳税人依法享有从政府提供的公共产品和服务中获得相应利益的权利，与此同时也负有通过纳税向政府让渡部分社会资源的义务。②

1. 纳税人的权利

"纳税人"范畴其实就是公民身份在税收领域中的具体化，③因而完整意义上的纳税人权利，首先应当是纳税人作为公民在宪法层面上享有的权利，其次才是由宪法层面上的权利所派生出来的纳税人在税收活动中的权利。

作为公民，纳税人在宪法层面上享有生存权、平等权、财产权、劳动权、教育权、言论自由权和宗教信仰权等权利；但从税收的角度来看，在现代社会纳税人最重要的宪法权利是"赞同纳税权"，以及由之所引申出来的"政府服务权""代表选举权"和"税款节俭权"等。④这些权利是伴随着作为公共财政具体承载体的现代政府预算制度的建立和发展而逐步获得的。

"赞同纳税权"指的是政府征税必须经过纳税人或社会公众同意，没有纳税人的同意，政府是不能课税的，它也常称之为"非赞同毋纳税"（No Taxation without Representation）。在现实生活中，私人财产权是受法律保护的。政府通过向私人部门提供其生产生活所必需的公共产品和服务，要求私人部门无偿地向政府让渡自己的财

---

① 本书中使用的"纳税人"概念，有广义和狭义两种界定。狭义上的"纳税人"概念指的仅是纳税义务人，它多出现在税种制度和税收征管制度中；而在其他情形下使用的"纳税人"概念基本是广义上的界定。
② 纳税主体的权利与义务，与作为征税主体和用税主体的政府的义务与权利是相对应而存在的。纳税主体行使权利的另一面就是政府应当履行的义务，而纳税主体要履行的义务就是政府行使其权利的结果，因而这里着重分析纳税人的权利与义务。
③ 在封闭经济条件下，这个命题是完全成立的；在开放经济背景下，会有外国公民成为本国纳税人的情形，但这部分人群在一个国家全部纳税人中所占的比重并不是非常大，并不从根本上否定该命题。
④ 张馨. 析"纳税人"的权利[J]. 中国经济问题，2003（1）：13-23.

产,这实际上就是一种"交换"。而"交换"必然是建立在双方同意的基础上进行的,强迫进行的交换不是真正的"交换",而是"掠夺",因此政府不能在未经私人财产所有者同意的情况下,强行通过征税的方式将私人财产变为政府财产。

纳税人的"赞同纳税权"具体是通过代议机构或民意代表机关来行使的。一旦税收法律草案获得了民意代表机关的批准,就意味着税收获得了社会公众的同意。纳税人之所以会以民意代表机关批准税法草案的形式同意缴纳税收,主要是因为纳税人享受了政府提供的公共产品和服务,而这些公共产品和服务又是其生产生活所不可或缺的。纳税人需要政府提供什么样的公共产品和服务,只有纳税人自己最清楚,因而在取得"赞同纳税权"这一最基本的权利之后,纳税人自然而然还要将控制权延伸到税款的使用上来,要求政府根据纳税人的需求来提供相应数量和质量的公共产品和服务,于是就产生了纳税人的"政府服务权"。

"代表选举权"也是纳税人的一项重要权利。"赞同纳税权"只是使税收决定权从政府行政部门转移到代议机构手中,但这还不足以确保纳税人的根本利益不受侵犯,这是因为如果代议机构不是由真正能够代表纳税人利益的人组成的话,那么其通过的税收法案就极有可能是违背纳税人根本利益的税法,所以享有"代表选举权"对纳税人维护自身利益来说也是非常关键的。只有在纳税人真正享有"代表选举权"的情况下,由社会公众选举产生的民意代表机关,才能真正受社会公众的制约、对社会公众负责,其通过的税法才不至于损害纳税人的利益。也正因为从根本上看纳税人是为了自己的利益而向政府缴纳税款,所以纳税人也相应地具有要求政府合理地使用税款、不得随意浪费的权利,即"税款节俭权"。

纳税人在税收活动中享有的权利,是其宪法权利的具体体现和进一步的细化,它主要体现在税收征管活动中。纳税人在税收征管中的权利与税法的具体实施密切相关,如知情权、正当程序权、要求保密权、申请减免税权、申请退税权、陈述申辩权、复议和诉讼权、请求国家赔偿权、控告检举权、请求回避权、举报权、申请延期申报权、取得代扣代收手续费权、申请延期缴纳税款权、索取完税凭证权、索取收据和清单权以及拒绝检查权等。

在纳税人的权利体系中,宪法层面上的权利是最根本的。"赞同纳税权"等宪法层面上的权利,是纳税人税收层面权利的基础。没有"赞同纳税权"等宪法层面上的权利的实现,是不可能有纳税人税收层面权利的真正落实的。

2. 纳税人的义务

虽然各国法律对纳税人义务的具体规定不尽相同,但一般来说,各国纳税人的义务至少都包括"给付义务"和"作为义务"两个方面。

1) 给付义务

给付义务就是通常所说的依法纳税义务,这是纳税人最基本的义务。[①]世界上大多数国家都在宪法中明确规定了公民负有依法纳税的义务。

纳税人依法纳税的义务具体包括按照法律的规定按期如实申报应纳税额和按时缴纳应缴税款等内容。一些国家的宪法还规定,除非有明确的法律规定,任何人不得免

---

① 张守文. 税法原理[M]. 北京:北京大学出版社,2021:86.

除纳税义务,也不得任意增设或变更纳税义务。

2)作为义务

在规定纳税人有依法纳税义务的同时,各国也普遍规定了纳税人的"作为义务",即纳税人根据法律的相关规定负有应当实施某一特定行为的义务。纳税人的"作为义务"主要包括接受税务管理、接受税务检查、提供涉税信息和依法代扣代缴等内容。

(1)接受税务管理的义务。任何国家的政府都会对税收活动进行适当的管理,以确保正常的税收秩序和税收活动的开展。为了进行有效的税务管理,各国往往都以法律的形式规定纳税人具有接受税务管理的义务,具体包括纳税人依法进行税务登记、设置账簿、保管凭证以及按照相关规定安装和使用税控装置等内容。

(2)接受税务检查的义务。税务检查是政府税务机关依照相关税收法律和法规的规定,对纳税人履行纳税义务的情况进行审查或监督的活动。税务检查是政府税务机关预防、发现和处理税收违法行为,防止税款流失、维护税法尊严、营造公正有序税收环境的基本手段。为此,各国都规定纳税人有接受税务检查的义务。

(3)提供涉税信息的义务。除通过税务登记和纳税申报直接向税务机关提供纳税信息外,纳税人还应及时提供歇业、经营规模变更以及遭受各种灾害等其他会影响到纳税人纳税义务的相关信息,以便税务机关依法妥善处理有关的税收事宜。

不少国家还将提供涉税信息的义务延伸到"第三方",要求与纳税人经济活动相关的交易方向政府税务机关提供纳税人的相关信息。当然,为了确保纳税人的隐私权和保密权,税务机关在向第三方索取相关涉税信息时,必须履行一定的法律程序。也有国家对税务机关要求第三方提供的涉税信息做了相应的限制。

(4)依法代扣(收)代缴税款的义务。各国的法律常常规定纳税人在从事相关经营活动的过程中负有收取或预先扣下交易另一方按照税法的相关规定应缴的税款,然后再将税款缴给税务机关的义务。

在税收的征收管理中,一部分税种的纳税人数量较多,而且税源比较分散。在这种情况下,各国一般都规定支付款项的经济活动主体为扣缴义务人。之所以如此,一方面是因为采用源泉预扣的方法,可以有效防止偷逃税的发生;另一方面也可以在一定程度上简化纳税手续、节省征税成本。

2.2 税收活动主体的约束规则

各税收活动主体在享受权利和履行义务的过程中必须遵守相应规则的总和,就构成税收制度安排。虽然在现代社会各国都以法律的形式创建了较为完备的税收正式制度安排体系,但税收活动中仍有相当大一部分空间是由非正式制度安排来规范的。

2.2.1 重新界定"税收制度"

学界一般把"税收制度"定义为,"各种税收法令和征收管理办法的总称"。[①]这一

[①] 陈共. 财政学[M]. 北京:中国人民大学出版社,2020:158.

界定只涵盖了税收正式制度安排,而在很大程度上忽视了税收非正式制度安排及其实施机制也是税收制度体系中不可或缺的组成部分。在理论上把非正式制度安排和实施机制排除在税收制度范畴之外,其实就是不重视它们在税收制度乃至社会经济生活中重要作用的表现,这可能也会导致中国税制运行不畅和效率低下。正因为如此,所以有必要对"税收制度"的内涵和外延做适当的扩展。

专栏 2-1　　"制度"的基本逻辑

制度经济理论分析框架中,"制度"一般都是指"用于支配特定主体的行为活动方式以及各行为主体之间相互关系的规则体系"。制度经济学认为,制度是由正式制度安排、非正式制度安排以及它们的实施机制三部分构成。

1. 正式制度安排

正式制度安排(formal arrangements)是指人们在日常生活中有意识地创造的一系列规则的总和,包括政治规则、经济规则和契约等。在现实中,正式制度安排多以法律法规、组织安排、机构设置和政策等形式得以体现。

2. 非正式制度安排

非正式制度安排(informal arrangements)是人们对他人行为方式的一种稳定预期,这种预期并不是基于正式制度安排,而是来源于人类的社会共同知识,它是在人们长期交往中自然形成并被共同认可和遵守的。非正式制度安排主要包括意识形态、价值观念、伦理规范、道德和风俗习惯等。非正式制度安排构成一个社会世代相因的文化的一部分,它的存在可以节约交易过程中的信息费用、简化人们的决策过程,从而有效地降低整个社会运行的费用。

在现实中,正式制度安排和非正式制度安排相互影响、相互配合,共同规范着人们的行为和相互间的关系。正式制度安排自身及其实施对非正式制度安排的形成和演变,会产生较大的影响,而非正式制度安排在某种程度上又可以说是对正式制度安排的扩展、细化和限制。有时,非正式制度安排与正式制度安排之间的差异往往并不明显,两者甚至可以相互转化。许多正式制度安排本身就是根据习惯、传统等制定或创立的;当一个社会的价值观念、道德和意识形态等为政府所强制推行时,非正式制度安排也会上升为正式制度安排;而一些非正式制度安排就是过去正式制度安排实施的结果。

只有在与非正式制度安排相互兼容的情况下,正式制度安排才能很好地发挥作用,但现实中两者不相容的现象却并不少见,而且两者的演进经常是不同步的。正式制度安排可以在一夜之间发生变化,而非正式制度安排在现实中的稳定性非常强,它的改变是一个长期的渐进过程,不具有突变机制。有的时候,正式制度安排已经发生了质的变化,而非正式制度安排仍在顽强地发挥着作用。

3. 实施机制

正式制度安排和非正式制度安排都有自己的实施机制。一项制度安排是否行之有效,除了看其内容是否完善,是否与大的制度环境相适应外,更应注重其实施机制是否健全。没有实施机制或实施机制不健全,任何制度尤其是正式制度安排都形同虚设。制度的实施有自我实施、相互实施和第三方实施三种形式。一般来说,正式制度安排大多是由具有政治优势的政府来强制实施的，而非正式制度安排则主要是靠自我实施。检验一项制度安排的实施机制是否有效，主要看其违约成本的高低。强有力的实施机制将使违约成本极高，使违约行为的收益低于违约成本，从而防止违约。

资料来源：根据卢现祥，朱巧玲. 新制度经济学[M]. 北京：北京大学出版社，2021：87-96 编写整理。

制度经济学为我们提供了一个认识税收活动主体约束规则及其运行结果的新视角。根据制度经济学的基本观点，"税收制度"可以界定为在税收活动中规范和约束征税主体、纳税主体和用税主体的行为及其相互间关系的一系列规则的总和。[①]在这一界定下，不仅主要以法律法规形式存在的税收正式制度安排，而且以观念和习惯等形式存在的税收非正式制度安排以及它们的实施机制包含在税收制度之中；不仅征税和纳税环节的约束规则，而且用税环节的约束规则都包含在税收制度之中（见图2-1）。

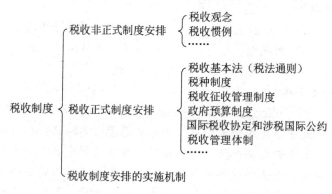

图 2-1　税收制度的构成

2.2.2　税收正式制度安排

税收正式制度安排大都以法律法规的形式存在，它的确立一般都要经过特定的程序，并在具体的实施过程中具有法律的强制力。税收正式制度安排具体包括税收基本法、税种制度、税收征收管理制度、政府预算制度、国际税收协定和涉税国际公约、税收管理体制等（见图2-1）。

1. 税收基本法

税收基本法是一个国家对正式税收制度安排中的一些根本性问题和共同性问题，如征纳双方的权利与义务、征税程序、行政执法保障手段、法律责任、税务行政司法制度与程序、税务机构设置以及税收管辖权的划分等，所做出的规范。[②]在一些国家，税收基本法也被称为"税法通则"。

[①] 本书中使用的"税收制度"概念，有大、中、小三种口径。大口径的"税收制度"将税收非正式制度安排、税收正式制度安排和税收制度的实施机制都包括在内；中口径的"税收制度"指的是不包括政府预算制度在内的税收正式制度安排；而小口径的"税收制度"仅仅指的是税种制度。根据上下文中的具体语境，是可以做出明确判断的。

[②] 德国、日本、韩国和俄罗斯等国的税收基本法已经颁布并实施多年。中国国家税务总局在1993年就提出制定税收基本法的建议，后来由于各种因素，税收基本法的起草工作一度搁置；直至2003年，中国才正式将制定税收基本法列入全国人大常委会立法规划，但一直未正式提请全国人大及其常委会审议。

作为宪法精神在税收领域里的延伸,税收基本法是整个税收正式制度安排的灵魂,它在税收领域里具有仅次于宪法的地位和效力,具有统领、约束、指导和协调其他税收正式制度安排的作用。税收基本法对于规范和完善税收制度安排,正确处理税收分配关系,提高税务执法水平都具有重要作用,也有助于依法治税和税收民主化目标的实现。

2. 税种制度

税种制度是政府以法律或法规形式确定的各个不同税种具体征税办法的总称,它是国家税务机关向纳税人征税的直接依据,也是纳税人履行其纳税义务的准则。每一个税种,都建立有相应的制度安排,税种制度也被称为"税收实体法"。

在税收正式制度安排要解决的"对什么征税""向谁征税""征多少税"以及"如何征税"等核心问题中,有相当一部分是通过税种制度来解决的,所以它在整个税收正式制度安排体系中占据着相当重要的地位。

3. 其他税收正式制度安排

税收征收管理制度是为了保证税收的征纳活动能够顺利有序地进行而建立的一套作为征纳双方共同遵守的制度安排。各国的税收征收管理制度大都涉及税务登记、纳税申报、账簿凭证管理、税款征收、税务检查、税务违章处理、税法公告、税务代理以及分类稽查等方面的内容。

政府预算是经过法定程序批准的政府财政支出计划。在规范的市场经济体制下,政府只能根据代议机关通过的税收法令征税,而且必须按照经代议机关批准的预算安排支出。代议机关以法律形式确立的政府预算,直接反映了政府是如何使用税款的。如要调整业经批准的政府预算,则需经过代议机关同意才可以变更;政府预算执行过程中代议机关可对预算执行情况进行检查和监督;代议机关还会对政府决算进行审议。可以说,政府预算就是政府用税过程中的基本约束规则。正常运作的政府预算制度使得政府的用税活动不能超越社会大众的约束与限制。正是从这种意义上,政府预算制度被纳入税收正式制度安排体系中来。

拓展阅读 2-2
纳税人参与政府预算,遏止"白宫"肆意建设

税收管理体制是中央政府与地方政府以及各级地方政府之间划分税收权限的制度,具体包括税收收入归属权、税收立法权以及税收行政权的划分等。税收管理体制既是税收正式制度安排的重要组成部分,又是财政体制的重要内容,其中体现了在税收活动中各级政府间的集权与分权关系。

国际税收协定是指有关国家为解决国际重复征税问题和协调处理跨国纳税人税收方面的其他事务,经过对等协商和谈判缔结的具有法律效力的书面税收协议。按协调的范围大小,国际税收协定可以分为一般税收协定和特定税收协定。一般税收协定是指各国签订的关于国家间各种国际税收问题协调的协定,特定税收协定是指各国签订的关于国家间某一特殊国际税收问题协调的协定。[①]

[①] 改革开放以后,中国对外经济交流的规模不断扩大,为适应吸引外资、引进技术的需要,中国于 1981 年启动与日本避免双重征税协定的谈判,并在 1983 年签署了第一个国际税收协定。截至 2024 年 3 月,中国先后与 111 个国家签署了双边税收协定。

2.3 税收非正式制度安排

在重视税收正式制度安排的作用并不断完善税收正式制度安排的同时,我们也不应忽略以观念和习惯等形式存在的税收非正式制度安排,因为它也是整个税收制度中不可或缺的组成部分。

2.3.1 税收非正式制度安排概述

与税收正式制度安排是一种"硬约束"不同的是,税收非正式制度安排对税收活动主体形成的是一种"软约束"。尽管如此,但它对政府和纳税人行为的选择、税收秩序的形成、税收关系的调整乃至整个税收制度的运行等,都产生着重要的影响。税收观念和税收惯例是税收非正式制度安排中两个重要的构成要件。

在经济体制转型时期,中国税收正式制度安排的频繁变更与税收非正式制度安排演进之间的不同步显得尤为突出,两者间的摩擦和冲突非常严重,并在相当大程度上阻碍了税收正式制度安排的有效实施,这就使人们不得不越来越多地关注税收非正式制度安排。树立全新的税收观念并充分尊重税收惯例的约束作用,是中国现阶段乃至今后较长一段时间内税收制度建设必须予以重视的两个基本问题。

2.3.2 税收观念

税收观念是各税收活动主体在一定的价值观和道德标准的支配下,对税收在社会经济生活中应有的作用和地位、自己和他人在税收活动中的行为和相互间的关系等问题的基本认识和评价。税收观念具体包括政府征税观念、公民纳税观念和政府用税观念等三个方面,它们在税收活动中均发挥着重要的作用。作为税制建设的指导思想,政府征税观念在很大程度上决定了税收正式制度安排的具体构成及其实施,在政府主导的强制性制度变迁模式下,这种决定作用尤为明显;社会成员的纳税观念则有力地左右着纳税人的行为,进而对税收正式制度安排能否顺利运行产生较大的影响;而政府用税观念则直接左右和支配着税款的使用,这也关系到社会成员的切身利益,并影响着纳税人的观念和行为。

税收观念的形成,是有着深厚历史渊源的。现存的某些税收观念,其实就是原有税收观念的延续和继承,因而弄清楚税收观念的历史演进,对中国全新税收观念的树立是有积极意义的。在中国几千年漫长的奴隶社会和封建社会中,税收始终是统治阶级剥削和压迫劳动人民的工具和手段,因而税收总是与"横征暴敛"联系在一起,它在很大程度上也成了统治阶级向民众巧取豪夺的代名词。久而久之,就在广大老百姓心中形成了"民之饥,以其上食税之多,是以饥"[①]的基本认识,因为他们只看到或只感受到税收作为剥削手段的一面,而未意识到税收也有其存在的必要性的另一面,所

---

① 《老子》第七十五章。转引自:王成柏,孙文学. 中国赋税思想史[M]. 北京:中国财政经济出版社,1995:45.

以中国历史上不乏各种偷税、抗税的行为以及各种各样否定税收的主张和言论。历代文人中之所以有不少提出"薄赋敛"的主张，主要也是因为赋税过于繁重，人们无法休养生息甚至难以维持生计。在这种情况下，广大民众自然而然地就会对税收产生反感，甚至以武力反抗。这就使得几千年来广大民众从未有过"税收是正当的、应该自觉纳税"的观念，形成的反而是对纳税的逆反心理。从李自成起义以"闯王来了不纳粮"为口号获得广泛拥护中，不难体会出中国古代社会广大民众对税收的厌恶。可见，中国几千年的奴隶制度和封建制度孕育出来的不是历代民众自觉的纳税意识，而是厌税、恐税的扭曲心态，进而导致他们在实际生活中不断逃税和抗税。

中华人民共和国成立后不久，中国便走上了社会主义计划经济的轨道，但社会形态和经济体制的变更却并没有使中国的税收观念向积极的方向发展。20 世纪 50 年代初，苏联首席财政专家杜沃罗夫就来华宣扬"非税论"[1]；1953 年中国酝酿税收制度改革前后，通过苏联专家做报告和报刊介绍的形式，"非税论"在更大范围内得以传播。由于长期对剥削制度下税收的深恶痛绝以及对社会主义税收本质的模糊认识，从政府到广大民众都轻易地接受了"非税论"，并将之付诸实践，1959 年在辽宁省锦州市、湖北省武汉市和河南省开封市等地进行"税利合一"试点就是具体体现。"文化大革命"期间，中国的税收制度更是被进一步简化。尽管如此，税收仍被斥之为"繁琐哲学"，并成为"管、卡、压"的同义语，此间"非税论"和"税收无用论"达到了登峰造极的地步。但是，在人为否定税收的同时，我们却始终无法摆脱"税收是弥补社会公共费用的最佳方式"这一客观经济规律的制约，因而在实践中，中国又不得不选择一条依靠农副产品统购统销制度、工农产品价格"剪刀差"机制和城市职工低工资制度等"暗税"来取得财政收入[2]，以补偿社会公共费用。此种做法在形式上表现为政府基本上不对企业和个人征税，这与历史上的税收总是以剥削工具和手段的面貌出现形成了鲜明的对比，由此就在广大人民心中逐步形成"纳税与己无关""不纳税是社会主义的优越性"等观念，从而进一步加剧了人们对税收的异己感和排斥感。可见，将近三十年的计划经济的非税实践非但没能改造中国传统的、消极的税收观念，反而进一步扭曲了本来就十分模糊的税收观念。

改革开放初期，"税收无用论"被否定。但是，这一否定又从一个极端走向了另一个极端。"税收万能论"一度成为中国政府税收制度改革的主导思想，于是就有了两步"利改税"以及筵席税、奖金税、烧油特别税等税种的开征。后来进行的"税利分流"改革和奖金税等税种的废止，虽表明政府征税观念有了一定的转变，但"税收是社会经济发展所必需的"等与市场经济体制相适应的税收观念，并未完全被接受。市场化改革的不断推进，逐步使得纳税人独立的利益主体地位得以确立、利益边界也更为明确，但它并未同时带来纳税人税收观念的转变，相反却进一步强化了纳税人偷逃税[3]的利益动机。

---

[1] 平新乔. 财政原理与比较财政制度[M]. 上海：上海三联书店，1995：246.
[2] 高培勇. 论更新税收观念[J]. 税务研究，1999（2）：3-8.
[3] 严格说来，"偷税"并不是一个很准确的术语；中国 2009 年通过的刑法修正案，就将"偷税罪"修改为"逃税罪"。尽管如此，但由于"偷逃税"在中国是一个已经被广泛接受的概念，所以本书仍在不严格意义上使用这一概念。

> **专栏 2-2　　纳税人观念·征税人观念·用税人观念**
>
> 　　税收是每一个企业和居民消费公共产品和服务所必须付出的代价。正如到饭店吃饭要买单、到商店买东西要付款一样，为公共产品和服务而纳税并非纯粹地尽义务之举；任何偷逃税都如同坐享其成的无票乘车或偷人钱财行为；与此相联系，任何社会成员的偷逃税行为，都意味着其他社会成员所能享受的公共产品和服务的数量因此而减少，或者质量因此而降低。作为纳税人的企业和居民，既要依法履行好缴纳税收的义务，又要充分地运用好消费公共产品和服务的权利。
>
> 　　税收是政府部门提供公共产品和服务的资金来源，各项税款能否如数及时到位，关系到各项政府职能的履行和国家机器的运转以及整个社会经济的稳定发展；政府严格执法、依法征税，事关全体社会成员的切身利益，既不能少收一分钱——关系到政府所能提供的公共产品和服务的数量和质量，亦不能多收一分钱——关系到企业和居民可支配收入或可消费产品或服务的多寡；征税人的角色，颇像公共汽车上的售票员，既必须对纳税人——乘车者——依法征税，把提供公共产品和服务所需的钱筹措上来，又必须对偷逃税者——逃票人——依法惩处，不允许无票乘车的现象存在或蔓延下去。由此，承担征税职责的税务机关，既要切实履行好加强征管、堵塞漏洞从而把该征的税尽可能如数征上来的义务，又要依法运用好征税的权利，保证执法的公正性和严肃性。
>
> 　　税收来源于企业和居民本已实现的收入，凝结着广大人民群众的血汗；企业和居民之所以要向政府纳税，就在于政府提供公共产品和服务，政府部门必须慎重地安排、使用好每一分钱，把所有的钱都用到关系纳税人切身利益的公共产品和服务上；政府部门提供公共产品和服务的活动，有接受纳税人监督的义务和必要。税收是政府部门运转的基础和生命线，离开了税收的缴纳，或者税收的征收工作受阻，提供公共产品和服务的活动，便会成为"无米之炊"或"缺米之炊"。
>
> 　　资料来源：根据高培勇. 纳税人·征税人·用税人[J]. 光明日报，2000-09-28 编写整理。

2.3.3　税收惯例

　　随着经济国际化程度的不断加深和市场经济成为世界各国经济运行的主体模式，国家与国家之间的税收正式制度安排也呈现出一定程度的趋同性。一些税收实践，在过去只是一个或少数几个国家的特殊做法，后来随着时间的推移，逐步被其他各国采用，成为大多数国家通行的习惯性做法，即税收惯例。由于各国之间的联系越来越密切，相互间的制约关系也越来越强，在这样一种情况下，对一个未将在其他国家通行的一些习惯性做法用法律法规等形式确定下来的国家来说，税收惯例仍然会对政府和纳税人的行为起到一定的规范、约束或指导性的作用，因而它也属于税收非正式制度安排的范畴。然而一旦以法律法规的形式在一个国家被确定下来，税收惯例也就演变为该国的正式税收制度安排。

税收惯例一般可以区分为国际税收惯例和税收国际通例两大类。[①]国际税收惯例作为处理国与国之间税收关系时一种通行的行为规范，实质上包含了各国在国际税收活动中应遵循的基本原则以及应承担的责任和义务，它往往具有较强的约束力。如果漠视之，必将不利于开展和扩大对外经济交往，有时还会在国际交往中造成不良影响，甚至会遭到其他国家的报复和制裁。加入世界贸易组织之后，中国对外经济交往进一步扩大和深化，以往国际经济交往中形成的一些惯例对中国的约束作用也不断加强。在这种情况下，国际税收惯例在中国税收制度中所发挥的作用必然越来越大，而且会有越来越多的国际税收惯例被中国的税收法律所接受。

专栏 2-3　国际税收惯例与中国的税收实践：以税收法定原则为例

在税收法定原则确立后的三百多年里，政府征税必须有经过正式立法程序的税法作为依据，已经成为大部分国家的通行做法。中国在 2015 年通过修订《中华人民共和国立法法》的方式将"税收法定原则"上升为正式制度安排之前，税收法定原则在中国税收制度建设和税收征管过程中并没有得到应有的重视和尊重。然而，作为一项通行的国际税收惯例，税收法定原则对中国的税收制度建设和税收活动仍是有一定的约束力的，这更多地体现在涉外税收上。

改革开放初期，在极少有税收法规经过正式立法程序的情况下，中国就出台了《中华人民共和国个人所得税法》(1980 年)、《中华人民共和国中外合资经营企业所得税法》(1980 年)和《中华人民共和国外国企业所得税法》(1981 年)。在绝大部分国人根本不缴纳个人所得税和企业主要缴纳利润的背景下，之所以率先对个人所得税和企业所得税进行正式立法，其中最重要的原因就在于根据税收法定原则这一国际惯例，要对外籍或涉外纳税人征税，必须有正式的税收法律作为依据。如果不这样做，改革开放的道路根本就走不下去。

随着改革开放的深入，中国逐步建立和完善包括商品税、财产税和其他税在内的复合税制。根据 1984 年六届全国人大常委会七次会议通过的《关于授权国务院改革工商税制发布有关税收条例草案试行的决定》和 1985 年六届全国人大三次会议上通过的《关于授权国务院在经济体制改革和对外开放方面可以制定暂行的规定或者条例的决定》，中国国务院在较短时间内颁布了一系列税收暂行条例。由于授权立法与税收法定原则相悖，所以以行政法规形式颁布的税收暂行条例不能适用于外籍或涉外纳税人，但是又不能不对其课征商品税、财产税和其他税，只好让其适用 1958 年由全国人大常委会通过的《中华人民共和国工商统一税条例》等法规。中国部分税种对国内纳税人和涉外纳税人在相当长一段时期内适用两套不同的制度，最深层次的原因大概就在于中国的税收实践没有很好地贯彻税收法定原则这一国际税收惯例。

中国 1994 年的税制改革中大部分税收法律亦是以行政法规的形式出台的，根据税收法定原则这一国际惯例，这些税收行政法规依然不能适用于外国企业和外商投资

[①] 杨志清. 国际税收理论与实践[M]. 北京：北京出版社，1998：289.

企业。最后，这一问题以由全国人大常委会发布《关于增值税、营业税、消费税等税收暂行条例适用于外国企业和外商投资企业的决定》的形式予以解决，但却给世界各国留下了中国税法极不严肃、极不完备的不良印象，而且在执行中也遇到了相当多的问题。

资料来源：根据王玮. 论我国税收制度中的非正式安排[J]. 中央财经大学学报，2005（3）：14-17编写整理。

与国际税收惯例相比较，税收国际通例虽不具有太大的强制约束力，但我们应充分认识到它作为非正式制度安排的一个组成部分，沉淀了许多国家在以往的税收实践活动中的成功经验，遵循它可以节省不少成本，往往是解决问题的最佳选择。有些税收国际通例是可以直接为中国所用的，如一些国家对会计核算制度完备程度不同的纳税人，分别使用不同颜色申报表的做法，现已在中国很多地区得以推行，并取得了良好的效果；而有些税收国际通例在现阶段还不能直接借用，如经济发达国家个人所得税制实行的"双向申报"，虽然早已被证明可以有效监控税源、防止偷逃税，但在现金交易范围依然较大、银行信用还不够发达的情况下，引进"双向申报"制度可能并不会取得好的效果。

作为税收非正式制度安排的一个重要组成部分，税收惯例也有其特殊性，因为它毕竟不像税收观念一样完全孕育于本土，其中包含了相当多的外来成分。中国过去的税收制度改革中有一些具体的制度安排就曾直接或间接借用税收惯例，但实施起来的效果并不是非常理想，所以我们在把税收惯例上升为正式制度安排时，必须充分考虑到它与中国大的制度环境是否相适应，尤其是它与在中国独特社会文化土壤中诞生的其他非正式制度安排的相容性。

2.3.4　中国与税收密切相关的其他非正式制度安排

几千年的历史积淀、将近三十年的计划经济实践和四十多年的市场化改革，构成了中国社会经济生活中非正式制度安排的主要源泉，这其中与税收联系紧密并对税收活动有较大影响的非正式制度安排主要有马克思主义及其中国化、集权主义传统与淡薄的法治观念、中国传统文化等几个方面。

1. 马克思主义及其中国化

意识形态在非正式制度安排中处于核心地位，[1]它不仅可以蕴涵价值观念、伦理规范、道德和风俗习惯，而且还可以在形式上构成某种正式制度安排的"先验"模式。在一些国家，意识形态甚至以指导思想的形式，构成正式制度安排的理论基础和最高准则。

1949年至今，马克思主义在中国意识形态领域里一直居主导地位。中国的财政税收理论和制度中就包含或体现了革命导师财政经济思想的精髓，如中国改革前的财政支出体系和税收制度就是不折不扣地遵照马克思所提出的"社会产品扣除"理论建立起来的。

---

[1] 卢现祥，朱巧玲. 新制度经济学[M]. 北京：北京大学出版社，2021：89.

邓小平理论、"三个代表"重要思想、科学发展观和习近平新时代中国特色社会主义思想，是改革开放后马克思主义中国化的重要成果，它们破除了许多理论禁区，极大地解放了人们的思想，从而为整个国家经济体制改革的顺利推进在意识形态和理论上扫清了许多障碍。中国现行的税收制度就是在中国化的马克思主义的指导下，在立足本国国情的同时大胆借鉴外国经验的基础上建立的。

专栏2-4 马克思、恩格斯和列宁有关税收的部分经典论述

马克思、恩格斯和列宁在其著作中，对税收作了大量经典性的论述，它们是中国传统税收理论的一个重要来源，而且在一定程度上影响了中国一段时期内的税制建设。

马克思：

"捐税体现着表现在经济上的国家存在。官吏和僧侣、士兵和女舞蹈家、教师和警察、希腊式的博物馆和哥特式的尖塔、王室费用和官阶表，这一切童话般的存在物于胚胎时期就已安睡在一个共同的种子—捐税之中了。"

——马克思，恩格斯. 马克思恩格斯全集：第4卷[M]. 北京：人民出版社，1958：342.

"赋税是喂养政府的娘奶；政府是镇压的工具，是权威的机关，是军队，是警察，是官吏、法官和部长，是教士。"

——马克思，恩格斯. 马克思恩格斯全集：第7卷[M]. 北京：人民出版社，1959：94.

"赋税是官僚、军队、教士和宫廷的生活源泉，一句话，它是行政权力整个机构的生活源泉。强有力的政府和繁重的赋税是一回事。"

——马克思，恩格斯. 马克思恩格斯全集：第8卷[M]. 北京：人民出版社，1961：221.

"赋税是政府机器的经济基础，而不是其他任何东西。"

——马克思，恩格斯. 马克思恩格斯全集：第19卷[M]. 北京：人民出版社，1963：32.

"社会上一切不劳动的分子，都是依靠这种无偿劳动维持生活的。资本家阶级负担的国税和地方税，土地所有者与地租等，都是由无偿劳动支付的。"

——马克思，恩格斯. 马克思恩格斯全集：第2卷[M]. 北京：人民出版社，1972：272.

恩格斯：

"为了维持这种公共权力，就需要公民交纳费用—捐税。捐税是以前的氏族社会完全没有的，但是现在我们却十分熟悉它了。随着文明时代的进展，甚至捐税也不够用了；国家就发行期票、借债，即发行公债。"

——马克思，恩格斯. 马克思恩格斯全集：第21卷[M]. 北京：人民出版社，1965：195.

"纳税原则本质上是纯共产主义的原则,因为一切国家征税的权利都是从所谓国家所有制来的。的确,或者是私有制神圣不可侵犯,这样就没有什么国家所有制,而国家也就无权征税;或者是国家有这种权利,这样私有制就不是神圣不可侵犯的,国家所有制就高于私有制,而国家也就成了真正的主人。"

——马克思,恩格斯. 马克思恩格斯全集:第 2 卷[M]. 北京:人民出版社,1972:615.

列宁:

"为了维持凌驾于社会之上的特别社会权力,就需要捐税和国债。"

——列宁. 列宁全集:第25卷[M]. 北京:人民出版社,1958:379.

"所谓赋税,就是国家不付任何报酬而向居民取得东西。"

——列宁. 列宁全集:第32卷[M]. 北京:人民出版社,1958:275.

2. 集权主义传统与淡薄的法治观念

从秦始皇建立起"大一统"的封建帝国到计划经济体制的瓦解,集权主义传统在中国几千年的历史中一直延续下来。中国民族传统中的集权机制、权力本位意识和社会民众对权力的依赖性和认同感,极大地便利了制度的推行,减少了制度变迁的成本和时滞,在一定程度上也降低了制度的摩擦成本。但市场经济就是法治经济,社会经济关系的法治化是建立规范的市场经济体制的必备前提。淡薄的法治观念,会阻碍中国依法治国、依法治税以及市场化的进程。

3. 中国传统文化

千百年来,为儒家思想主导的中国传统文化所确定的伦理规范和道德准则,不仅界定出了统治阶级的道德理想和社会责任,而且影响着平民阶层基本的社会心态、价值取向、风俗习惯乃至思维模式和行为方式。中国传统文化所主张的"中庸之道""不患寡而患不均""讳言财利""重义轻利"等,影响了一代又一代的中国人。这些主张在中国不同时期包括税收制度在内的社会经济制度中均不同程度地得以体现。到了近现代,在西方文明的不断冲击下,中国传统文化的影响力虽有所减弱,但仍在社会经济生活中发挥着不容忽视的作用。

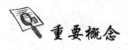

重要概念

征税主体 纳税主体 用税主体 纳税人权利 纳税人义务 税收制度 税收正式制度安排 税收基本法 税种制度 税收征收管理制度 税收管理体制 国际税收协定 税收非正式制度安排 税收观念 税收惯例

复习思考题

1. 市场经济条件下征税主体、纳税主体和用税主体各自有哪些权利和义务?
2. 中国可以采取哪些措施来切实保障纳税人的权利?

3. 试述税收正式制度安排的构成。
4. 应如何认识税收基本法的作用？
5. 税收非正式制度安排在社会经济生活中会产生怎样的影响？
6. 与市场经济体制相适应的税收观念主要包括哪些内容？中国在现阶段应如何树立全新的税收观念？

课堂讨论

结合以下案例材料，就中国纳税人权利的落实情况、税收观念的现状及其对社会经济的影响进行讨论。

案例材料　　湖南农民以纳税人名义起诉财政局

2006年4月，湖南农民蒋石林以一名普通纳税人的身份，将常宁市财政局告上了法庭，要求法院认定常宁市财政局超出年度财政预算购买两台小轿车的行为违法，并将违法购置的轿车收归国库，以维护纳税人的合法权益。

"草民"竟要管"父母官"买车的事，这在很多国人眼中似乎不合常情，难怪常宁市一名政府干部会说，蒋石林的做法纯属"多管闲事"，这种事情有人大监督，有党委、政府管理，有纪检、司法部门查处，还需要一个普通公民以纳税人的身份来直接"叫板"吗？被告常宁市财政局的局长周年贵甚至对记者说："原告蒋石林是一个农民，现在已经取消农业税，他是否具有纳税人的资格呢？"当记者告诉他，蒋石林在取消农业税之前每年都缴农业税，最近几年也缴过"劳务税"之后，他再次提出疑问："他缴的税到底够不够买一台车，够不够发工资呢？"

资料来源：根据中国青年报网相关资料编写整理。

参考文献与延伸阅读资料

1. 北野弘久. 税法学原论[M]. 陈刚，杨建广，等译. 北京：中国检察出版社，2001.
2. 金子宏. 日本税法[M]. 战宪斌，郑林根，等译. 北京：法律出版社，2004.
3. 霍尔姆斯，桑斯坦. 权利的成本：为什么自由依赖于税[M]. 毕竞悦，译. 北京：北京大学出版社，2011.
4. BURMAN L E, SLEMROD J. Taxes in America: What Everyone Needs to Know [M]. Oxford: Oxford University Press, 2020.
5. LYMER A, OATS L. Taxation: Policy and Practice[M]. Bath: Fiscal Publications, 2023.

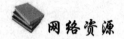 网络资源

https://cti.ctax.org.cn
中国税务学会网站

http://www.cftl.cn
中国税法网

第3章 税收原则

学习目标

- 掌握有代表性税收原则理论的演变；
- 掌握税收财政原则的基本要求；
- 掌握税收公平的衡量标准；
- 掌握税收效率的内涵；
- 掌握税收中性与税收经济效率原则之间的辩证关系。

在任何一个国家，税收的职能和作用都是通过税收正式制度安排具体体现出来的。在各国的税收实践中，税收正式制度安排的建立和实施，必然要遵循一定的指导思想，这一指导思想就是税收原则。税收原则不仅是判断一个国家税收正式制度安排是否合理的标准，而且是进行税收制度改革的航向标。

3.1 税收原则理论的演变

在西方，较早涉及税收原则问题的是英国经济学家威廉·配第（Petty）和德国经济学家尤斯蒂（Justi）[①]，但他们都没有系统表达出自己的税收原则思想。在税收学说史上，率先将税收原则系统化的是英国经济学家亚当·斯密；此外，较具代表性且影响非常大的还有德国财政学家瓦格纳和美国财政学家马斯格雷夫的税收原则理论。

3.1.1 亚当·斯密的税收原则理论

亚当·斯密是18世纪英国古典经济学的主要代表，他在经济上主张自由放任，反对政府干预。立足于经济自由主义的基点，斯密在《国民财富的性质和原因的研究》中提出了平等、确定、便利和最少征收费用等四项税收原则。[②]

1. 平等原则

亚当·斯密认为，"每个国家的国民，都应尽量按照各自能力的比例，即按照各自在国家保护下享有的收入的比例，缴纳赋税，以维持政府。"可见，亚当·斯密的平等原则（canon of equality）要求每一个社会成员依照其从政府提供的公共服务中获得收

[①] 德国社会政策学派著名财政学者施泰因（Stein）甚至认为，最早创立赋税原则理论的不是亚当·斯密，而是尤斯蒂。
[②] 斯密. 国民财富的性质和原因的研究[M]. 唐日松，译. 北京：华夏出版社，2005：581-582.

入的多少为标准来纳税，而不应因身份或地位的特殊而享有免税特权。

2. 确定原则

亚当·斯密指出，"每个国民应当完纳的赋税必须是确定的，不得随意变更。完纳的日期、方式和数额都应当让一切纳税者及其他所有人了解得十分清楚。否则，每个纳税者就不免或多或少为税吏的权力所左右；税吏会借端加重赋税，或以加重赋税为恐吓，勒索赠物或贿赂。"亚当·斯密所强调的确定原则（canon of certainty），实质上是要求政府课税要以法律为准绳。在亚当·斯密看来，税收的不确定性比税收不公平对国民的危害更大。

3. 便利原则

亚当·斯密提出，"各种赋税征收的日期和方法，必须给予纳税者最大便利"。便利原则（canon of convenience）要求政府在纳税时间、地点、方法和形式上，都应尽可能地为纳税人履行纳税义务提供方便。

4. 最少征收费用原则

亚当·斯密主张，"一切赋税的征收要有所安排，设法使从人民那里的征收，尽可能等于最终国家得到的收入"。也就是说，最少征收费用原则（canon of economy in collection）要求政府在征税的过程中取得的实际收入额与纳税人缴纳的数额间的差距越小越好，税务部门征税时所耗的费用应减少到最低程度。

亚当·斯密从纳税人的立场出发，根据市场经济自由竞争发展的需要，将税收原则上升到理论的高度，成为指导当时各国税收制度建设的典范，从而也奠定了其在税收学说史中的地位。然而，亚当·斯密的税收原则并不是一套完整的税收原则体系，因为它没有涉及税收与国民经济之间的关系。亚当·斯密之所以将国民经济原则排除在外，与他所处的时代密切相关。斯密生活在工业革命早期和资本主义上升阶段，在经济上流行的是个人主义的利己和自由放任思想，在政治上社会契约论占据着主导地位。作为新兴资产阶级的代表人物，亚当·斯密自然极力主张自由放任和自由竞争，反对国家干预，他认为政府的活动范围应受到限制，政府财政支出也应当削减到最低限度、不应多征税。亚当·斯密的税收原则，反映了资本主义上升时期经济自由发展和作为"守夜人"的政府不干预或尽可能地少干预经济的客观要求，这就决定了亚当·斯密的税收原则只能是消极的理财原则。

专栏 3-1 中国古代的治税原则：以傅玄的赋税思想为例

中国古代的理财治税思想相当丰富，《禹贡》《周礼》《管子》等就提出了"任土作贡""轻税富民""寓税于价"等主张，其中甚至包含一些在现代税收理论中仍占有重要地位的基本观点。

傅玄是西晋著名的儒学家，"安上济下，尽利用之宜"是其赋税思想的核心。傅玄认为，国家制定赋税政策，既要保证国家安定，又要有利于民生，并且要尽力做到财政开支与民力相适应。在这个总原则下，傅玄提出了"至平""积俭而趣公""有常"

等治税原则。

（1）至平。傅玄没有简单地重复儒家"轻徭薄赋"的观点，而是提出"世有事，即役烦而赋重；世无事，即役简而赋轻"。也就是说，赋税的轻重应根据客观条件加以确定，社会安定时期应实行轻税政策，以使人民休养生息，发展生产；而社会动荡时期则应实行重税政策，以保证必不可少的军需国用。税收负担该重的时候重，该轻的时候能轻得下来；有轻有重，轻重结合，是为"至平"。

（2）积俭而趣公。傅玄提出，国家赋役的课征要"积俭而趣公"。"积俭"指的是赋役征课须从俭的角度考虑，"趣公"则是指劳役和租税须为国家的公利而课征，不是为了封建统治者的个人私利。

（3）有常。傅玄主张赋役的征课要有一定的制度，应规定出正常的标准，即"国有定制，下供常事；赋役有常，而业不废"。定制颁布后，一般不要轻易作变更。这样做的好处，是可以避免赋役制度紊乱，防止地方官吏诛求扰民，"上不兴非常之赋，下不进非常之贡，上下同心，以奉常教。民虽输力致财，而莫怨其下者，所务公而制有常也"；反之，"赋役无常，横求相仍，弱穷迫不堪其命，若是者民危"。

资料来源：根据王成柏，孙文学. 中国赋税思想史[M]. 北京：中国财政经济出版社，1995：175-178 等编写整理。

3.1.2　瓦格纳的税收原则理论

瓦格纳是德国 19 世纪社会政策学派的主要代表，他主张由国家调节社会经济，缓和阶级矛盾、实行社会改良。瓦格纳在其四卷本的名著《财政学》中，集前人税收原则理论之大成，提出了著名的"四端九项"税收原则。[①]

1. 财政政策原则

财政政策原则（canon of fiscal policy）又被称为"财政收入原则"。瓦格纳认为，政府征税的直接目的是取得财政收入以满足财政支出的需要，所以税收收入的来源必须充分并有弹性。财政政策原则包括收入充分和收入弹性等内容。

（1）收入充分原则。收入充分原则意味着当非税收入来源不能取得充分的财政收入时，税收收入应充分满足政府财政支出的需要，尽量避免产生赤字。从保证财政收入的角度看，应选择税源充足、收入及时的税种。

（2）收入弹性原则。收入弹性原则要求税收能够适应政府财政需要的变化而相应地增减，尤其是当政府的财政支出增长或其他收入减少时，税收收入能够随着经济增长自然增收或通过提高税率、开征新税等方式实现增收来适应这种变化。

2. 国民经济原则

国民经济原则（canon of national economy）要求政府征税要有利于国民经济的发展，避免危及税源。国民经济原则包括慎选税源和慎选税种两方面的内容。

（1）慎选税源原则。慎选税源原则指的是税源选择必须适当，应有利于保护税本，而不能伤害税本。所得、资本和财产都可以作为政府的税源，但从发展经济的角

[①] 坂入长太郎. 欧美财政思想史[M]. 张淳，译. 北京：中国财政经济出版社，1987，306-309.

度考虑，以所得为税源最好；若选择资本和财产作为税源，则有可能会伤害税本，导致税源枯竭。当然也不能以所得作为唯一的税源，基于社会政策等方面的需要，也可以适当地选择某些资本或财产作为税源。

（2）慎选税种原则。慎选税种原则要求税种的选择应当考虑税收负担的转嫁问题，因为它关系到国民收入的分配和税收负担的公平。政府在征税过程中应尽量选择税收负担难以转嫁或转嫁方向较为明确的税种，以解决税收负担的合理分配问题，并且不过多地影响市场活动的效率。

3. 社会正义原则

社会正义原则（canon of social ethics）是瓦格纳所主张的社会政策的直接体现。由于税收可以影响社会财富的分配，因而要通过政府征税来矫正社会财富分配过程中的不公平和贫富两极分化，从而达到用税收政策实行社会改革和缓和阶级矛盾的目的。社会正义原则包括普遍和平等两方面的内容。

（1）普遍原则。普遍原则指的是所有从政府提供的公共产品和服务中享受利益的国民，都应当向政府履行纳税义务，任何人均不得因社会地位或身份特殊而减税或免税，即每个社会成员均应分担税收负担。当然，从社会政策的观点出发，对于劳动所得或低收入者可以适当给予减免税的照顾。

（2）平等原则。平等原则要求政府按照纳税人的负担能力大小来征税，使税收负担与纳税人的负担能力相称。为此，对财产性所得的课税应重于劳动所得，对非勤劳所得及意外收入应加重课税，对低收入者生存必需的收入应减轻负担，对贫困者免税。只有这样，才符合社会正义的要求。

4. 税务行政原则

税务行政原则（canon of tax administration）体现的是对税收行政管理的要求，它又被称为"课税技术原则"。税务行政原则包括确实、便利和省费等内容。

（1）确实原则。确实原则要求税收法律要简明确实，纳税的数额、时间、地点和方法均应事先明确，不得随意变更，以避免征纳过程中发生误解。

（2）便利原则。便利原则是指政府征税手续要简便，在纳税时间、地点和具体的方式等方面应尽量给纳税人以便利。

（3）省费原则。省费原则指的是税收的征收管理费用应力求节省，同时也应减少纳税人因纳税而发生的各项费用。

瓦格纳的税收原则，反映了经济发达国家从自由竞争向垄断过渡时期社会矛盾激化的基本状况。从19世纪下半叶开始，主要经济发达国家资本不断集中，开始走向垄断，社会财富分配不公日益严重，社会矛盾日益尖锐。在这样一种背景下，以瓦格纳为代表的一些学者从社会改良的角度出发，主张由国家通过税收等手段来调节社会生活，矫正分配不公，以缓和阶级矛盾；此外，瓦格纳明确将国民经济作为税收的一个原则，并说明了税源和税种的选择都要以保护税本为前提，这些在当时的社会经济条件下都具有相当大的积极意义。在经济发达国家从自由竞争进入垄断后，政府的职能不再仅局限于国防和维护社会秩序，还要执行相应的社会政策，因而政府必须有充裕的收入，税收要充分满足政府财政支出的需要，于是瓦格纳提出了财政收入原则。

从总体上看，瓦格纳的税收原则是一套多中心的原则体系，[①]它较亚当·斯密的税收四原则更全面，也更为具体，对各国税收制度的设计和税收政策的制定都产生了深远的影响。

3.1.3 马斯格雷夫的税收原则理论

美国20世纪著名财政学家理查德·A.马斯格雷夫（Richard A. Musgrave）[②]在其经典的财政学教科书《财政理论与实践》（*Public Finance in Theory and Practice*）中提出了"恰当"税制结构（requirements for a "good" tax structure）应当遵循的要求，[③]这实际上就是他所主张的税收原则。

1. 财政原则

马斯格雷夫认为，"政府征税应保证取得足够的财政收入"。

2. 公平原则

马斯格雷夫指出，"税收负担的分配应当公平，每个人都应承担合理的份额（pay his or her fair share）"；他还强调，政府"不仅应当关注税收的征税环节，也应关注税收最终归宿之所在"。

3. 效率原则

马斯格雷夫主张，"政府应当选择对有效市场上的经济决策干预最小化的征税办法（minimize interference with economic decision）。税收的额外负担应该降低到最低限度"。

4. 稳定原则

马斯格雷夫强调，"税制结构应当有利于财政政策的运用（use of fiscal policy for stabilization and growth objective），以便达到社会稳定与经济增长的目标"。

5. 有效管理原则

马斯格雷夫提出，"对税收制度应进行有效而不是专断的管理（fair and non-arbitrary administration），应使税收制度为所有纳税人所理解"。

6. 节省原则

马斯格雷夫认为，"税收的征收管理费用，应在考虑其他政策目标的基础上尽可能地节省"。

马斯格雷夫的税收原则较好地反映了有国家干预的现代市场经济体制的基本要

[①] 瓦格纳的税收原则，较好地吸收了前人提出的税收原则理论的精华。瓦格纳的税务行政三原则加上社会正义原则中的平等，其实就是亚当·斯密提出的税收四原则；以保护税本为中心的国民经济原则，实际上就是综合德国经济学家尤斯蒂、瑞士经济学家西斯蒙第（Sismondi）和意大利财政学者未利（Verri）等人思想的结果；充裕和弹性的财政收入原则，在相当大程度上是德国官房学派理财传统的某种延续；而瓦格纳突出强调的社会正义原则，则是建立在对过去公平思想的基础之上并充实了新的内容而提出的。

[②] 马斯格雷夫教授是西方现代财政学集大成者，他出生于德国，后移居美国，并先后在密歇根大学、霍普金斯大学、普林斯顿大学、哈佛大学和加州大学伯克利分校等多所美国著名大学任教。

[③] 理查德·A. 马斯格雷夫，佩吉·B. 马斯格雷夫. 财政理论与实践[M]. 邓子基，邓力平，译. 北京：中国财政经济出版社，2002：228-229；根据原文，对部分语句的翻译做了改动。

求。与以前相比较，20世纪30年代以来经济发达国家的社会经济条件发生了相当大的变化，经济大危机表明市场的自发调节已不能维持国民经济的顺利运行，因而政府的作用和财政的职能均有了很大程度的扩展，税收也成为政府干预经济运行的一个重要工具。与之相适应，马斯格雷夫的税收原则不仅体现了取得财政收入和矫正财富分配的要求，而且体现了调节经济运行的要求。

从上述三种有代表性的税收原则理论中可以清楚地看到，在不同的国家或者在同一个国家的不同历史发展时期，由于具体的社会经济条件不同，税收所面临的主要问题也不同，因而税收正式制度安排应当遵循的基本原则可能存在一些差异。不同国家、不同时期税收原则理论的具体内容要受诸多主、客观因素的制约：首先，税收原则要受既定客观经济条件的制约，同时反映当时的社会经济状况；其次，税收原则会受到一定经济政策的制约，税收是一项重要的经济政策工具，政府的经济政策必然要在税收原则中体现出来；最后，税收原则要受一定经济理论和经济思想的制约，有什么样的经济理论和经济思想，就会有什么样的税收原则与之相适应。

现代社会经济生活中税收承担的职能以及履行税收职能过程中遇到的问题，决定了现代税收原则的具体内容。一般认为，现代税收原则包括财政原则、公平原则和效率原则等三方面的内容。

3.2 税收的财政原则

税收是政府存在和正常运转的财力基础，取得财政收入从来都是政府征税的主要目的之一，税收其他的目的都是在取得财政收入的基础上实现。正因如此，财政原则在税收原则体系中的重要位置是不言而喻的。[①]税收的财政原则强调，为了确保政府及时足额地提供公共产品和服务，通过税收取得的收入既要充裕（adequate），又要适度，同时也要富有弹性（elastic）。

3.2.1 充裕原则

政府课税的直接目的在于为公共产品和服务的提供筹集资金，因而税收的财政原则最基本的要求就是，税收制度的设立必须有利于取得财政收入，能够充分满足一定时期财政支出的需要。税收收入是否充裕，取决于它能否满足提供适当规模的公共产品和服务的需要；或者说，税收收入的规模应以社会福利最大化为标准，从国民经济整体运行的角度来评判其是否有助于提高公共产品与私人产品之间的配置效率。图3-1可以用来说明这一点。

[①] 自由放任时期的经济学家主张政府应当是"廉价政府"，财政支出应消减至最低限度，自然不会将财政原则作为税收原则的内容。直至现代，仍有部分经济学家认为税收原则只需要强调公平原则和效率原则，而并不推崇财政原则。其实，在任何国家、任何时期，税收最基本的职能都是取得财政收入，将取得财政收入在税收原则中凸显出来是逻辑的必然。被誉为"现代财政学之父"的马斯格雷夫在其《财政理论与实践》第4版中并没有提及财政原则，但在第5版中，马斯格雷夫将"取得足够的财政收入"补充进来，而且将其列为"恰当"税制结构应当遵循的要求中的第一项。

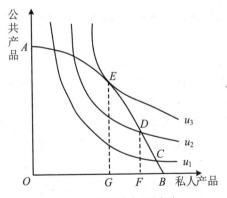

图 3-1 税收的充裕原则

在图 3-1 中，生产可能性曲线 AB 表示在社会资源总量和技术水平等因素既定的条件下，一个社会所能生产的公共产品与私人产品的组合情况，社会无差异曲线 $u_1 \sim u_3$ 表示整个社会从不同组合的公共产品和私人产品的提供中获得的效用水平。生产可能性曲线 AB 与社会无差异曲线 u_3 相切于 E 点，它代表了社会在现有约束条件下提供公共产品和私人产品所能实现的最高效用水平。在没有政府介入的情况下，市场将不提供或者只提供极少量的公共产品，此时社会资源在公共产品和私人产品间的配置只会在 B 点或 B 点附近，假设为 C 点。C 点位于社会无差异曲线 u_1 上，它所能够实现的效用水平远低于 E 点所能达到的效用水平。假定政府征收能够提供相当于生产 FB 数量私人产品价值量的税收，用于提供 DF 数量的公共产品，此时公、私产品的组合位于 D 点，能够实现的效用水平为 u_2，高于没有政府介入时的效用水平 u_1，但低于实现公、私产品最优配置时的效用水平 u_3，因而 FB 数量的税收收入是不充分的。只有征收相当于生产 GB 数量私人产品价值量的税收、提供出 EG 数量的公共产品和服务，才能实现社会资源在公共产品和私人产品间的最优配置，并达到社会福利的最大化，此时的税收也就满足了充裕原则的要求。

为取得充裕的税收收入，政府应选择税基宽广、税源充沛的税种作为主体税种；与此同时，税率也应适当，过高的税率有时非但不能增加税收收入，反而有可能减少税收收入；此外，税收征管要严格，尽量避免不必要的税收减免。

3.2.2　适度原则

政府征税要取得充裕的税收收入，并不意味着政府取得的税收收入越多越好。在现实中，政府的财政支出需求往往呈现不断扩大的趋势，而在一定的时期内一个国家的经济发展水平是既定的，其税负承受能力是有限的，这就要求政府征税时一定要兼顾需要与可能、不能超越客观的限度。政府在征税的过程中，既要考虑满足政府财政支出的需要，也要顾及社会经济的承受能力，做到"取之有度"。

税收的适度原则的基本要求是税收不侵蚀社会成员的必要生活费用、私人资本和私人部门的必要投资。如若税收侵蚀社会成员的必要生活费用，将无法维持劳动力的简单再生产，导致社会成员的福利水平急剧下降；如若税收侵蚀资本，将难以保证资本的简单再生产，从而导致经济发展停滞。确保资本和劳动力的简单再生产以及一定规模的扩大再生产能够顺利进行，就是在保护经济发展，也就是保护税本。

3.2.3 弹性原则

市场经济条件下，无论是在发展中国家还是在发达国家，一个较长的时间段内财政支出的绝对规模和相对规模都呈现不断上升的态势，这就决定了税收的财政原则第三方面的要求就是取得的税收收入要有弹性。税收有弹性是指税收收入应当能够随着国民经济的发展而不断增长，以满足不断增加的财政支出需要，或者说满足长期的公共产品和私人产品配置效率的要求。

在社会资源总量既定和现有技术条件等因素的约束下，公共产品和私人产品之间总存在一个最优的产品组合以实现社会福利的最大化。正常情况下，随着经济的发展和技术的进步，一个国家可供使用的社会资源总量都会较前一时期有所增加，因而下一时期的生产可能性曲线总是处于上一时期生产可能性曲线的右上方。此时，公共产品和私人产品之间的最优组合以及需要通过税收筹集的财政资金数额也会随之变化。

在图 3-2 中，曲线 AB、$A'B'$、$A''B''$ 分别表示第一、第二和第三时期的生产可能性曲线，社会无差异曲线 u_1、u_2、u_3 与上述三条生产可能性曲线分别相切于 E_1、E_2 和 E_3 点，如果将这些切点连接起来，就会形成一条逐步上升的曲线 OM。曲线 OM 表明随着经济的发展和社会的进步，一个国家所需要的公共产品将逐步增加，能够满足这一要求的税收就是有弹性的税收。如果公共产品和私人产品的组合沿着图 3-2 中曲线 ON 或 ON' 变化，则表明税

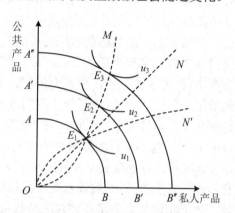

图 3-2 税收的弹性原则

收无法随着经济的发展而满足社会所要求公共产品的需要，此时的税收是无弹性的或弹性不足。

通常使用税收弹性（tax elasticity）系数来衡量税收收入是否具有弹性。税收弹性系数一般被界定为税收收入的增长率与经济增长率之间的比率，它可以用式（3-1）表示：

$$E_T = \frac{\Delta T/T}{\Delta Y/Y} \tag{3-1}$$

其中：E_T 表示税收弹性系数；T 表示某一年的税收收入；ΔT 表示某一年的税收收入增量；Y 表示某一年的国民收入；ΔY 表示某一年的国民收入增量。

税收弹性系数的大小，具体反映了一个国家的税收对经济变化的灵敏程度：

- 当 $E_T>1$ 时，表明税收富有弹性，不仅税收收入随经济的发展而增加，而且税收参与国民收入分配的比例也呈现出上升的趋势。
- 当 $E_T=1$ 时，表明税收具有单位弹性，此时的税收收入与经济是同步增长的。
- 当 $0<E_T<1$ 时，表明税收弹性不足，此时尽管税收收入的绝对量有可能还是在增加，但税收收入的增长速度落后于经济的增长速度、税收收入占国民收入的比例也在下降。

- 当 $E_T=0$ 时，表明税收是无弹性的，此时税收对经济增长没有反应。

好的税收制度应当使税收富有弹性，以便无须通过经常调整税基、变动税率或者开征新的税种，就可以使税收入能与国民收入同步或更快地增长，从而满足不断增长的财政支出的需要。但这并不意味着税收弹性系数越大越好。税收弹性系数过高意味着税收负担相对较重，这必定会对经济发展造成负面影响。一般认为，税收弹性系数保持在 0.8～1.2 的区间内较为合理。税收弹性系数过低或过高，都说明税收制度设计、税收征管或者其他方面可能出现了问题。

专栏 3-2　　中国改革开放后的税收弹性

改革开放后，由于税收制度先后多次调整，中国税收收入的绝对规模和相对规模发生了较大的变化。与之相适应的是，反映中国税收收入与经济发展之间关系的税收弹性系数也出现了大幅度的波动（参见表 3-1）。

表 3-1　1980—2023 年中国的税收弹性系数

年份	税收弹性	年份	税收弹性	年份	税收弹性	年份	税收弹性
1980	0.53	1991	0.36	2002	1.57	2013	1.27
1981	1.34	1992	0.43	2003	1.05	2014	1.05
1982	1.26	1993	0.93	2004	1.17	2015	0.96
1983	0.90	1994	0.56	2005	1.22	2016	0.55
1984	1.06	1995	0.68	2006	1.23	2017	0.98
1985	4.60	1996	0.85	2007	1.36	2018	0.79
1986	0.18	1997	1.75	2008	1.04	2019	0.14
1987	0.14	1998	1.82	2009	1.14	2020	−0.85
1988	0.47	1999	2.45	2010	1.29	2021	0.93
1989	1.09	2000	1.67	2011	1.27	2022	−0.61
1990	0.35	2001	2.05	2012	1.24	2023	1.87

注：表中的税收弹性系数是以按现价计算的 GDP 和税收收入的增长率求得。

1980—1993 年，中国税收弹性系数的波动幅度相对较大。1983 年和 1984 年，中国先后进行了两步"利改税"改革，将国有企业的利润上缴改为以税收的形式集中到政府手中，1984 年中国还进行了工商税制的全面改革。正是在这样一种情况下，税收收入迅猛增长，税收弹性系数也于 1985 年达到 4.6 的历史最高值。在此基础上，税收收入的增加本身就相对困难，再加上随后几年为了抑制经济过热而采取了一系列强硬措施，导致了经济"硬着陆"，出现了严重的生产滑坡和税源萎缩，致使中国税收弹性系数也大幅下降，1987 年仅为 0.14。

1994 年，中国按照市场经济的要求对税收制度进行了大幅度的改革后，税收弹性系数的波动幅度与以前相比有所减小。由于国民经济基本保持持续的增长，再加上税收征管力度也不断加大，1997—2004 年，中国的税收收入持续快速增长，税收弹性系数亦处于一个相对较高的水平，1997 年为 1.75，1999 年和 2001 年更是达到 2.45 和

2.05 的状态；此后十年间，中国的税收弹性系数有所下降，但基本仍维持在 1.2 的水平上下。中国税收收入持续高速增长以及税收收入增长与经济增长不同步的现象，是一定时期的特殊现象，不具有一般性。

进入"经济新常态"后，受经济下行的影响，再加上一系列减税降费政策的实施，中国税收收入快速增长的格局不复存在，税收弹性系数亦呈现出进一步下降的态势，并降至 1 以下，其中 2016 年和 2019 年的税收弹性系数分别只有 0.55 和 0.14。2020 年和 2022 年，在重大突发公共卫生事件等偶发因素的冲击下，中国甚至还出现了税收收入负增长的状态。不高的税收弹性或者说税收收入增长率慢于 GDP 增长率，已经成为中国"税收新常态"的一种表现形式。

资料来源：根据历年《中国统计年鉴》相关数据计算整理。

宽税基、低税负、少优惠、严征管，是一个国家实现税收的财政原则的必然选择。宽税基指的是政府课税的基础要宽泛，要课及所得、消费和财产等所有领域和各个不同的环节；同时要尽可能地少出台税收优惠措施，并加强税收征管、防止偷逃税等现象的发生，以避免税基侵蚀。而低税负具体体现为税率要相对较低，尤其是最高边际税率不宜过高。

3.3 税收的公平原则

税收公平（fairness in taxation）不仅仅是一个经济问题和社会问题，更是一个政治问题。在任何国家、任何时期，税收的公平性对维持税收制度的正常运转都是不可或缺的。由于公平本身就是一个极为复杂的问题，对"什么是公平"至今都还没有一个普遍接受的观念，因而具体到税收负担的公平分配问题上也没有公认的标准。

3.3.1 税收公平原则的内涵

税收公平原则的基本要求是政府征税要使不同纳税人承受的税收负担与其经济状况相适应，并使不同纳税人之间的负担水平保持大体均衡。[1]税收公平原则有"横向税收公平"（horizontal equity）和"纵向税收公平"（vertical equity）两个维度，前者指的是相同纳税条件下的纳税人应缴纳相同的税，而后者指的是不同纳税条件下的纳税人应缴纳不同的税。横向税收公平与纵向税收公平要达到的目标是有所不同的。横向税收公平的主要目的是确保税制公平（fairness of a tax system）的实现，而纵向税收公平则致力于实现收入分配公平（distributive justice）。[2]

---

[1] 从古至今，人们对"公平"的认识就是仁者见仁、智者见智。总体上看，税收公平有绝对公平（absolute equity）和相对公平（relative equity）两个层面。"绝对税收公平"要求所有的人都缴纳相同数量的税收或者说每位社会成员平均分摊政府支出的成本，但这种意义上的税收公平完全忽略了纳税人的经济能力与纳税能力，也没有考虑个人由政府支出中所获取利益的差异，不为大多数人接受。现实中的税收公平，主要指的是"相对税收公平"。

[2] Howell H. Zee. Personal Income Tax Reform: Concepts, Issues, and Comparative Country Developments[R]. IMF Working Paper WP/05/87, 2005.

无论是横向税收公平，还是纵向税收公平，都蕴含着一定的价值判断。[①]明确到底应当用什么样的价值判断标准来衡量税收公平，是使税收既做到横向公平又实现纵向公平的重要前提。在税收学史中，衡量税收公平（evaluation of a tax system's Fairness）的标准主要有受益原则和支付能力原则两种不同的主张。[②]在不同的原则下，税收负担公平分配的标准完全不同。如果说受益原则是立足于纳税人"获得"这一基点来衡量税收公平，那么支付能力原则主要则是从纳税人"失去"的角度来分析税收公平。

3.3.2 受益原则

受益原则（benefit approach）源于税收根据理论中的"利益说"。利益赋税理论把纳税人向政府缴纳税款与政府向社会成员提供公共产品和服务看成一种类似于市场交易的过程，进而认为政府之所以能够向纳税人课税主要是因为纳税人从政府提供的公共产品和服务中获得了利益。正因为税收被视为政府提供公共产品和服务的价格，每个人都根据自身的偏好来评价政府提供的公共产品和服务，并按从中获得的边际效用来进行相应的支付，所以税收负担在不同纳税人之间的分配只能以他们从政府提供的公共产品和服务中的受益为依据，即每个社会成员承担的税收负担应当与其从政府提供的公共产品和服务中的受益程度保持一致，受益相同者负担相同的税收，受益不同者负担不同的税收，受益多者多纳税，受益少者少纳税。

受益原则具体可以细化为以下三个方面：第一，一般受益原则。在严格的受益原则下，每个纳税人缴纳的税收都应当与其对政府提供公共产品和服务的需求相一致。然而，由于每个人对公共产品和服务的偏好不同，因而也就没有一个能够适用于所有人的一般税收规范。第二，特定受益原则。要实行受益原则，就必须知道每个纳税人从政府财政支出中受益的多少，但真正做到这一点，只限于某些特定的场合。特定受益原则要求对政府提供特定公共产品和服务的使用者，按照受益程度的大小来课税或收取费用。第三，间接替代征收原则。直接衡量纳税人从某种公共产品和服务中得到多少利益，存在技术上的困难，所以在一些场合下，受益原则往往会以间接替代的方式来实现。例如，政府出资修建公路，但直接对公路的使用征税较为困难，而汽车、汽油以及一些与汽车相关的产品又与对公路的使用存在直接的关联，于是就可以征收汽油税、汽车税和其他汽车产品税作为对公路使用的间接替代征收。[③]

受益原则的突出特点在于它既考虑了政府为什么要征税，又考虑到政府财政支出的用途，从而直接把税收与政府财政支出、纳税与受益联系起来，这就保证了政府以最低的成本来提供公共产品和服务。在受益原则下，衡量社会成员福利水平变动的标准随特定的税收—支出结构而定。当政府提供某种特定的公共产品和服务时，就要依据社会成员的受益情况收取一定的税收或费用。因此，从某种意义上说，受益原则不仅可

[①] 科诺里，曼洛. 公共部门经济学[M]. 崔军，孙晓峰，徐明圣，译. 北京：中国财政经济出版社，2003：187.
[②] 受益原则源于17世纪政治学家霍布斯和洛克（Locke）的交易理论，此后又融入了边沁的效用主义理论；而支付能力原则的起源早于受益原则，它可追溯到16世纪，卢梭、萨伊、约翰·斯图亚特·穆勒等都是支付能力原则的支持者。
[③] 理查德·A. 马斯格雷夫，佩吉·B. 马斯格雷夫. 财政理论与实践[M]. 邓子基，邓力平，译. 北京：中国财政经济出版社，2002：233-234.

用于税收负担的分配，也适用于评估整个税收—支出结构。

尽管从理论上看受益原则具有较强的解释力，但它在实践中却有很大的局限性。受益原则的有效实现，要求每个纳税人缴纳的税收与其对公共产品和服务的需求一致，或者必须确定每个纳税人从政府财政支出中到底享受了多少利益。但是在现有和将来相当长一段时间内的技术条件下，政府财政支出带来的利益实际由谁获得、获得多少，还难以准确地进行测度（benefits are hard to measure）。这无疑使得按照受益原则在不同纳税人之间分配税收负担很难大规模地付诸实施。也就是说，受益原则在现实中的应用，在相当大程度上受到了公共产品和服务所固有的共同消费性特征的限制。此外，政府提供的部分公共产品和服务的成本或与其相关的财政支出也无法按照受益原则来分担。有的公共服务，如社会保障，其受益人主要是中低收入者，这些受益人群取得的收入相对较低、拥有的财产也不多，有的甚至根本就没有负担能力（many government services provide the greatest benefit for those who can least afford to pay for them），但根据受益原则却应该向他们多征税，这显然有悖于公平原则。[①]这些都决定了按受益原则进行税收负担的分配，在总体上是行不通的。虽然受益原则不具有普遍意义，但这并不排除其在特定场合仍可以用来解决税收公平中的部分问题。

3.3.3 支付能力原则

支付能力原则（ability-to-pay approach）要求按照纳税人的支付能力或负担能力来分担税收，支付能力大者多纳税，支付能力小者少纳税，支付能力相同者负担相同的税收，支付能力不同者负担不同的税收，它也常常被称为"量能课税原则"。

支付能力原则的运用，首先要解决的是如何选择测度不同纳税人支付能力或负担能力的标准问题。从理想的角度看，这一标准应该能够反映纳税人从所有可供其选择的机会中得到的全部福利，包括当期和未来的消费、财富占有以及对闲暇的享受等，但这种全面的衡量标准很难找到。对在实践中到底用什么作为衡量纳税人支付能力的标准，理论界一直就有"客观说"和"主观说"两类不同的认识。

1. 客观说

"客观说"（objective approach to ability-to-pay）认为，应当以纳税人拥有财富的多少作为测度其支付能力的标准。由于收入、财产和消费都可以用来体现纳税人拥有财富的多少，因而纳税人支付能力的测度也有收入、财产和消费支出三种标准。

1）收入

收入体现了一定时期内纳税人对经济资源的支配权，它决定着纳税人在特定时期内增添财产或增加消费的能力，所以许多学者认为收入是衡量纳税人支付能力的重要标准，收入多者，其支付能力就要大一些；反之，则小一些。

将收入作为纳税人支付能力的衡量标准，尽管已被绝大多数国家所采用，但也存在一些问题：第一，纳税人的收入一般是以货币收入来计算的，而许多纳税人除了货

---

① 受益原则的实施不会改变市场机制所形成的分配格局，它在收入分配上是中性的，但受益原则实现的是规则公平，而不是结果公平。

币收入外，还有一些实物收入。实物收入的取得，也意味着纳税人实际支付能力的提升。只对货币收入征税而不对实物收入征税，显然是不公平的。然而，在具体的征税活动中，不同形式实物收入的度量却缺乏一个客观的标准。第二，纳税人取得收入的渠道有多种，既有勤劳所得，也有不劳而获的意外所得或其他所得，如资本利得和赠与所得等。如若对这些不同来源渠道的收入不加区别地征税，也有失公平。第三，纳税人的支付能力还受其他一些因素的影响，如对个人收入征税，一个单身汉的支付能力与一个有着同等数额收入但需要抚养子女的人的支付能力明显是有差别的。综上所述，收入并不是衡量纳税人支付能力足够精准的标准。

2）财产

财产也代表着纳税人一种独立的支付能力。一方面，纳税人可以利用拥有的财产来获取收入；另一方面，纳税人通过遗产的继承或财产的获赠而增加的财富，同样可以增强其支付能力，所以财产也被认为是衡量纳税人支付能力的一项重要指标。

以财产来衡量纳税人的支付能力，也存在一些不足：第一，数额相等的财产未必会给纳税人带来相同的收益，仅按财产的数量来征税，显然是不公平的。第二，拥有财产的纳税人各自的情况也不相同，有的纳税人在拥有财产的同时还有负债，有的纳税人却没有负债，有的纳税人拥有的财产中不动产所占的份额大，有的纳税人却是动产所占的份额大，很难用一个统一的标准来度量财产。第三，现实生活中财产的种类繁多，难以准确查实和评估，这也限制了以财产作为标准进行税收负担分配的广泛应用。

3）消费支出

由于按照收入的多少来确定税收负担的分配，在一定程度上是在鼓励消费而不利于储蓄和投资，更为重要的是消费支出体现着纳税人对经济资源的实际使用或占有，所以也有学者认为将消费支出作为衡量纳税人支付能力的标准更为合适。一定时期内的消费支出越大，意味着纳税人的支付能力也就越强，自然就应当缴纳更多的税收；反之，则只需缴纳较少的税收。以消费支出作为衡量纳税人支付能力的标准来征税，不会使纳税人在当前消费和未来消费之间的选择产生扭曲，也有利于储蓄和经济增长。

以消费支出作为测度纳税人支付能力标准的不足之处，具体表现在：第一，由于不同纳税人的消费倾向各不相同，假如都以消费支出来确定支付能力的话，也会产生不公平，因为总会有一部分高收入者因为某种原因而不消费或消费不多。第二，在消费支出标准下，只有在纳税人进行消费后，政府才能征税，如果纳税人不消费或者延迟消费，就有可能使得政府难以及时筹集到足额的税收收入。

2. 主观说

"主观说"（subjective approach to ability-to-pay）认为，政府征税使纳税人的货币收入减少、满足程度降低，即纳税人牺牲了效用，因而对纳税人支付能力的衡量应以每个人因纳税而感受的效用牺牲程度为标准。如果政府征税使每个纳税人的效用牺牲程度相同或均等，那么税收便达到了公平；否则，就是不公平的。根据效用牺牲程度来确定税收负担的分配，也需要测度纳税人所牺牲的效用，并进行比较。由于人们对公平有着不同的理解，"主观说"又形成了绝对均等牺牲、比例均等牺牲和边际均等牺牲三种不同的标准。

图 3-3 说明了效用均等牺牲的标准问题。在图 3-3 中横轴表示收入，纵轴表示边际效用。假定有两个纳税人——高收入者 H 和低收入者 L，MU_H 和 MU_L 分别是高收入者 H 和低收入者 L 的边际效用曲线，它们均呈现出边际递减的态势。如果对高收入者 H 和低收入者 L 征收总额为 T 的税收，则在三种牺牲标准下，税收负担分配的情况是各不相同的。

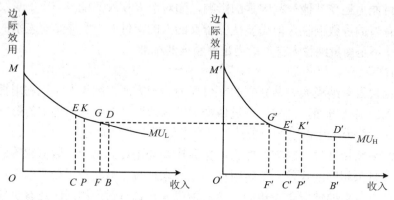

图 3-3 均等牺牲的税收负担分配

1）绝对均等牺牲标准

绝对均等牺牲标准（equal absolute sacrifice）认为，不同纳税人牺牲的总效用量应是相等的。也就是说，不管纳税人收入的高低及其边际效用的大小，其牺牲的总效用量都应当是相等的。在图 3-3 中，政府征税之前低收入者 L 和高收入者 H 的收入分别为 OB 和 $O'B'$，税前总效用分别为 $OBDM$ 和 $O'B'D'M'$，而且存在 $OB<O'B'$ 和 $OBDM<O'B'D'M'$ 的关系。假设低收入者 L 缴纳 CB 数量的税收，高收入者 H 缴纳 $C'B'$ 数量的税收，那么政府取得税收总额等于 $CB+C'B'$。绝对均等牺牲标准要求低收入者 L 和高收入者 H 因纳税而牺牲的效用应是相等的，即 $CBDE=C'B'D'E'$。

在绝对均等牺牲条件下，税收负担如何在不同纳税人之间分配，取决于收入的边际效用。倘若纳税人收入的边际效用恒等不变，那么所有纳税人应当缴纳相同数额的税收，这时采用的税率应是按人头征收的固定税额。但是，纳税人收入的边际效用一般都被认为是递减的，高收入者收入的边际效用相对较低，而低收入者收入的边际效用相对较高，因此高收入者应当负担更多的税收，而低收入者应当负担更少的税收。

2）比例均等牺牲标准

比例均等牺牲标准（equal proportional sacrifice）认为，不同纳税人因纳税牺牲的效用量与纳税前的总效用量之比应当是相等的。在图 3-3 中，如果政府对低收入者 L 和高收入者 H 分别征收数量为 PB 和 $P'B'$ 的税收，那么政府取得税收总额等于 $PB+P'B'$，此时低收入者 L 的效用牺牲为 $PBDK$，高收入者 H 的效用牺牲为 $P'B'D'K'$。均等比例牺牲标准要求低收入者 L 和高收入者 H 因纳税而牺牲的效用与其税前总效用的比例是相等的，即 $PBDK/OBDM=P'B'D'K'/O'B'D'M'$。

在比例均等牺牲条件下，若纳税人收入的边际效用恒等不变，则意味着纳税人因纳税牺牲的效用量与纳税前的总效用量之比等于应纳税额与税前全部所得之比，此时应当采用比例税率来征税。而在收入边际效用递减的条件下,按同一比例征税,就会使高收入者牺牲的效用与其税前总效用之比低于低收入者牺牲的效用与其税前总效用之比;为了使两者效用损失与税前总效用之比相等,对高收入者征税的税率就应高于对低收入者征税的税率,即要求课征累进税。

3)边际均等牺牲标准

边际均等牺牲标准(equal marginal sacrifice)要求每个纳税人纳税的最后一个单位货币的效用应当是相等的,因为当不同纳税人边际效用的牺牲相等时,从全社会来看各纳税人因纳税而牺牲的效用总量是最小的(least aggregate sacrifice)。在图 3-3 中,如果政府对低收入者 L 和高收入者 H 分别征收数量为 FB 和 $F'B'$ 的税收,那么政府取得税收总额等于 $FB+F'B'$。按照均等边际牺牲标准的要求,低收入者 L 的边际牺牲应等于高收入者 H 的边际牺牲,即 $FG=F'G'$,此时两人的总效用损失 $FBDG+F'B'D'G'$ 最小。

在边际均等牺牲条件下,若纳税人收入的边际效用恒等不变,那么税收负担的分配难以确定,因为纳税人负担任何比例和数额的税收,其边际牺牲都是相同的。若纳税人收入边际效用是递减的,便要求实行累进课税,并且累进程度也较高,甚至要求实行 100%的边际税率才能达到边际牺牲相同。

上述三种纵向公平的标准在税收制度中实际上都很难付诸实施,因为在当前技术条件下还无法准确测度"效用";但就实际影响而言,边际均等牺牲标准相对来说更为周全,所获得的评价较其他两种标准也更高一些。为了实现税收的纵向公平,各国通行的做法是根据纳税人收入的多少分档实行累进税率,或者是对奢侈品课以重税、对生活必需品课以轻税或免税。

在进行税收负担的分配时,支付能力原则没有与公共产品和服务的提供有机地联系起来,而仅从税收自身来考虑问题,所以支付能力原则在理论上看是不能令人满意的。尽管如此,但支付能力原则却较好地解决了不同纳税人之间的税收再分配问题,而且从实践的角度看,支付能力原则具有相当的可行性,也较受益原则更具可操作性,因而在世界各国得到广泛运用。

专栏 3-3 税收公平原则在中国的实现:以企业所得税为例

改革开放以来,中国的企业所得税制先后进行了多次或大或小的调整,总体来看经历了三个阶段的变迁,其演进的总趋势是逐步打破企业所得税制长期分立的局面、取消不同性质企业间差别性的税收待遇,从而为公平市场竞争环境、减少税收对市场竞争的扭曲提供了基础性的条件。

1. 中外合资经营企业和外国企业分别适用不同的外资所得税,不同所有制的内资企业也分别适用不同的内资所得税

- 1980 年和 1981 年中国先后颁布《中华人民共和国中外合资经营企业所得税法》和《中华人民共和国外国企业所得税法》,分别对中外合资经营企业和外国企业进行课征。

- 1983年中国开始试行国营企业"利改税",1984年国务院发布《中华人民共和国国营企业所得税条例》和《国营企业调节税征收办法》,正式对国营企业征收企业所得税和国营企业调节税。
- 1985年国务院发布《中华人民共和国集体企业所得税暂行条例》,单独对集体企业征收企业所得税。
- 1988年国务院发布《中华人民共和国私营企业所得税暂行条例》,单独对私营经济征收企业所得税。

2. 分别统一了内资企业所得税和外资企业所得税

- 1991年《中华人民共和国外商投资企业和外国企业所得税法》开始施行,统一了外商投资企业和外国企业适用的企业所得税。
- 1994年开始实施的《中华人民共和国企业所得税暂行条例》,归并了原来按国营企业、集体企业和私营企业分类实施的几个内资企业所得税税种,从税率、税前列支标准以及征税方式等方面,统一并规范了内资企业所得税的征收。

3. 内、外资企业所得税的统一

- 2007年第十届全国人民代表大会第五次会议通过了新的《中华人民共和国企业所得税法》,并从2008年起开始实施,从而彻底结束了内、外资企业因"身份"不同而享受不同税收待遇的时代。

资料来源:根据中国财经报网站相关资料编写整理。

当然,税收公平原则的实现不应局限于税收负担自身的公平分配,还必须考虑到政府课税前的收入分配状况或者说由市场机制决定的初次分配状态。倘若由市场决定的初次分配状态已经达到公平的要求,那么税收就应尽可能地不去影响既有的分配状态;倘若市场决定的分配状态不符合公平要求,税收就应发挥其再分配的作用,对既有的分配格局进行矫正,以使其符合公平要求。

3.4 税收的效率原则

在现实生活中,政府的征税行为给社会经济运行和纳税人带来的影响,往往并不仅局限于税款形式的负担,使一定数量的经济资源由私人部门转移到政府部门,它还包括非税款形式的负担。税收的效率原则要求政府征税活动应尽可能地缩小非税款形式的负担。根据非税款形式负担的具体构成,税收效率原则被区分为税收经济效率(economic efficiency)原则和税收行政效率(administrative efficiency)原则。

3.4.1 税收的经济效率原则

政府征税对市场机制的资源配置造成的扭曲,是非税款形式负担最主要的内容。税收经济效率原则,在承认政府征税会引致效率损失的前提下,要求将这种效率损失尽可能地最小化。

1. 税收超额负担

税收干扰市场机制形成的资源配置产生的效率损失,一般被称为"税收超额负担"(deadweight loss)或"税收额外损失"(excess burden)。①

1)税收超额负担的内涵

税收超额负担是政府征税导致社会福利损失大于政府所取得的税收收入的部分,它具体可以用消费者剩余和生产者剩余的净损失来衡量。在图3-4中,横轴表示商品的数量,纵轴表示商品的价格,产品的需求曲线 D 和供给曲线 S 相交于 A 点,决定了政府征税前的均衡价格和均衡数量分别为 P_0 和 Q_0,税前消费者剩余和生产者剩余分别为 P_0AP 和 P_0AO。现假定政府对生产者征收一定数额的从量税,产品的供给曲线就会由原来的 S 向左上方平移

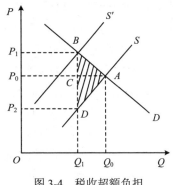

图3-4 税收超额负担

至 S',它与供给曲线 D 相交决定了税后供求均衡点为 B,新的均衡价格和均衡数量分别为 P_1 和 Q_1。此时,政府征税使得消费者剩余由 P_0AP 变为 P_1BP,消费者剩余减少了 P_1BAP_0,其中 P_1BCP_0 为政府获得的税收收入,CAB 为消费者剩余的净损失。由于税后生产者实际得到的价格为 P_2,政府征税使得生产者剩余由 P_0AO 变为 P_2DO,减少了 P_2DAP_0,其中 P_2DCP_0 为政府获得的税收收入,CAD 为生产者剩余的净损失。消费者剩余和生产者剩余的净损失总和为 ABD(即图3-4中的阴影部分),就是政府征税所带来的超额负担。②

2)税收超额负担产生的原因

政府征税之所以会产生超额负担并导致效率损失,主要是因为大部分税收都是选择性的,政府征税往往会使市场中不同产品之间的相对价格、不同生产要素之间的相对价格、劳动与闲暇之间的相对价格、当前消费与未来消费之间的相对价格等发生改变,从而干扰由市场决定的消费决策和生产决策,进而使市场机制正常资源配置的效率受到损害、资源配置偏离帕累托最优配置状态。

税收超额负担产生的原因,可以用税收效应来解释。税收效应指的是政府征税对消费者和生产者经济决策产生的影响,具体分为收入效应(income effect)和替代效应(substitution effect)两个方面。税收的收入效应是指政府征税使经济活动主体的可支配资源减少,从而在商品相对价格不变的条件下导致购买量变动,进而影响社会成员的实际福利水平;而税收的替代效应则是指在效用不变的前提下,因商品相对价格的变动改变了经济活动主体原先的选择而影响社会成员的福利水平。税收的收入效应与替

---

① 1890年,英国新古典经济学派代表人物马歇尔在《经济学原理》中详细论述了税收可能带来的效率损失,并首次提出"税收超额负担"概念。随着数学分析方法在经济学领域的应用,西方学者对税收超额负担的研究也不断深入。从20世纪20年代的拉姆齐、30年代的霍特林、40年代的米德、50年代的科利特和黑格、60年代的哈伯格,直到以阿特金森、戴蒙德、米尔利斯和斯蒂格利茨为代表的当代学者,都对税收超额负担进行了比较深入的研究。

② 除了用供需曲线分析生产者和消费者剩余的变动情形来衡量超额负担外,还可以用无差异曲线通过约当变量(equivalent variation)来衡量超额负担。

代效应，可以用图 3-5 来加以说明。假定可供消费者选择消费的商品只有 X 和 Y 两种。在图中，政府征税之前消费者的预算约束线为 AB，它与消费无差异曲线 u_1 相切于 E_1 点，决定了消费者的最优消费组合为 X_1 数量的 X 商品和 Y_1 数量的 Y 商品。现假定政府对 X 商品课税但不对 Y 商品课税，消费者的预算约束线就会以 A 点为圆心向内移动到 AF①，AF 与消费无差异曲线 u_2 相切于 E_2 点，决定了在政府征税之后消费者的最优消费组合为 X_2 数量的 X 商品和 Y_2 数量的 Y 商品。就被征税的 X 商品而言，其消费量因政府征税而减

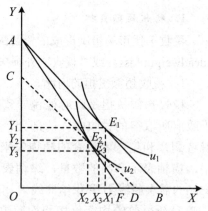

图 3-5　税收的收入效应与替代效应

少了 X_2X_1。补偿需求曲线（compensated demand curve）CD，是由预算约束线 AB 向左下方平移至与消费无差异曲线 u_2 相切于 E_3 点而得来的，E_3 所对应的 X 商品的消费量为 X_3、Y 商品的消费量为 Y_3。在图中，X_3X_1 表示的是税收的收入效应，而 X_2X_3 表示的是税收的替代效应。税收之所以会产生超额负担，最根本的原因就在于它会产生替代效应。②由于替代效应所产生的效用损失无法用税收及其收益来弥补，因而构成税收的超额负担。

并不是每一个税种都会产生超额负担。只产生收入效应而不带来替代效应的税收，常常被称为"总额税"或"一次总付税"（lump-sum tax），人头税是最为典型的总额税。在课征总额税的条件下，所有纳税人都支付相同数额的固定税。此时，纳税人经济行为的任何改变都不会使其纳税义务发生相应的变化，因而总额税不会影响纳税人的经济决策，也不产生超额负担或经济效率的损失。③虽然不产生超额负担，但进入现代社会后，几乎没有国家再征收人头税，根本原因就在于，人头税在公平上所产生的负面影响。在课征人头税的情况下，穷人和富人缴纳同样多的税款，具有极强的累退性。富人的福利损失微乎其微，而穷人则可能把最必要的福利都损失掉了。与其他税种相比较，人头税的不公平程度几乎是最高的。

专栏 3-4　"人头税"与英国"铁娘子"的政治命运

撒切尔夫人（Margaret Hilda Thatcher）是英国历史上第一位女首相，执政长达 11 年，被各国媒体称为"铁娘子"。1989 年，撒切尔夫人借着过去几年里实现经济繁荣、打赢马岛战争带来的高人气，在苏格兰地区强推税制改革，废止了以往对住宅征收的财产税（rates），调整为由地方政府征收"社区税"（community charge）。"社区

---

① F 点在横轴上的具体位置，取决于 X 商品适用的税率。
② 凡是产生替代效应的税收，都是"扭曲性税收"（distortionary taxation）。
③ 不能对"总额税不产生超额负担"的结论做过于绝对的理解。在对所有人都课征相同税额的情况下，人头税也有可能对纳税人的家庭规模计划产生影响。

税"实行统一税率，每个 18～65 岁的成年人都负有纳税义务，只有学生和失业者才能得到一定减免，其实质就是"人头税"。这项改革于 1990 年也在英格兰和威尔士开始实行。

由于"社区税"改革使得纳税人不分贵贱贫富，都必须缴纳同等数额的税额，从而招致英国中产阶级和低收入者的极度不满。最早实行"社区税"的苏格兰，出现了大范围的拒绝缴纳运动。1990 年 3 月 30 日是英格兰实行"社区税"的前一天，大规模的抗议在英国首都伦敦爆发，20 万人在特拉法加广场进行示威，示威人群与警察发生了暴力冲突，340 人被捕，45 名警察受伤，这是伦敦一个多世纪以来最严重的骚乱；在英国其他地区，反对"社区税"的情绪也不断滋长。再加上民意调查显示，撒切尔夫人已成为第二次世界大战以来英国最不受欢迎的首相，在这种情形下，撒切尔夫人被迫于 1990 年 11 月 22 日辞去首相的职务。

撒切尔夫人强推"人头税"虽然有政治和经济等方面的考量，但"人头税"违反了社会公认的公平观，撒切尔夫人猝然推行违反民意的税制改革，必然引发社会与政治反弹，并最终赔上了自己的政治生命。接替撒切尔夫人的梅杰，就任首相后立即发表了对人头税进行改革的设想，并于 1993 年把人头税调整为市政税（council tax）。

资料来源：根据多米尼克·弗里斯比. 权力的钥匙：世界税收史[M]. 刘生孝，译. 杭州：浙江人民出版社，2022：62—63 和凤凰网相关资料编写整理。

（3）税收超额负担的影响因素

虽然希克斯和费雪等经济学家早就提出了对多种产品征税产生超额负担的计算方法，但将这一计算方法直接运用到商品税上的却是阿诺德·哈伯格（Arnold C. Harberger）。[1]哈伯格提出的商品税超额负担计算公式为：

$$\mathrm{DWL} = \frac{1}{2} t^2 \times \frac{Q^*}{P^*} \times \left| \frac{\eta_d \eta_s}{\eta_s - \eta_d} \right| \tag{3-2}$$

其中：DWL 表示税收超额负担；t 表示税率；P^* 和 Q^* 分别表示征税前的均衡价格和均衡产量；η_d 和 η_s 分别表示需求曲线和供给曲线的价格弹性。

哈伯格提出的商品税超额负担计算方法只是一个局部均衡模型，它没有考虑税收变化对除被征税产品和服务以外的其他产品和服务价格和数量的影响，其局限性是显然易见的，因而其解释力也受到限制。尽管如此，但它却清楚地揭示出课税对象的需求弹性和税率是影响政府征税产生超额负担大小的两个关键因素。弄清楚税收超额负担的影响因素，有助于通过优化税制等措施来降低税收超额负担或对其加以控制。

课税对象的需求弹性与税收超额负担呈正相关关系，在其他条件保持不变的情况下，对需求弹性高的商品课税，产生的税收超额负担就更大一些，反之，税收超额负担就小一些。图 3-6 显示了政府分别对需求完全有弹性和完全无弹性的商品课税时的超额负担。当商品的需求完全有弹性时，需求曲线 D 平行于横轴［见图 3-6（a）］，它与政府征税后的供给曲线 S' 相交于 E_1 点，决定了政府征税以后商品的均衡价格仍然为 P_0，此时整个社会福利损失为 $P_0 E_0 E_2 P_2$，其中政府取得的税收收入为 $P_0 P_2 E_2 E_1$、税收超额负担

---

[1] 汪昊. 中国税收超额负担变化、原因与对策：基于税收平滑模型的分析[J]. 财贸经济，2007（5）：61-67.

为 $E_0E_2E_1$^①；当商品的需求完全无弹性时，需求曲线 D 垂直于横轴 [见图 3-6 (b)]，它与政府征税后的供给曲线 S' 相交于 E_2 点，决定了政府征税以后商品的均衡价格上升为 P_2，此时整个社会福利损失和政府取得的税收收入均为 $P_2P_0E_0E_2$。从图 3-6 中可以清楚地看到，对需求完全无弹性的商品课征商品税，税收超额负担为零；而对需求完全有弹性的商品课征商品税，税收超额负担则相当大 [见图 3-6 (a) 中的阴影部分]，即商品需求弹性越大，政府对其课税产生的超额负担也越大。

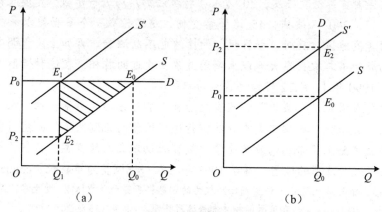

图 3-6 需求弹性与税收超额负担

税率也影响着税收超额负担的大小，税率越高，税收超额负担就越大，反之，就小一些。在其他因素保持不变的前提下，随着税率的提高，税收超额负担将以税率的平方被增加 [见式 (3-2)]。取得相同的税收收入，有以较低的税率对多种商品征税和采用较高税率只对少数几种商品课税两种选择，但前一种选择明显要好后一种，因为后一种选择带来的税收超额负担要远高于前一种。

税收的经济效率原则要求选择超额负担最小的税收制度。税收的超额负担可以通过拓宽税基、降低税率、减少差别税率的使用以及选择适当的课税对象等方式来降低。一般认为，税基越窄、税率越高、课税对象的需求弹性越大，税收对市场运行的扭曲就越突出，相应的税收超额负担也就越大。但是，缩小对需求弹性较大商品的课税范围或降低对需求弹性较大商品的税率以降低税收超额负担的做法，在相当大程度上又是以牺牲公平作为代价的。

2. 税收中性与税收非中性

传统的税收中性（tax neutrality）原则是基于"税收会带来超额负担"这一基点提出来的，它要求政府征税除了使纳税人缴纳税款以外，不再承受其他额外负担或经济损失，即税收超额负担最小化。税收中性的理论基础是经济自由主义，它源于亚当·斯密提出的"自由放任和自由竞争"的思想。随着经济活动的日趋复杂化和理论研究的不断深入，税收中性原则的含义又在传统理论的基础上有了一定程度的引申，它不仅是指尽量避免经济活动主体因纳税而遭受额外负担，而且扩展到税收使各种经济活动所发生的负面影响降到最低限度。与税收中性相对应的是"税收非中性"，它指

---

① $E_0E_2E_1$ 就是通常所说的"哈伯格三角形"（Harberger triangle）。

的是政府积极通过税收手段改变生产者的生产决策和消费者的消费决策。税收非中性的理论基础是国家干预主义,它以政府行为是"理性"的和政府资源配置是有效率的为基本前提条件。

税收中性虽然与税收的经济效率原则紧密联系在一起,但它并不等同于税收的经济效率,两者之间的关系可分为完全竞争市场和不完全竞争市场两种情况来分析。在完全竞争市场条件下,市场机制可以有效地配置资源,在这种情况下,尽可能地保持税收中性、不干扰市场机制的正常运作,就是税收经济效率原则的基本要求。但在不完全竞争的市场条件下,由于存在一些市场失效因素,由市场机制来配置资源难以达到完全有效的状态,经济活动主体的行为也会发生扭曲,这种情况下的税收经济效率不是保持所谓的"税收中性"就能达到的。在市场机制无法有效发挥作用的领域里,需要政府从全社会的整体利益出发,主动利用税收手段,进行适当的干预来矫正市场失效带来的不利影响,以使经济运行效率最大化。可见,税收中性与税收非中性统一于税收的经济效率原则,它们是实现税收经济效率两条并行不悖的路径。

在现实中,完全的税收中性几乎是不存在的,但作为一个原则,税收中性的积极意义还是应当被肯定,只是在具体运用时,不可将它绝对化。尤其是在一些发展中国家,市场机制的发育程度还比较低,价格信号不能完全有效引导资源配置。在这种情况下,税收中性只能在特定范围内实施,同时政府也应审时度势,积极主动地运用税收手段来对资源配置、储蓄和资本形成进行调节。

3. 税收对负外部性的矫正

负外部性是现实经济生活中一种普遍存在的经济现象,如果没有外部干预,仅仅依靠市场力量,是不可能使资源获得有效配置的。政府通过税收手段减少或消除外部效应对资源配置的不利影响,是税收的经济效率原则的要求。

在图 3-7 中,横轴表示的是商品生产量,纵轴表示的是商品价格,MR 为市场需求曲线,PMC 为私人边际成本曲线,两者的交点反映私人边际成本与收益之间的平衡关系,并决定了市场均衡产量为 Q_0。由于存在负外部性,社会边际成本曲线 SMC 位于私人边际成本曲线的左上方。从社会角度来看,有效资源配置的产量是社会边际成本曲线 SMC 与私人边际受益曲线 MR 的交点所决定的 Q_1,它小于 Q_0。当出现负外部性时,市场运行的结果会导致资源过度配置,相应的效率损失表示为三角形 ABC 的面积。如果政府对产生负外部性的经济活动主体征税,使私人边际成本提高到与社会边际成本相等,就有可能促使其将生产量调整至 Q_1,从而起到优化资源配置、提高社会整体福利水平的作用。

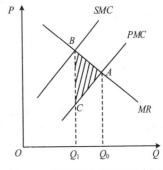

图 3-7 税收对负外部性的矫正

3.4.2 税收的行政效率原则

非税款形式的负担,还包括税收征缴过程中政府所耗费的各种征税费用和纳税人所支付的各种纳税费用。税收的行政效率原则要求尽可能地降低征纳费用或者说以尽可能小的税收成本取得单位税收收入。税收的行政效率具体可以用税务机关的征税成本（administrative cost）和纳税人的奉行纳税成本（compliance cost）两方面的指标来衡量。

税务部门在征税过程中所发生的征税成本，具体包括税务机关的日常行政事务所需的费用、购置固定资产支出以及税务人员的工资薪酬开支等。税务机关的征税费用占所征税额的比重可用来衡量征管效率，这不仅可以观察不同时期税收征管成本的变化情况，而且有助于比较不同税种的征税成本。[①]征税成本的高低与税务机关本身的工作效率是密切相关的。不同税种的征管成本是不同的。一般认为，所得税的单位征税成本要高于商品税的单位征税成本。

纳税人在履行纳税义务过程中所发生的奉行纳税成本，主要包括纳税人完成纳税申报所花费的交通费用、纳税人雇用税务顾问和会计师所花费的费用以及公司为个人代扣代缴税款所花费的费用等。[②]相对于税务机关的征税成本，纳税人的奉行纳税成本较为隐蔽（hidden cost of taxation），计算起来也比较困难。从数量方面来看，纳税人的奉行纳税费用甚至有可能会大于征税费用，[③]它是一项不容忽视的税收成本。

拓展阅读 3-1

中国的税收成本：以增值税专用发票为例

要提高税收的行政效率，首先，要使税收制度明确而具体，让纳税人容易理解和掌握，使其清楚地了解自己的纳税义务，以减少奉行纳税费用；其次，要尽可能地简化税收制度和税收征管程序，过于复杂的税收制度会造成管理上的困难，妨碍其有效性，从而造成过高的管理成本和纳税成本；最后，税务机关应采用先进的征管手段、改进工作方法，以节约征管方面的人力和物力。

任何一个国家的税收制度都不可能反映或体现出税收原则的所有要求，因为税收效率、税收公平与税制简便性之间本身就是很难同时兼顾的。现实中的税收制度总是根据一定时期具体的社会经济状况在各项税收原则之间做出权衡。

重要概念

税收原则　税收的财政原则　税收弹性　税收的公平原则　受益原则　支付能力原则　税收的效率原则　税收经济效率　税收中性　税收超额负担　扭曲性税收　一次总付税　税收行政效率　税收成本　税收行政成本　税收遵从成本

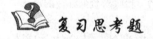

复习思考题

1. 请结合所处的时代背景，分别对亚当·斯密、瓦格纳和马斯格雷夫提出的税收原则理论进行评析。

[①] JAMES S, NOBES C. Economics of Taxation[M]. Bath: Fiscal Publications, 2015: 39.
[②] 有学者甚至把纳税对纳税人造成的心理影响，也纳入奉行纳税费用中来。
[③] 霍尔库姆. 公共经济学：政府在国家经济中的作用[M]. 北京：中国人民大学出版社，2012：209.

2. 税收的财政原则具体包括哪些内容？
3. 比较受益原则和支付能力原则作为税收公平衡量标准各自的优劣。
4. 在现实税收制度中应如何贯彻受益原则？
5. 为什么会产生税收超额负担？影响税收超额负担的因素主要有哪些？
6. 税收中性与税收经济效率原则之间存在怎样的关系？

课堂讨论

一些专家建议开征"浪费粮食税"，运用税收手段来遏制粮食浪费。请结合所给案例材料，运用税收公平原则、税收经济效率原则和税收行政效率原则的相关理论对课征"浪费粮食税"的可行性进行课堂讨论。

案例材料　　　各国普遍采取措施应对粮食浪费

联合国粮食及农业组织发布的报告显示，当今世界粮食短缺和粮食浪费现象并存，全球每年约有 13 亿吨粮食被浪费，同时每 7 个人中就有一人在挨饿。目前，各国都认识到，无论从经济、环境还是从缓解饥饿的角度考虑，浪费粮食的行为都是低效和不道德的行为。为此，很多国家都制定法律法规或出台相关政策来遏制食物的浪费。

法国是全球首个专门制定法律禁止食物浪费的国家，该国法律禁止超市扔掉或销毁未出售的食物，必须将其捐赠给慈善机构或食物银行。超市和慈善机构签订协议后，能获得捐赠产品价值 60% 的税收减免。相反，如销毁即将过期的食品，而不是将其捐赠给慈善机构或用于动物饲料或堆肥，则可能面临高达 4500 美元的罚款。

中国政府也高度重视粮食浪费问题。2021 年，中共中央办公厅、国务院办公厅印发了《粮食节约行动方案》，强调要坚决刹住浪费粮食的不良风气；同年《中华人民共和国反食品浪费法》亦颁布施行，从此反对食品浪费不再仅仅是一种倡导，而成为具有强制性的国家意志。

资料来源：根据中国青年网和搜狐网等相关资料编写整理。

参考文献与延伸阅读资料

1. 袁振宇，朱青，何乘才，高培勇. 税收经济学[M]. 北京：中国人民大学出版社，1995.
2. 杨斌. 治税中的公平与效率[M]. 北京：经济科学出版社，1999.
3. BAILEY S J. Public Sector Economics: Theory, Policy and Practice[M]. London: Palgrave Macmillan, 2001.
4. ULBRICH H H. Public Finance in Theory and Practice[M]. Abingdon: Routledge, 2011.

5. PISTONE P. Fundamentals of Taxation[M]. Amsterdam: IBFD, 2019.

 网络资源

http://www.ctax.org.cn
中国税务网

https://itep.org
税收与经济政策研究所（The Institute on Taxation and Economic Policy）网站

第 4 章 税收负担的基本分配与局部调整

学习目标

- 掌握税收负担的实质与宏观税收负担水平的影响因素;
- 掌握税收负担基本分配格局的形成;
- 掌握税收负担局部调整的意义与主要途径;
- 掌握税式支出的概念、特点及其现实意义;
- 了解最低税负制和税收赦免的基本制度机理。

税收负担总量的确定、税收负担的基本分配及其局部调整,是一个国家税收制度的核心问题,它直接关系到政府职能的履行和税收政策的实现,并在很大程度上也影响到纳税人的行为,具有重要的政治、经济和社会意义。税收负担总水平不合理或其分配的不公平,往往构成一个国家税收制度改革最直接的动因。

4.1 宏观税收负担与微观税收负担

税收负担(tax burden)指的是因政府课税而相应地减少了纳税人的实际可支配收入,从而对其造成的经济利益损失或使其承受的经济负担。税收负担的形成、基本分配及其局部调整,都是在政府征税和纳税人纳税的过程中完成的。

4.1.1 税收负担的分类与税收负担的实质

采用不同的标准,可以对税收负担进行不同的分类。依据考察层次的不同,税收负担通常可以分为宏观税收负担和微观税收负担;按照税收负担是否由纳税人实际承担作为标准,税收负担可以分为直接税收负担和间接税收负担;而按照纳税人承受负担的度量作为标准,税收负担又可以分为名义税收负担和实际税收负担。

1. 直接税收负担和间接税收负担

直接税收负担是纳税人直接向政府缴税而承受的税收负担。在有的情形下,纳税人依法向政府缴纳了税款,但这并不意味着纳税人本人将最终承担全部的税款。纳税

人有可能通过某种途径全部或部分将其缴纳的税款转嫁给其他人承担。这样，被转嫁者虽然没有直接向政府缴税，但却实实在在地负担了一部分甚至是全部的税款，这种税收负担就被称为间接税收负担。只要发生了税负转嫁，就会有间接税收负担的存在。区分直接税收负担和间接税收负担，可以反映出在既定宏观税收负担水平下税收负担的最终分配结构。

2. 名义税收负担和实际税收负担

名义税收负担是指纳税人按照税法的规定应承担的税收负担，具体表现为按计税依据和法定税率计算出的纳税人应缴纳的税款。实际税收负担则是指纳税人实际缴纳税款所形成的税收负担。

由于税收优惠等措施的实施和税收偷逃现象的存在，实际税收负担通常要低于名义税收负担，但也存在实际税收负担高于名义税收负担的可能。与名义税收负担相比，实际税收负担更能体现出经济活动主体实际承受税负的水平，它的变化对经济活动主体的行为有着更为直接的影响。

3. 税收负担的实质

虽然税收负担在现象上表现为政府征税给纳税人造成的经济利益损失，但在实质上，税收负担体现的却是政府与纳税人之间以及不同纳税人之间的分配关系。这种分配关系具体体现在以下两个方面：

第一，政府与纳税人之间对社会资源或社会财富占有或支配上的此增彼减的分配关系。就纳税人而言，在收入一定的前提下，政府对其征税越多，纳税人税后实际可支配的收入就越少，经济利益损失就越大。

第二，通过政府与纳税人之间的分配关系派生出的不同纳税人之间的分配关系。政府对不同纳税人采用不同的税负政策，以及政府将征收上来的税款通过转移性支出转化为一部分社会成员收入的过程，客观上也决定或影响着不同纳税人对收入或财富的占有关系。

4.1.2 宏观税收负担

宏观税收负担是从整个社会或国民经济整体的角度衡量的税收负担水平，具体是指一个国家所有的纳税人或按一定标准划分的具有总体性质的纳税人所承担税收负担的总和。在现实生活中，宏观税收负担直观地体现为政府征了多少税或纳税人缴了多少税。宏观税收负担水平的高低，也反映了社会资源在公共部门和私人部门之间的配置状况。在其他因素既定的情况下，宏观税收负担越重，意味着政府在资源配置方面的功能就越强；反之，则相对要弱一些。弄清楚一个国家的宏观税收负担水平，有助于解决税收在促进资源有效配置、国民收入合理分配以及经济稳定增长中带有全局性和整体性的问题。

1. 宏观税收负担水平的衡量

一个国家的经济总量通常用国内生产总值（GDP）、国民生产总值（GNP）或国民收入（NI）来表示。与之相对应，衡量宏观税收负担水平的指标，主要有国内生产总值税收负担率、国民生产总值税收负担率和国民收入税收负担率。

1）国内生产总值税收负担率

国内生产总值税收负担率（tax burden of a country relative to GDP）指的是一个国家在一定时期内，税收总收入与国内生产总值的比率，具体可用式（4-1）表示：

$$国内生产总值税收负担率（T/GDP）= \frac{税收总收入}{国内生产总值} \times 100\% \qquad (4-1)$$

国内生产总值是以"国土原则"为依据计算的生产总值，凡是在一国领土范围内生产的产品和提供的劳务的价值，不管是本国国民还是外国公民创造的都计入其中，[①]但本国国民在国境外生产的产品和提供的劳务不包括在内。国内生产总值税收负担率反映了一定时期内一个国家境内生产的全部产品和提供的全部劳务所承受税收负担的状况。

2）国民生产总值税收负担率

国民生产总值税收负担率（tax burden of a country relative to GNP）指的是一个国家在一定时期内，税收总收入与国民生产总值的比率，具体可用式（4-2）表示：

$$国民生产总值税收负担率（T/GNP）= \frac{税收总收入}{国民生产总值} \times 100\% \qquad (4-2)$$

国民生产总值是以"国民原则"为依据计算的生产总值，一国国民在本国境内和境外生产的全部产品和提供的全部劳务都计入其中，但不包括外国公民在本国境内所生产的产品和提供的劳务。国民生产总值税收负担率反映了一定时期内一个国家的国民生产的全部产品和提供的全部劳务所承受税收负担的状况。

3）国民收入税收负担率

国民收入税收负担率（tax burden of a country relative to NI）指的是一个国家在一定时期内，税收总收入与国民收入的比率，具体可用式（4-3）表示：

$$国民收入税收负担率（T/NI）= \frac{税收总收入}{国民收入} \times 100\% \qquad (4-3)$$

国民收入是按生产要素报酬来计算的，一个国家或地区的国民收入等于工资、利息、租金和利润的总和。国民收入税收负担率反映了一个国家在一定时期内新创造价值所承受税收负担的状况。

由于各国在行使征税权时，均优先行使地域税收管辖权，而国内生产总值是按收入来源地来统计的，因而在上述三个衡量宏观税收负担水平的指标中，最为常用的是国内生产总值税收负担率。

值得注意的是，三个衡量指标计算公式中的"税收总收入"指的是包括关税（从中扣除出口退税）在内的中央政府与各级地方政府的全部税收收入，但行政性收费等非税收入被排除在外。由于社会保障税或社会保障缴款具有不同于其他税种的特殊属性，[②]所以一些国际组织和一部分国家未将其统计在税收总收入内。在对不同国家的宏观税收负担水平进行比较时，应弄清楚"税收总收入"中是否包含了社会保障税收入，不同统计口径的宏观税收负担水平是不能直接进行比较的。

[①] "本国国民"具体包括本国公民以及常住外国但未加入外国国籍的居民。
[②] 有关社会保障税特征的分析，参见第 8.5.2 小节。

2. 宏观税负的影响因素

政府征收的税收收入规模应该有多大,并不完全由政府单方面主观愿望决定,而是由政府提供公共产品的需要和取得税收收入的可能这两大方面的因素共同决定。影响一个国家宏观税收负担水平的因素,主要有经济发展水平、经济结构、政府职能范围、税收制度和税收征管等。每一方面因素的变动,都会对一个国家的宏观税负水平产生或大或小的影响。由于具体影响因素不尽相同,所以不同国家或者同一个国家在不同历史时期的宏观税负水平是不可能完全相同的。

拓展阅读 4-1

"税收自由日":测度宏观税负水平的另类视角

1)经济发展水平

经济发展水平是影响宏观税收负担水平的决定性因素。一方面,经济决定税收,经济发展水平越高,社会成员的可支配收入就越多,其税收负担的承受能力也就越强;另一方面,经济发展水平越高,社会成员对公共产品和服务需求的范围和水平也就越高,为了提供较高水平的公共产品和服务,政府需要筹集的资金就越多,税收作为最主要的财政收入形式,其规模相应地就要大一些,即宏观税收负担水平也就越高。

2)经济结构

经济发展对宏观税收负担水平的影响,不仅体现在量的制约上,还体现在结构的分布和变迁上。从不同的角度看,经济结构包含多方面的内容,其中对宏观税收负担水平影响最大的是产业结构。

产业结构直接关系到税基的大小和税收收入的结构,进而影响税收收入的规模。基于自身性质和生产效率的差异,不同产业的税收负担能力是不同的。与第二、第三产业相比,第一产业的税收负担能力要弱一些。如果一个国家的国民经济中第一产业产值所占的份额较高,那么整个经济的税收负担能力自然低许多;如果第二、第三产业产值所占的份额较高,则整个经济的税收负担能力就会相对提高。若将产业分类进一步细化,在三大产业内部也存在税收负担能力相对较高和较低的行业,税收负担能力不同的行业在整个产业中的地位不同,同样也会影响宏观税收负担水平。

除了产业结构,GDP 的构成也会对宏观税收负担水平的影响较大。GDP 的构成指的是"可税 GDP"和"不可税 GDP"在 GDP 中所占的比重。根据 GDP 的核算范围与核算方法,一部分 GDP 是不能纳入税基进行课税的。"不可税 GDP"主要包括居民的基本消费、政府部门的生产与服务、总投资中的库存增加和非货币化的 GDP 等几个方面。[①]如果"不可税 GDP"在一个国家的 GDP 中所占的比重比较大,那么在其他因素既定的情况下,宏观税收负担水平就越低;反之,则越高。

3)政府职能范围

由于市场失效的存在,政府担负着提供公共产品和服务的重要职能,而公共产品和服务提供的范围和方式直接影响政府资金的需求量,进而影响财政支出的规模。税收是最主要的财政收入形式,其规模必然要受财政支出需要的影响。从需求的角度看,宏观税收负担水平的高低,取决于政府职能范围的大小。

[①] 樊丽明,张斌. 经济增长与税收收入的关联分析[J]. 税务研究,2000(2):3-10.

此外，政府在履行职能的过程中提供公共产品和服务效率的高低，也影响着宏观税收负担水平。政府提供公共产品和服务的效率越高，也就意味着公共产品和服务提供的成本相对较低，那么社会成员消费既定量的公共产品和服务所需要支付的费用（即税收）就要少一些，此时宏观税收负担水平也就相对低一些。

4）税收制度

税收制度中税种的设置、课税范围的选择、税率的确定以及税收优惠政策等因素，都会直接影响宏观税收负担的水平。税种的多少，关系到政府课税覆盖面的大小。一般来说，税种设置得越多，税收制度的覆盖范围就越广、取得税收收入的能力也就越强，在其他因素既定的情况下，宏观税收负担也就越重。

不同税种筹集税收收入的能力是各不相同的，现实中的税收制度选择何种税作为主体税种，也会对宏观税收负担水平产生影响。一个国家的税收制度既可以商品税为主体税种，也可以所得税作为主体税种。商品税多采用比例税率，这就决定了商品税收入最多只能与经济增长同比例地增长；而所得税多采用累进税率，这种税率形式可以使税收收入以快于经济增长的速度增长。在其他因素相同的情况下，与以商品税为主体税种的税收制度相比较，以所得税为主体税种的税收制度会取得更多的税收收入。

除了正常的制度安排，各国的税收制度还规定有税收优惠方面的措施。税收优惠政策的出台，会使得政府取得的税收收入相应地发生变化，从而导致宏观税收负担水平发生相应的升降。在其他因素既定的情况下，政府出台的税收优惠措施越多、力度越大，那么宏观税收负担水平也就越低；反之，则越高。

5）税收征管

经济因素和税收制度决定了政府取得税收收入的潜在规模，而要将潜在的税收收入转变为政府的实际税收收入，则要依靠税收征管。税收征管直接决定着最终入库的税收数额，因此它也是影响宏观税收负担水平的一个重要因素。

由于种种原因，现实生活中实际的税收收入与潜在的税收收入之间总是会存在一些差距，差距的大小主要取决于税收征管水平。实际的税收收入与潜在的税收收入间的比率，常常被定义为"税收努力"（tax effort）程度，并以之作为衡量税收征管效率高低的指标。在其他因素既定的情况下，税收征管效率越高，宏观税负水平也越高。

3. 各国宏观税收负担水平的选择

以国内生产总值税收负担率作为主要衡量指标，世界各国的宏观税收负担水平大体上可以分为高税负型、中等税负型和轻税负型等三类类型。高税负型是指国内生产总值税负率一般介于 35%～50%；中等税负型是指国内生产总值税负率一般介于 20%～35%；低税负型是指国内生产总值税负率在 20% 以下。

各个国家都根据本国的政治、经济和社会状况以及历史传统等因素，决定自己的宏观税负水平。从长期来看，一个国家的宏观税负水平与其经济发展水平之间存在高度的相关性。不仅一个国家的宏观税收负担率会随着经济的发展有所提升，而且人均收入高的国家的宏观税收负担水平，一般也要高于人均收入低的国家。经济发达国家，除少部分国家外，均属于高税负型，北欧的瑞典、丹麦和挪威等国有的年份的宏观税负甚至超过 50%；多数中等收入国家的宏观税负水平属于中等税负型（见表 4-2），而那些经济欠发达国家的宏观税负水平一般都比较低，属于低税负型[①]，少数国家的宏观税负甚至还不到10%。

表4-2 不同经济发展水平国家的宏观税收负担水平　　　　　　　　单位：%

国　　家		1970年	1980年	1990年	2000年	2010年	2022年
高收入国家	法国	33.7	39.5	41.2	43.4	42.1	46.1
	德国	31.6	36.4	34.8	36.4	35.5	39.3
	意大利	24.8	28.6	36.3	40.5	41.7	42.9
	瑞典	35.2	43.1	48.8	50.0	42.9	41.8
	美国	25.8	25.6	26.0	28.3	23.4	27.7
中等和低收入国家	智利	—	—	16.9	18.8	19.6	23.9
	墨西哥	—	14.2	12.1	11.5	12.8	16.9
	坦桑尼亚	—	—	13.1	12.0	9.9	11.7

资料来源：根据世界银行和OECD网站相关资料编写整理。

即使在发达国家，不同国家的宏观税负水平也存在非常大的差异，如瑞典2000年的宏观税负高达50.0%，而美国的宏观税负在过去半个世纪里基本都在26%的水平上下小幅波动。这种差异的产生，原因当然是多方面的，但各国政府职能范围的不同是其中的一个重要原因。大部分宏观税收负担较高的国家，尤其是高福利国家，都建立了覆盖范围广、标准高的社会保障制度。也有少部分发达国家，如美国等，虽然具有较强的经济实力，但由于诸多方面因素没有建立起与高福利国家相似的社会保障制度，相对小的财政支出需求决定了这部分国家没有进一步提高税负的必要。

专栏4-1　　中国1994年以来的宏观税负

从改革开放到1994年，中国财政收入的相对规模一直呈现出不断下降的态势。1994年税制改革之后，中国税收收入占GDP的比重在经历了1995年和1996年的缓慢下降后，进入一个在总体上呈现不断上升趋势的时期，从1994年的10.6%提高到2013年的19.4%（见表4-3），从而扭转了此前财政收入规模偏低的不利局面。进入"经济新常态"后，中国税收收入高速增长的态势不复存在，税收收入占GDP的比重又出现逐年下降的态势。在经济下行和疫情等因素的共同影响下，2022年中国税收收入占GDP的比重已经降到13.8%。

表4-3 1994—2023年中国不同口径的宏观税负　　　　　　　　单位：%

年　份	小口径宏观税负	中口径宏观税负	大口径宏观税负	年　份	小口径宏观税负	中口径宏观税负	大口径宏观税负
1994	10.6	10.8	21.0	1996	9.7	10.4	22.1
1995	9.9	10.3	20.4	1997	10.4	10.9	20.9

[①] 除了经济欠发达国家，国内生产总值税负率较低的还有部分资源出口国和避税港。

续表

年 份	小口径宏观税负	中口径宏观税负	大口径宏观税负	年 份	小口径宏观税负	中口径宏观税负	大口径宏观税负
1998	11.0	11.7	21.7	2011	19.0	22.0	36.0
1999	11.9	12.8	23.3	2012	19.4	22.7	36.8
2000	12.7	13.5	24.2	2013	19.4	22.7	38.2
2001	14.0	14.9	26.0	2014	18.7	22.1	37.2
2002	14.7	15.7	27.0	2015	18.5	22.5	33.7
2003	14.7	16.0	27.1	2016	17.5	21.4	33.2
2004	15.1	16.5	27.3	2017	17.5	20.9	34.2
2005	15.6	17.2	28.2	2018	17.4	20.4	35.6
2006	16.1	18.4	29.6	2019	15.9	19.2	36.3
2007	17.2	20.8	31.5	2020	15.2	18.1	35.2
2008	17.3	19.5	30.7	2021	15.1	17.7	35.0
2009	17.5	20.1	32.2	2022	13.8	16.8	32.2
2010	18.2	20.7	34.5	2023	14.4	17.2	30.1

如果仅从税收收入与GDP的比值看，无论是与经济发达国家还是与发展中国家相比，中国的宏观税收负担水平都处于偏低的位置，但这样的比较是缺乏科学性的。经济发达国家的政府收入形式比较规范，税收收入占据着政府收入的绝大部分份额，其宏观税负自然可以用税收总收入占GDP的比重来衡量。但是在中国，政府收入形式并不是非常规范，除了税收收入之外，政府收入还包括相当规模的名称上不叫"税"但在实质上却是"税"的收入，因此单纯用统计口径上的税收收入占GDP的比重来衡量中国的宏观税收负担水平，是不能反映问题的实质的。在这种情况下，一些学者提出中国的宏观税负水平可以用三种不同的口径来界定：① 小口径的宏观税负，指的是税收收入占GDP的比重；② 中口径的宏观税负，指的是财政收入占GDP的比重，这里所说的"财政收入"就是纳入政府一般公共预算的财政收入，具体包括税收收入、国有企业收入、公产转让收入以及规费收入等其他收入；③ 大口径的宏观税负，是指政府收入占GDP的比重，这里所说的"政府收入"不仅包含政府一般公共预算收入，还包括各级政府部门收取的大量没有纳入政府一般公共预算的政府基金收入、社会保障费收入以及国有资本经营收入等。不同口径的宏观税负水平，在数值上相差很多，如1996年中国大口径宏观税负为22.1%，而小口径的宏观税负仅为9.7%，还不到大口径宏观税负的一半。

在衡量宏观税收负担水平的三种统计口径中，大口径的宏观税负才全面反映了中国政府从微观经济主体取得收入的状况，并真实地体现了中国政府集中财力的程度。中国只有用大口径的宏观税收负担水平与经济发达国家进行比较，才有实际意义。1994年，中国大口径的宏观税收负担率为21.0%，到2014年就提高到37.2%，这已达到高收入国家的水平。近年来，随着减税降费政策的实施，中国小口径和中口径的宏观税负均在整体上呈现出逐渐下降的态势；然而，大口径宏观税负虽然在部分年份有所下降，但下降幅度并不大，如2018—2021年大口径宏观税负都保持在35%以上的水平,与最高值相差无几,只不过 2023 年降到 30%左右,为近十年的最低值(参见表 4-3)。

资料来源:根据财政部预算司网站相关资料,以及孙玉栋. 中国税收负担问题研究[M]. 北京:中国人民大学出版社,2006:80 和毛夏鸾. 中国税收负担轻重之实证辨析[J]. 公共经济评论,2008(6):1-16 等编写整理。

评判一个国家的宏观税负水平是轻还是重,不能简单地看相关统计指标的数值高低,还应当结合税收所支撑的财政支出状况来判断,即不能单纯地看社会成员缴了多少税,还要看其获得了什么公共服务、享受了多少社会福利。[①]一个宏观税负率较高的国家,如果也提供了较高水平的社会福利,就不能简单地判断这个国家的宏观税负就重;一个宏观税负率相对较低的国家,如果只提供了较低水平的社会福利,也不能简单地判断这个国家的宏观税负就轻。

就税收—社会福利组合情况来看,有"高税负—高福利""低税收—低福利""低税收—高福利"和"高税收—低福利"等四种组合,其中"低税收—高福利"在现实中是不存在的。在剩余的三种模式中,"高税收—低福利"模式是各国都应尽量避免的;而北欧国家和法国等国采用"高税负—高福利"模式和新加坡等国实行的"低税收—低福利"模式,因为税收负担与受益大体对称,所以都被认为是可行的。尽管如此,但这两种模式也不是尽善尽美的,各自都存在一些问题。在实行"高税负—高福利"模式的国家,普遍出现了社会福利和经济发展之间的矛盾和冲突。由于高税负不利于激励人们增加工作、投资和储蓄的积极性,财政负担越发沉重,经济发展速度放慢,因而取消部分社会福利、降低税负、刺激经济发展,是"高税负—高福利"模式国家近年来主要的政策选择。在采用"低税收—低福利"的国家,虽然"藏富于民"有利于经济活力,但由于社会保障水平相对较低、覆盖范围不高,如果处理不当的话,也有可能会激化社会矛盾。

4.1.3 微观税收负担

微观税收负担指的是某个具体的纳税人在一定时期内所承受的税收负担,它是在微观经济活动主体间进行税收负担横向比较的主要依据。弄清楚不同主体承担的微观税收负担,可以为政府制定税收政策、实施对微观经济活动的有效调控提供直接根据。

根据纳税人性质的不同,微观税收负担可以区分为个人税收负担和企业税收负担,二者一般要用不同的指标来衡量。

1. 个人税收负担水平的衡量

个人税收负担水平的衡量,主要使用个人税收负担率指标,即个人实际承受的税额与个人收入总额的比例,具体可用式(4-4)表示:

$$个人税收负担率 = \frac{个人实际承受的税额}{个人收入总额} \times 100\% \qquad (4\text{-}4)$$

[①] 上海财经大学公共政策研究中心. 中国财政发展报告(2011):中国宏观税负及其扩展研究[M]. 上海:上海财经大学出版社,2011:452.

从理论上说,个人实际承受的税收负担不仅包括个人直接缴纳的个人所得税和财产税等,而且包括个人在购买消费品时承担的转嫁而来的商品税。由于经过转嫁而来的商品税税收负担的数额,因个人消费行为和企业的提价幅度的不同而有所不同,很难进行完整而准确的统计,因而个人真实的综合税收负担率是无法计算的。为了使个人税收负担率指标具有实际意义,个人实际承受的税额往往仅统计个人直接缴纳的个人所得税和财产税等。个人税收负担率,一方面反映了一定时期内个人对政府财政的贡献程度,另一方面也体现了政府运用税收手段参与个人收入分配的程度以及政府对个人收入分配差距的调节力度。

2. 企业税收负担水平的衡量

衡量企业税收负担水平的指标,主要有企业综合税收负担率和企业个别税种的税收负担率两种。

1)企业综合税收负担率

企业综合税收负担率指的是在一定时期内企业实际缴纳的各种税收总额与同期企业销售收入总额的比率,具体可用式(4-5)表示:

$$企业综合税收负担率 = \frac{企业纳税总额}{企业销售总收入} \times 100\% \quad (4\text{-}5)$$

企业综合税收负担率反映了政府参与企业收入分配的规模,也反映了企业对政府财政的贡献程度。

2)企业个别税种的税收负担率

企业个别税种的税收负担率是从单个税种的角度来考察企业税收负担水平,通常对企业承担的所得税税收负担和商品税税收负担分别进行考察,具体可用式(4-6)和式(4-7)表示:

$$企业所得税税收负担率 = \frac{企业所得税额}{企业利润总额} \times 100\% \quad (4\text{-}6)$$

$$企业商品税税收负担率 = \frac{企业商品税额}{企业销售收入} \times 100\% \quad (4\text{-}7)$$

企业所得税税收负担率反映了一定时期内企业收益在政府与企业间的分配状况,是衡量企业税收负担最直接的指标,它体现了政府在一定时期内的分配政策。在其他条件不变的情况下,商品税税收负担的高低直接影响到企业利润的多少。由于商品税的税收负担存在着转嫁的可能,作为纳税人的企业不一定是税款最终的承受者,所以企业商品税税收负担率只能反映企业因缴纳商品税而承受的名义上的税收负担水平。

4.1.4 宏观税收负担与微观税收负担关系

微观税收负担是宏观税收负担通过税收负担的分配与局部调整转化而来的,或者说微观税收负担汇总之和就是宏观税收负担。从理论上说,宏观税收负担与微观税收负担成正比例关系。一般来说,一个国家的宏观税收负担越高,该国纳税人承受的税负也要重一些,一个国家的宏观税收负担越低,该国纳税人承受的税负也要轻一些。

在现实中,宏观税收负担与微观税收负担常常出现不完全一致的情形。宏观税负是从整体角度反映的纳税人承担的平均税负,它并不必然等同于所有纳税人各自承担的税负,总有部分纳税人的税负水平高于宏观税负水平、部分纳税人的税负水平低于宏观税负水平、部分纳税人的税负水平与宏观税负水平大体相当。当宏观税负水平既定时,如果税负分配非常不公平,就会出现纳税人承担的税负畸重畸轻的情形,此时宏观税负与微观税负之间发生严重偏离就是很自然的了。此外,在现实中还存在纳税人通过税负转嫁、税收筹划和偷逃税等行为减轻自身税负水平的可能,而其中的有些行为,如税负转嫁,基本不会改变宏观税负。①

4.2 税收负担的分配

税收负担的分配(distribution of the tax burden)是政府将在一定时期内要征收的税收总额在不同纳税人之间进行分摊以决定不同的纳税人各自承担多少税收负担的行为。税收负担的分配是整个税收活动的核心环节,因为各项税收职能的执行和税收政策的落实都与它紧密联系在一起。

在任何一个国家,税收负担的分配都包括税收负担的基本分配和在税收负担基本分配格局基础上进行的局部调整两个方面。无论是哪一个层面上的税收负担分配,都是非常复杂的问题。从社会公共利益的立场来看,税收负担的分配是可以接受的,但损害了部分社会成员的利益;从客观的立场来看,税收负担的分配具有公允性,却有可能对政府的收入产生不利的影响;有时税收负担的分配,就纳税人和政府两方的立场而言均可行,但对社会经济生活又有摧残作用。②在现实中,要做到税收负担的合理分配并被普遍接受,并不是一件容易的事情。

4.2.1 税收负担基本分配格局的确立

税收负担基本分配格局的确立,必须考虑很多因素,其中最为重要的就是公平。只有做到了税收负担的公平分配,才能维持经济的正常运行、保证社会的稳定。税收负担公平分配的一个基本前提是普遍征税,即税收负担应当由全体经济活动主体共同承受,不允许任何个人和法人享有不纳税或少纳税的特权。在普遍征税的基础上,税收负担公平分配的依据存在"受益原则"和"支付能力原则"两种不同的主张。不管是在理论上还是在实践中,这两种主张都有各自的优势和不足,③但它们都不能单独解决税收负担的公平分配问题,在现实中,税收负担的公平分配有赖于二者的配合使用。

税收负担基本分配格局的确立,具体是通过税收制度来实现的。因为受益原则与支付能力原则对于税收负担的公平分配来说都具有重要作用,所以现实中的税收制度常常是"受益税"(benefit-based taxes)和"支付能力税"(ability-to-pay taxation)的立体结合。要想使现实中的税收制度很好地贯彻这两种原则,最关键的是在税收制度

---

① 具体分析参见第4.3节。
② 李厚高. 财政学[M]. 台北:三民书局,1984:181.
③ 具体分析参见第3.3节。

设计中合理地确定衡量"受益"和"支付能力"的指标。

从严格意义上讲,"受益"就是经济活动主体的需要得到满足的过程,它寓于经济活动主体的消费活动之中。正因为受益在本质上属于消费范畴,所以相比较而言消费最能准确衡量受益的大小。收入和财产虽然与消费也有一定的联系,但它们毕竟不等同于消费,因而都不能准确衡量受益的大小。一般来说,经济活动主体从消费中受益程度的计量有两种方法:一种是直接计量产品和服务的消费给经济活动主体带来的效用满足感;另一种是通过计量经济活动主体消费产品或服务的数量来间接反映经济活动主体从中的受益程度,这是因为在正常情况下,经济活动主体消费产品和服务越多,其从中受益的程度也越大。到目前为止,人们还无法准确地测度经济活动主体从消费中获得的满足程度;[①]即便将来这一问题得到解决,实际上也很难全面设置以经济活动主体从消费中的效用满足程度为依据的税种。在这种情况下,受益程度的计量只能转向间接途径,即以经济活动主体消费产品或服务的数量为标准。然而,公共产品和服务所具有的消费上不可分割的性质,又使得人们无法直接计量每个经济活动主体消费公共产品和服务的数量,因此只能使用更为间接的方法来衡量经济活动主体从政府提供的公共产品和服务中的受益程度。经济活动主体消费私人产品和服务的数量可以用来间接地反映经济活动主体从政府提供的公共产品和服务中的受益程度,这主要是因为公共产品和服务是实现私人产品和服务使用价值的必要条件,如果没有政府提供的公共产品和服务,私人产品和服务的使用价值只能处于潜在状态,不能成为现实的使用价值。私人产品和服务的使用价值中包含着公共产品和服务的使用价值,社会成员对私人产品和服务的消费正比例地反映着其对公共产品和服务的消费。[②]由于对私人产品和服务的消费可以在一定程度上反映出经济活动主体从公共产品和服务中的受益状况,因而受益原则在现实税收制度中主要体现为商品税。

对于衡量"支付能力"的指标,不同的学者也有不同的认识,有的认为是所得,有的认为是财产,还有的认为是消费支出。具体以哪一个标准作为衡量支付能力的依据,直接涉及课税对象或税基的选择问题。从上述三种标准看,其中任何一种都既有可行性,也有片面性。所得、财产和消费支出中任何一个因素增加,都意味着支付能力的增加;但所得的增加使纳税人支付能力的提高最为显著,而且使纳税人增加消费支出或增添财产成为可能,相比较而言,所得最能够反映纳税人的支付能力。[③]然而,不管以这三个因素中的哪一个作为测度支付能力的标准,都会遇到一些问题,绝对客观公正的标准是不存在的。以所得作为衡量支付能力标准的缺陷集中体现在财产收益

[①] 在经济学说史中,一直存在"基数效用论"与"序数效用论"之间的争论。在争论中取得主流地位的"序数效用论"就认为,作为一种心理现象,效用或满足程度是根本无法测量的。

[②] 马国强. 税收负担二次分配论[J]. 税务研究, 1999(4): 4-9.

[③] 美国财政学家塞利格曼,曾经分析过税收发展过程中衡量支付能力的标准所经历的四个发展阶段,即以人丁为标准的阶段、以财产为标准的阶段、以消费或产品为标准的阶段和以所得为标准的阶段。塞利格曼对这四种标准及其制度结果作了详细的对比研究后发现,在现代社会中,以所得为标准相对来说最能反映纳税人的支付能力(参见:杨斌. 治税的效率和公平[M]. 北京:经济科学出版社, 1999, 63)。美国经济学家亨利·西蒙斯也认为,"所有税收,无论其名义基础如何,都落在个人收入上面"(参见:埃克斯坦. 公共财政学[M]. 张愚山, 译. 北京:中国财政经济出版社, 1983: 82)。

上，如由赠与和遗产带来的增值属于财产收益，由资本带来的所得也属于财产收益。为了弥补所得的缺陷，还应当以财产作为衡量支付能力的辅助指标。正因如此，支付能力原则在现实税收制度中具体体现为所得税和财产税。

按照受益原则和支付能力原则开征的商品税、所得税和财产税以及其他一些辅助税种的课征范围，基本覆盖了国民经济的各个环节以及几乎所有的经济活动主体，从而决定了税收负担的基本分配格局。

4.2.2 对税收负担基本分配的局部调整

在税收负担分配的基本格局确立之后，政府和纳税人往往会基于不同的目的在相关税收活动中采取的一些举措或行为，如税收负担转嫁、税收筹划、偷逃税、税收优惠、免除重复征税、反避税、反偷逃税、最低税负制和税收赦免等（见图 4-1），也会起到对税收负担的原有分配格局或不同纳税人承担的税收负担进行局部调整的作用。

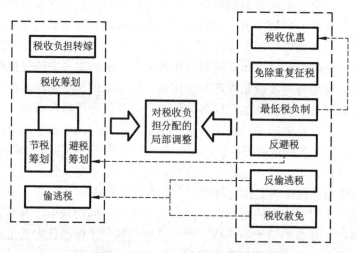

图 4-1 税收负担分配的局部调整

尽管税收在整体上体现出的是政府与纳税人之间的利益关系，但这种利益关系在单个纳税人身上往往体现得并不十分明显，他仍会觉得纳税是一种"牺牲"。在这种情况下，纳税人一般会积极主动地采取措施以减轻其税收负担，从而起到对税收负担分配进行局部调整的功效。然而，政府对税收负担分配进行的局部调整往往并不是单纯地为了实现税收收入的最大化，它既要考虑税收公平，也要顾及效率的实现。

在政府对税收负担分配进行局部调整的措施中，除了税收优惠和免除重复征税是政府的主动行为外，其他都是被动的，其中既有针对政府政策自身而采取的补救性措施，如最低税负制就是针对政府出台税收优惠政策过多、过滥而采取的对策，也有针对纳税人的行为而不得不采取的应对措施，如反避税专门针对的是纳税人的避税行为，而反偷逃税和税收赦免针对的则是纳税人的偷逃税行为（见图 4-1）。从这个角度看，政府与纳税人对税收负担分配所进行的局部调整，实际上是政府与纳税人就税收负担的再分配所进行的一种博弈。税收负担分配的局部调整，虽然只是对税收负担的基本分配格局在一定范围内所进行的幅度并不是非常大的调整，但也绝非枝枝节节的举措，它是一个既复杂又重要的问题，不仅直接关系到政府税收收入的多寡和纳税人的切身利益，也是税收政策的具体载体，会对社会经济生活产生较大的影响。

4.3 纳税人对税收负担基本分配的局部调整

除了按照税种制度的相关规定缴纳税款而承担相应的税收负担，纳税人基于实现自身利益最大化目标而采取的一些合法或不合法的举措，也会在一定程度上改变其原本应承受的税收负担。

4.3.1 税收负担转嫁

税收负担转嫁（tax shifting）是纳税人在市场交易过程中，把由自己直接缴纳的税款通过提高或压低交易价格等途径，全部或部分转移给他人负担的行为。[①]税负转嫁使得税收负担在名义纳税人与实际负税人之间发生了再分配。税收负担发生转嫁后，纳税人的实际可支配收入增加了，而负税人的实际可支配收入却减少了。可见，纳税人的税收负担转嫁行为，起到了对税收负担分配进行局部调整的作用。

税负转嫁的范围越广、程度越高，对税收负担基本分配格局的调整幅度就越大；反之，则小一些。在现实中，税负转嫁有的情况下一次就完成，有时需要多次才完成，这也使得其对税收负担分配进行的局部调整具有一定的不确定性。

一般认为，商品税的税收负担容易转嫁，而所得税和财产税的税收负担难以转嫁。在以间接税为主体税种的税收制度中，税负转嫁对税收负担基本分配格局进行局部调整的幅度就大一些；而在以直接税为主体税种的税收制度中，纳税人通过税负转嫁对税收负担基本分配格局的调整幅度就小一些。政府税收调控政策的实施，具体是通过改变纳税人承担的税收负担来实现的。从这个角度看，以直接税为主体税种的税制结构能够相对好地实现政府的税收调控意图。

4.3.2 税收筹划

税收筹划（tax planning）是纳税人在不违反相关税收法律法规的前提下，通过对生产、经营、投资和理财等活动的方式、方法和步骤进行事先安排，以尽可能地实现使纳税人的税收利益最大化的目的。"税收利益最大化"并不仅限于税收负担的最小化，它还包括税后利润最大化和企业价值最大化等内涵。不管采用何种途径，税收筹划都会改变纳税人原本应当承受的税收负担。

1. 税收筹划的方式

税收筹划有节税筹划和避税筹划两种方式。

1）节税筹划

节税筹划（tax saving）是指当存在多种纳税方案可供选择时，纳税人以税收负担

---

① 有关税收负担转嫁的详细介绍，参见第 5 章。

最小化为目的,在现行税收制度规定的范围内对其生产经营、投资和筹资等活动进行的涉税选择行为。利用税收制度中的差别性规定或照顾性政策是最基本的节税形式。节税的形式还包括根据具体的宏观经济形势,在税法规定的范围内选择税收负担最小的会计处理方法等。

2) 避税筹划

避税筹划(tax avoidance)是指纳税人利用税法中的漏洞、空白、特例和缺陷,在纳税义务发生之前,通过调整自身的经济活动,达到规避或减轻其纳税义务的目的的行为。纳税人的避税活动,主要表现为将收入或利润从高税区向低税区转移、把成本或费用从低税区向高税区转移,这种形式的避税常被称之为"顺向避税"。然而在税收实践中,部分纳税人的避税活动却表现为,将收入或利润从低税区向高税区转移以及把成本或费用从高税区向低税区转移。此时,纳税人就不是以税收负担最小化为直接目的,而是为了整体利益的需要,追求全球范围内利润的最大化,这种形式的避税就是"逆向避税"(reverse tax avoidance)。

从涉及的范围看,避税还可以分为国内避税和国际避税。在经营活动尚未普遍国际化的情况下,避税活动一般限于国内,但随着国家间经济交往的扩大和纳税人跨国流动性的增强,避税活动逐渐国际化。国际避税意味着跨国纳税人或课税对象从一国税收管辖权的控制范围转移到另一国,其所涉及的分配关系比国内避税要复杂一些,它不仅涉及跨国纳税人与本国、外国政府之间的收入分配,也关系到不同国家之间的税收利益分配。

专栏 4-2　为什么许多国际知名企业纷纷选择在开曼群岛注册

开曼群岛地处加勒比海西部,凭借与美国距离很近的地理优势,它逐步发展成为全球排名靠前的离岸金融中心。然而,开曼群岛国土面积有限,仅有 264 平方千米,常住人口也只有 8 万多人,根本不具备企业开展实质性生产经营活动的条件。然而,截至 2022 年年底在开曼群岛注册的企业却有 120 000 多家,其中有不少是国际知名企业,具体包括苹果、谷歌、微软、甲骨文、脸书、推特、亚马逊、摩根士丹利、高盛、美林银行、宝马、奔驰、奥迪等的子公司。

诸多国际知名企业之所以选择在不具备开展实质性经营活动的开曼群岛注册,当然有便于企业海外融资和上市、规避本国的外汇管制和部分国家设置的贸易壁垒等方面的原因,但不可否认的是,税收方面的考虑亦是采取此举的一个关键性原因。

开曼群岛是世界著名的"避税天堂",它只开征了进口税、工商登记税、旅游者税等少数几个税种,而从来没有课征过个人所得税、公司所得税、资本利得税、遗产税、不动产税等直接税。在开曼群岛注册的豁免公司(exempted company)在境外取得的经营利润在其注册成立后 20 年内无须在当地缴纳任何税收,包括利得税或投资收益和利润税。

这些在开曼群岛注册的企业回到本国境内从事经营活动时,还常常利用其"外资"身份享受相关的涉外税收优惠;而这些企业在从事跨国经营活动时,也会通过转让定价等方式，把亏损留在国内子公司而把利润转移到离岸公司，以达到逃避国内税收的目的。开曼群岛与主要经济大国都签署了避免双重征税条约，这不仅使在开曼群岛注册的企业的跨国经济活动可以避免双重征税，而且为这些企业利用国际税收协定来避税提供了一定的便利。

注：豁免公司是开曼群岛特有的一种公司类型，它享有许多豁免的优惠待遇，其主要豁免对象包括税务、财务报表的公开披露以及股东和董事名册的保密性。

资料来源：根据新浪财经和搜狐等网站相关资料编写整理。

避税不仅使纳税人承担的税收负担发生了改变，也导致政府财政收入的大量流失，更为重要的是它破坏了税收负担的公平原则，侵犯了税法的严肃性和公正性，所以越来越多的国家都将"避税"认定为一种滥用或错用税法的行为，纷纷出台相应的反避税措施。从某种意义上说，避税也是对现行税收制度中不完善或存在缺陷的地方的一种显示，政府可以据此采取相应措施来对税法进行修正，所以避税行为的发生也是有其积极作用的。

2. 税收筹划的特征

一般认为，税收筹划具有非违法性、筹划性和目的性等特征。

1）非违法性

税收筹划是在对现行税收制度中的有关规定进行认真分析和比较后，对相关应税活动进行的一种最优化选择，它以不直接违反税法为前提。非违法性也是区别税收筹划与偷逃税等行为的关键。当然，税收筹划的非违法性，并不意味着它完全符合税收立法意图。税收筹划中的节税是纳税人的理性选择，它不仅在形式上没有违反法律规定，而且在实质上也不违背立法意图；然而税收筹划中的避税，更多地却是直接与税收立法意图相冲突。不过，在有多种纳税方案可供选择时，纳税人在不直接违反税法的情况下做出缴纳税款最低的决策，也无可厚非。

2）筹划性

税收筹划是在应税行为发生之前，对相关经济活动进行相应的规划、设计和安排。在现实生活中，纳税义务通常具有滞后性，如商品交易行为发生之后才缴纳商品税，收益实现或分配之后才缴纳所得税，这就在客观上提供了事先进行税收筹划的可能性。如果生产经营活动已经发生，任何少缴或不缴应纳税额的行为，都不能认为是税收筹划。[①]

3）目的性

纳税人进行税收筹划总是以取得一定的利益作为活动目标的。通过税收筹划获得的利益，并不限于纳税人应缴税款的直接减少，也包括通过延期缴纳应纳税款而相当于取得无息贷款进而解决暂时性的流动性不足等问题。在有的情况下，税收筹划的目的甚至还包括通过增加应纳税款的方式来取得自身整体利益的最大化。正是这种简单明了的事实，避税才成为对纳税人和政府来说都十分重要的问题。

3. 成功税收筹划的必要条件

税收筹划可以给纳税人带来实实在在的利益，所以纳税人普遍具有进行税收筹划

[①] 盖地. 税务筹划[M]. 北京：高等教育出版社，2003：14-15.

的意愿或动机。但仅有进行税收筹划的意愿，并不意味着税收筹划就可以达到目标。成功的税收筹划，需要具备一定的条件。

第一，纳税人必须具备一定的税收、法律和财务知识。税收筹划区别于偷逃税的关键点，在于其非违法性。纳税人只有知晓什么是合法、什么是非法以及二者的界限，才能确保其减轻税收负担的活动不至于违反相关的法律法规；也只有对税法和财务管理方面的知识有全面、细致的了解，才能知晓应当采取何种措施来减轻税收负担。如果纳税人不具备相关的知识，也可以聘请专业人士来为其进行筹划。

第二，纳税人的生产经营和收入必须达到一定的规模。税收筹划活动也是需要付出一定的时间成本、货币成本、风险成本和心理成本的。如果纳税人生产经营规模和收入规模都不大，那么通过税收筹划获得的税收利益或许会低于为之而付出的成本，有时甚至还不足以支付聘请专业人士进行税收筹划的劳务费。当出现这种情况时，纳税人往往会放弃税收筹划。

第三，纳税人的税收负担相对较重。纳税人进行税收筹划意愿的强烈程度，往往和一个国家税收负担的轻重直接相关。在那些税收负担比较重的国家，税收筹划活动之所以较为普遍，主要是因为在税收负担比较重的情况下，纳税人的利益牺牲较多，对税收的可接受程度也相对较低，甚至还会产生对税收的反感和抵制，而税收筹划可以给纳税人带来较多的利益，在扣除相应的成本后，仍然有利可图。但是在那些税收负担比较轻的国家，税收筹划并不是一个非常普遍的现象，因为在税收负担较轻的情形下，纳税人所感受到的利益牺牲不多，因而实施税收筹划的意愿也就不那么强烈。税收筹划虽不违法，但也不可避免地要付出一定的成本，纳税人会权衡其得失，从而使税收筹划活动受到抑制。

第四，税法中有较多按照地区、行业或部门的不同制定的差别性规定或照顾性政策，同时存在这样或那样一些不健全或不完善的地方，这就为纳税人进行税收筹划提供了必要的空间。如果一个国家的税法非常严密，也不存在差别性的规定，那么纳税人通过税收筹划来减轻其税收负担的愿望便难以实现。

4. 税收筹划的主要技术方法

不同经济活动主体具体采用的税收筹划方式往往各不相同，并且会随经济形势的发展以及政府反避税措施的加强而相应的变化。从税制要素的角度看，税收筹划的技术方法主要有税收减免技术、税收分割技术、税收扣除技术、税率差异技术、税收抵免技术、退税技术和延期纳税技术等，其中较为常用的有以下几种。

1) 转让定价法

转让定价（transfer pricing）是存在关联关系的企业[①]在市场交易过程中，不按照正常的市场价格进行交易，而是用关联价格进行交易。关联企业既可以通过转让定价把高税企业的利润转移到低税企业，也可以利用转让定价把低税企业的成本转移到高税企业，从而达到少纳税甚至是不纳税的目的，并最终实现关联企业共同利益的最大化。

2) 成本调整法

成本调整法是通过对成本各项内容的计算、组合实现一个最佳成本值，以最大限

---

① 关联企业（associated enterprises）是指在管理、控制、资本或特殊利益等方面存在直接或间接关系的企业。

度地缩小税基从而达到少纳税甚至是不纳税的目的。运用成本调整法进行税收筹划，并非任意夸大成本或乱摊成本，而是依照法律所允许的成本核算框架下进行企业内部核算调整。

成本调整法，具体涉及存货计价、折旧计提和费用分摊等几个方面。[①]以存货计价为例，按照税法和有关财务会计制度的规定，存货计价的方法有先进先出法、后进后出法、加权平均法和移动平均法等多种。从整体上看，所有存货最终都要发出，全部存货成本必然等于存货的购进价格，但分阶段看，采取不同的计价方法，发出同样存货的成本就是不同的，这就为纳税人进行税收筹划提供了空间。根据存货的价格变化情况选择不同的计价方法，使发出存货尽可能早地摊销到当期的销售成本中去，以减少期初的应纳税所得额，这实际上是从政府那里拿到了一笔无息贷款，相当于享受了政府给予延期纳税的税收优惠。一般来说，在物价平稳的情况下，发出同样的存货，采用不同的计价方法对税收的影响不大；但在通货膨胀或通货紧缩条件下，物价呈上升或下降趋势，采用不同的存货计价方法，对税收的影响就会有很大的差别。

3）筹资法

企业从事生产经营活动，必然会占用一定数量的资金，这是其进行一系列活动的前提。从资金来源看，主要有企业自有资金和对外债务融资两种。企业自有资金可以来自企业的股票发行，也可以来自企业盈余公积和未分配利润，这些都属于权益资金。企业负债主要有企业借入的资金及应付未付款项等。企业取得资金的使用权，必须支付相应的利息。由于不同来源的资金在性质上存在差异，因而在所得税的成本费用列支上也不相同，这会导致税收负担上的不同结果。根据国际惯例，企业债务利息可以作为财务费用列支，相比较而言，债务筹资所承受的税负要轻于自我积累筹资方法。这也是部分企业倾向于债务融资的原因，但这种做法也不能不受限制的使用。

4）收入分计

收入分计是指在征税办法中采用起征点、免征额和累进税率等时，通过将收入或财产总额在两个或多个纳税人之间进行分割，划分为若干个较小的份额，使每个份额或者达不到起征点，或者位于免征额之内，或者适用较低档次的税率，最终达到少纳税或不纳税的目的。

4.3.3 偷逃税

偷逃税（tax evasion）是纳税人采取匿报应税所得或应税交易项目、不提供纳税申报、伪造交易事项或者采取欺诈手段假报应税数额等各种非法手段，来逃避其法定纳税义务的活动。

专栏 4-3　　　　　　　　　　逃税经济分析模型

逃税是税收不遵从（tax non-compliance）最主要的表现形式。国外学者对逃税所作的经济分析中，最具代表性的是威慑模型（Deterrence Model）和行为模型

---

① 王兆高. 税收筹划[M]. 上海：复旦大学出版社，2003：59.

(Behavioral Model)。

1. 威慑模型

威慑模型是 1972 年阿林汉姆（Allingham）和桑德莫（Sandmo）将预期效用最大化理论用于研究纳税人逃税行为时提出的，它也被称为 A-S 逃税模型。威慑模型是目前逃税研究的主流框架，它以"理性人"假设为前提，并假定纳税人是厌恶风险的，从预期效用最大化的角度，研究了在税务稽查概率和处罚率的影响下纳税人是否会做出纳税不遵从的行为。

A-S 逃税模型构建的基本框架，如式（4-8）所示：

$$\max \text{EU} = (1-p)U(X-\theta W) + pU[X-\theta W - \pi(X-W)] \quad (4\text{-}8)$$

其中：EU 为纳税人的预期效用；p 为纳税人被抽中税务稽查的概率；W 为纳税人向税务机关申报的收入（$W \geq 0$）；X 为纳税人的实际收入（$X>W$）；θ 为税率；π 为被稽查处时的处罚率（$\pi > \theta$）。

在权衡逃税收益、被稽查风险和惩罚损失后，纳税人会根据预期效用最大化做出是否遵从的决策。当纳税人选择纳税不遵从，向税务局申报了 X 的收入后，若未被抽中税务稽查，即 $p=0$ 时，其预期效用为 $W-\theta X$。若被抽中税务稽查，即 $p=1$ 时，由于罚款率高于实际申报时应交税的税率，则其预期效用为 $X-\theta W-\pi(X-W)$。

A-S 模型主张强有力的威慑，也就是以提高稽查率和罚款率的方式增加纳税人的逃税风险，降低纳税人选择逃税博弈决策的预期收入，强迫纳税人出于自身利益的考虑，不得不足额申报自己的收入、依法纳税。A-S 逃税模型得出了两个基本结论：第一，纳税人面临罚款的预期决定了其纳税遵从度的高低，即提高稽查率和罚款率会抑制纳税人的逃税行为，可以提高纳税遵从度；第二，税率高低对纳税人是否纳税遵从没有明显影响。

A-S 模型只考虑了收入、税率、稽查率和罚款率等因素，认为所有的纳税人都是理性人，其他因素的影响都是可以忽略不计的。由于无法很好地解释现实，不少研究者试图通过放宽模型假设与改变模型存在的条件，对其进行拓展，如修正罚款方式、拓展到企业逃税行为、对隐性经济的影响、最优税制的联合等。总体看来，这些拓展研究都是 A-S 模型的深化和应用范围的扩大，基本结构和假设变化不大。

2. 行为模型

由于纳税人并非完全理性，因此预期效用理论的研究结果存在与现实不符的情况。后来以卡尼曼（Kahneman）和特维斯基（Tversky）为代表的学者逐步从"理性人"假设放宽到有限理性假设，提出了前景理论，将社会学、认知心理学等学科的理论成果融入对逃税的经济分析，从而形成了行为模型。行为模型对纳税遵从的研究不再仅仅局限于威慑模型关注较多的税率、处罚率、税收稽查概率以及税收公平、税制复杂性等，还拓展到了社会环境、道德感知、众多非经济因素。行为模型认为，纳税人的决策基础既包含预期货币收益，也包含税制的公平合理性、激励机制等非理性因素。

纳税人所处的社会环境对其纳税遵从有很大的影响，这种社会环境是宗教、伦理和文化等多方面因素共同作用的结果。纳税人的纳税决策并不是仅基于自身条件做出的选择，往往也会受到周围其他人纳税行为的影响。在现实生活中，在很多情况下，人都有一种从众心理或者说决策者往往存在模仿其他人的倾向，尤其在面临不确定问题的时候，这种模仿迹象更为明显，这种现象被称为"羊群效应"。在良好的税收文化氛围下，纳税人的决策会形成良性循环，因为这时逃税这项有风险的决策一旦被发现就会受到其他社会成员的谴责，使得声誉受到损失，由于畏惧违背社会规范而面临的惩罚，纳税人可能选择依法纳税。而当社会上存在相对较多的逃税行为时，就会有越来越多的人加入逃税队伍中来。

道德因素对经济主体的决策会产生不可忽视的影响，道德感知反映人们内心认同的行为准则，从这个角度看，如果纳税人内心认同到税收的必要性时，其遵从行为将符合自身的行为准则，进而产生满足感；反之，不遵从的行为会违背自己的行为准则，使其产生痛苦的感受。

资料来源：根据MICHAEL G. ALLINGHAM, SANDMO A. Income Tax Evasion: A Theoretical Analysis [J]. Journal of Public Economics, 1972（1）：3-4；斯莱姆罗德，吉里泽尔. 税制分析[M]. 上海：格致出版社，2019：24-27；刘宇飞. 当代西方财政学[M]. 北京：北京大学出版社，2000：404-418编写整理。

偷逃税是一种公然违反、践踏税法的行为，它的存在会对税收负担的分配产生较大的影响：第一，偷逃税直接破坏了税收负担的公平分配原则。由于偷逃税的存在，在同样收入水平的纳税人中，诚实的纳税人要多缴税，而偷逃税者却少缴税甚至是不缴税；第二，偷逃税的发生直接减少了政府的可支配财力，而政府提供公共产品和服务所需要的财政支出一般不会减少，为了获取既定的财政收入，流失的税款就极有可能会转移到诚实纳税人的身上，从而进一步加重诚实纳税人的税收负担；第三，随着偷逃税带来的税收负担分配不公平程度的加深，原本诚实纳税的社会成员也有可能因为自身的税收负担不断加重而选择偷逃税，这会使得税收负担的分配被进一步地扭曲。可以说，偷逃税的发生实实在在地改变了最初的税收负担分配状态。

如果偷逃税现象较为严重的话，那么偷逃税还会进一步影响劳动力的配置，因为那些比较容易实现偷逃税的行业很可能比不容易实现偷逃税的行业对劳动力有更大的吸引力。偷逃税的经济活动主体出售的商品，肯定要比没有偷逃税的经济活动主体具有价格上的优势，因而偷逃税也会扭曲产品市场的正常运行。此外，偷逃税的存在还增加了社会经济中的不确定性。

4.4 政府对税收负担基本分配的局部调整

除了通过基准税制来实现税收负担的基本分配，政府采取的税收优惠、最低税负制、消除重复征税、反避税和税收赦免等措施，也能够起到对纳税人承受的税收负担进行局部调整的效果。

4.4.1 税收优惠

税收优惠（tax preference）是在基准税制确定的征税办法之外，对某些纳税人或课税对象给予免除或减轻税收负担的待遇。[①]税收优惠通常只针对特定的经济活动主体，其覆盖面不会太宽，它的实施常常会减轻部分经济活动主体的税收负担，而未享受税收优惠待遇的纳税人，其税收负担保持不变，这就起到对税收负担基本分配进行局部调整的作用。

1. 税收优惠与税式支出概念的提出

拓展阅读 4-2

税式支出理论的产生及其早期应用

"税式支出"概念脱胎于"税收优惠"。所谓"税式支出"（tax expenditure），指的是政府为实现特定的社会经济政策，对某些负有纳税义务的组织或者个人所给予的少纳税或者不纳税的优惠待遇而形成的以放弃政府财政收入的形式进行的财政支出。

税收优惠是税式支出产生的原因和基础。可以说，没有税收优惠，就不会有税式支出概念的提出；而且仅从减少税收收入的角度看，两者是可以等同使用的。然而，税式支出与税收优惠之间也存在一些差异，只有同时具备以下三方面条件的税收优惠，才构成税式支出：第一，可以用财政支出替代且作用无差异；第二，税收制度中有规范性条款与之相对应；第三，有明确的社会经济政策目的。[②]

尽管与税收优惠之间存在千丝万缕的联系，但税式支出概念的提出对形成正确的理财治税观念和对其进行科学预算管理有着独特的意义，这也是另行提出税式支出概念的动机和核心要旨之所在。[③]

1）税式支出概念揭示出了税收优惠的财政实质，使过去人们在观念中互不相干的税收优惠与一般性财政支出有机地联系起来

税收优惠方面的规定会直接减少政府的财政收入，所以从现象上看，税收优惠属于财政收入范畴。税收优惠概念只是反映出政府在税收活动中对纳税人的一种收入让渡，而税式支出概念的内涵比税收优惠更为丰富。由于在基准税制中政府通过税收优惠进行的财政收入让渡，与政府的财政支出具有相同或类似的社会经济效应，因而税式支出概念在更深层次上揭示出了税收优惠"以放弃税收收入形式进行的财政支出"的实质。

对于政府而言，税式支出概念将通过税收优惠渠道流逝的财政资金公开化，使其充分重视税收优惠对政府财政收入的影响，有利于加强对其进行管理和政府财力的统一平衡。对于税收优惠的受益人而言，税式支出概念改变了过去那种只把政府直接的转移性支出看作政府对自己的援助、而把税收优惠带来的可支配收入的增加看成自己节省下来的钱而与政府无关的错误观念，从而有利于相关经济活动主体充分提高通过税收优惠获得资金的使用效益，更好地发挥减免税的经济杠杆作用。

2）税式支出概念的确立，使税式支出与一般性财政支出之间建立起一种明确的对比关系

税式支出与一般性财政支出各自具有不同的特点和适用范围，但两者又在一定程

[①] 有关税收优惠形式的详细介绍，参见第 6.2.5 小节。
[②] 刘蓉. 税式支出的经济分析[M]. 成都：西南财经大学出版社，2000：35.
[③] 马国强. 税收概论[M]. 北京：中国财政经济出版社，1995：94-96.

度上是可以相互替代的，这就使得政府在提供财政援助形式的选择上有更大的空间。政府在实施一定的社会经济政策时，可以根据特定的社会经济形势进行通盘考虑，选择出最优的一种方式。

3）提出税式支出概念，有利于加强对税收优惠的管理

提出税式支出概念的意图是在确认税收优惠作为一种政策手段和特殊财政支出形式的基础上，赋予税收优惠与一般性财政支出一样的预算管理程序，藉以解决财税领域里存在的一些问题，而绝非只是对早已存在的税收优惠概念进行简单的替换。各国政府和有关国际组织在接受和倡导税式支出概念时，也都是以实现对税收优惠进行预算管理和控制为其实践目标的。

另外，税式支出概念的提出，有助于将原本只用于评价财政支出效应的"成本—效益分析方法"也适用于对税收优惠效果的评价。在税式支出概念下，可以在不同税收优惠形式或不同方案之间进行成本和效益的比较，并据此选择最优的税收优惠形式或方案，力争以最小的成本换取最大的社会经济效益。

2. 税式支出与一般性财政支出的比较

税式支出与一般性财政支出有许多相似之处：第一，税式支出与一般性财政支出都是政府为了实现特定的社会经济目标而进行的"支出"；第二，税式支出与一般性财政支出都直接减少了政府的实际可支配财力，使相关经济活动主体获得了相应的利益，同时也对其行为产生一定的影响；第三，税式支出以放弃税收收入方式形成的"支出"和一般性财政支出将资金安排出去以后，都不要求受益人予以直接返还或从受益人那里获得相应的报偿；第四，在其他因素既定的前提下，税式支出与一般性财政支出对政府财政收支平衡的影响相同。税式支出的多寡直接影响税收收入的数量，它从"收"的方面影响财政收支平衡；而在财政收入一定的条件下，一般性财政支出的多寡从"支"的方面，决定了财政收支是否能够平衡。

尽管存在一定的相似性，但税式支出又不等同于一般性财政支出。与一般性财政支出相比较，税式支出也具有一些独特之处，主要体现在以下几个方面。

1）税式支出具有间接性和隐蔽性

一般性财政支出必须经过立法机关的同意，并且为之专门编制的预算要向社会公众公布；与此同时，一般性财政支出的对象也相应地获得了一笔可支配资金。而税式支出却是利用特定的税收制度安排来达到一般性财政支出所要实现的目标，它不需要采取政府拨款或预算列支等方式。税式支出实际上是税收收入尚未缴入国库之前的一项无形支出，与一般性财政支出相比，它具有显著的间接性和隐蔽性。

2）税式支出具有灵活性和时效性

当税收优惠条款通过立法后，税式支出要比一般性财政支出更加灵活；而且税式支出的形式多种多样，政府在进行政策手段选择时也较为灵活。更为重要的是，税式支出能够随着社会经济状况的变化而变化，并且可以具体问题区别对待，做到因事制宜、因地制宜或因人制宜。

税式支出的时效性，主要体现在以下两个方面：第一，在完成立法之后，税式支出无须每年都经过冗长的立法程序，而一般性财政支出则每年都要经过一定的立法程

序,相比较而言,税式支出在实现某一社会经济目标时更具时效性。第二,税式支出的实施应有一定的时限。税式支出是针对特定社会经济目标出台的,倘若税式支出长期实行,则其激励对象与手段也会保持不变,那么在变化了的社会经济形势下,必然会在资源配置与收入分配上产生一些扭曲,反而有损国民经济的均衡发展,因而作为一种激励措施,税式支出只能在特定的时间段内使用。

3. 税式支出的管理

税式支出是政府实施特定的社会经济政策的有效手段。倘若运用不当,也可能给社会经济发展造成不利的影响,无法达到预期的政策目标。在这种情况下,对税式支出进行科学的管理是非常必要的。

1）确定适度的税式支出规模

税式支出与一般性财政支出在整个财政支出体系中的地位是不同的。一般性财政支出在整个财政支出体系中居主导地位,税式支出只是一般财政支出的一种补充。有些支出项目,如国防、行政管理、文化、教育和科技等,只能通过一般性财政支出的形式进行,而不能采用税式支出方式。在既定的社会经济条件下,税式支出与财政收入之间存在着此消彼长的关系。税式支出的规模过大,必然会冲击财政收入,从而直接影响政府财政的收支平衡、政府职能的正常履行和公共产品的足额提供;税式支出的规模过小,也不利于税式支出积极作用的发挥,特定的社会经济政策目标就无法实现。正因如此,确定适度的税式支出规模就成为税式支出管理的一个关键环节。

税式支出的规模以多大为宜,是由税式支出的财政实质及包括税式支出在内的整个财政支出的内部结构决定的。从理论上说,税式支出的规模,必须以不影响必要的财政支出为前提。在实践中,为了确定税式支出的适度规模,就应尽可能准确地估算出税式支出的数量。

目前,各国税式支出规模估算的方法主要有收入放弃法、收入收益法、支出等量法和现值法等。收入放弃法（revenue forgone method）是将不含有税式支出条款的税法与含有相应税式支出条款的税法相比较,两者间的差额是由于规定有税式支出条款而减少的税收收入,这就是税式支出的规模。收入收益法（revenue gains method）是一种逆向测定税式支出规模的方法,其基本原理与收入放弃法恰好相反。收入收益法以假定不含有税式支出条款的税法可能取得的税收收入,减去实际含有税式支出条款的税法取得的税收收入,两者间的差额是若取消税收优惠规定政府可增加的税收收入,这就是税式支出的规模。支出等量法（outlay equivalent method）是以税式支出的财政替代性为假定前提的。支出等量法的基本原理是如果以一项直接的财政支出项目来取代税式支出,看需要多少直接的财政支出才能达到运用税式支出所能够达到的社会经济效益,由此也就得出了税式支出的规模。现值法（present value estimate）主要适用于因加速折旧、收入延迟和延期纳税而产生的递延纳税。对延迟纳税既要考虑当年政府的收入损失,也要考虑将来收到的税收应折现为现值,两者相抵才能得到税式支出的数额。

上述估算方法的假设前提、分析问题的角度以及衡量的参照物各不相同,它们各具优势和不足。在四种估算方法中,收入收益法需要综合考虑某项税式支出条款取消后所产生的效应,如纳税人的行为效应和各税种间的相互作用等,从而使得计算比较复杂;支出等量法实际上是一种资源成本计算法,它假定纳税人行为和政府财政总体状况没有改变,采用该方法需要将税式支出项目与具体的财政支出项目严格对应,操作起来非常困难;收入放弃法是一种对某项特定的税式支出的事后检验方法,相对于其他几种方法而言简便易行,因此大多数国家都倾向于选用这种方法。①

2)建立税式支出预算制度

美国最早建立税式支出预算制度,将税式支出纳入政府统一的预算管理与控制过程之中。此后,英国、法国、加拿大、日本、澳大利亚和印度等国也相继建立了相同或类似的制度安排。

目前,各国对税式支出的预算管理主要有三种模式。① 全面预算管理模式指的是将各个税式支出项目纳入统一的账户,并对其进行分类,按规范的预算编制方法和程序编制税式支出预算,并连同主要的税式支出成本估算,作为年度政府预算报告的组成部分送交立法机关审批。② 准预算管理模式指的是只对比较重要的税式支出项目定期编制税式支出预算,一般只需列出所得税方面的税收优惠项目,但有的国家也列出增值税或销售税等税种的税收优惠项目。在准预算管理模式下,税式支出预算不直接纳入正式的政府预算程序,只作为预算法案的参考和说明,也无须经过立法机关审批。③ 非制度化的临时监控模式指的是为解决某一特殊问题而把税式支出作为一项措施加以运用时,对因此而放弃的税收收入参照预算管理的方法进行估价和控制,它不需要提交立法机关进行审议。

在上述三种预算管理模式中,全面预算管理模式对税式支出的控制最严,同时也最为完善,准预算管理模式次之;非制度化临时监控的效果最不显著,严格来说不能算作是一种管理模式。从理论上看,建立全面的税式支出预算制度最为理想,但相当一部分国家的财政管理水平不尽如人意,缺乏有效的数据处理系统与技术,一时还难以实现对税式支出进行全面的预算管理。在实践中,各国通常都是基于本国的国情合理选择税式支出管理模式。在条件不成熟的情况下,对减免税规模大且有影响较大的税式支出项目进行准预算管理,无疑是一个较为现实的选择。

4.4.2 最低税负制

最低税负制(minimum tax system)是使那些因享受较多税收优惠而只承担较低税收负担甚至完全不用缴税的高收入者或高利润企业缴纳最基本税款的一种制度安排,其目的在于让有纳税能力的经济活动主体对政府财政保持基本的贡献度,以维护税收公平,同时也确保政府的税收收入。最低税负制的实施,在一定程度上增加了部分纳税人的税收负担,起到了对税收负担分配进行局部调整的作用。

---

① 英国、德国、法国、加拿大、意大利等主要发达国家的税式支出报告均选用"收入放弃法",不同的是有的国家在收付实现制基础上使用这一方法,有的国家则基于权责发生制使用收入放弃法。美国的税式支出报告主要在收付实现制基础上选用收入放弃法和等额支出法,对递延项目采用权责发生制的现值法(参见:OECD. Tax Expenditure in OECD Countries[R]. OECD Publishing, 2010: 70-75.)。

专栏 4-4　　全球最低税：走上"历史舞台"

20世纪60年代，最低税负制最早在美国付诸实践。实行最低税负制的国家和地区还有加拿大、韩国、印度和中国台湾。阿根廷、玻利维亚、哥斯达黎加、哥伦比亚、厄瓜多尔、秘鲁、委内瑞拉和巴基斯坦等国，虽然没有正式建立最低税负制，但也有类似于最低税负制的相关规定。

尽管引入最低税负制的国家和地区并不多，但近年来，为阻止各国为吸引投资而竞相降低税率，最低税负制在全球范围内被提上日程。2021年，OECD/G20税基侵蚀和利润转移（BEPS）包容性框架超过135个成员达成了共识，提出了对特定跨国实体征收全球最低税（Global Minimum Tax，GMT）的框架方案。根据这一方案，年收入超过7.5亿欧元的跨国企业在其运营的任何辖区都至少缴纳15%的有效税率。此后，全球最低税的实施工作已稳步推进，大约55个辖区已采取措施着手实施，其中，大部分欧盟成员国、韩国、日本以及其他共计超过33个辖区已完成或接近完成国内立法。

2023年11月，越南国会通过了《关于按规定征收额外企业所得税以防止全球税基侵蚀的决议》，调整企业收益税，决定越南从2024年1月起开始对跨国公司征收15%全球最低税。越南的企业所得税税率为20%，如果将各种税收优惠措施和退税考虑在内，大型跨国企业的实际税率可低至10%以下。此次税改后，在越南投资的外国公司的实际纳税将达到15%。

资料来源：根据OECD网站等相关资料编写整理。

1. 引入最低税负制的社会经济背景

在税收理论中，支付能力原则从来都是税收负担分配的一项重要标准。一般来说，支付能力越强的纳税人承担的税收负担应当越高；反之，则越低。然而，在许多国家的实践中，一些有着较强支付能力的个人或企业，却只缴纳较少的税款，甚至完全不纳税。这种奇怪的现象，不仅在税收制度不尽完善的发展中国家比较常见，即使是在那些税收制度比较健全的经济发达国家也存在。如果将偷逃税等不合法因素排除在外，这一直接违背支付能力原则现象形成的一个重要原因，就在于相当多的国家和地区都基于诸多方面的考虑出台了许许多多的税收优惠措施，[1]这些措施实际执行的结果常常是其带来的好处较多地由高收入者或盈利丰厚的企业享有，于是便出现了具有较强纳税能力的经济活动主体只承担较低税收负担的现象。此外，税收优惠方面的诸多规定，也为纳税人通过税收筹划来达到减轻税收负担的目的提供了必要的空间。高收入者或高利润的企业有足够的财力聘请专业人士，利用税收优惠方面的规定及相关政策中存在的漏洞，为其进行税收筹划以减轻其纳税负担，有时甚至可能将其税收负担降为零；而中低收入者却因财力不足，无力聘请专业人士帮助其进行税收筹划，而不得不照章纳税，这在一定程度上也加剧了"富人少纳税，穷人多纳税"的不公平状况。

---

[1] 适度的税收优惠，的确可以对社会经济发展起到促进作用。然而，在实践中，许多国家从中央政府到各级地方政府都出台了名目繁多的税收优惠政策，有的国家还形成了政府间税收优惠竞争的格局，甚至达到了过多、过滥的状态。

税收优惠的普遍化，严重侵蚀了税基，直接导致政府财力的不足和财政赤字的扩大，更为重要的是，税收优惠较多地由高收入者享有，使其只缴纳较少的税款甚至完全不缴税，严重违背了税收公平原则。针对这些情况，最直接且最为有效的措施就是对过多、过滥的税收优惠措施进行全面的检讨和修正。然而在现实中，税收优惠措施一旦出台，就会形成一个相对稳定的既得利益群体，他们会通过各种各样的渠道影响最终的政策制定，使得这些措施很难被取消；而且从立法技术上看，对整个税收制度中繁杂的税收优惠规定进行清理和修正，也是一个旷日持久的过程，难以在短期内完成。正是在这种情形下，部分国家采用最低税负制来应对过多税收优惠带来的负面效应。可以说，最低税负制就是应对税收优惠过多、过滥而出台的一种手段。

2. 最低税负制的基本模式

最低税负制有附加式（add-on minimum Tax）和替代式（alternative minimum tax）两种基本模式。在不同的模式下，最低税负的计算方法及其对社会经济的影响是各不相同的。

1）附加式与替代式最低税负制下应缴税额的确定

附加式最低税负制是指除了按常规税制（regular tax rule）计算并缴纳一般性质的税款，还对纳税人享受的税收优惠中超过规定数量的部分额外征收的一种税。替代式最低税负制下税收负担的确定，与附加式最低税负制完全不同。在这一模式下，纳税人应当缴纳的税款一般经过三个步骤来确定（见图 4-2）：首先，计算替代式最低税负的税基，它等于常规税制下的应税所得额加上按照替代式最低税负制的规定应当还原回计入应税税基的各种税收优惠；其次，计算替代式最低税负的应缴税款，先将替代式最低税负的税基减去经允许的扣除额之后，再乘以最低税负制的适用税率；最后，将计算出来的最低税负与常规税制下应当缴纳的税额进行比较，若最低税负高于常规税制下的应纳税额，则纳税人需要补缴两者间的差额，反之纳税人就只需缴纳常规税制下的应纳税额。

附加式最低税负 =（各项税收优惠额- 经允许的扣除额）× 税率	替代式最低税负=（常规税制下的 应税所得额+应回计的各项税收优惠 额-经允许的扣除额）×税率　（1） 常规税制下的应纳税额　　　　　（2） 如果（1）>（2），则缴纳（1） 如果（1）<（2），则缴纳（2）

图 4-2　附加式和替代式最低税负制的计算方法

2）最低税负制不同模式的比较

最低税负制的直接目的是让那些较多享受税收优惠的高收入者和高利润企业承担基本的税收负担，因而它在本质上是一种"富人税"（class tax），而不是"大众税"（mass tax），这也就决定了最低税负制的征税对象应当限定在一个并不是很大的范围内。正因为这样，所以不管是附加式最低税负制还是替代式最低税负制，都规定有相应的扣除额（见图 4-2）。只有所得超过了扣除额的经济活动主体，才适用最低税负制。设置最低税负制适用门槛的目的，是在不影响经济发展和税制结构的前提下，力争取得最基本的税收公平，与此同时也降低最低税负制的实施成本及其可能对社会经济运行产生的负面影响。

附加式最低税负制是在常规税制之外，对纳税人享有的税收优惠另行征收的一种税，从性质上看属于补充性的制度安排，它通过对税收优惠自身的征税，使那些享受过多税收优惠者承担最基本的税收负担，来达到实现税收公平的目的。附加式最低税负制的税基是纳税人享有的税收优惠，它实际上是针对高所得者过度使用税收优惠规避税收负担所采取的一种惩罚性措施，其政策目标非常明确；而且在附加式最低税负制下，也无须考虑在常规税制下应当缴纳多少税，只需用应税税基乘以基本税率就得出应缴纳的税额，操作简单易行，这不仅使纳税人的遵从成本较低，而且税务机关的行政成本也不会很高。然而，由于附加式最低税负制的税基是"税收优惠"而不是"所得"，因而它不过是对过度适用税收优惠方面的规定而征收的一种"消费税"。在这一模式下，纳税人承担的最低税负与其所得额之间并无直接关系，难以很好地体现出量能课税的原则，对税收公平的改善帮助不大。

替代式最低税负制，在性质上是与常规税制平行运转的一种税收负担确定方法。与常规税制相比，替代式最低税负制的税基相对较广、平均税率相对较低，而且应纳税额确定的方式也不相同。替代式最低税负制的税基并不是纳税人享有的税收优惠额，而是将常规税制下的应税所得额与替代式最低税负制不允许扣除的各项税收优惠额都包括在内，这对税收优惠就不再仅起局部性的惩罚作用。由于税基更加接近于综合所得，因而替代式最低税负制可以结合纳税人的综合所得情况，对其发挥整体性的调节作用。在替代式最低税负制下，纳税人承担的最低税负与其所得之间具有更为直接的关联，它较好地体现了量能课税原则，从而在相当大程度上有助于税收公平的实现。但是替代式最低税收负担的计算相对要复杂一些，需要分别计算常规税制和最低税负制下的应缴税款，纳税人的遵从成本与税务机关的征管成本都要高许多。从附加式最低税负制与替代式最低税负制间的对比中，不难发现尽管替代式最低税负制也存在一些不足之处，但相对于附加式最低税负制来说，它仍是一个不错的选择。

3. 最低税负制的效应

在现实中，过多、过滥的税收优惠给社会经济带来了较大的负面影响，但又难以在短期内全面取消税收优惠，所以不得不退而求其次，在保留常规税制中税收优惠措施的情况下另外设计一套制度，要求较多享受税收优惠的个人和企业缴纳基本数额的税收，以彰显政府追求税收公平的价值取向。最低税负制是用来调整高收入者税收负担的一种变通方法。就制度设计本身而言，最低税负制就不是一个最优的选择。

最低税负制的意图是希望通过让高收入者承担基本的税收负担来帮助税收公平目标的实现。要评价最低税负制是否促进了税收公平，需要看谁在常规税制下获得了税收优惠以及谁承担了最低税收负担。最低税负制虽然在一定程度上改善了税收公平，但在实践中其征税范围很难做到仅限于高收入者，这主要是因为一些国家最低税负制的宽免额并没有与物价变动有机联动起来，使得相当一部分中低收入者因为经济发展和通货膨胀等方面的原因也成为最低税负制的纳税人。此外，最低税负制的税率一般都不是很高，一些高收入者即使适用了最低税负制，其缴纳的税收也并不多，因而对税收公平的改善有限。

除了人头税，其他所有的税收都会对社会经济运行造成或大或小的扭曲，从而带来一定的效率损失。在各国的实践中，最低税负制都是一个选择性的体制，从未对个人或企业的全部所得征税，也就是说不是所有的税收优惠项目都会回计入最低税负制的税基，总是有部分项目会因为某些方面的原因，被排除在回计范围之外。正因为具有选择性，最低税负制就不可避免地会带来效率损失。

简便是从古典经济学家开始就一直强调并延续至今的一项税收原则，但最低税负制却直接违背了这一原则。各国较多采用的替代式最低税负制，是与常规税制并行运作的，这使得税收制度变得更为复杂；而且在常规税制下可以进行的各项税收扣除和享受的各种税收优惠，在最低税负制下有些却又是不允许的，因而纳税人为了履行最低税负制规定的纳税义务往往不得不设置两套会计核算报表，并进行两次计算。

美国的最低税负制及其社会经济效应

4.4.3 重复征税的免除

重复征税（double taxation）指的是同一课税主体或不同课税主体，对同一纳税人或不同纳税人的同一征税对象或税源所进行的多次征税。由于重复征税会对社会经济运行产生许多不良影响，因而各国政府都积极采取相应的措施来尽可能地免除重复征税（elimination of double taxation），这其实也是对税收负担分配的一种局部调整。

1. 重复征税的类型

按照性质的不同，重复征税可以分为税制性重复征税、法律性重复征税和经济性重复征税等三种类型。

1）税制性重复征税

税制性重复征税（tax-systematic double taxation）是因复合税制和再生产过程的多环节而造成的重复征税。单一税制只是一种理论设想，现实中的各国都实行结构各异的复合税制。①在复合税制下，由于税种的数量较多，税种重叠度较高，对同一纳税人、同一征税对象或同一税源同时征收多种税就是不可避免的，如对同一纳税人的同一税源，往往是既征收商品流转税，又征收所得税，还要征收财产税。税制性重复征税是各国普遍存在的一种现象。

2）法律性重复征税

法律性重复征税（juridical double taxation）是对同一法律主体的同一征税对象的重复征税。法律性重复征税大多是在不同课税权主体对同一纳税人的同一课税客体进行课征的情况下发生的。根据发生范围的不同，法律性重复征税可以分为国家之间的重复征税（international double taxation）和一国内部上下级政府之间的重复征税（domestic double taxation）。

国家之间的重复征税是两个或两个以上的国家，在同一时期内对同一或不同纳税

---

① "单一税制"和"复合税制"的具体分析，参见第 6.3.1 节。

人的同一课税客体或税源，征收相同或类似的税收。经济活动的国际化以及跨国纳税人和跨国征税对象的出现，是产生国际重复课税的前提条件。对跨国纳税人的同一征税对象，相关各国兼行不同税收管辖权导致不同国家间税收管辖权的重叠，是产生国际双重或多重征税的直接原因。国际重复课税造成了跨国纳税人的额外税收负担，不仅不利于资源在全球范围内的合理配置和有效利用，而且阻碍了落后国家和地区的经济发展。

一个国家内部上下级政府之间的重复征税是中央政府与地方政府在同一时期内，对同一纳税人或不同纳税人的同一课税客体或税源征收相同或类似的税收。在分税分级财政体制下，中央政府与地方政府都具有各自的税收管理权限，如果中央和地方都对同一纳税人或不同纳税人的同一税源进行征税，于是就有可能在一个国家内部产生法律性重复征税。

3）经济性重复征税

经济性重复征税（economic double taxation）是对具有不同法律身份但在经济上具有内在联系的不同纳税人的同一课税客体或税源的重复征税。经济性重复征税具体包括以纳税人间的生产关系和交换关系为基础的重复征税与以纳税人间的分配关系为基础的重复征税两种类型。

以纳税人间的生产关系和交换关系为基础的重复征税，指的是产品从生产到最终进入消费领域，中间要经历若干流转环节，在实行多环节按商品销售收入全额征税的条件下，必然会产生重复征税。而以纳税人间的分配关系为基础的重复征税，主要表现在对股息的重复征税上。股份公司的利润要缴纳公司所得税，当股份公司的税后利润作为股息分配给股东时，股东个人还必须将这部分股息作为个人投资收入缴纳个人所得税。

2. 重复征税的免除

实质性的重复征税，扭曲了税收负担的正常分配状态，有悖于税收的公平原则和经济效率原则，而且不利于经济发展，必须采取适当方法减少直至免除。税制性重复征税多是出于复合税制的需要，或是基于政府调节经济活动的需要，它不需要也无法免除。需要采取措施免除重复征税的是法律性重复征税和经济性重复征税。

1）法律性重复征税的免除

国际范围内的法律性重复征税的免除，是在承认来源地税收管辖权占优先地位的前提下，主要由居住国采取扣除法、免税法和抵免法等几种措施来实现。

扣除法（tax deduction）指的是居住国政府在对跨国纳税人在全球范围内取得的全部所得汇总征税时，允许本国居民将其向外国政府已经缴纳的税款作为费用从本国应纳税所得额中扣除，就其扣除后的余额征税。这种方法只能在某种程度上减轻国际重复征税，并不能从根本上解决重复征税，跨国纳税人的所得与财产仍然被重复征税所困扰。正是由于这种缺陷，扣除法在避免国际法律性重复征税的实践中并不常用。

免税法（tax exemption）是指居住国对本国居民来源于境外的所得或存在于境外的财产免予征税，它有全额免税法（full exemption）和累进免税法（exemption with progression）两种类型。在全额免税法下，一国政府对本国居民的境外所得免于征税，并且在确定对其国内所得征税的适用税率时，完全不考虑这些免于征税的境外所得；而在累进免税法下，居住国对境外所得虽然予以免税，但在确定纳税人境内所得的适用税率时，却要将境外所得和境内所得合并在一起考虑。免税法免除国际重复征税的效果非常好，但这一方法意味着居住国政府单方面放弃税收管辖权，而承认收入来源国政府独占税收管辖权，这势必严重损害居住国的财政利益，所以目前采用免税法的国家非常少。

抵免法（tax credit）指的是行使居民或公民税收管辖权的国家在对本国居民或公民境内外的全部所得汇总征税时，允许本国居民或公民将其来自境外的所得向收入来源国缴纳的税收冲抵其向居住国政府缴纳的税收。按照抵免数额的不同，抵免法可以分为全额抵免（full credit）和限额抵免（ordinary credit）两种。全额抵免是指不管纳税人在收入来源国缴纳了多少税，全部给予抵免；限额抵免则是指抵免额不得超过纳税人国外所得按居住国所得税率所应缴纳的税款。抵免法既承认了收入来源国来源地税收管辖权的优先地位，同时又保留了居住国行使居民税收管辖权的权利，它较好地兼顾了居住国、收入来源国及跨国纳税人三方面的利益，为世界各国所普遍采用。

一个国家内部是否存在法律性重复征税以及重复征税的程度如何，取决于该国分级财政体制的具体制度安排。如果一个国家中央政府与地方政府征收的税种之间不存在重叠，那么也就不存在法律性重复征税。如果一个国家的中央政府与地方政府实行同源课税，中央税系和地方税系之间就会出现税种重叠，那么法律性重复征税就在所难免。对于国内的法律性重复征税最一般的解决方法，就是实行国内税收抵免制度，在征收中央税时允许从应纳税额中扣除已经缴纳的地方税。

2）经济性重复征税的免除

经济性重复征税免除的方法，根据具体成因的不同而有所不同。以纳税人之间的生产关系和交换关系为基础的重复征税，与多环节征税直接联系在一起。如果将多环节课征制改为单环节课征制，只在产成品生产环节或零售环节征税，似乎就可以避免重复征税的发生。然而在单环节课征制下，同样是生产和创造价值的企业，有的征税有的不征税，不可避免地产生税收负担的不公平，所以并不是解决问题的好方法。解决多环节课征制"道道征税"产生的经济性重复征税的最好办法，是将按销售全额征税改为按增值额征税。①

免除以纳税人间的分配关系为基础的重复征税的基本方法，是协调个人所得税和公司所得税之间的关系。根据各国对公司所得税和个人所得税间重复课税的态度以及对已分配利润税务处理方法的不同，可将公司所得税制分为古典制、双率制和归属制等类型。②在不同类型的公司所得税制下，由于对股息的税务处理存在很大差异，所以重复征税免除的程度各不相同。在古典制公司所得税下，重复征税依然很严重，双率制公司所得税只能减轻对股息的重复征税，只有在归属制公司所得税下，重复征税问题才得到了较好的解决。

拓展阅读4-4

中国增值税制中的重复征税及其免除

---

① 关于增值税是如何消除经济性重复征税的分析，参见第7.2.6小节。
② 有关公司所得税类型的分析，参见第8.3.3小节。

4.4.4 反避税

虽然避税不直接违反现行的税收法律，但由于避税造成政府税收收入的流失，扭曲了税收负担分配的公平状态，而且国际避税还会引致资本的非正常跨国流动，因而各国政府都制定了一系列相应的反避税（anti-tax avoidance）措施来应对日益扩大的避税活动。反避税是政府通过修改税收法律法规、改进或完善课税技术，以减少税收流失的一种手段。反避税的实施，也涉及对税收负担分配的局部再调整。

反避税的具体举措往往以避税方式为转移。各国通常采用的反避税措施主要有完善税收制度、加强税收征管和国际税收合作等。

1. 加强税收制度建设

很多避税行为都是利用税法中的漏洞和缺陷来实现的，因而基于反避税的目的，首先应弥补税收制度中的缺陷和漏洞，如清理或取消名目繁多的税收优惠、限制关联企业之间通过转让定价进行避税以及控制子公司海外经营利润长期滞留在避税地等。

将专门的反避税措施纳入税法，也是加强反避税税制建设的重要环节。税法中的反避税条款，包括带有一定概括性的一般反避税条款、一般规定与特殊规定相结合的反避税条款以及对主要避税活动制定的包括反避税措施在内的综合反避税条款。

拓展阅读 4-5

中国的反避税进入新阶段

2. 延伸纳税人在反避税中的义务

为了在反避税中不至于因为税务机关取得信息等方面的限制而难见成效，各国常常在税法中明确纳税人或与纳税有关的第三方负有提供税收情报的义务，使政府税务机关能够更多地获得与纳税人经济活动相关的税收信息。有的国家还规定纳税人负有就一些交易行为事先征得政府认可或同意的义务，使政府对某些有可能导致避税的行为进行有效的规制。还有的国家规定纳税人负有对避税案件事后提供证据和证明的义务，从而减轻政府在查证避税案件中的负担。

3. 强化税务管理

通过加强税务管理来实现反避税的措施，具体包括：第一，税务机关应进行更大范围的税务稽查，同时加大税务稽查和处罚力度，对恶意避税活动进行严厉打击；第二，建立反避税情报系统，并强化避税与反避税信息的搜集与交换工作，以便掌握更多的必要资料；第三，通过典型避税案例的分析，向各地传递避税的新手法及应采取的对策，以提高税务机关反避税的技能；第四，争取银行在反避税方面的合作。银行在现代经济生活中发挥着十分重要的作用。在很多情形下，纳税人进行避税活动很难逃过银行的监管，因此税务机关在反避税活动中应积极争取银行的配合，并加强对纳税人银行账户的审查。

 专栏 4-5　　　　　　弃籍避税与"弃籍税"

近些年来，有一些美国公民主动放弃美国国籍。2008 年，有 231 人放弃美国国籍

或绿卡，而到 2020 年，仅上半年就有 5800 多人放弃了美国国籍。相对庞大的移民申请来说，放弃美国国籍的人数算不上什么，但值得关注的是，主动放弃美国国籍大部分是高净值人士。

美国是当今世界唯一对居住在国外的公民和永久居民的境外收入课税的国家，再加上美国政府严打海外避税，通过了"外国银行或投资账户报告"（FBAR）和"外国账户税收遵从法"（FATCA），让美国公民无法继续隐瞒其海外资产。税收因素是导致部分美国公民，尤其是高净值人士，彻底与"山姆大叔"说再见的重要原因。2012 年，就在 Facebook 宣布进行首次公开募股前几个月，其联合创始人萨维林放弃了美国国籍并入籍新加坡，新加坡不仅个人所得税税负不高，而且没有资本利得税和遗产税。如果萨维林不放弃美国国籍，仅他持有的 Facebook 股票就需要在其上市时向美国政府缴纳至少 6 亿美元的税金，而且在他去世时，其财产还要缴纳税率高达 35%的遗产税。

为阻止高净值人士通过放弃国籍来避税，美国创立了"弃籍税"。弃籍税（expatriation tax）并不是一个独立的税种，而是对放弃既有国籍者（包括个人和企业）附加于其应税资本和财产上的一种税收制度安排，其目的在于通过加重弃籍者的税收负担达到限制放弃国籍行为，以维护美国的税收利益。1966 年美国《外国投资者税法》规定，税务机关如果认为美国公民具有源于避税驱动而采取放弃国籍的行为，在此后的 10 年内，该放弃国籍者仍按照美国公民标准纳税，这是美国弃籍税制度的雏形。美国兼行公民、居民和来源地税收管辖权，所以弃籍税的纳税人是终止公民权的美国公民和结束居留的美国长期居民。除了能够证明出生于美国后与美国无实质联系或者在成年后的半年内弃籍且与美国没有实质联系外，只要满足放弃美国居民身份前五年年均应纳税所得额超过 19 万美元（2023 年的标准）、退籍时资产净值达到 200 万美元以上和退籍前五年存在未按照法律履行纳税义务的记录等条件中任意一个的纳税人，均需就其放弃国籍的行为缴纳弃籍税。只要被认定为"适用弃籍者"（covered expatriate），其全球财产就会被视为在弃籍前一天按当天市价（FMV）出售，"视同销售"所得应向美国一次性纳税（美国长期资本利得税率是 23.8%，其中包括 20%的资本利得税和 3.8%的净投资所得税）。美国弃籍税设定有免征额，2023 年为 821 000 美元，每年会根据通货膨胀进行调整。此外，自放弃国籍起 10 年内，如果弃籍者返回美国滞留 30 天以上，美国仍可对弃籍者的全球所得税征税，从而加大了对以避税为目的的移民的打击力度。美国人若以后收到"适用弃籍者"的赠与或遗赠，还需缴纳税率为 40%的赠与税或遗产税。美国弃籍税在打击以避税为目的的弃籍行为、弥补国家财富流失、完善税制等方面发挥了相当积极的作用。

除了美国，不少发达国家都出现了富豪弃籍避税的现象。如 2012—2016 年，法国总共有 18 838 名申报收入在 10 万欧元以上的纳税人移居国外，其中 2016 年就有 3990 名纳税人移居国外。针对因避税而"流亡"外国的法国富户数目维持较高水平的状况，法国也于 2011 年开征了"退出税"（exit tax）。

资料来源：根据美国国内收入局网站和搜狐网相关资料编写整理。

4. 加强国际税收合作

对于跨国反避税来说，加强国际税收合作是非常必要的。签订国际税收协定是跨国反避税的一项重要手段。无论是双边还是多边国际税收协定，一般都列有反避税条款，规定缔约国各方负有相互提供对方国家纳税人在本国的经营活动和收入等方面情报的义务，并对有关的事宜相互提供方便。此外，缔约国往往还要就关联企业间的跨国转让定价等问题协调一致。

近年来，一些国际组织在加强国际税收合作方面发挥着越来越大的作用。2014年，经济合作与发展组织（OECD）批准的"金融账户涉税信息自动交换标准"（Common Reporting Standard，CRS）旨在推动国与国之间税务信息自动交换。CRS要求签署国间相互披露对方国家公民在本国的经济财产情况，[1]这样各国就可以通过CRS掌握本国公民在国外资产状况来防范和打击跨境避税和逃税。目前，已有包括中国在内的140多个国家和地区承诺实施CRS。

4.4.5 反偷逃税

偷逃税不仅造成政府财政收入的大量流失，而且使得正常税收负担分配状态发生扭曲，所以各国普遍采取措施来应对偷逃税的发生，这既是维护社会公共利益不受损失的要求，也是实现税收负担公平分配的需要。

加强税收征管和提高处罚力度，是反偷逃税（anti-tax evasion）的关键。当然，加强税收宣传、提高社会成员的纳税意识对减少偷逃税也是有着积极意义的。

4.4.6 税收赦免

由于信息不完全和政府税务管理能力有限等方面的原因，现实中总是会有部分纳税人的偷逃税行为没有被政府税务机关及时发现。对这种未被发现的偷逃税者，部分国家采用税收赦免（tax amnesty）的方式来促使其主动改过自新。在税收赦免法令规定的时间内，[2]如果那些有偷逃税行为的纳税人主动到政府税务机关补缴自己应缴但未缴的税款及其利息，政府就会相应地减轻甚至免除对其偷逃税行为的处罚；而没有在税收赦免期间主动补缴税款的纳税人，日后一旦被查出，将面临较重的处罚。尽管税收赦免的主要目的是提高税务机关不易于通过常规手段稽查到的有偷逃税行为纳税人的税收遵从度（tax compliance）并且以相对较低的成本取得税收收入，但它的实施却实实在在地构成对因偷逃税而发生改变的税收负担分配格局的一种再调整。

1. 税收赦免的形式

从实施的频率看，税收赦免有一次性税收赦免（one-shot tax amnesty）、间隔性税收赦免（intermittent tax amnesty）和常设性税收赦免（standing tax amnesty）三种类型。一次性税收赦免指的是只给予未被税务机关发现的偷逃税者一次赦免的机会，以后一般不会再给予类似的机会；间隔性税收赦免则是每隔一段时间就给予偷逃税者一次赦免的机会；而在常设性税收赦免下，有偷逃税行为的纳税人，只要未被税务机关

---

[1] CRS 交换的主要是金融资产方面的信息，具体包括本国公民在国外的存款账户、托管账户、现金价值的保险合约、年金合约、持有金融机构的股权和债权权益等，其在国外持有的房产、游艇、跑车、珠宝等非金融类资产不在 CRS 信息交换的范围之内。

[2] 从一些国家的实践看，税收赦免的实施期限通常为 2～3 个月，但也有国家长达 12 个月。

发现，在任何时间都可以通过主动补缴所偷逃的税款和罚息而获得减轻或免除处罚的待遇。

根据政府承诺赦免条件的不同，税收赦免可以分为四种不同的形式：第一种要求偷逃税者补缴所有的税款、利息和罚款，只对其免除全部或部分刑事处罚，这是赦免条件最严的形式；第二种要求偷逃税者补缴所有的税款和利息，但免除全部或部分的民事和刑事处罚，这是赦免条件相对宽松一些的形式；第三种要求偷逃税者缴纳过去偷逃的全部或部分税款，但在免除全部民事和刑事处罚的同时，还免除这些税款应计的全部或部分的利息，这是赦免条件更为宽松的形式；第四种是免除纳税人过去偷逃的所有税款和应计利息以及本应给予的全部民事和刑事处罚，这是赦免条件最宽的一种形式。在实践中，赦免条件最严和最宽的税收赦免都不常见，实行税收赦免的国家大多采用中间两种形式。

税收赦免还可以根据赦免措施覆盖面的不同，分为全面的税收赦免和特定的税收赦免。全面的税收赦免是一种面向所有偷逃税者任何时间、所有税种偷逃税行为的赦免；而特定的税收赦免则具体涉及来自境内收入和境外收入的偷逃税、当期和以往的偷逃税、某些特定税种的偷逃税以及不同经营规模纳税人的偷逃税之间的选择。不管是全面的税收赦免还是特定的税收赦免，正在接受税务机关审计或调查的纳税人、与税务机关还存在未完结司法诉讼的纳税人以及已被宣判犯有税收方面的罪行的纳税人，通常都不允许适用税收赦免。[①]在各国的实践中，一般很少采用全面的税收赦免。

2. 税收赦免的效应

从20世纪70年代末、80年代初被付诸实施以来，部分国家的税收赦免措施尽管在一定程度上发挥了积极的功效，如针对国内所得税实行税收赦免，对纳税人将其非法流入他国的资本回流本国起到了一定的促进作用，但也有不少国家的税收赦免以失败告终。频繁使用税收赦免，往往还会让纳税人形成理性预期，使其产生机会主义倾向，税务稽查对偷逃税的事前遏制作用也受到逆向影响，从而导致更多偷逃税行为的发生，这既无法达到税收的公平目标，又有损税务管理在纳税人心目中的威信，[②]所以现实中常设性税收赦免和有计划的间隔性税收赦免都不常见，各国在实践中较多采用的是一次性税收赦免。从理论上说，只有一次性的税收赦免尚有可能是有效的，而且必须要有严密的税收征管制度以及严厉的税收惩罚制度加以配套，即一次性税收赦免措施能否奏效与税收征管的执行能力直接相关。

一次性税收赦免的短期效应，可以从效率和公平两个方面来判断。因税收赦免的实行而增加的税收收入数量，常被用作判定税收赦免的效率指标。税收赦免的公平程度，一般是通过对参与赦免的偷逃税者与诚实纳税人税收负担之间的比较来加以判定。由于税收赦免不仅要求补缴法定的税款本金，而且要加收一定的罚息，因而参与税收赦免的偷逃税者与诚实纳税人各自的税收负担是否公平主要就看罚息的征收。如果对滞纳税款免除罚息，则相当于政府对偷逃税者提供了一笔无息贷款，而诚实纳税

[①] 邓力平，等. 国外税收赦免的理论与实践[J]. 涉外税务，2003（2）：39-42.
[②] 桑福德. 成功税制改革的经验与问题[M]. 邓力平，译. 北京：中国人民大学出版社，2001：142.

人则没有得到这一好处；如果罚息率低于市场利率，那么参与税收赦免的偷逃税者与诚实纳税者相比仍然获得了一笔低息的政府贷款；只有罚息率等于或高于市场利率，那么参与税收赦免的偷逃税者才得不到比诚实纳税者更多的收益。

从整体上看，税收赦免在治理偷逃税方面的有效性并不十分确定，因而它一直是一项颇受争议的措施。

专栏 4-6　　中国未能正式引入"税收赦免"

面对偷逃税这一世界各国普遍存在的顽疾，法国、意大利、澳大利亚、比利时、芬兰、希腊、新西兰、葡萄牙和瑞士等经济发达国家以及印度、巴西、墨西哥、印度尼西亚、菲律宾、马来西亚、巴基斯坦、斯里兰卡、阿根廷、智利、哥伦比亚和秘鲁等发展中国家，都曾采用税收赦免手段来应对。虽然美国联邦政府至今对税收赦免措施仍持保留态度，但在州级层面已经有 40 多个州实施了税收赦免。1982—2018 年，美国共 46 个州政府和哥伦比亚特区推行了 142 次税收赦免措施，其中有将近一半的赦免措施集中在 1982—1987 年和 2000—2004 年，而美国州和地方政府在这两个时间段恰恰都出现了严重的财政困难。虽然从理论上说，一次性税收赦免成功的可能性最大，但美国仍有将近 30 个州多次推出税收赦免。

目前，中国还没有在税收制度中正式引入"税收赦免"，但类似的举措在中国的税收活动中却并不鲜见。在中国，无论是过去的"税收、财务、物价大检查"，还是如今的税务稽查，首先进行的都是"自查补报"。"自查补报"就是给有偷逃税行为的纳税人一个自我调整的机会，一般补缴税款自行调整回来即可，这其中包含了很强的税收赦免因素。可以说，中国的税务稽查实际上是反偷逃税和税收赦免的综合体，而且其中的税收赦免还具有某种常设性税收赦免的性质。

2004 年 3 月，中国国家税务总局下发了《关于加强外籍人员个人所得税征管工作的通知》，要求在 2004 年 6 月底前，外籍人员或扣缴义务人主动申报以前年度未缴税款的，除依法补缴税款外，按日加收滞纳税款 0.5‰的滞纳金，但不予处罚，这一法规被媒体称为是对外籍居民的"税收特赦令"，但实施的效果并不好，去补缴税款的外籍人士不多。

2015 年 1 月，中国国务院法制办公室发布的《中华人民共和国税收征收管理法修订草案（征求意见稿）》中"对主动纠正税收违法行为或者配合税务机关查处税收违法行为的，可以视情节从轻、减轻、免予行政处罚或者减免征收税收利息"的表述，表明中国力图通过修法正式引入税收赦免。然而，这一条款在正式通过的《中华人民共和国税收征收管理法》（2015 年修订）中却被删除，这说明中国仍没有就是否实行税收赦免取得普遍共识。

资料来源：根据陈晓. 税收"特赦"前景不明[J]. 新闻周刊. 2004（22）；CORDES J J, EBEL R D, GRAVELLE J. The Encyclopedia of Taxation and Tax Policy[M]. Washington D.C.: Urban Institute Press, 2005: 387-388 和税务管理（Tax Admin）等网站相关资料编写整理。

4.4.7 对税收负担基本分配进行局部调整过程中的政策选择

除偷逃税外，政府应理性地对待纳税人采用税负转嫁和税收筹划的方式对税收负担分配所进行的局部调整，而不能一味地以不符合税收立法意图为由采取否定的态度。在市场经济条件下，税负转嫁和税收筹划是纳税人的一般行为倾向，根本无法用外力压制住的，而且它们并不直接违反现行税收法律法规，但这并不意味着政府应当对纳税人调整税收负担基本分配格局的行为放任自流。在设计决定税收负担基本分配格局的税收制度时，政府必须尽可能地将纳税人进行税负转嫁的动机考虑进去，并在课税环节的选择上尽量靠近消费者，当然这样安排也不可避免地会加大税收征管成本，这就需要政府在较少的税负转嫁和较高的税收征管成本之间做出抉择。此外，政府也要尽可能地完善税收制度，加强不同税收实体法之间以及税收实体法与税收程序法之间的配合，力争做到无缝衔接，少留制度空隙和特例，以缩小避税筹划的空间。

政府在对税收负担分配进行局部调整的过程中，也要把握好调整的力度。政府对税收负担基本分配格局进行调整的幅度越大，对市场经济的正常运行和纳税人的经济行为的干预力度就越大，而且要依靠较为复杂的制度安排来支撑，这既严重偏离了税收中性原则和税制简化原则，又极有可能对效率造成较大的损害，同时不一定能实现税收负担的公平分配。

在政府对税收负担分配进行局部调整的举措中，税收优惠、免除重复征税、反避税和反偷逃税等为各国广泛采用，而最低税负制和税收赦免却没有普遍付诸实施。不管是采用哪种措施来对税收负担的基本分配格局进行局部调整，政府都应非常慎重，因为在具体的实践中，每一项措施的积极效应都不会必然体现出来，它的实现需要有特定的社会经济背景和相应的配套措施，而每一项举措的消极效应却往往是不可避免的。如果在一些特殊情况下不得不出台相关措施来对税收负担的基本分配格局进行调整，也应尽可能地避免普遍化和持久化，当达到既定的社会经济目标之后，就要及时对相关的措施进行清理直至取消。

政府在运用某一方式对税收负担基本分配格局进行调整时，除了应关注这一方式本身对税收负担分配所进行的局部调整，还要注意其对纳税人调整税收负担分配行为的影响。例如，税收优惠政策的实施，一方面会对税收负担的基本分配格局有所调整，另一方面也为纳税人通过税收筹划来调整其承担的税收负担提供了便利的条件；签订国际税收协定是免除国际重复征税的主要载体，但有的情况下它却会被部分纳税人所利用来进行避税，即"滥用税收协定"。如果不注意政府和纳税人相关调整方式之间的相互影响和作用的话，那么各项措施叠加起来产生的合力将会使税收负担的基本分配格局发生较大的改变，甚至完全扭曲原有的分配格局。

重要概念

税收负担　微观税收负担　宏观税收负担　直接税收负担　间接税收负担　名义税收负担　实际税收负担　国内生产总值税收负担率　税收负担分配　税负转嫁　税

收筹划　避税　节税　偷逃税　税式支出　最低税负制　反避税　重复征税　免除重复征税　税收赦免　一次性税收赦免　常设性税收赦免

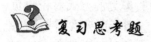

复习思考题

1. 影响宏观税收负担水平的因素有哪些？
2. 在现代社会，税收负担基本分配格局是如何确定的？
3. 政府应如何选择对税收负担分配进行局部调整的方式？
4. 如何评价税收筹划在社会经济生活中的作用？
5. 税式支出概念的确立有什么意义？税式支出管理主要包括哪些内容？
6. 试从税收原则的角度对最低税负制进行评价。
7. 各国为什么要加强反避税？通常采用的反避税措施主要有哪些？

请结合以下案例材料，并联系现实，就中国税收优惠政策的现状、对社会经济运行的影响及其治理等问题进行讨论。

案例材料　　　　中国税收优惠的治理

改革开放后，中国各级政府一直将税收优惠作为实现特定社会经济目标的政策工具普遍加以使用。随着各阶段社会经济政策目标的持续调整，新的税收优惠政策不断出台，而旧的税收优惠政策又没有得到及时清理，于是中国出现了税收优惠项目多、规模大、层级多、涉及面广、交错复杂的局面。2010 年前后，中国各级政府出台的税收优惠项目至少就有 900 多个。

2013 年，党的十八届三中全会通过的《中共中央关于全面深化改革若干重大问题的决定》明确提出要"加强对税收优惠的规范管理"。2014 年 11 月，国务院发布《关于清理规范税收等优惠政策的通知》，正式启动对税收优惠的治理。经过 2014 年 11 月—2015 年 5 月间的短暂清理之后，中国的税收优惠项目有所减少，但中央政府仍保留有 600 多个税收优惠项目，如果再加上各级地方政府出台的税收优惠项目，那么中国的税收优惠过多的状态并没有改变。然而，基于应对不断加大的经济下行压力等方面的考量，中国对税收优惠政策的清理于 2015 年 5 月暂停。

近年来，受国际政治经济形势的影响，中国国内经济下行的压力进一步加大，再加上疫情对社会经济的正常运行造成了较大的负面冲击，各级地方政府再次大规模地出台了诸如"先税后返"等变相的税收优惠措施。2024 年 1 月召开的全国审计工作会议提出"着眼推动加快全国统一大市场建设……深入揭示一些地方招商引资中违规出台'小政策'、形成'税收洼地'等问题，严肃查处违规返税乱象"。2024 年 7 月召开的中共二十届三中全会提出,"规范税收优惠政策,完善对重点领域和关键环节支持机制"。可以预期的是,中国将再次启动对税收优惠的治理。

资料来源:根据王玮. 税收优惠的公共治理:制度框架与我国的选择 [J]. 当代财经,2017(10):26-33和中国政府网相关资料等编写整理。

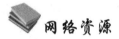 参考文献与延伸阅读资料

1. 国家税务总局税收科学研究所. 偷税与避税[M]. 北京:中国财政经济出版社,1992.
2. 唐腾翔,唐向. 税收筹划[M]. 北京:中国财政经济出版社,1994.
3. 楼继伟. 税式支出理论创新与制度探索[M]. 北京:中国财政经济出版社,2003.
4. PECHMAN J A. Who Bears the Tax Burden?[M]. Washington, D.C.: Brookings Institution, 1974.
5. CORDES J J, EBEL R D, GRAVELLE J. The Encyclopedia of Taxation and Tax Policy[M]. Washington D.C.: Urban Institute Press, 2005.

网络资源

https://finance.sina.com.cn
新浪财经网

http://www.jtri.or.jp
日本税收研究所(Japan Tax Rewsearch Institute)网站

第 5 章 税收负担转嫁与归宿

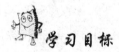 学习目标

- ▶▶ 掌握税负转嫁的含义及其实质；
- ▶▶ 掌握税负归宿的含义；
- ▶▶ 掌握税负转嫁程度的影响因素；
- ▶▶ 掌握税负转嫁与归宿的局部均衡分析；
- ▶▶ 掌握税负转嫁与归宿的一般均衡分析。

税收负担转嫁（简称税负转嫁）和税收负担归宿（简称税负归宿），是税收负担运动过程中的两个重要环节。税负转嫁是纳税人在政府课税对其经济利益产生一定影响或冲击（tax impact）后的一种必然反应，它是市场经济条件下普遍存在的一种经济现象。税负转嫁的最终结果体现为税负归宿。

5.1 税负转嫁的方式与实质

税负转嫁是纳税人在商品交易过程中追求自身经济利益最大化的一种行为。税负转嫁会改变税收负担在不同社会成员之间最初的分配，而税负归宿则反映出税收负担在不同个人和家庭间的最终分配格局。

5.1.1 税负转嫁的方式

根据税负运动方向的不同，税收负担转嫁的基本方式可以区分为"前转"和"后转"两种。其他的税负转嫁方式，都是前转和后转这两种基本形式的特例或组合。①

1. 前转

税收负担向前转嫁（forward shifting）指的是纳税人将其所缴纳的税款，通过提高商品或生产要素销售价格的方法，向前转移给商品或生产要素的购买者或最终消费者负担。如政府在产制环节对产品的制造商征税，那么制造商就会提高该产品的出厂价格把税收负担或者说自己缴纳的税款转嫁给批发商，批发商会在此基础上提高该产品

---

① 有学者将"消转"界定为纳税人通过改善经营管理、革新生产技术等降低成本的方法来抵消其缴纳的税款，并认为"消转"也是税负转嫁的一种形式。在所谓的"消转"中，税收负担并没有在不同主体之间发生转移，仍然是纳税人自己承担，因而它不是真正意义上的税负转嫁。

的批发价格将自己承担的税收负担转嫁给零售商，最后零售商通过提高该产品零售价格的方式，又把自己承担的税收负担转嫁给消费者承担（见图 5-1）。此时，消费者必须付出包括部分或全部税款在内的价格，才能获得商品或生产要素的所有权。由于税收负担向前转嫁是纳税人在经济交易过程中顺着课税商品的流转方向将税收负担转移出去，所以它也被称为"顺转"。

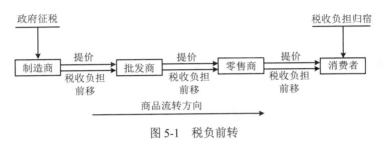

图 5-1　税负前转

税收负担向前转嫁，是现代社会最典型、也是最普遍的一种税负转嫁形式，它常见于卖方市场。在税收负担向前转嫁的过程中，虽然名义上的纳税人是生产厂商，但商品和劳务的消费者才是实际的税收负担者。

专栏 5-1　消费税让电子烟价格普涨了不少

电子烟是一种模仿卷烟的电子产品，与卷烟有相近的外观、烟雾、味道和感觉，成为很多烟民的香烟替代品。在过去相当长一段时间，中国电子烟行业规模迅速扩张，却既没有相关行业标准，也缺乏监管；而且在税收上，电子烟只需要缴纳增值税及相关附加税。2021 年 11 月，中国国家烟草专卖局和国家市场监管总局分别发布了《电子烟管理办法》和《电子烟强制性国家标准》，开始加强对电子烟行业的监管。2022 年 10 月，财政部、海关总署、国家税务总局共同发布《关于对电子烟征收消费税的公告》，决定将电子烟纳入消费税的征收范围，实行从价定率的征税办法，并从 2022 年 11 月起执行。

跨入消费税的"新时代"，意味着曾经只缴纳增值税及附加税的电子烟，现在还需要在生产和批发环节额外缴纳税率分别为 36%和 11%的消费税。在开始课征消费税的当月，中国电子烟的涨价幅度普遍都在 40%以上，烟具批发价的涨幅最高达到 204%，烟弹零售建议价的涨幅也达到 124%。

虽然生产和销售电子烟的商家未必对"税负转嫁"的机理有非常清楚的认识，甚至有可能根本就不知道有"税负转嫁"这样一个概念，但其"加税就涨价"的行为却实实在在地起到了将税收负担转嫁出去的效果。

资料来源：根据搜狐网财经频道相关资料编写整理。

2. 后转

税收负担向后转嫁（backward shifting）指的是纳税人在有关的经济活动中，通过压低商品或生产要素购进价格的方法，将其缴纳的税款向后转嫁给商品或生产要素的销售者承担。如政府在零售环节对商品销售商征税，但销售商通过压低商品的进货价格将税收负担或者说自己缴纳的税款向后转嫁给商品制造商；同样，商品制造商也会尽可能地通过压低中间产品进货价格把自己承担的税收负担转嫁给中间产品生产商，中间产品生产商再通过压低原材料和劳动力的价格，把自己承担的税收负担转嫁给原材料和劳动力的供应者来负担（见图 5-2）。由于税收负担向后转嫁是纳税人在经济交易过程中逆着课税商品的流转方向将税收负担转移出去，所以它也被称为"逆转"。

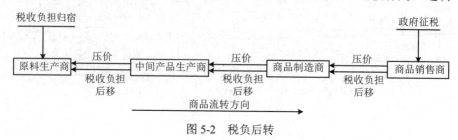

图 5-2　税负后转

税收负担之所以要向后进行转嫁，主要是因为市场供求条件不允许纳税人通过提高商品销售价格的方式把自己缴纳的税款向前转移。税收负担向后转嫁，在国内市场上主要出现在经济运行不景气的时候或发生在买方市场之中；在国际贸易中，尤其是在贸易保护主义盛行的情况下，向后转嫁税收负担也比较常见。

3. 税收资本化

税收资本化（capitalization of taxation）指的是生产要素的购买者将所购买的生产要素未来要缴纳的税款，按一定的贴现率折算为现值，然后通过从购进价格中预先一次性扣除的方式，向后转嫁给生产要素的出售者承担。税收资本化是税收负担向后转嫁的一种特殊形式。与一般意义上的税收负担向后转嫁不同的是，税收资本化是将未来多年或多次应当缴纳的税款折现成当期价格，并作一次性转嫁。

税收资本化大多发生在诸如土地和房屋等具有长期收入的资本品的交易中。假设土地在各年能够产生的收入用 R_i 表示，各年的利率或贴现率用 r_i 表示，那么土地现值的计算公式为：

$$PV = \frac{R_1}{1+r_1} + \frac{R_2}{(1+r_2)^2} + \cdots + \frac{R_n}{(1+r_n)^n} = \sum_{i=1}^{n} \frac{R_i}{(1+r_i)^i} \tag{5-1}$$

当土地出售时，买方就可能因为未来政府要对其购买的土地征税，而将土地未来要缴纳的税负视为财产未来收益的减损，其为购买土地愿意支付的价格也从 PV 降为 PV′，从而将土地以后应缴纳的税收一次性转嫁给卖方。假设政府每年向土地收入征收的税款用 T_i 表示，则土地现值就变为：

$$PV' = \frac{R_1 - T_1}{1+r_1} + \frac{R_2 - T_2}{(1+r_2)^2} + \cdots + \frac{R_n - T_n}{(1+r_n)^n} = \sum_{i=1}^{n} \frac{R_i - T_i}{(1+r_i)^i} \tag{5-2}$$

购买者愿意支付的土地价格的下降额就是土地交易过程中税负转嫁的总量，它等于所有未来税收支付额的现值：

$$T = PV - PV' = \sum_{i=1}^{n} \frac{T_i}{(1+r_i)^i} \tag{5-3}$$

土地交易完成后，虽然税收由土地购买者分期缴纳，实际上税款却是由土地出售者负担。这种把税收流合并到资本价格中的过程,就是税收"资本化"的过程,它也被称为"税收折入资本"或"税收还原"。

4. 混转

在现实生活中,税收负担的运动并不总是沿着一个方向单纯地向前转移或者向后转移。税负转嫁的方向,通常会受到诸多经济因素和现实条件的影响,现实中的税负转嫁过程往往是一部分税收负担向前转嫁,而另一部分税收负担向后转嫁,这就是所谓的"混转"或"散转"(diffused shifting)。如政府对中间产品生产商征税,那么中间产品生产商就可以通过提高中间产品出厂价格的方式,把一部分税收负担向前转嫁给最终产品的生产商,同时也可以通过压低生产该中间产品原料的购进价格的方式,将另一部分税收负担向后转嫁给原料生产商(见图5-3)。

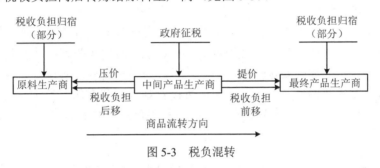

图 5-3 税负混转

5.1.2 税负转嫁的前提条件与实质

税收负担并非在任何情形下都能转嫁给其他人承担。只有在一定的社会经济条件下,税收负担的转嫁才能得以实现。

1. 税负转嫁的前提条件

政府征税会减少纳税人的实际可支配收入,在利益机制的驱动下,纳税人必然会千方百计地将应由自己缴纳的税款转嫁给其他人来承担。可以说,税负转嫁是市场经济条件下具有独立经济利益纳税人的一般行为倾向。如果纳税人没有独立的经济利益,那么税负转嫁就会失去内在的动力。然而在现实经济生活中,税收负担能否实现转嫁以及能够转嫁多少,却并不是完全以纳税人的主观意志为转移的,而是由客观经济条件决定的。①

税收负担转嫁是一个非常复杂的经济现象,其具体途径和形式往往是多种多样的。但是,税负转嫁始终离不开自由价格机制。如果脱离了市场交易中的价格变化和供求关系,纳税人即使有将税负转嫁出去的动机,税收负担实际上也是无法得以转嫁的。在计划经济体制下,由于价格受到政府计划的严格控制,纳税人无法自主地通过

---

① 17世纪中叶以来,许多经济学家对税负转嫁问题进行了不懈的探索,提出了一些不同的观点,并在总体上形成了"绝对转嫁说"和"相对转嫁说"两种对立的学说。亚当·斯密是"绝对转嫁说"的开创者。"绝对转嫁说"认为一切税收都可以转嫁,或某种特定税收无论在什么情况下都不能转嫁。"相对转嫁说"最早是由德国经济学家劳(Rau)提出的,后由美国经济学家塞利格曼加以系统化。"相对转嫁说"认为税收负担是否转嫁以及转嫁的程度如何,往往根据社会经济条件的不同而不同,有时可以转嫁,有时不能转嫁,有时可以完全转嫁,有时只能部分转嫁。在现代社会,人们一般倾向于"相对转嫁说"(参见:周玉津.财政学概要[M].台北:五南图书出版公司,1985,88-90.)。

提高或压低商品或生产要素的价格,再加上这一时期的企业并没有独立的经济利益,因而严格来说计划经济时期是不存在税负转嫁的。市场经济体制的真正建立,是以自由价格机制为基本前提的,因而市场经济条件下税负转嫁是一个普遍的客观存在,而且容易实现税负转嫁主要是那些与价格密切相关的商品税。

2. 税负转嫁的实质

在发生税收负担转嫁的情况下,纳税人与负税人是相互分离的。这时,税负转嫁就变成了国民收入在名义纳税人与实际负税人之间的再分配问题,即由于发生了税负转嫁,一部分人的实际可支配收入增加了,而另一部分人的实际可支配收入却减少了。但从整个社会的角度来看,税收负担转嫁既没有增加也不会减少政府的税收收入总量。税负转嫁的实质是在宏观税收负担或税收收入总水平既定的前提下,税收负担在纳税人与负税人之间的一种再分配。

政府运用税收手段来调控社会经济的运行,具体是通过征税向被调控对象施加一定的税收负担来实现的。甚至从某种意义上可以说,政府税收调控其实就是对税收负担分配的某种安排。如果安排恰当,则有利于政府调控目标的实现;如果这种安排由于税负转嫁而发生了偏离,那么政府调控目标就难以顺利实现。为此,政府在制定税收调控政策时必须考虑到税负转嫁在其实施过程中可能产生的影响。

专栏 5-2 税负转嫁与中国房地产市场中的税收调控

进入 21 世纪后最初的十多年间,中国的房地产市场得到了迅猛的发展,有的年份甚至出现过热的状态。针对一段时间内商品房价格上涨较快的情形,中国中央政府和各级地方政府先后出台了一系列税收调控措施,这些调控措施基本都是希望通过征税来增加二手房出售者的交易成本、降低其投机收益,以抑制房地产市场的投机需求,从而降低房地产市场价格或抑制房地产价格的上涨速度。然而,实践表明这些税收调控措施并没有达到预期的效果。

其实,要有效地实现税收调控政策的目标,一个基本前提是政府事先能够确定所要调节的纳税人是否实际承担了税负以及承担了多少税负。但是,一段时间内中国针对房地产市场的税收调控措施,几乎都是从房地产流转环节入手。房地产流转环节的税收负担本身就具有可转嫁性,再加上此间中国的房地产市场属于卖方市场,所以房地产流转环节的税收负担完全或绝大部分转嫁很容易就成为现实。2004 年,杭州市政府为了抑制投机,出台了二手房交易要按增值额的 20% 缴纳增值税的措施,但很快就发现,这一规定的出台反而成为房价上涨的助推剂,这是因为当时的房地产市场非常火爆,卖主能够很轻易地把政府征收的税款加到房价中,直接后果就是买房人必须付出更多的资金。最终,杭州市的这一税收调控措施被迫取消。

税负转嫁是使一段时期内中国房地产市场上的税收调控措施失效的关键原因。只有充分考虑整个房地产市场中的税负分配状况以及房地产交易过程中的税负转嫁,才能找到税收调控政策的正确着力点。

资料来源:根据徐寿松. 上海:二手房土地增值税开征上演税负转嫁[N]. 经济参考报,2007-07-16 等编写整理。

5.1.3 税负归宿

税负转嫁其实就是一个税收负担不断运动的过程，不论这一过程是一次转嫁就完结还是需要多次转嫁才能完成，不论税收负担是部分转嫁还是完全转嫁，只要税负运动过程结束，税款就会落到最后的负担者身上，这就是税负归宿（tax incidence）。

1. 不同维度的税负归宿

税负归宿可以区分为法定税负归宿和经济税负归宿。法定税负归宿（statutory tax incidence）是指根据税法的相关规定负有纳税义务的经济活动主体，它表明的是谁在法律上应当缴税的问题。经济税负归宿（economic tax incidence）是指税收负担的实际承担者，它回答的是到底谁真正负担了税收。如果没有发生税负转嫁，那么法律上的税负归宿就是经济上的税负归宿。当发生税负转嫁时，法律上的税负归宿和经济上的税负归宿就会出现背离，最初缴纳税款的法定纳税人，不一定是该项税收的最终承担者。从法律上的归宿过渡到经济上的归宿，可能只要一次转嫁就能完成，也可能要经多次转嫁才能完成。税收负担的法定归宿只有一个，而经济归宿则可能是一个、两个甚至多个。税收负担法定归宿和经济归宿两者间的差异，说明的就是税负转嫁的程度。区分税收负担的法定归宿与经济归宿，有助于理解纳税人法律责任和税收真实负担之间的差异。

由于税负转嫁这种经济现象既可能发生，也可能不发生，因而税负归宿也有直接归宿与间接归宿之分。税收负担直接归宿是指纳税人所缴纳的税款无法转嫁，完全由自己负担，即法律上的纳税义务人与经济上的实际税负承担者完全一致。税收负担间接归宿是指因发生了税负转嫁，部分或全部税收负担由纳税人转嫁给其他人承担，致使法律上的纳税义务人与经济上的实际税负承担者不一致，税负最终归宿到了被转嫁者身上。

"税负归宿"还可以从其他维度来进行考察，具体包括税收负担在生产者和消费者间的归宿，税收负担在资本、劳动和土地等生产要素间的归宿，税收负担在各收入阶层间的归宿，税收负担在不同地区间的归宿，税收负担在代际间的归宿等。

2. 税负归宿研究方法

绝对税负归宿分析、平衡预算归宿分析和差别税负归宿分析是三种常见的税负归宿研究方法。绝对税负归宿分析（absolute tax incidence analysis）考察的是当其他税收和财政支出保持不变时某种税收的经济影响，它是最基本的税负归宿分析方法。

平衡预算归宿分析（balanced budget tax incidence analysis）考察的是税收与财政支出计划相结合所产生的分配效果，它既要分析税收的归宿，又要考虑通过税收取得的收入支撑的财政支出的用途。

差别税负归宿分析（differential tax incidence analysis）考察的是当政府预算保持不变时，以一种税替代另一种税的归宿差异。由于差别税负归宿研究的是税收种类的变化，所以有必要找一个参照点，一般以一次总付税作为参照。

5.2 税负转嫁的影响因素

在税收负担能够转嫁的情况下，税负转嫁的程度或者说纳税人到底能够转嫁出去多少税收负担，还会受到特定社会经济条件的影响。在现实中，税负转嫁的程度主要受供需弹性、市场结构、市场期限、行业成本、税种的性质以及征税范围的宽窄等因素的制约。

5.2.1 税负转嫁程度的衡量

税负转嫁是纳税人在市场交易过程中将自己缴纳的税款转嫁给其他经济行为主体承担的活动，它实际上是税收负担在交易双方之间重新进行的分配，所以交易双方各自承担的税收负担可以用来显示税收负担转嫁的程度。

图 5-4 可以用来说明政府征税后税收负担在交易双方间的分担情况以及税收负担的转嫁程度。政府课税之前，供给曲线 S 与需求曲线 D 相交于 E_0 点，这就决定了税前的均衡价格（pre-tax price）为 P_0、均衡数量为 Q_0。此时，消费者支付的价格（consumer price）和生产者获得的价格（producer price）均为 P_0。如果政府对商品生产者课征单位税额为 T 的从量税，相当于在商品的供给与需求之间打进了一

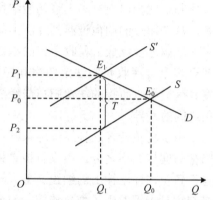

图 5-4 税收负担的分担与税收负担转嫁

个税收楔子（tax wedge），不仅使供给曲线的相对位置发生移动，向左上方平移至 S'，而且还使政府征税以后消费者价格和生产者价格不再重合，新的供给曲线 S' 与需求曲线相交于 E_1 点，决定了政府征税以后商品的均衡价格（post-tax price）上升为 P_1，也就是说政府征税之后消费者支付的价格变为 P_1，但由于政府对生产者课征单位税额为 T 的税收，因而生产者实际获得的价格只有 P_2，它等于消费者价格 P_1 与税收 T 之间的差额。

政府征税前后消费者价格和生产者价格的变动，反映了交易双方各自承担的税收负担。与征税前相比，征税后生产者实际得到的价格由 P_0 下降至 P_2，这表明生产者承担的税收负担为 P_0P_2，而消费者支付的价格却由 P_0 上升为 P_1，这表明消费者承担的税收负担为 P_0P_1。如果政府对生产者征税后销售价格上升的幅度与单位税额相等，即 $P_0P_1=T$，那么税收负担就全部转嫁给消费者承担（full shifting）；如果政府对生产者征税后销售价格上升的幅度小于单位税额，或者说 $P_0P_1<T$，则税收负担只发生了部分转嫁（part shifting）；如果政府对生产者征税后的销售价格保持不变，也就是 $P_0P_1=0$，则税收负担完全不能转嫁（no shifting），由生产者完全独自负担。

5.2.2 供需弹性对税负转嫁的影响

由于税负转嫁与商品交易中价格的升降有着直接的联系，因而税负转嫁的实现以

及转嫁的程度,必然会受到商品价格变动可能性的约束,而且商品价格的供需弹性是影响税负转嫁程度的一个关键性因素。商品供需弹性对税负转嫁程度的影响,可以根据供给弹性和需求弹性的对比情况来进行具体的分析。

1. 需求完全无弹性或完全有弹性、供给有弹性时的税负转嫁

当商品的需求完全无弹性时,需求曲线 D 垂直于横轴,它与供给曲线 S 相交于 E_0 点,决定了该商品的税前均衡价格为 P_0、均衡交易量为 Q_0。如果政府对商品生产者课征单位税额为 T 的从量税,供给曲线会因此向左上方平移至 S',并与需求曲线 D 相交于 E_1 点,从而决定了政府征税以后商品的均衡价格上升至 P_1,而均衡交易量仍为 Q_0(见图 5-5)。也就是说,消费者支付的价格从政府征税之前的 P_0 上升至征税以后的 P_1,消费者多支付的价格正好等于政府对单位商品征税的数额(即 $P_1-P_0=T$),而生产者获得的价格在政府征税前后保持不变。可见,在供给有弹性而商品的需求完全无弹性的情况下,作为纳税人的生产者可以将税收负担全部向前转嫁给消费者。

当商品的需求完全有弹性时,需求曲线 D 平行于横轴,它与供给曲线 S 相交于 E_0 点,决定了该商品的税前均衡价格为 P_0、均衡交易量为 Q_0。如果政府对商品生产者课征单位税额为 T 的从量税,供给曲线会因此向左上方平移至 S',并与需求曲线 D 交于 E_1 点,从而决定了政府征税以后商品的均衡交易量减少至 Q_1,但均衡价格仍保持为 P_0(见图 5-6),这是因为商品消费者对商品价格变动的反应极为强烈,价格稍有上升,消费者就会转而寻求替代品,停止购买这种商品,从而使得生产者无法提高价格。政府征税以后,消费者支付的价格依然维持在 P_0 的水平上,而生产者获得的价格却由政府征税之前的 P_0 下降为 P_1,生产者少获得的价格正好等于政府对单位商品征税的数额(即 $P_0-P_1=T$)。可见,在供给有弹性而商品的需求有完全弹性的情况下,作为纳税人的生产者无法将税收负担向前转嫁,只能由自己承担全部的税收负担。

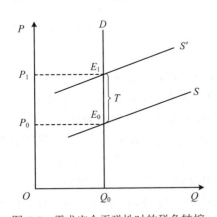

图 5-5 需求完全无弹性时的税负转嫁

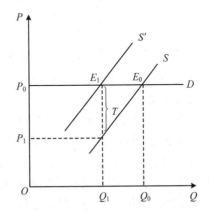

图 5-6 需求完全有弹性时的税负转嫁

2. 供给完全无弹性或完全有弹性、需求有弹性时的税负转嫁

当商品的供给完全无弹性时,供给曲线 S 垂直于横轴,它与需求曲线 D 相交于 E_0 点,决定了该商品的税前均衡价格为 P_0,均衡交易量为 Q_0。如果政府对商品生产者课征单位税额为 T 的从量税,因为商品的供给完全无弹性,所以政府征税以后供给曲线 S 没有发生位移,税后商品的供求均衡点仍为 E_0,均衡价格和均衡交易量也都维持在 P_0

和 Q_0 的水平上（见图5-7）。政府征税以后，消费者支付的价格依然为 P_0，而生产者获得的价格却由政府征税之前的 P_0 下降为 P_1，生产者少获得的价格正好等于政府对单位商品征税的数额（即 $P_0-P_1=T$）。可见，在商品的需求有弹性而供给完全无弹性的情况下，作为纳税人的生产者不可能将税收负担向前转嫁，只能由自己承担全部的税收负担。

当商品的供给完全有弹性时，供给曲线 S 平行于横轴，它与需求曲线 D 相交于 E_0 点，决定了该商品的税前均衡价格为 P_0，均衡交易量为 Q_0。如果政府对商品生产者课征单位税额为 T 的从量税，供给曲线会因此向上平移至 S'，与需求曲线 D 相交于 E_1 点，税后商品的均衡价格升至 P_1，而均衡交易量降至 Q_1（见图5-8），这是因为商品生产者对商品价格的变动有强烈的反应，价格稍有下降，商品生产者就会停止生产经营这种商品，商品供给量的急剧下降，又会促使商品价格迅速回升。政府征税以后，消费者支付的价格从政府征税前的 P_0 上升为 P_1，正好等于政府对单位商品征税的数额（即 $P_1-P_0=T$），而生产者在政府征税前后获得的价格保持不变。可见，在商品的需求有弹性而供给有完全弹性的情况下，作为纳税人的生产者可以将税收负担全部向前转嫁给消费者。

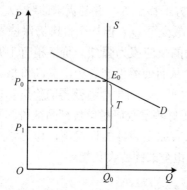

图5-7 供给完全无弹性时的税负转嫁

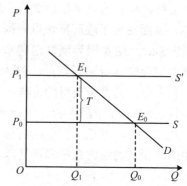

图5-8 供给完全有弹性时的税负转嫁

3. 供需双方都有一定弹性时的税负转嫁

商品的供给与需求完全有弹性或者完全无弹性的情形只是理论抽象的结果，这些极端情况在现实生活中是极为少见的。现实中的绝大多数商品或生产要素的供给与需求都具有一定的弹性，因而税收负担可以完全转嫁或完全不能转嫁的情况并不多见，比较常见的是税收负担可以部分转嫁。也就是说，在供需双方都有一定弹性的情形下，政府对生产者征税，一部分税收可以通过提高价格向前转嫁给商品或生产要素的购买者负担，另一部分税收负担则由商品或生产要素的供给者自己负担。

虽然供需双方都有一定弹性，但供给弹性和需求弹性的大小也会存在差别。图5-9（a）显示的是商品的需求富有弹性而供给缺乏弹性（即 $E_d>E_s$）的情形，此时需求曲线 D 较为平坦，而供给曲线 S 相对陡峭。在这种情况下，需求对政府征税带来的市场价格变动的反应比供给更为灵敏，因此作为纳税人的生产者只能将一小部分税收负担向前转嫁给消费者承担，而大部分税收负担由他自己来承担，这在图5-9（a）中体现为 $P_1P_0<P_0P_2$。图5-9（b）显示的是需求缺乏弹性而供给富有弹性（即 $E_d<E_s$）的情形，此时需求曲线 D 较为陡峭，而供给曲线 S 相对平坦。在这种情况下，此时供给对政

府征税带来的市场价格变动的反应比需求更为灵敏,因此作为纳税人的生产者可以将大部分税收负担向前转嫁给消费者来承担,而自己只承担一小部分税收负担,这在图 5-9(b)中体现为 $P_1P_0>P_0P_2$。可见,在供需双方都有一定弹性的情形下,弹性小的一方承担的税负相对较多。

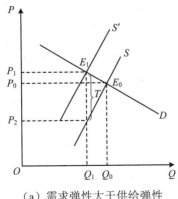 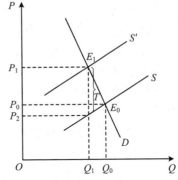

(a)需求弹性大于供给弹性　　　　　(b)需求弹性小于供给弹性

图 5-9　供需双方都有一定弹性时的税负转嫁

在其他因素保持不变的情况下,政府对生产者征税,税收负担中有多少要由生产者来承担、有多少能够转嫁给消费者或者说供需双方各自所承担的税收负担份额,与供需弹性成反比例关系(参见式(5-4))。如果供给弹性大于需求弹性,则大部分税收负担可以向前转嫁给消费者承担;如果需求弹性大于供给弹性,则只有较小部分的税收负担可以转嫁给消费者;而如果供给弹性与需求弹性相等,则税收由生产者与消费者均等地负担。

$$\frac{供给方承担的税收负担}{需求方承担的税收负担} = \frac{P_2P_0}{P_0P_1}$$

$$= \frac{Q_1Q_0}{P_0P_1} \times \frac{OP_0}{OQ_0} \times \frac{P_2P_0}{Q_1Q_0} \times \frac{OQ_0}{OP_0}$$

$$= \frac{\dfrac{Q_1Q_0}{OQ_0} \times \dfrac{OP_0}{P_0P_1}}{\dfrac{Q_1Q_0}{OQ_0} \times \dfrac{OP_0}{P_2P_0}} = \frac{\dfrac{Q_1Q_0}{P_0P_1} \Big/ \dfrac{OQ_0}{OP_0}}{\dfrac{Q_1Q_0}{P_2P_0} \Big/ \dfrac{OQ_0}{OP_0}}$$

$$= \frac{\dfrac{Q_1Q_0}{OQ_0} \Big/ \dfrac{OP_0}{P_0P_1}}{\dfrac{Q_1Q_0}{OQ_0} \Big/ \dfrac{OP_0}{P_2P_0}} = \frac{E_d}{E_s}$$

(5-4)

其中:

$$供给方承担的税收负担 = \frac{E_d}{E_s+E_d} \times T \tag{5-5}$$

$$需求方承担的税收负担 = \frac{E_s}{E_s+E_d} \times T \tag{5-6}$$

5.2.3 市场结构对税负转嫁的影响

税负转嫁具体是通过价格的升降实现的。在不同的市场结构中,生产者和消费者对市场价格的影响或控制能力是有差别的,由此决定了在不同的市场结构下税负转嫁的情况也是不同的。

1. 完全竞争市场中的税负转嫁

完全竞争市场是一种竞争不受任何阻碍和干扰的市场结构。在完全竞争市场中,有众多的买者和卖者,此时买者和卖者都可以获得完备的信息,双方不存在信息不对称的情况,而且生产某种产品的所有厂商所供给的产品都是同质的。完全竞争市场中的市场价格是由整个行业的供求关系所决定的,价格一旦决定之后,对每一个生产者而言,这一价格便是既定的,任何单个厂商都无力控制或改变市场价格。

如图 5-10 所示,在完全竞争市场中,在政府课税前,市场供给曲线 S 和需求曲线 D 相交于 E_0 点,决定了均衡价格为 P_0[见图 5-10(b)]。单个生产商只能在既定的价格 P_0 下决定产量,其最优均衡点在边际成本曲线 MC 与平均成本曲线 AC 的交点 C 处[见图 5-10(a)],此时价格等于平均成本,也等于边际成本(即 $P_0=AC=MC$),生产产量为 Q_0。当政府向生产厂商征收数量为 T 的定额税后,厂商的平均成本由 AC 上升为 AC',边际成本也由 MC 上升为 MC'。成本变动后,在短期内,单个厂商无法通过单独提高价格的方式将税收负担转嫁给购买者负担,这是存在诸多同类厂商和产品的同质性所决定的。这样,单个生产厂商将不得不承担大部分的税收负担,并因此而遭受 ABP_1P_0 的损失。从长期来看,部分厂商会因无法承受政府征税带来的损失而停止生产、退出市场,于是市场供给就会相应减少,供给曲线 S 也会向左上方移动,直至市场均衡价格充分上升,以使得具有代表性的厂商再次赚取到正常利润。新的市场供给曲线 S' 与需求曲线 D 相交于 E_1 点,均衡价格也由 P_0 提高到 P_1,此时厂商又可以在成本最低点生产,且 $P_1=AC'=MC'$。在这样一种情况下,厂商就能够以较高的价格销售其生产的产品,并实现大部分税收负担的转嫁,但这并不是由单个厂商的力量而形成的,而是通过整个行业的力量实现的。

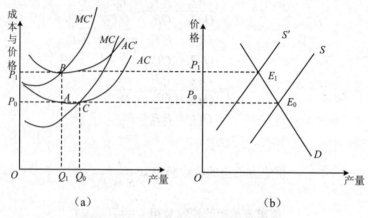

图 5-10 完全竞争市场中的税负转嫁

2. 不完全竞争市场中的税负转嫁

由于税负转嫁与归宿主要取决于政府征税引起的价格变化，于是对不完全竞争市场中税负转嫁与归宿的分析，就取决于定价方法的假定，对定价方法做出不同的假定，就会得出不同的结论。[①]到目前为止，对不完全竞争市场中的定价还没有一种普遍接受的模式，所以从总体上看不完全竞争市场的税负转嫁与归宿理论还很不成熟。

1）完全垄断市场中的税负转嫁

在完全垄断市场中，整个行业的市场为一家厂商所控制，垄断厂商就代表了整个行业，且无近似替代产品存在。在这种市场结构下，垄断厂商往往以获取最大利润或超额利润为目的来自行定价，而不像完全竞争条件下的厂商那样只是市场均衡价格的接受者。

如图 5-11 所示，在政府课税前，垄断厂商为了追求利润最大化，往往按照边际成本等于边际收入的原则将产品价格确定为 P_0，此时产量为 Q_0，厂商获得 $ABCP_0$ 的垄断利润。当政府向垄断厂商课征单位税额为 T 的从量税后，垄断厂商的平均成本曲线 AC 和边际成本曲线 MC 分别上移到 AC'和 MC'。垄断厂商若要维持利润最大化，则必须将产量调整到边际收入曲线 MR 与课税后的边际成本曲线 MC'相交的 E 点，此时价格提高到 P_1，产量减少为 Q_1，课税后的利润也

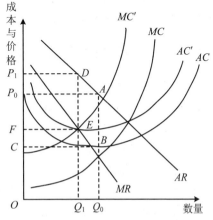

图 5-11 完全垄断市场中的税收负担转嫁

减少为 $DEFP_1$。价格提高，意味着垄断厂商可以向前转嫁一部分税收负担，但利润减少也显示垄断厂商不得不承担一部分税收负担。由于垄断厂商没有竞争对手存在，所以无论是在短期还是在长期，垄断厂商都能改变价格。垄断生产者会千方百计地将税收负担转嫁给购买者，但转嫁的程度仍要受产品供需弹性大小的影响。需求曲线越缺乏弹性以及企业的边际成本曲线越平直，垄断厂商转嫁到消费者头上的税收负担份额就越大。

2）垄断竞争市场中的税负转嫁

垄断竞争市场是一种既有垄断又有竞争、既不是完全竞争又不是完全垄断的市场结构。在垄断竞争市场中，仍然存在一定数量的生产厂商，彼此之间存在着激烈的竞争。在这一市场结构下，不同厂商生产的同种产品在质量、包装、品牌和销售条件等方面都存在较大差异，但在一定程度上又存在相互替代性。在垄断竞争市场中，单个生产者可以利用产品的差异性对价格进行适当的调整，以尽可能多地将税收负担向前转嫁给消费者，但由于此时还存在一定程度上的竞争，并没有形成垄断市场，所以单个生产者只能实现税收负担的部分转嫁，至于是转嫁大部分税负还是少部分税负，取决于供需弹性的对比。

3）寡头垄断市场中的税负转嫁

寡头垄断市场是一种少数几个厂商供给整个行业的大部分产品，从而可以对市场

---

① ROSEN H, GAYER T. Public Finance[M]. New York: McGraw-Hill Education, 2013: 316.

的价格与产量产生举足轻重影响的市场结构。在这种市场结构下，每个寡头垄断厂商商品价格和产量的变化，都会影响整个市场和其他竞争对手的行动，因此每个寡头垄断厂商在做出价格和产量的决策时，不仅要考虑自身的成本和利润情况，而且要考虑自己的决策对市场的影响及竞争对手可能采取的对策。寡头垄断厂商常常互相勾结，达成某种协议或形成默契，对价格升降采取一致行动。

如果寡头垄断厂商已就政府征税达成提高价格的协议或形成默契，那么寡头垄断厂商就可以各自提高价格以尽可能地将税负转嫁给消费者负担，当然转嫁的程度还有赖于供需弹性的对比。但如果寡头垄断厂商没有就政府征税达成提高价格的协议或形成默契，那么每个寡头垄断厂商都不会轻易地试图通过提高价格来进行税负转嫁，因为每个寡头垄断厂商都相信，假如它独自提高价格，其他寡头垄断厂商就会乘机攫取其市场份额，在这种情况下，寡头垄断厂商将不得不承担主要的税收负担。

5.2.4　市场期限对税负转嫁的影响

时间因素也能够影响税负转嫁的广度和深度。根据时间长短的不同，可以把市场区分为即期市场、短期市场和长期市场。不同的市场期限下，生产者的供给弹性存在较大的差别，因而税负转嫁的可能性也是不相同的。图 5-12 显示了在不同市场期限下的税负转嫁。在图 5-12 中，D 表示需求曲线，S、S_1 和 S_2 分别表示政府征税之前即期市场、短期市场和长期市场中的供给曲线，而 S'、S_1' 和 S_2' 分别表示政府对生产者征收单位税额为 T 的从量税之后，即期市场、短期市场和长期市场中的供给曲线。

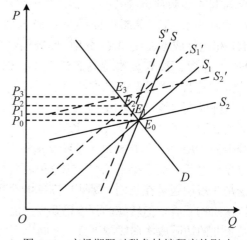

图 5-12　市场期限对税负转嫁程度的影响

1. 即期市场中的税负转嫁

在政府征税前，即期市场中的供给曲线 S 与需求曲线 D 相交于 E_0 点，决定了征税前的均衡价格为 P_0。在政府对生产者征税之后，由于在即期市场中生产者难以立即做出转换生产的反应，无法变动产品的生产数量。即使可以调整，也只能是极小规模或幅度的变动，这在图 5-12 中表现为供给曲线在政府征税后仅向左上方做小幅移动至 S'。现假定需求保持不变，需求曲线 D 与政府征税后的供给曲线 S' 相交于 E_1 点，决定了征税后的均衡价格为 P_1，仅比 P_0 高一点。在即期市场中，消费者也难以立即做出替代消费反应，但相对而言，做出消费替代的反应比做出生产转换的反应要容易一些。综合来看，在即期市场中生产者一旦被课税，他将难以通过价格的变动来转嫁税收负担，其缴纳的税收绝大部分势必由自己承担，对生产容易变质或时效性较强的产品来说就更是如此。

2. 短期市场中的税负转嫁

在短期内，生产者的生产设备无法变更，但是可以适当调整产品的生产数量，所以短期市场的供给曲线 S_1 比即期市场的供给曲线 S 要平缓一些（见图 5-12）。

在政府征税之前，短期市场中的供给曲线 S_1 与需求曲线 D 相交于 E_0 点，决定了征税前的均衡价格为 P_0。政府对生产者征税后，其边际成本与平均成本都增加，如果产品的价格不变，则生产者必然亏损。在这种情况下，生产者在短期内必然减少其产量以使边际成本等于价格。由于生产减少，则新的短期均衡价格将高于课税前的价格。这在图 5-12 中体现为供给曲线 S_1 在政府征税后向左上方做一定幅度的移动至 S_1'。假定需求保持不变，需求曲线 D 与 S_1' 相交于 E_2 点，决定了征税后的均衡价格为 P_2，这与 P_0 相比有一定的提升。此时，生产厂商可以将一部分税收负担转嫁给消费者承担。

从需求方来看，消费者在短期内采用替代品、变更消费习惯和改变支出计划比生产者改变产品的生产、改变设备要容易一些，即需求弹性一般要大于供给弹性。综合来看，虽然在短期内对生产者征税，生产者可以转嫁出一部分税收负担，但只能转嫁出其中的一小部分，更多的税收负担还是由生产者自己负担。

3. 长期市场中的税负转嫁

从长期看，生产者和消费者都会做出转换生产和替代消费的反应。在长期内，生产者不仅可以调整产品的生产数量，而且生产设备也可以变更，所以长期市场的供给曲线 S_2 比即期市场和短期市场的供给曲线 S 和 S_1 要平缓许多（见图 5-12）。

在政府征税之前，长期市场中的供给曲线 S_2 与需求曲线 D 相交于 E_0 点，决定了征税前的均衡价格为 P_0。政府对生产者征税以后，供给曲线将由原先的 S_2 向左上方做较大幅度的移动至 S_2'。假定需求保持不变，需求曲线 D 与 S_2' 相交于 E_3 点，决定了征税后的均衡价格为 P_3，这与 P_0 相比有更大幅度的提升。如果新的市场均衡价格不能抵偿长期的边际生产成本与平均成本时，则生产者必然停止生产。生产量的减少将导致市场价格的上升，此时生产者就可以通过价格变动把大部分的税收负担转嫁出去。

5.2.5 行业成本对税负转嫁的影响

根据成本变化趋势的不同，可以将不同的行业分为成本不变行业、成本递增行业和成本递减行业三种不同的类型。在完全竞争市场条件下，生产厂商不同类型的成本变化趋势，会对税负转嫁产生不同的影响。

1. 成本不变行业的税负转嫁

成本不变行业（constant cost industry）指的是行业中各厂商的长期平均成本不受整个行业产量变化的影响，无论产量如何变化，长期平均成本是基本不变的。正是因为长期平均成本基本保持不变，所以成本不变行业具有水平的长期供给曲线。

图 5-13 显示了成本不变行业的税负转嫁情况。在政府征税前，成本不变行业的供给曲线 S 与需求曲线 D 相交于 E_0 点，决定了征税前的均衡价格为 P_0。在政府对生产者课征单位税额为 T 的从量税之后，成本不变行业供给曲线 S 经过长期的市场调整之后会向上方平移至 S'，它与需求曲线 D 相交于 E_1 点，决定了征税后的均衡价格为 P_1。从图中可以看到，与原均衡价格 P_0 相比，新的均衡价格 P_1 上升的幅度等于定额税额 T，即 $P_1P_0=T$，这表明在其他因素保持不变的情况下，对成本不变行业的企业征

税，税收负担可以完全转嫁给消费者承担。

2. 成本递增行业的税负转嫁

成本递增行业（increasing cost industry）指的是行业中各厂商的长期平均成本要随整个行业产量的增加而提高。由于具有不规模经济效应，因而成本递减行业的长期供给曲线通常向右上方延伸。

图 5-14 显示了成本递增行业的税负转嫁情况。在政府征税前，成本递增行业的供给曲线 S 与需求曲线 D 相交于 E_0 点，决定了征税前的均衡价格为 P_0。在政府对生产者课征单位税额为 T 的从量税之后，成本递增行业供给曲线 S 经过长期的市场调整之后会向左上方平移至 S'，它与需求曲线 D 相交于 E_1 点，决定了征税后的均衡价格为 P_1。从图中可以清楚地看到，与原均衡价格 P_0 相比，新的均衡价格 P_1 上升的幅度明显小于单位税额，即 $P_1P_0<T$，这表明在其他因素保持不变的情况下，对成本递增行业征税，税收负担只能部分转嫁给消费者，而且成本递增得越快，税收负担越不容易转嫁出去。

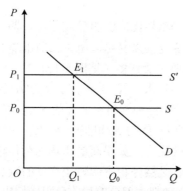

图 5-13 成本不变行业的税负转嫁

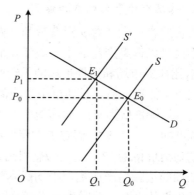

图 5-14 成本递增行业的税负转嫁

3. 成本递减行业的税负转嫁

成本递减行业（decreasing cost industry）指的是行业中各厂商的长期平均成本会随着整个行业产量的增加而减少。因为具有规模经济效应，所以成本递减行业的长期供给曲线一般向右下方倾斜。

图 5-15 显示了成本递减行业的税负转嫁情况。在政府征税前，成本递减行业的供给曲线 S 与需求曲线 D 相交于 E_0 点，决定了征税前的均衡价格为 P_0。在政府对生产者课征单位税额为 T 的从量税之后，成本递减行业的供给曲线 S 经过长期的市场调整之后向上方平移至 S'，它与需求曲线 D 相交于 E_1 点，决定了征税后的均衡价格为 P_1。从图中可以看到，与原均衡价格 P_0 相比，新的均衡价格 P_1 上升的幅度明显大于单位税额，即 $P_1P_0>T$，这表明在其他因素保持不变

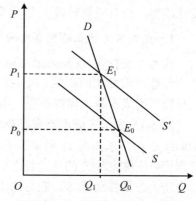

图 5-15 成本递减行业的税负转嫁

的情况下，对成本递减行业征税，税收负担极有可能实现超额转嫁。

5.2.6 其他因素对税负转嫁的影响

税种自身的性质也影响着税负转嫁程度。由于税负转嫁的基本途径是在市场交易过程中将税款加到商品或生产要素的销售价格之中来实现的，因而与市场交易直接联系在一起的税种的税收负担转嫁起来相对就要容易许多。一般认为，商品税的税收负担比较容易转嫁，而与市场交易联系不是很紧密的所得税和财产税的税收负担往往难以转嫁。

课税范围是影响税负转嫁程度的另一个因素。课税范围越狭窄，政府征税对商品或生产要素的消费产生的替代效应就越强，从而需求也就越具有弹性。一旦政府对特定的商品或生产要素征税，消费者就极有可能改变消费选择，减少对课税商品或生产要素的购买量，而增加没有被纳入课税范围的同类商品或生产要素的购买。在这种情况下，课税商品或生产要素价格的提高就必然受到限制，税收负担自然就难以实现转嫁。与之相反，课税范围越宽，政府课税越不容易形成对商品或生产要素的消费产生替代效应，从而需求也就越缺乏弹性。一旦政府课税，由于课税商品或生产要素的替代物极少，消费者想通过改变消费抉择来规避税收负担，就很难实现。在这种情况下，课税商品或生产要素价格的提高就容易一些，税收负担也就容易实现转嫁。

5.3 税负归宿的局部均衡分析

税负归宿的局部均衡分析，是在假定某种商品或要素的价格不受其他商品或要素的价格和供求状况影响的条件下，仅分析税收对单一市场供需双方的经济影响并做出基本判断。

5.3.1 商品税税负归宿的局部均衡分析

政府课征商品税，既可以选择对生产者征税，也可以选择对消费者征税；而根据所采用征税方式的不同，商品税有从量计征与从价计征两种。商品税的税负归宿可以根据纳税人和课征方式的不同分别进行分析。

1. 对供给方征税与对需求方征税的税负归宿

政府分别对产品的供给方和需求方课税的税负归宿，可以从量税为例来进行分析（见图 5-16）。在图中，政府征税前的需求曲线 D 和供给曲线 S 相交于 E_0 点，决定了政府征税前的均衡价格和数量分别为 P_0 和 Q_0。

如果政府对需求方课征单位税额为 u 的从量税，消费者愿意支付的价格仍然为 P_0，但对供给方来说，由于政府对消费者的课税，他所能得到的价格由 P_0 下降为 P_0-u。这样，政府课税后的需求曲线就会由政府征税前的需求曲线 D 向左下方平移 u 个单位至 D'。D' 与供给曲线 S 相交于 F 点，决定了政府征收从量税后的均衡价格和数量分别为 P_2 和 Q_1。此时，消费者除了要支付均衡价格 P_2，还要每单位额外缴纳 u 数量的税款，其实际支付的价格等于 P_2+u，但生产者获得的价格仍为 P_2。从图 5-16（a）中可以看到，政府取得的税收收入为 $P_1P_2FE_1$，其中消费者承担的税收负担为 $P_0P_1E_1G$，生产者承担的税收负担为 P_0P_2FG。

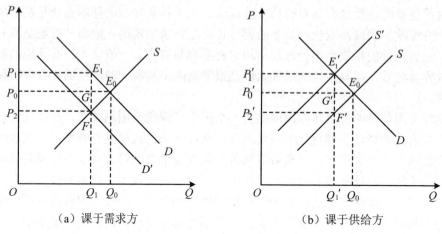

图 5-16　分别课于需求方和供给方的从量商品税的税负归宿

如果政府对供给方课征单位税额为 u 的从量税，这将导致生产厂商的成本上升。为了税后保持原有的利润水平，供给方必然希望每单位产品向消费者多收取 u 的价格，从而使得供给曲线从课税前的 S 向左上方平移至 S' 处。S' 与需求曲线 D 相交于 E_1' 点，决定了政府征税后的均衡价格和数量分别为 P_1' 和 Q_1'。此时，消费者支付的价格为 P_1'，但生产者实际获得的价格为 P_2'，两者间的差额为单位税收 u。从图 5-16（b）中可以看到，政府取得的税收收入为 $P_1'P_2'F'E_1'$，其中消费者承担的税收负担为 $P_0'P_1'E_1'G'$，生产者承担的税收负担为 $P_0'P_2'F'G'$。

对图 5-16（a）和图 5-16（b）进行比较分析就能够发现，$Q_1=Q_1'$、$P_1=P_1'$ 和 $P_2=P_2'$，这意味着在政府对产品征收从量税的情况下，税收对价格和产出的影响以及税收负担的归宿，与是对供给方征税还是对需求方征税无关。由此可见，在完全竞争市场条件下，税收负担的实际归宿与税收负担的法定安排是不同的。

2. 从量税与从价税的税负归宿

在取得相同税收收入的前提下，政府分别采用从量税与从价税课征商品税时的税负归宿状况，可以用图 5-17 来说明。在图中，D 为政府征税前的需求曲线，它与供给曲线 S 相交于 E_0 点，决定了政府征税前的均衡价格和数量分别为 P_0 和 Q_0。如果政府对消费者课征税率为 t 的从价税，则政府课税后的需求曲线为 D'，它不是把政府征税前的需求曲线 D 以在每个单位上相同的绝对额往下平移，而是把政府征税前的需求曲线 D 在每单位以相同比例 t 往左下方移动得来的。D' 与供给曲线 S 相交于 E_1 点，决定了政府征收从价税后

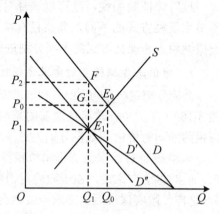

图 5-17　从量税与从价税税负归宿比较

的均衡价格和数量分别为 P_1 和 Q_1。此时，生产者获得的价格为 P_1，消费者除了要支付均衡价格 P_1 外，还要缴纳数量为 P_1t 的税款，即其实际支付的价格 P_2 等于 $P_1(1+t)$。在征收从价税的情形下，生产者承担的税收负担为 $P_0P_1E_1G$，消费者承担的税收负担为 P_0P_2FG。

如果政府对消费者每单位产品课征单位税额为 u 的从量税，征税后的需求曲线为 D''，它是由政府征税前的需求曲线 D 向左下方平移 u 个单位得到的，并且它与政府课征从价税后的需求曲线 D' 相交于 E_1 点。只有当 D' 和 D'' 在 E_1 点处相交时，才意味着政府课征从量税和从价税获得的税收收入相同。D'' 与供给曲线 S 相交于 E_1 点，决定了政府征收从量税后的均衡价格和数量分别为 P_1 和 Q_1。此时，生产者获得的价格为 P_1，消费者除了要支付均衡价格 P_1，还要缴纳数量为 u 的税款，其实际支付的价格 P_2 等于 P_1+u。在征收从量税的情形下，生产者承担的税收负担为 $P_0P_1E_1G$，消费者承担的税收负担为 P_0P_2FG。

在竞争性市场中，政府课征取得相同收入的从量税和从价税，在商品价格和税负归宿等方面具有同样的效应。如果政府课征从量税和从价税取得的收入不一样的话，那么两种课征形式下的税负归宿就不可能是相同的。

5.3.2 生产要素税税负归宿的局部均衡分析

对生产要素课税是对劳动力、资本、土地和自然资源等生产要素所获得的收入——工资、利润、利息和租金等的征税，如工薪税和资本税等。

1. 工薪税的税负归宿

工薪税（payroll tax）是以雇员的工资收入为课税对象课征的一种税，其主要目的在于为社会保险计划筹集资金。目前世界各国征收工薪税的通常做法是由雇主和雇员共同缴纳，这是立法机构基于工薪税应当由雇主和雇员共同分担意图的结果。但税收负担在雇员和雇主之间分担的这种法定安排，却并不对工薪税的税负归宿具有决定性的影响。[①]

在现实生活中，相当一部分劳动者常常难以找到既有吸引力又可以随时变动的工作，这种情况近似于劳动供给不富有弹性或完全无弹性。在图 5-18 中，S_L 表示的是劳动供给曲线，D_L 表示的是劳动需求曲线。政府课征工薪税以前，S_L 与 D_L 相交于 E_0 点，决定了均衡工资为 W_0。政府对雇用劳动力的雇主征收工薪税，使得雇主对劳动力的有效需求曲线从征税前的 D_L 向左下方移至 D_L'。D_L' 与 S_L 相交于 E_1 点，决定了政府征税后的均衡工资为 W_1。此时，雇员获得的工资为 W_1，而雇主除了支付工资 W_1，还要承担

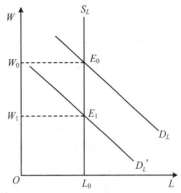

图 5-18 劳动力供给无弹性时的税负归宿

[①] ROSEN H, GAYER T. Public Finance[M]. New York: McGraw-Hill Education, 2013: 313.

相应的工薪税，D_L 和 D_L' 之间的距离就是雇主支付的工资与雇员得到的工资之间的税收楔子。在劳动供给不富有弹性或完全无弹性的情况下，尽管法律规定一部分工薪税由雇主缴纳，但雇员得到的工资率降低的幅度恰好就是雇主缴纳的工薪税，这意味着雇主将自己缴纳的工薪税全部或大部分转嫁给雇员承担。然而，在雇主急切想要找到能够胜任特殊岗位要求的雇员的情形下，劳动供给近似于具有完全弹性或富有弹性。此时，政府对雇主征收工薪税得到的是正好相反的结果，雇主不仅要支付相对较高的薪金，而且还将负担大部分或全部的工薪税。

工薪税最终的税负归宿，主要取决于劳动力供需弹性的对比。如果劳动力的供给弹性大于其需求弹性，则税收负担更多地由雇主承担；如果劳动力的供给弹性小于其需求弹性，则大部分税收负担将落在雇员身上。在现实中，由于劳动力的供给通常缺乏弹性，在短期内尤其如此，而劳动力的需求相对更有弹性，并且可以使用资本代替劳动，因此对劳动力征收的要素税即工薪税的税收负担，主要由雇员承担。

2. 资本税的税负归宿

资本税（capital tax）是以资本所有者提供资本所获得的报酬为课税对象课征的一种税。对资本税税收负担的转嫁和归宿问题的分析，与工薪税税收负担的转嫁和归宿问题的分析基本相同。

在封闭经济条件下，由于资本不能在不同国家之间自由流动，因此资本的需求曲线向下倾斜，这表明当资本收益率上升时，企业对资本的需求减少；与此同时，资本的供给曲线向上倾斜，这表明当资本收益率上升时，储蓄增加将导致资本供给量增加。在这种情况下，政府对资本征税，资本供给者将承担一部分税负，具体承担多少则取决于资本供需弹性的对比。

在一个理想的开放经济中，存在着一个单一的全球性资本市场，此时资本可以在全世界范围自由流动。如果资本供给者无法在某个国家获得平均收益率，那么他就会将资本从该国抽走，转移到另一个国家。这意味着对某一个特定的国家来说，资本的供给具有完全弹性。在图 5-19 中，资本供给曲线 S_K 垂直于纵轴，它与资本需求曲线 D_K 相交于 E_0 点，决定了均衡收益率为 r_0、均衡数量为 K_0。如果政府对资本需求者征税，则资本需求曲线向左下方内移至 D_K'，D_K' 与 S_K 相交于 E_1 点，决定了均衡收益率仍为 r_0、均衡数量降为 K_1。此时，资本需求者承担全部的税收负担，而资本供给者不承担任何税收负担。

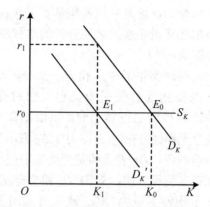

图 5-19 资本具有完全弹性时的税负归宿

由于资本供给具有完全弹性，因而只要资本承担了税负，它就会流向国外。当然，即便是在经济全球化程度不断提升的情形下，资本在各国间也不是完全流动的，所以资本供给者不承担任何税收负担的情况并不多见。

专栏 5-3　　为什么美国的穷人反对课征奢侈品税？

1990年，美国决定对游艇、私人飞机、珠宝、皮革和豪华轿车等奢侈品课征奢侈品税（luxury taxes）。支持课征奢侈品税的人认为，奢侈品主要由富人消费，奢侈品税也必然由富人承担，向富人征税，然后再将取得的收入补助给低收入者，这有助于社会公平的实现。然而，奢侈品税在美国开征之后，强烈反对这一税收的却不是富人，而是生产奢侈品的企业和工人，其中有一部分是征收奢侈品税后要帮助的低收入者。

游艇等奢侈品并非生活必需品，而且替代品比较多，因而其需求富有弹性。当这类商品由于政府课税而提高价格时，消费者可以用国外旅游、购买更大的房子、打高尔夫球等同样高档的消费来替代；即使没有合适的替代品，富人也可以选择不消费这类奢侈品，而把钱作为遗产留给后人。而另一方面，奢侈品的供给却相对缺乏弹性，奢侈品生产企业短期内难以转向生产其他产品，因而奢侈品税的税收负担主要落到生产者身上。奢侈品生产企业除了要承受相当大部分的税收外，还面临需求减少引起的两种后果：一是企业不得不减少生产，二是企业不得不降价。在这种情况下，奢侈品生产企业利润会减少，经营出现困难，有时还不得不解雇工人，工人收入也随之减少。本来奢侈品生产企业的工人大多属于低收入群体，是这种"劫富济贫"政策要帮助的对象，然而最终的结果却是他们反受其害。正因如此，奢侈品税并没有太多地遭到富人的反对，反而主要受到奢侈品行业的工人与工会的反对。迫于压力，美国在1993年取消了奢侈品税。

资料来源：根据梁小民.谁为奢侈品税付出代价[N].中国经济时报，2000-08-04编写整理。

虽然得出了一些有意义的结论，但税负归宿局部均衡分析也存在明显的局限性，因为它忽略了政府课税改变了被课税商品或生产要素与其他商品或生产要素之间的相对价格，这会使得一种商品或生产要素替代其他商品或生产要素，从而直接影响税负的归宿。

5.4　税负归宿的一般均衡分析

市场经济是各种不同类型的市场组成的综合体，不同类型的市场还可以进一步划分成更为具体的单个市场，而且各个市场之间存在相互影响、相互依赖的关系。当税收使得某一市场的供求状况发生变化，那么其他所有市场也会在不同程度上做出反应。税负归宿的一般均衡分析，是在不同商品和生产要素的需求、供给和价格相互影响的前提下，分析所有商品和生产要素的供给与需求达到均衡时的税负归宿，这有助于全面揭示税收对整个经济运行所产生的影响。

5.4.1　税负归宿一般均衡分析方法的产生与发展

局部均衡分析方法的最大优点就在于它只考察一个市场，相对来说不太复杂。当课税商品的市场体量与整个经济体系相比显得相当小时,局部均衡分析方法是合适的。但在现实生活中不同市场之间是相互作用、相互影响的,如果不考虑其他市场对被征税产品市场的反作用的话,那么税负归宿的分析就是不完整和不准确的,尤其是对一个相对于整个经济来说具有重要影响的部门或行业进行征税时,仅关注被征税产品市场更加不够。一般均衡分析就是将各种市场相互联系起来的一种方法,这种方法的重要性产生于经济体系中各变量之间错综复杂的联系。①

用一般均衡分析方法来研究税负归宿问题,主要是考察特定税收对某一市场进行"扰动"后,该税收对其他市场产生的"连锁反应",即分析特定税收对整个社会经济福利变动的各种效应。税负归宿的一般均衡分析,通常包括以下几个步骤:首先,在严格的假设条件下,建立复杂的数学模型来模拟一般均衡体系;其次,通过对一般均衡体系进行全微分,来考察经济体系对选定的外生变量(如税率)的反应,并做出一些基本判断;第三,逐一放松原先的各种假定条件,再进一步考察经济体系对选定的外生变量所做出的各种反应。由于一般均衡分析方法不仅要考虑多种税收对课税商品或要素的直接影响,还要分析多种税收的间接连锁影响,这往往会因为税种过多、经济关系过于复杂而难以把握,所以税负归宿的一般均衡分析采用的是极为简化的"两个市场——两种要素——两种产品"模型,即整个经济是由公司和非公司两个部门组成,并只有资本和劳动两种生产要素存在。

美国芝加哥大学教授哈伯格(Harberger)在税负归宿的一般均衡分析上做出了开创性的贡献。1962 年,哈伯格在完全竞争、完全流动性、完全信息和完全确定性等严格的假设前提基础之上,首次将一般均衡理论用来分析公司所得税的税负归宿,此后一般均衡分析方法便逐步成为税负归宿研究的主流。20 世纪 70—90 年代,税负归宿一般均衡分析的发展主要体现在两个方面:第一,将原来仅用来分析公司所得税的哈伯格模型的研究视野进一步扩展,延伸到对社会保险税和财产税等税种的税负归宿上来;第二,从各个角度对哈伯格模型的各项假定进行更符合现实的放松,分析了在不完全竞争、不完全流动性、不确定性、可变要素供给、失业、规模报酬变化、开放经济和存在外部性等条件下的税负归宿。由于是根据更符合现实的模型来分析税负归宿问题,因而提高了分析结论对政府制定税收政策的指导性。近些年来,税负归宿一般均衡分析又有了新的发展,具体体现在:针对资本所得税在不同要素所有者之间的归宿,建立了两部门一般均衡税负归宿模型;针对税负在不同收入水平人群之间的归宿,建立了多部门可计算一般均衡税负归宿模型;针对税负在不同年龄人群之间的归宿,建立了多时期生命周期税负归宿模型。②

5.4.2 税收等价关系

税收等价关系描述的是税收等效应关系,它是税负归宿一般均衡分析的理论基础。税收等价关系以两部门经济中的多种税收及其相互关系为基础,从中选择税种进

---

① 阿特金森,斯蒂格里茨. 公共经济学[M]. 蔡江南,等译. 上海:上海三联书店,1994:255.
② 张馨. 当代财政与财政学主流[M]. 大连:东北财经大学出版社,2000:161-166;张阳. 税负归宿理论和应用研究的创新点与不足[J]. 管理现代化,2007(3):23-25.

行一般均衡分析,从而为简化分析创造了条件。

税收等价关系是建立在诸多假定基础之上的:① 每个部门都使用资本和劳动力来生产产品,且每个部门都有不变的规模经济收益,即生产要素投入的增长与产出是同比例增长的。但是,两个部门的技术水平是不同的,或者说资本与劳动力的比率在两个部门是不同的;② 资本和劳动力的供给者遵循总收益最大化原则,而且资本和劳动力可以在两个部门之间根据收益率的高低自由流动,因此资本在两个部门的净边际收益率应是相等的,对劳动力来说也是如此,否则资本或劳动力就会在两个部门之间发生流动,直至其在两个部门的边际收益率相等;③ 市场是完全竞争的,每个企业都力求使其利润最大化,包括工资在内的所有价格都是自由浮动的,所以各生产要素得到充分利用,其价格由边际产品价值决定;④ 经济生产中的资本和劳动力总量是固定的,但可以在两个部门之间自由流动;⑤ 所有的消费者都具有相同的偏好,因此税收不会通过影响人们收入的使用而产生分配效应;⑥ 所用的分析框架是差别税负归宿分析方法,税种之间具有可替代性。在上述假定之下,经济体系中各税种间的等价关系可以用表 5-1 来说明。

表 5-1 税收等价关系

t_{KF}	+	t_{LF}	=	t_F
+		+		+
t_{KM}	+	t_{LM}	=	t_M
=		=		=
t_K	+	t_L	=	t

注:F 代表食品;M 代表制造品;K 代表资本;L 代表劳动。

表 5-1 根据产品和要素之间的关系,引申出九种类型的税收:t_{KF} 表示对生产食品的资本的所得课税;t_{LF} 表示对生产食品的劳动的所得课税;t_{KM} 表示对生产制造品的资本的所得课税;t_{LM} 表示对生产制造品的劳动的所得课税;t_F 表示对食品消费的课税;t_M 表示对制造品消费的课税;t_K 表示对两个部门的资本所得课税;t_L 表示对两个部门的劳动所得课税;t 表示一般所得税。其中,前四种税是对特定用途中的生产要素进行的课征,所以被称为局部要素税(partial factor taxes)。以上九种不同类型的税种,分别存在以下六种重要的等价关系。

(1)$t_{KF}+t_{KM}=t_K$,表明在课征相同比例税的情况下,对食品生产部门所使用资本的所得征税,加上对制造品生产部门所使用资本的所得征税,与对食品和制造品两部门课征的资本所得税等价。

(2)$t_{LF}+t_{LM}=t_L$,表明在课征相同比例税的情况下,对食品生产部门所使用劳动力的所得征税,加上对制造品生产部门所使用劳动力的所得征税,与对食品和制造品两部门课征的劳动所得税等价。

(3)$t_F+t_M=t$,表明在课征相同比例税的情况下,对食品消费征税,加上对制造品消费征税,与一般所得税等价。

(4)$t_{KF}+t_{LF}=t_F$,表明在课征相同比例税的情况下,对食品生产部门所使用资本的所得征税,加上对食品生产部门所使用劳动力的所得征税,与对食品消费的征税等价。

（5）$t_{KM}+t_{LM}=t_M$，表明在课征相同比例税的情况下，对制造品生产部门所使用资本的所得征税，加上对制造品生产部门所使用劳动力的所得征税，与对制造品消费的征税等价。

（6）$t_K+t_L=t$，表明在课征相同比例税的情况下，对资本所得征税，加上对劳动所得征税，与一般所得税等价。

税收等价关系揭示了各个税种之间相互作用、相互影响的结果。通过某些税种的组合，并使其税负归宿等同于其他税种的税负归宿，可以揭示整个经济体系中所有税收的税负归宿，同时也能区分不同税种在质和量上的差别。只要按照这种方法找出一系列税种的相互关系，便可通过少数几种税的税负归宿的分析，来把握整个经济体系中所有税种的税负归宿。

5.4.3 税负归宿的一般均衡分析

与税收等价关系的分析一样，税负归宿的一般均衡分析在运用"两个市场——两种要素——两种产品"模型进行分析时，也是建立在一系列的假设基础之上的。虽然这些假设都带有一定的局限性，却可以使分析大为简化。

1. 商品税税负归宿的一般均衡分析

通过对商品税税负归宿的局部均衡分析，可以知道在只存在食品和制造品的两部门经济中，政府对食品征税之后，由于食品与制造品的相对价格发生变化，所以必然产生替代效应，消费者会减少食品的购买量，而将部分购买力转向制造品。这种购买力的转移会使对制造品的需求量随之增加，制造品的价格也因此而上涨。随着制造品价格的上涨，食品的价格又会相对有所下降。于是，食品税税收负担的承担者，就会从食品的消费者扩展到制造品的消费者。也就是说，食品税的税收负担不仅会落到食品消费者身上，也同样会落到制造品消费者身上。

以食品税（t_F）为例，在局部均衡分析方法的基础上，运用一般均衡分析方法来进一步分析商品税的税负归宿问题。由于政府对食品征税，食品生产厂商的收益率也会随之不断下降，其结果是食品的生产减少，由此造成的在食品部门中闲置的资本和劳动力向制造品部门流动。由于两部门生产要素资本和劳动的比率可能存在差异，要使生产制造品的部门吸收生产食品部门闲置的资本和劳动力，就必然使得资本和劳动力的相对价格发生改变。具体的变化，取决于被征税部门与不被征税部门资本和劳动力的比例。假如与不被征税部门相比，被征税部门为资本密集型，此时只有降低资本的相对价格，市场才能吸收因政府对食品征税而造成的相对富余的资本。相反，假如与不被征税部门相比，被征税部门为劳动密集型，则只有降低劳动力的相对价格，市场才能吸收因政府对食品征税而造成的相对过剩的劳动力。由此可见，对特定部门的产出课税，会导致在该部门中较密集地被运用于投入的生产要素相对价格的下降，从而使相对价格下降的生产要素的所有者受损。进一步的分析还表明，被课税商品的需求弹性，决定着生产要素相对价格的下降幅度；生产要素替代弹性越小，生产要素的相对价格下降的幅度也越大。

对某一生产部门产品的课税，其影响会波及整个经济。整个社会的所有产品和所有生产要素的价格,几乎都有可能因政府对某一生产部门产品的课税而发生变化,包括消费者、生产者和生产要素的提供者在内的所有人,都可能成为某一生产部门的某一产品税收的直接或间接的税负归宿。

2. 要素收入税税负归宿的一般均衡分析

通过对要素收入税税负归宿的局部均衡分析也可以得知,如果对某生产要素课税,该生产要素的价格就会上升,要素市场上供需双方最终将根据供需弹性的对比来分别承担税负。如果进一步运用一般均衡分析方法来分析,就会发现要素收入税的税负归宿还不仅限于此。以对制造品资本所得的课税(t_{KM})为例。由于政府对制造品资本所得的课税,会产生收入效应和替代效应这两个方面的影响,因而对要素收入税税负归宿的一般均衡分析,也可以从这两个方面来进行。

从收入效应的角度看,政府对制造业的资本所得课税,而不对食品业的资本所得课税,会造成投资于制造业资本的收益率相对下降,其结果必然是投资于被征税的制造业的资本向免税的食品业转移,导致制造业的生产数量减少、资本收益率上升,而食品业的产品数量增加、资本收益率下降。只有当制造业和食品业这两个部门的资本收益率达到相同水平时,资本向食品业的转移才会停止。因此,政府对制造业的资本所得课税,不仅使制造业的投资者承担了税负,而且通过资本从制造业向食品业的转移及由此带来的资本收益率的平均化,使得食品业的投资者也承担了税负。可见,对制造业的资本所得课税,最终要由被征税的制造业和不征税的食品业的资本所有者共同承担。

从替代效应的角度看,政府对制造业的资本所得课税,而不对劳动所得课税,会造成制造业减少资本的使用量,而增加劳动力的使用量。也就是说,制造业倾向于用劳动替代资本,其结果是制造业资本的相对价格下降。随着制造业中的生产要素向食品业的转移,这种替代效应也会发生在食品业。政府对制造业资本所得的课税,通过增加对劳动力的使用、减少对资本的使用等方式,也会促使食品业调整生产要素的配置。而以劳动替代资本的过程,就是对劳动力的需求增加、劳动者的工资率相对上升的过程,同时也是对资本需求减少、资本所有者的收益率相对下降的过程。因此,政府对制造业资本所得的课税,可能会导致资本所有者承受比政府所课税额更重的负担。

政府选择对某一生产部门中的某种生产要素征税,不仅该部门的这种生产要素要承担税负,其他部门的此种生产要素也要承担税负,甚至可能承担高于政府所获税额的负担。只要生产要素在两个部门间可以流动,对其中一个部门中的一种给定生产要素的课税,最终会影响两个部门、两种生产要素的收入。

上述分析都是建立在"税收等价关系"分析中列举出的假设条件基础之上的,如果放松相关的假设条件,则可以得到更一般的结论。如根据第二个假设,生产要素可以在两个部门之间进行流动,以获得最高的收益率。然而,由于制度或技术方面的原因,有些生产要素可能不具有流动性。放弃完全流动性的假设,可能会对一种税的税负归宿产生较大的影响。如果生产要素是可流动的,那么局部要素税的归宿就是模棱两可的;但是,如果生产要素是非流动性的,则结论就非常明了:被征税的生产要素承担全部的税收负担,这是因为被征税的生产要素无法通过向其他部门转移来"躲避"税收负担。

专栏 5-4　　税收的凸显性与税负转嫁

在早期的税收研究中，通常以"理性经济人"为研究前提，假设经济行为主体对税收及相关信息是完全知晓的，他不仅能够完全觉察和感知真实的税负，而且能够据此做出个人效用最大化的行为决策。从20世纪50年代开始，部分学者对"理性经济人"假设进行了批判，提出了"有限理性决策"理论，他们认为人的知识和能力是有限的，在进行行为决策时不可能掌握全部信息，也不可能做出完全理性的决策。20世纪70年代以来，随着行为经济学的发展，一些学者的研究发现，由于环境的复杂性和人的认知能力的有限性，经济行为主体并非是完全理性的。这一结论引申到税收上就是，现实中由于人的税收认知能力的有限性和税制结构的复杂性，纳税人并不能完全觉察和理解全部税收，也不可能做出最优的行为决策。

2009年，拉杰·切蒂（Raj Chetty）等学者提出了"税收凸显性"（tax salience）概念，并就税收凸显性对经济行为主体的社会经济效应进行了相应的理论和实证研究。税收凸显性指的是税收对纳税人或负税人的易见程度（visibility degree）。税收凸显性主要源于两个方面：一是税制设计，具体包括税制复杂性和政府征税方式，二是纳税人的内在认知能力。税制复杂性与人们对税收的感知呈负相关关系，税收制度设置越复杂，人们越难正确感知税收，从而会低估或者误解税收；而纳税人可以通过自己的经验来认识税收。

主流的税收理论认为税负能否转嫁以及转嫁的程度取决于市场力量的对比，与对谁征税无关。而税收凸显性理论认为，由于税收凸显性的存在，税负转嫁和税负归宿就不完全取决于供需弹性等市场条件，纳税人对税收的易见程度也会影响税收转嫁，一般来说，税收凸显性越强，税收负担越难转嫁，如纳税人对价外税比价内税更敏感，因而价外税的税负比价内税相比更难转嫁。

资料来源：根据 Raj Chetty, Adam Looney, Kory Kroft. Salience and Taxation: Theory and Evidence[J]. American Economic Review 2009, Volume 99, Number 4, 1145-1177 和陈力朋. 税收凸显性、税收感知度与居民行为偏好研究[M]. 北京：经济科学出版社，2019：14-24等编写整理。

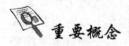

重要概念

税收负担前转　税收负担后转　税收资本化　税收负担混转　税负归宿　法定归宿　经济归宿　平衡预算归宿　绝对税负归宿　差别税负归宿　税收楔子　税负归宿局部均衡分析　税负归宿一般均衡分析

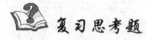

复习思考题

1. 税负转嫁的实质是什么？

2．影响税负转嫁程度的因素有哪些？

3．结合图示，具体分析供需弹性对税负转嫁程度的影响。

4．在不同的市场结构下，税负归宿有什么不同？

5．市场期限对税负转嫁有什么影响？

6．试用局部均衡分析方法分析在取得相同税收收入的情况下，政府分别征收从价税和从量税的税负归宿。

课堂讨论

请结合以下案例材料，就"与农业经济和工业经济时代相比较，数字经济蓬勃发展背景下的税负转嫁及其对经济运行产生的影响是否会发生改变"这一问题，进行讨论。

案例材料　　　　数字经济的特征

数字经济（digital economy）是通过大数据的识别、选择、过滤、存储、使用来引导、实现资源的快速优化配置与再生、实现经济发展的一种经济形态。目前，全球经济正从工业经济向数字经济加速转型。与传统经济模式相比较，数字经济存在以下几方面明显的差异。

（1）虚拟存在。虚拟性是数字经济最大的特点，数字经济是超时空经济，依赖无形资产、用户以及业务功能产生的流动性，企业可以灵活地选择开展商业活动的地点，根据发展战略选择总部所在地。跨境交易无须依赖实体机构即可完成。非居民企业在远程服务器上搭建虚拟的"卖场"或"商店"，便可以在任意国家销售数字化的产品和服务，而无须在相关国家设立实体的营业机构。数据的虚拟性，使其复制、分享、传播的成本几乎为零。

（2）界限模糊。一是消费者与生产者之间的界限逐渐模糊。以企业为主参与市场竞争的局面被打破，每一个个体凭借一部智能设备就可以参与到生产经营、价值创造、信息分享之中。数字企业通过投放广告、竞价排名、信息推送等行为获取的佣金、服务费、中介费等收入，与消费者的参与息息相关。二是传统第一、二、三产业之间的界限逐渐模糊，如一些制造业企业的主要利润来自于软件和服务，制造业正在"变软"。三是税法中的传统概念与分界逐渐模糊。如网络主播带货、打赏等五花八门的收入来源，使得生产经营收入与工资薪金、劳务报酬的边界越来越模糊。

（3）平台崛起。平台经济是以技术创新、商业模式创新为驱动，以互联网平台为载体，实现供求之间信息共享并达成交易的一种新型数字经济形态。平台经济是"新场景""新消费""新服务"的典型代表，是技术进步与产业发展的产物，涵盖电子商务、新零售、社交、互联网教育、新文娱、医疗健康、出行服务等多个产业，促进了产业之间的跨界融合。平台承载着无数的小微企业和个人，但平台所承载企业的发展会趋向小型化，因为除了核心功能，这些企业的其他功能会逐步萎缩，并被平台提供的服务所替代。在平台上,工作室、个人独资企业、一人有限公司、合伙企业作为市场主体不断涌现。

(4) 分配存在争议。在工业经济时代,新价值的实现依托于物理存在,所以税收制度一般要求依据固定场所或者常设机构来判定纳税地点,尤其是在所得税上,多采用居民税收管辖权和来源地管辖权相结合的方式。但数字经济使物理存在逐步虚拟化,要素跨境流动比以前更频繁、更快速,交易场所、机构所在地的概念日益模糊。传统税制难以适应新的经济模式,导致价值在生产国或地区形成,利润却回流到其他国家或地区,一些跨国数字企业利用数字经济的这个特点,向全球税收洼地转移利润,降低在生产国缴纳的税额。

资料来源:谢垚. 数字税的发展和未来[N]. 中国财经报,2022-05-10.

参考文献与延伸阅读资料

1. 于洪. 中国税负归宿研究[M]. 上海:上海财经大学出版社,2004.
2. 张阳. 中国税负归宿的一般均衡分析与动态研究[M]. 北京:中国税务出版社,2007.
3. 特里西. 公共部门经济学[M]. 薛涧坡,译. 北京:中国人民大学出版社,2014.
4. SELIGMAN E R A. The Shifting and Incidence of Taxation[M]. London: Macmillan, 1902.
5. PEERZADE S A. Economics of Taxation[M]. New Delhi: Atlantic Publishers & Distributors Ltd., 2010.

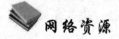

网络资源

http://taxfoundation.org
税收基金会(Tax Foundation)网站

http://www.taxanalysts.com
税收分析家(Tax Analysts)网站

第 6 章 税种设置与税制结构

学习目标

- 掌握税种的设置与不同税种在国民经济循环中的定位；
- 掌握主要的税种分类；
- 掌握税种制度的构成要素；
- 掌握各国税制结构的变化趋势；
- 掌握税制结构的影响因素与各国的现实选择。

各国的税种制度都是由政府以法定方式确定的一个个独立税种（tax type）的征税办法构成。税种制度既是税务机关向纳税人征税的依据以及纳税人履行纳税义务的准则，也是政府进行税收负担基本分配的主要载体。

6.1 税种设置与税种分类

经过长期的演变，各国的税种制度已经从原先的单一税制逐步发展成为如今由诸多税种构成的复合税体系。为了更好地实现税收职能，科学、合理地设置税种是基本的前提。

6.1.1 国民经济循环与税种设置

在市场经济条件下，税种的设置需要结合国民经济循环来进行考察，这样不仅可以很好地分析不同税种对国民经济运行的影响，而且能够更清楚地体现政府调节经济运行的意图。

任何一个国家的国民经济运行，都是一个周而复始、不断循环的过程。图 6-1 用标准的"两部门模型"说明了国民经济的基本运行情况。[①] "两部门模型"描述的是在一个封闭的经济体系中，整个国民经济只有家庭（或居民）和企业（或厂商）两类主体，同时存在两种市场，即要素市场与产品市场。家庭是生产要素的所有者，它通过要素市场向企业出售其拥有的生产要素，同时也通过产品市场向企业购买产品和劳务；而企业是产品和劳务的生产者，它通过产品市场向家庭出售其生产的产品，同时

[①] 理查德·A. 马斯格雷夫，佩吉·B. 马斯格雷夫. 财政理论与实践[M]. 邓子基，邓力平，译. 北京：中国财政经济出版社，2003：225.

也通过要素市场向家庭购买生产要素。

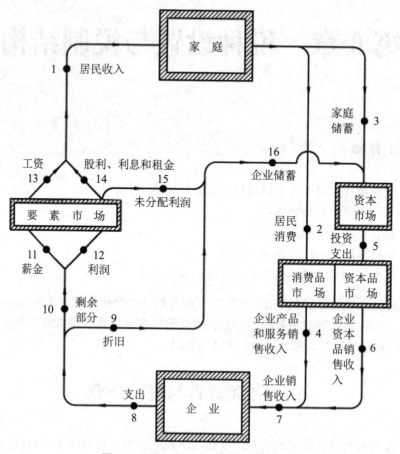

图 6-1 国民经济循环与课税点的选择

家庭出售生产要素和购买产品、企业出售产品和购买生产要素的行为，使得整个经济运行中出现了两种方向相反的循环运动：一个是收入和支出按照顺时针方向进行的"货币流"（monetary flow），另一个是产品和要素按照逆时针方向进行的"实物流"（real flow）。家庭向企业提供各种生产要素，并从企业那里取得收入，从而形成居民收入（在图 6-1 中表示为点 1）。一部分居民收入将被用于居民自身的消费（在图 6-1 中表示为点 2），并通过在消费品市场上购买企业提供的产品和服务，从而形成企业的产品和服务销售收入（在图 6-1 中表示为点 4）；另一部分居民收入将被用来储蓄（在图 6-1 中表示为点 3），并通过资本市场以投资支出的形式（在图 6-1 中表示为点 5）进入资本品市场购买企业提供的资本品，从而形成企业资本品的销售收入（在图 6-1 中表示为点 6）。企业的销售收入（在图 6-1 中表示为点 7）形成后便用于支撑企业的各项支出（在图 6-1 中表示为点 8），首先要从中扣除购买原材料、零部件等的支出款项，然后计提固定资产折旧（在图 6-1 中表示为点 9），剩余的部分（在图 6-1 中表示为点 10）则用于支付工资薪金（在图 6-1 中表示为点 11）、用利润（在图 6-1 中表示为点 12）购买资本和其他生产要素。生产要素的供给者通过要素市场获得各种生产要素所获得的报酬,包括工资(在图 6-1 中表示为点 13)、股利、利息和租金(在图 6-1 中表示为点 14)等,最终又转化成居民的收入。此外,企业还有可能保留一部分利润不进行分配(在图 6-1 中表示为点 15),这些未分配利润或者说留存利润(retained earnings)加上折旧,构成企业储蓄(在图 6-1 中表示为点 16)。企业储蓄和家庭储蓄一起形成投资资金,用于购买资本品。这样,就完成了家庭和企业之间的收支循环。整个国民经济就是由周而复始地循环运动着的家庭和企业的收支组成的有机体。

在现代社会,各国一般都是根据货币资金流动、商品和劳务流动的具体特征,在国民经济循环中选择并确定课税点来征税。在国民经济循环中的不同课税点,可以课征不同的税种:

——在图 6-1 中点 1 处,可以对居民收入课征个人所得税;
——在图 6-1 中点 2 处,可以对居民消费支出课征综合消费税或支出税[①];
——在图 6-1 中点 3 处,可以对个人储蓄课税,但各国基本没有开征专门的个人储蓄税,对居民储蓄形成的利息收入,有的国家课征资本利得税,有的国家将其作为一个应税项目课征个人所得税;
——在图 6-1 中点 4 处,可以对企业的销售营业收入课征营业税或消费型增值税;
——在图 6-1 中点 7 处,可以对企业的各项销售收入课征货物税;
——在图 6-1 中点 10 处,可以对企业扣除折旧后的净营业收入课征收入型增值税;
——在图 6-1 中点 11 处,可以就企业支付的工资薪金向雇主课征社会保障税;
——在图 6-1 中点 12 处,可以对企业营业利润课征公司所得税;
——在图 6-1 中点 13 处,可以就居民工资收入向雇员课征社会保障税;
——在图 6-1 中点 14 处,可以对居民股息收入等课征资本利得税;
——在图 6-1 中点 15 处,可以对企业留存利润或未分配利润的课征留存利润税或未分配利润税。[②]

图 6-1 反映的只是国民收入的流量,而没有体现出国民收入存量的存在。尽管各国一般都将绝大部分的税收课征至国民收入的流量,但如果只对当年的国民收入流量课税,而不对以往年度的国民收入存量课税,既有失公允,又使得税收体系缺乏完整性。在现实中,国民收入存量形成的是财产,因此完整的税种设置还应包括对财产保有和财产转让的课税,前者是对居民或企业拥有的各种财产课征的财产税,后者是对财产的继承或馈赠行为课征的遗产税和赠与税等。此外,图 6-1 分析的是封闭经济条件下的国民经济运行,如果考虑到现实中的国民经济都是处于开放经济背景中的话,那么税种设置还应包括在国际贸易环节征收的关税等。

表 6-1 所示的是经济合作与发展组织(OECD)成员国的税种设置情况。[③]经济合作与发展组织成员国征收的税种主要有所得税、社会保障税、薪金及劳动力税、财产

[①] 虽然大部分国家都暂未在图 6-1 中的点 2 处课征消费支出税,然而消费支出税却是部分经济发达国家税制改革的一个重要备选方案。

[②] 理查德·A. 马斯格雷夫,佩吉·B. 马斯格雷夫. 财政理论与实践[M]. 邓子基,邓力平,译. 北京:中国财政经济出版社,2003:224-225.

[③] 表 6-1 原本是 OECD 对税种做出的分类。虽然是一个理论分析的结论,但这一分类也是根据其成员国的税种设置情况进行的理论抽象,所以这里主要用来说明经济发达国家的税种设置状况。

税、商品和劳务税以及其他税等六大类，每一类又包括许多税种，如商品和劳务税包括了增值税、销售税、消费税、关税和特殊劳务税等。可见，经济发达国家税收体系中的主要税种，就是根据国民经济循环过程中的不同环节设置的，相当一部分发展中国家的税种设置也是如此。

表6-1　OECD成员国的税种设置

1000　对所得、利润和资本利得课税（taxes on income, profits and capital gains）
　　1100　对个人的所得、利润和资本利得课税
　　　　1110　对所得和利润课税
　　　　1120　对资本利得课税
　　1200　对公司的所得、利润和资本利得课税
　　　　1210　对所得和利润课税
　　　　1220　对资本利得课税
　　1300　其他不能归入1100和1200的税种
2000　社会保障税（social security contributions）
　　2100　雇主缴纳的社会保障税
　　　　2110　以工资薪金为计税依据
　　　　2120　以所得税税基为计税依据
　　2200　雇员缴纳的社会保障税
　　　　2210　以工资薪金为计税依据
　　　　2220　以所得税税基为计税依据
　　2300　自营者或非受雇者缴纳的社会保障税
　　　　2310　以工资薪金为计税依据
　　　　2320　以所得税税基为计税依据
　　2400　其他不能归入2100、2200和2300的税种
　　　　2410　以工资薪金为计税依据
　　　　2420　以所得税税基为计税依据
3000　对工资薪金和劳动力的课税（taxes on payroll and workforce）
4000　财产税（taxes on property）
　　4100　对不动产经常性课征的财产税
　　　　4110　对房产课税
　　　　4120　对其他不动产的课税
　　4200　对净财富经常性课征的财产税
　　　　4210　由个人缴纳的净财富税
　　　　4220　由公司缴纳的净财富税
　　4300　对遗产、继承和赠与的课税
　　　　4310　遗产和继承税
　　　　4320　赠与税
　　4400　对金融和资本性交易的课税
　　4500　其他对财产非经常性课征的税种
　　　　4510　对净财富课征的税种
　　　　4520　其他非经常性课征的税种
　　4600　其他对财产经常性课征的税种

续表

5000 对商品和劳务的课税（taxes on goods and services）
　　5100 对商品的生产、销售、转让、租赁和运输以及劳务的提供课税
　　　　5110 一般商品和劳务税
　　　　　　5111 增值税
　　　　　　5112 销售税
　　　　　　5113 周转税和其他一般商品和劳务税
　　　　5120 特殊商品和劳务税
　　　　　　5121 消费税
　　　　　　5122 财政专卖收益（profits of fiscal monopolies）
　　　　　　5123 关税和进口税
　　　　　　5124 出口税
　　　　　　5125 对投资品课税
　　　　　　5126 特殊服务税
　　　　　　5127 其他对国际贸易和交易的课税
　　　　　　5128 其他特殊商品和劳务税
　　　　5130 其他不能归入5110和5120的税种
　　5200 对物品的使用、许可使用或行为课税
　　　　5210 对物品的使用、许可使用或行为的经常性课税
　　　　　　5211 家庭用机动车税
　　　　　　5212 其他用途机动车税
　　　　　　5213 其他对物品的使用、许可使用或行为的经常性课税
　　　　5220 对物品的使用、许可使用或行为的临时性课税
　　5300 其他不能归入5100和5200的税种
6000 其他税种（other taxes）
　　6100 由企业缴纳的其他税
　　6200 由企业以外的经济主体缴纳的其他税

资料来源：*The OECD Classification of Taxes and Interpretative Guide*（2024）。

拓展阅读6-1

中国纳税人需要缴纳哪些税？

6.1.2 税种分类

在现代社会，各国的税收体系通常都是由多个不同的具体税种构成的。为了实现各个税种之间的有效协调与配合，就必须准确把握这些税种相互间的区别与联系。根据相应的标准，对不同的税种进行分类是非常必要的。

1. 以课税对象性质为标准分类

按课税对象性质的不同，可以将税种分为所得税（income taxes）、商品税（commodity taxes）和财产税（property taxes）等。这是最基本也是最为常见的税种分类。

所得税是对纳税人的所得额或收益额进行的课征。根据要素所有者性质的不同，所得税可以分为个人所得税和企业所得税。根据税款用途的不同，所得税可以分为一般性质的所得税和社会保障税。商品税是对商品或劳务交易中的流转额或增值额进行的课征。根据课税对象自身性质的不同，商品税可分为对商品的课税和对劳务的课

税。根据课税对象流通领域的不同，商品税又可分为国内商品和劳务税与国境商品和劳务税。财产税是对纳税人所有的财产或归其支配的财产按价值或数量进行的课征。在各国的税收实践中，还存在一些性质比较模糊的税种，无法归入所得课税、商品课税或财产课税中的任何一类中去，所以一般将其称为"其他税"。

2. 以税收负担是否容易转嫁为标准分类

以税收负担是否容易转嫁或者说以纳税人与负税人之间的关系为标准①，可以将税种分为直接税（direct taxes）和间接税（indirect taxes）两大类。

直接税是直接向负税人征收的各种税，其基本特点是纳税人不能或不容易把自己缴纳的税款转嫁出去，纳税人同时是负税人。直接税的税收负担具有高度透明性，税负归宿清楚，纳税人的税痛感较为强烈。然而，直接税也能够极大地刺激纳税人的权利意识，这是因为直接税直接减少纳税人的可支配收入，纳税人自然会非常关心税收制度是如何设计的、税收是如何征收的、税款用于什么地方、使用是否合理。现代直接税多采用累进税率，这有助于实现社会公平。

间接税是间接对负税人征收的各种税，其基本特点是政府直接向纳税人课税，但纳税人能够通过某种方式将其缴纳的税款转嫁给其他人来承担。间接税的税收负担不透明，名义纳税人与实际负税人相分离，税负归宿不确定，人们无法确切知道自己是否纳了税以及缴了多少税，因而税痛感不明显。另外，间接税税收负担的隐蔽性，不利于形成纳税人的权利意识；间接税的税负具有累退性，也不利于社会公平的实现。

一般认为，所得税和财产税属于直接税的范畴，商品税属于间接税的范畴。

3. 以课税的着眼点为标准分类

以课税的着眼点或以课税的主、客体为标准，可以将税种划分为对人税（personal taxes）和对物税（in rem taxes）。

对人税是指税收主体与客体有直接关联的税收，它以主体的"人"为基础。在具体的课征过程中，对人税表现为一种由人及物的过程，即首先指向某个"人"，然后才指向与这个人具有一定连接关系的"物"。在征税过程中，对人税往往要考虑个人的经济收入及家庭状况。早期的对人税一般按人头或按户征收，如人头税、人丁税和户捐等。对人税的现代形式，主要是所得税和一般财产税。

对物税是指税收主体与税收客体之间没有直接关联的税收，它以客体的"物"为基础。在具体的课征过程中，对物税表现为一种由物及人的过程，即首先指向某种"物"，然后才涉及与该物具有直接关联的"人"。在征税过程中，对物税通常以物的价格、金额或数量为依据，而不考虑与该物存在归属关系的人的收入和家庭状况等因素。对物税的现代形式，主要是商品税和特种财产税。

对人税与对物税的区分，对税收公平的实现有积极意义。所有税种的税收负担最终都是由人来承担的，在判断是否实现税收公平时，必须由在个人之间形成的税收负

---

① 关于直接税与间接税的区分标准，存在不同的看法。有学者认为是以立法者的意图为标准，凡立法意图是使某种税的纳税人就是税负实际负担者、不能转嫁给他人的税，就是直接税；凡立法预定税收负担不会由纳税人直接承受而可以顺利转嫁给他人的税，就是间接税（参见：李厚高. 财政学[M]. 台北：三民书局，1984：157-159.）。

担分配情况来决定。①开征对人税可缓和贫富悬殊，调节社会成员之间收入和财富的分配，符合税负公平和量能课税原则；而对物税不分贫富课征相同比例的税收，有失公平。从这个角度看，对物税不如直接按个人纳税能力课征的对人税。但是，由于涉及人的各种情况，所以对人税的征收管理更为复杂和烦琐；相比较而言，对物税的课税对象明确，征收管理更为简便。

4. 以税收收入的用途为标准分类

以税收收入的用途为标准，可以将税种分为一般目的税（general taxes）和指定用途税（earmarked taxes）。

一般目的税是税收收入主要用于满足政府一般财政支出需要的税种，它也被称为"普通税"。一般目的税主要基于支付能力原则来课征，它是各国税收收入的主体。

指定用途税是收入主要用于满足政府特定财政支出需要的税种，它也常被称为"特别目的税"（special purpose taxes）。指定用途税一般基于受益原则，它的课征与政府的某项活动或支出项目间存在直接的利益关系。②指定用途税有助于提高资源配置效率，可以反映成本、约束需求，并在一定程度上抑制支出的过度膨胀。在各国的预算管理中，指定用途税取得的收入一般都采用特别预算加以处理，但这种方式在一定程度上破坏了政府预算的统一性，同时使得政府的税收收入结构缺乏弹性，所以各国普遍对指定用途税的规模进行限制。

5. 以税收收入归属为标准分类

以税收收入的归属为标准，可以将税种分为中央税（central taxes）、地方税（local taxes）和中央地方共享税（shared taxes）。

中央税是由中央政府征收管理并支配其收入的税种；而地方税指的则是收入由地方政府支配并由地方政府征收管理的税种。③收入由中央与地方政府按照一定标准分配的税种是中央地方共享税。各国财政体制都会对本国税收体系中哪些税种属于中央税、哪些税种属于地方税以及哪些税种属于中央地方共享税做出具体规定。

6. 以在税收体系中的地位为标准分类

以在税收体系中的地位为标准，可以将税种分为主体税种（main tax）和辅助税种（subsidiary taxes）。

主体税种是在税收体系中占据主导地位的税种，它不仅是政府财政的主要收入来源，同时对社会经济运行产生较大的影响。主体税种的课税对象在国民经济中覆盖面广泛，而且稳定存在。主体税种通常具有课征普遍、税收负担分布较广和税源丰富等特征。在不同的国家或同一个国家在不同的时期，主体税种可能会有较大的差别。一

---

① 理查德·A. 马斯格雷夫，佩吉·B. 马斯格雷夫. 财政理论与实践[M]. 邓子基，邓力平，译. 北京：中国财政经济出版社，2003：227.
② 在一些国家的实践中，也存在收支间无对应关系的指定用途税。这种税往往是基于某种政策需要，主要为取得财政或政治上的平衡。
③ 严格意义上的地方税，不仅仅是收入归地方政府所有、征收管理由地方政府负责，更为重要的是其立法权也属于地方所有，地方政府有权独立决定地方税的开征、停征、减免税以及税目与税率的调增调减。然而，严格意义上的地方税只在少数经济发达国家存在。

一般来说，经济发展水平较高、税收管理水平较高的经济发达国家，多选择所得税作为主体税种；而经济发展水平相对落后、税收管理水平有限的发展中国家，多选择商品税作为主体税种。

辅助税种是在税收体系中起补充、配合作用的税种。辅助税种的课税对象在国民经济中的覆盖面相对有限，不仅收入规模不是很大，而且在社会经济生活中只发挥特定的功能。在以所得税为主体税种的国家，商品税和财产税是辅助税种，而在以商品税为主体税种的国家，所得税和财产税又变成了辅助税种。

7. 以征收有无连续性为标准分类

以征收有无连续性为标准，可以将税种分为经常税（recurrent taxes）和临时税（in-recurrent taxes）。

凡是未经立法程序宣告废止之前，政府每个财政年度均征收的税种通常被称为"经常税"，它是一种具有连续性的课征，其取得的收入主要用于满足政府一般财政目的的需要。凡政府因发生特别事件而课征的税种，通常称为"临时税"，作为临时性的课征措施，其取得的收入主要用于满足政府在特定情况下的财政需要。一旦政府特定的财政需求得到满足之后，临时税一般都要退出历史舞台。如果不加控制，临时税的开征非常容易滋生一些弊端。

当然，经常税与临时税的划分也不是绝对的，有些临时税开征以后，也会慢慢演变成经常性的税种。

8. 以计税方式为标准分类

以课税的计税方式为标准，可以将税种分为从价税（ad valorem taxes）和从量税（specific taxes）。在实践中，商品税、部分财产税税种和少量其他税有从价税和从量税之分。

从价税以课税对象及其计税依据的价格或金额为标准来计征应纳税额，它也被称为"从价课征"。从价课征是商品税的主要计税方法，这一课税方式主要采用比例税率，应纳税额往往随商品价格的变化而相应地变化。从量税以课税对象的实物量，如重量、数量、容积或面积等为标准来计征应纳税额，它也被称为"从量课征"。从量税主要采用定额税率，应纳税额与应税对象的价格无关，不受价格变动的影响。

在从量税下，应纳税额不会受到与税基无关的产品属性的影响，但从价税形式下的应纳税额则会受到所有反映在价格里的产品属性的影响，因而两种计税方式对应税产品的生产和消费的影响是不同的。[①]如各国对啤酒的课税大多采用从量税的形式，这在一定程度上推动了啤酒生产厂商去开发一系列不同规格的啤酒，包括更为高档的产品，因为这些产品的价格高，但却承担着与廉价产品相同的税收负担；而从价税仅仅反映了绝对价格差异，不改变商品的相对价格，降低了企业改进产品质量的激励，不利于生产厂商对产品品质进行昂贵的改进。

9. 以税收与价格的关系为标准分类

以税收与价格之间的关系为标准，可以将从价课征的商品税分为价内税（taxes

[①] OECD, Consumption Tax Trends 2022: VAT/GST and Excise Rates, Trends and Policy Issues[M]. Paris: OECD Publishing, 2022: 121.

with the price）和价外税（off-price taxes）。

价内税以含税价格（tax-inclusive price）为商品税应纳税额的计税依据，其基本特点是税款作为组成部分包含在商品价格之中，税收负担较为隐蔽，税款随着商品销售而实现，有利于及时取得财政收入。而价外税则以不含税价格（tax-exclusive price）作为商品税应纳税额的计税依据，其基本特点是税款独立于商品价格之外，税收负担较为明显，容易让纳税人感到切身利益的损失，而且征收管理相对要复杂一些。一般认为，在其他因素保持不变的情形下，价内税较价外税更容易实现税负转嫁。在各国的税收实践中，价内税主要向生产者征收，而价外税侧重于向消费者征收。[①]

10. 以征收实体为标准分类

以税收的征收实体为标准，可以将税种分为实物税（taxes in kind）、劳役税（labor taxes）和货币税（monetized taxes）。

实物税、劳役税和货币税分别是指政府向纳税人征收的税是以实物、劳役或货币的形式上缴。在自然经济下，整个经济的货币化程度比较低，政府征税主要是以实物形式进行的，如中国历史上的"布缕之征""粟米之征"等；此外，政府征税也采用劳役形式，如政府在各类公共工程的建造过程中无偿征用劳工等。与实物税和劳役税相比，货币税征收和缴纳的标准易于统一，结算便利，而且有利于税收广泛介入金融经济，充分发挥其调控作用。随着社会经济的发展和进步，整个经济的货币化程度也在逐步提升，货币税也随之成为主流。

6.2 税种制度要素

每一个税种都规定有相应的征税办法。尽管各个税种有着不同的特点，而且不同时期做出的制度安排也不尽相同，但每一个税种征税办法的构成要件或者说基本要素却是相同的。从一般意义上看，税种制度的基本要素包括纳税人、课税对象、税率、纳税环节、纳税期限、纳税地点、减免税和税务违法处理等。

6.2.1 纳税人

税种制度中的"纳税人"（tax payer），指的是根据税法的规定直接负有纳税义务的单位和个人，它也常常被称为"纳税义务人"。纳税人既可以是自然人和法人，也可以是相关组织或团体。每一个税种都规定有各自独立的纳税人。确定一个税种的纳税人，是通过该税种处理政府与纳税人之间分配关系的首要条件。

"负税人"和"扣缴义务人"，是与"纳税人"存在一定关联关系的两个概念。负税人（tax bearer）是税款的实际负担者。对部分税种而言，税款最终是由纳税人自己承担的，在这种情况下纳税人就是负税人；也有一些税种，税款虽然是由纳税人缴纳的，但纳税人却可以通过一些途径和方式将税款转嫁给其他人负担，在这种情况下，

[①] 经济发达国家的商品税大多采用价外税方式；中国现阶段的商品税大部分采用的是价内税形式，只有增值税在零售之前各环节采取价外税，但它在零售环节仍采用价内税的形式。

纳税人不等同于负税人。扣缴义务人（withholding agent）是税法规定的在其经营活动中负有代扣税款并向国库缴纳税款义务的单位和个人。扣缴义务人既不负有纳税义务，也不承担税收负担。扣缴义务人也不同于受纳税人的委托代其办理纳税事务的税务代理人（tax agency）。

6.2.2 课税对象

课税对象（object of taxation）是政府征税的客体或目的物，它表明政府到底对什么东西征税。课税对象既可以货币形态存在，也可以实物形态存在。作为税种制度中最基本的要素之一，课税对象在总体上确定了税种的课税范围，具体规定着税种征收的基本界限，同时也是一个税种区别于另一个税种的根本性标志。不同税种之所以在名称、性质及其功能等方面存在差别，在相当大程度上可以归因于课税对象的不同。

为了计算应纳税额，在税种制度中还必须从"质"和"量"两个方面对课税对象做出具体的规定，这就是税目和税基。

1. 税目

税目（item of tax）是税法规定的课税对象范围内的具体项目，它是课税对象"质"的表现，代表政府征税的广度。凡属于税目规定范围之内的项目，都要征税；不在规定税目范围内的，就不征税。

规定税目，首先是征税技术上的需要。在现实生活中，只有少数税种的课税对象较为简单明确，没有另行规定税目的必要，绝大多数税种的课税对象都规定得比较笼统，需要在内容上加以明晰，以确定征税的具体范围。规定税目，也是贯彻税收政策的需要，对发展需要抑制的税目，适用较重的税负政策；反之，则适用较轻的税负政策。

税目的设置方法，主要有列举法和概括法两种。在列举法下，按照每一征税或不征税项目一一列举，它一般适用于税源大、界限清楚的课税对象。列举法又可进一步细分为正列举法和反列举法。正列举法将凡属于征税范围的项目予以列举，未列举的则不属于征税范围。反列举法则将凡不属于征税范围的项目予以列举，未列举的属于征税范围。采用列举法，税目设置界限比较明确，便于征收管理，也有利于体现税收政策，但设置的税目一般都较多，相应的制度安排也比较复杂。概括法对同一课税对象用抽象描述的方法将其分类归并，性质相近的征税项目概括在一起作为一个税目。在这种方法下，税目数量少，相关的制度安排也相对简单，但每个税目包含的范围较大，界限容易混淆。

2. 税基

税基（tax base）指的是政府征税的经济基础。从"质"上来把握税基，其实就是政府的课税对象。税种不同，税基亦不同，如商品税的税基是商品和劳务的交易、所得税的税基是各种所得。税基的选择是一个国家税制建设过程中的重要问题，因为它直接关系到政府税收收入的规模和社会经济政策的效果。可供选择的税基往往会随着社会经济的发展而变化。在现代市场经济条件下，可供选择税基的范围比较广，商品交易、企业利润、个人所得、消费支出以及财产等，都可以作为税基。政府课税一般都会选择覆盖面宽、税源充裕的税基。

从"量"上来把握税基，就是计算应纳税额的依据或标准，它也被称为"计税依据"（tax basis）。在许多情况下，税基直接是课税对象数量的某种表现形式，如对商品征税，税基是商品和劳务的交易额；在有的情况下，税基只是课税对象的一部分，而不是它的全部，如对企业所得征税时，课税对象数额是全部所得额，但税基却是从中作了一些扣除之后的余额；在对个人所得征税时，税基是全部所得中超过各项扣除额的部分。税基直接决定税额的大小，在其他因素保持不变的前提下，扩大税基会增加应纳税额，缩小税基会减少应纳税额。税基的计量单位有实物和货币两种形态。税基计量单位的选择，也直接制约着税率的具体形式。当选择重量、面积、数量或容积等实物量来度量税基时，一般采用定额税率；当选择价格、收入和利润等来度量税基时，与之相对应的税率形式是比例税率或累进税率。

表6-2所示的是中国现行消费税的课税对象、税目和计税依据。

表6-2 中国消费税的课税对象、税目和计税依据

课税对象	应税消费品
税目	烟、酒及酒精、化妆品、贵重首饰及珠宝玉石、鞭炮和焰火、成品油、摩托车、小汽车、高尔夫球及球具、高档手表、游艇、木制一次性筷子、实木地板、电池、涂料
计税依据	采用从价计征应税消费品的计税依据是应税消费品的销售额。销售额为纳税人销售应税消费品向购买方收取的全部价款和价外费用； 采用从量计征应税消费品的计税依据是应税消费品的数量。应税消费品的数量分为销售、自产自用、委托加工和进口等四种情况确定； 采用复合计税方法应税消费品的计税依据是应税消费品的销售额和数量

资料来源：《中华人民共和国消费税暂行条例》和《中华人民共和国消费税暂行条例实施细则》。

6.2.3 税率

税率（tax rate）是应纳税额与计税依据之间的数量关系，它既是计算应纳税额的尺度，更是一个非常重要的税收政策工具。在课税对象既定的情况下，税率的高低反映了政府征税的深度，它不仅直接关系到政府税收收入的多少和纳税人负担水平的高低，而且也是一定时期内政府社会经济政策和税收政策的具体体现。

1. 税率的形式

税率有比例税率、累进税率和定额税率三种比较常见的形式；此外，还有一种在实践中极少使用的累退税率。

1）比例税率

比例税率（proportional tax rate）是对同一课税对象或同一税目，不论其数量大小都按百分比征税的税率形式。比例税率有单一比例税率、差别比例税率和幅度比例税率三种形式。在单一比例税率中，一个税种只规定一个百分比，所有税目都按相同的税率计算应纳税额。在差别比例税率中，一个税种规定有两个或两个以上的百分比，不同的税目分别适用不同的税率计算应纳税额，它具体又可分为产品差别比例税率、行业差别比例税率和地区差别比例税率三种。而在幅度比例税率中，税法规定出某税种的最高税率和最低税率，各地区可自行在最低税率与最高税率之间的范围内因地制

宜地确定本地区实际采用的税率。

比例税率的基本特点是应纳税额与计税依据之间成固定的比例关系或者保持一个常数。在比例税率下，应纳税额的计算比较简单，也便于征收，而且适用面比较广，它在商品税制、所得税制和财产税制中都得到了普遍应用，但用比例税率调节收入分配的效果不太理想。在现代社会，税收还承担了一定的调节社会经济运行的功能，但单一比例税率却很难有效地体现出税收的这一功能，所以在各国的实践中，单一比例税率并不多见，较为常见的是差别比例税率和幅度比例税率。

2）累进税率

在累进税率（progressive tax rate）下，课税对象按某一标志数量的大小划分成若干个档级（tax bands），不同档级规定相应的税率，并且课税对象标志的数量越大，相应档级的税率定得就越高。累进税率的基本特点是税率档级与课税对象的数额同方向变动，相对符合税收的公平原则；从宏观层面上看，它还可以在一定程度上发挥稳定经济运行的功效。在各国的税收实践中，累进税率主要适用于对所得和财产的征税。

根据累进依据的不同，累进税率有"额式累进税率"和"率式累进税率"两种形式。额式累进税率以绝对数为累进依据。大部分采用累进税率的税种都是以绝对数为累进依据，如个人所得税等。表 6-3 所示的是中国现行个人所得税对综合所得征税采用的七级超额累进税率表。

表 6-3 中国个人所得税税率表（综合所得适用）

级数	年应纳所得额	税率/%	速算扣除数/元
1	不超过 36 000 元的部分	3	0
2	超过 36 000 元至 144 000 元的部分	10	2520
3	超过 144 000 元至 300 000 元的部分	20	16 920
4	超过 300 000 元至 420 000 元的部分	25	31 920
5	超过 420 000 元至 660 000 元的部分	30	52 920
6	超过 660 000 元至 960 000 元的部分	35	85 920
7	超过 960 000 元的部分	45	181 920

资料来源：《中华人民共和国个人所得税法》。

率式累进税率以相对数为累进依据。在率式累进税率下，累进税率表按照某一相对量如销售利润率等来确定级距。中国土地增值税适用的率式累进税率，就是以增值额与扣除项目余额之间的比例即增值率为依据来确定的（见表 6-4）。相比较而言，采用率式累进税率的税种并不多，在中国现行税收制度中，只有土地增值税采用这一税率形式。

表 6-4 中国土地增值税税率表

级数	级距	税率/%
1	增值额未超过扣除项目金额 50%的部分	30
2	增值额超过扣除项目金额 50%，未超过扣除项目金额 100%的部分	40
3	增值额超过扣除项目金额 100%，未超过扣除项目金额 200%的部分	50
4	增值额超过扣除项目金额 200%的部分	60

资料来源：《中华人民共和国土地增值税暂行条例》。

累进税率的累进方式即适用税基，也有总量和增量两种。以总量作为适用税基的累进税率形式，被称为"全累税率"（progressive tax rate in excess of total amount），以增量作为适用税基的累进税率形式，被称为"超累税率"（progressive tax rate in excess of specific amount）。

全累税率下应纳税额的计算，直接用应税税基总量乘以适用税率，即课税对象的全部数额都按与之相应的最高档级的税率计征。当课税对象数额增加到高一个档级时，则就全部课税对象的数量按高一档税率计算应纳税额。在全累税率下，既定课税对象的数额只适用于一个档级的税率。全累税率下应纳税额的计算公式为：

$$应纳税额 = 税基总量 \times 适用税率 \tag{6-1}$$

超累税率下应纳税额的计算，先用各档级的税基增量分别乘以对应档级的税率求出各档级税基增量应当缴纳的税额，然后再将各档级税基应缴纳的税额相加求出总的应纳税额。在超累税率下，会出现某一课税对象同时适用好几个档级税率的情况。超累税率下应纳税额的计算公式为：

$$应纳税额 = \sum 各级别的税基增量 \times 各档级对应的税率 \tag{6-2}$$

超累税率下应纳税额的计算，也可以用一种相对简化的方法计算，即先采用全累税率的方法计算应纳税额，然后再从中扣除速算扣除数（quick deduction coefficient），具体可用式（6-3）表示：

$$应纳税额 = 税基总量 \times 适用税率 - 速算扣除数 \tag{6-3}$$

其中，速算扣除数是在税率和级距相同的条件下，全累税率下应纳税额比超累税率下应纳税额多的一个常数（见表6-4）。速算扣除数的计算公式可用式（6-4）表示：

$$\begin{aligned}本级速算扣除额 &= 按全额累进税率计算的税额 - 按超额累进税率计算的税额 \\ &= 上一级级距的最高额 \times (本级税率 - 上一级税率) \\ &\quad + 上一级速算扣除数\end{aligned} \tag{6-4}$$

根据累进依据和累进方式的不同，累进税率可以分为全额累进税率、超额累进税率、全率累进税率和超率累进税率等四种。全额（率）累进税率与超额（率）累进税率在税收征管和税收公平等方面各具特点：第一，全额（率）累进税率下应纳税额的计算相对简便，而超额（率）累进税率下应纳税额的计算要复杂一些；第二，在名义税率相同的情况下，全额（率）累进税的累进程度高、税收负担也要重一些，而超额（率）累进税的累进程度相对低、税收负担也相对轻一些；第三，在所得额级距的临界点附近，全额（率）累进税会出现税收负担的增加超过所得额增加的不合理现象，超额（率）累进税则不存在这个问题。综合考虑全额（率）累进税率与超额（率）累进税率各自的优势和不足之处，目前各国在实践中已经不再放弃使用全额（率）累进税率，更多地采用超额（率）累进税率。

3）定额税率

定额税率（fixed tax rate）是根据课税对象某种实物形态的单位数量直接规定一个固定的税额，而不是规定征收比例，它也常被称为"固定税额"或"单位税"（unit tax）。定额税率的基本特点是税率与课税对象的价值之间不存在直接的联系。在定额税率下，应纳税额的大小不受课税对象价值量变化的影响，纳税人实际税收负担的变化与课税对象价值量的变化是相反的，难以体现量能课征的原则。

定额税率有单一定额税率、差别定额税率、幅度定额税率和分类分级定额税率等几种形式。表 6-5 所示的是中国现行车船税对载客人数在 9 人以下乘用车所采用的定额税率表。在具体的税收实践中，定额税率主要适合于对价格稳定、质量等级和品种规格比较单一的大宗商品征收的商品税，财产税中的部分税目也采用定额税率。

表 6-5 中国车船税税率表（核定载客人数 9 人（含）以下乘用车适用）

税　目	计税单位	每年税额
1.0 升（含）以下	每辆	60～360 元
1.0 升以上～1.6 升（含）	每辆	300～540 元
1.6 升以上～2.0 升（含）	每辆	360～660 元
2.0 升以上～2.5 升（含）	每辆	660～1200 元
2.5 升以上～3.0 升（含）	每辆	1200～2400 元
3.0 升以上～4.0 升（含）	每辆	2400～3600 元
4.0 升以上	每辆	3600～5400 元

注：乘用车的税额按发动机汽缸容量（排气量）分档。
资料来源：《中华人民共和国车船税法》。

4）累退税率

累退税率（regressive tax rate）与累进税率的基本原理大体相同，只不过是在税率设计上恰恰相反。在累退税率下，课税对象标志的数量越大，税率越低。在现代社会中，几乎没有一个国家采用累退税率。

不同形式的税率具有不同的特征，所以它们在财政、公平和效率等方面所产生的效应也各不相同。从财政功能上看，采用比例税率取得的税收收入与税基是同比例增长的，其收入弹性等于 1；采用累进税率的税种取得的税收收入往往会快于税基的增长，其收入弹性大于 1；而采用定额税率的税种取得的税收收入不能随着税基的增长而同比例地增长，其收入弹性小于 1。在实现社会公平方面，采用累进税率的个人所得税的收入再分配效应最佳，比例税率次之，而定额税率最差。在效率方面，比例税率和定额税率一般不会对经济活动主体的行为产生太大的影响，基本保持税收中性，然而累进税率却会在一定程度上影响到经济活动主体的行为。

2. 与税率相关的几组概念

税率也常见于税收经济分析中。为了分析税收负担和税收效应等，税率被分为名义税率与实际税率、边际税率与平均税率。

1）名义税率与实际税率

名义税率（nominal tax rate）指的是税法规定的适用税率，而实际税率（effective tax rate）则是指纳税人在一定时期内实际承担的税额占其计税依据的比例。名义税率和实际税率分别用来衡量纳税人的名义税收负担和实际税收负担。与名义税率相比，实际税率的变化对纳税人经济行为有着更为直接的影响。

由于存在税收减免、税负转嫁和税收偷逃等方面的原因，实际税率往往要低于名义税率。区分名义税率和实际税率，为确定纳税人实际负担水平和建立完备的税收制度提供了必要的依据。

2) 边际税率与平均税率

边际税率（marginal tax rate，MTR）指的是在课税对象的一定数量水平上，课税对象的增加导致的应纳税额的增量与课税对象的增量之间的数量关系。边际税率的计算公式为：

$$t_M = \frac{\Delta T}{\Delta Y} \tag{6-5}$$

其中：t_M表示边际税率；ΔT表示应纳税额的增加额；ΔY表示计税依据的增加额。

平均税率（average tax rate，ATR）是指全部应纳税额与课税对象总量之间的数量关系。平均税率的计算公式为：

$$t_A = \frac{T}{Y} \tag{6-6}$$

其中：t_A表示平均税率；T表示应纳税额；Y表示计税依据总额。

在不同的税率形式下，边际税率和平均税率的变化趋势以及相互间的关系是不同的。在比例税率下，由于税率不随税基的变化而改变，因而当税基发生变化时，其边际税率和平均税率均保持不变，并且边际税率等于平均税率；在累进税率下，随着税基的增大，其边际税率和平均税率都呈现上升的趋势，但平均税率始终要低于边际税率；而在累退税率下，随着税基的增大，其边际税率和平均税率都呈现下降的趋势，但平均税率始终要高于边际税率（见图6-2）。

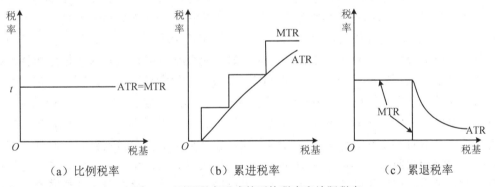

图6-2 不同税率形式的平均税率和边际税率

平均税率的高低直接关系到税收收入效应的强弱，平均税率越高，税收的收入效应就越强，反之就越弱。然而，在对经济活动主体行为的影响上，边际税率比平均税率的影响要大一些。边际税率的高低，直接关系到税收替代效应的强弱，这主要是因为如果边际税率较高，那么增加收入中的大部分都会被政府以税收的方式拿走，这无疑会极大地影响经济活动主体的积极性，进而改变经济活动主体的行为和决策。

3. 税收的累进性和累退性

在进行税收经济分析时，还经常提到税收的累进性和累退性。税收的累进性和累退性不同于累进税率和累退税率。税收的累进性和累退性很难准确进行界定，通常是以平均税率为依据，或者以纳税人承担的税收负担与其收入间的比例关系为标准来进行判断。如果纳税人的收入越高,其承担的税收负担占其收入的比例也越高,或者说当平均税率随着收入的增加而上升时,则可以判定税收具有累进性[参见式(6-7)]。如果低收入阶层承担的税收负担占其收入的比重高于高收入阶层承担的税收负担占其收入的比重,则可以判定税收具有累退性。

$$\frac{t_1/Y_1 - t_0/Y_0}{Y_1 - Y_0} \quad (6\text{-}7)$$

另一种衡量税收累进性和累退性的方法是看其收入的弹性,收入弹性越大或者税收收入变化的比例除以收入变化的比例越大,则越具有累进性,反之,则具有累退性[参见式(6-8)]。[①]

$$\frac{\dfrac{t_1 - t_0}{t_0}}{\dfrac{Y_1 - Y_0}{Y_0}} \quad (6\text{-}8)$$

在式(6-7)和式(6-8)中,Y_0 和 Y_1 表示的是两种不同的收入水平,并且 $Y_0 < Y_1$,t_0 和 t_1 表示收入分别为 Y_0 和 Y_1 时缴纳的税款。

6.2.4 纳税环节、纳税地点和纳税期限

纳税环节(impact point of taxation)指的是按照税法的规定,在国民经济循环的众多环节中,课税对象应当缴纳税款的环节。应税对象从最初的生产到最后的消费,中间往往要经过生产、批发和零售等多个环节,具体在哪个环节缴纳税款是一个非常重要的问题。合理选定和设置纳税环节,不仅有利于优化税制结构的布局、税收负担的调节和税源的控制,而且有助于保证政府及时、足额地取得税收收入。根据选择纳税环节的多少,课征制度可分成一次课征制和多次课征制两种。一次课征制只在国民经济循环的某一个环节征税,而多次课征制在国民经济循环的两个或多个环节都征税。

纳税地点(tax payment place)是纳税人应当缴纳税款的地点。纳税地点的选择,既要考虑是否有利于税务机关进行税源管控,也要便于纳税人缴纳税款;此外,它也直接关系到税收收入在不同地区间的分配,这在实行分级财政体制的国家显得尤为重要。纳税地点既可以是纳税人的住所地,也可以是营业地、财产所在地或特定行为的发生地。通常情况下,纳税地点应与纳税义务发生地一致,但在某些情况下,纳税地点和纳税义务发生地也可能不一致,如经过政府税务机关批准后,与总公司不在同一地点的分公司的利润可以在总公司汇总纳税。

纳税期限(tax day)具体是指纳税人发生纳税义务后,向税务机关缴纳税款的法定时间限度,它是税收的强制性和确定性在时间上的体现。明确规定纳税期限,不仅有利于政府及时、稳定地取得财政收入,也便于纳税人进行资金调度和经费核算。税务机关一般会根据课税对象性质的不同和各行业生产经营活动的特点,来确定纳税期限的长短。确定纳税期限,包括确定结算应纳税款的期限和确定缴纳税款的期限。结算期限往往由税务机关根据纳税人应纳税款的多少逐一核定。结算期到了后,纳税人还需要

[①] ROSEN H, GAYER T. Public Finance[M]. New York: McGraw-Hill Education, 2013: 306.

有办理纳税手续的时间，但纳税人必须在结算期结束后由税务机关确定的日期之前缴纳税款。[①]

6.2.5 税收优惠

按照减轻或免除税收负担具体途径的不同，税收优惠（tax preference）的基本形式可以分为税基式优惠、税率式优惠、税额式优惠和递延式税收优惠等四种。

1. 税基式优惠

税基式优惠是通过直接缩小税基的方式来实现减轻或免除纳税人的税收负担，具体包括起征点、免征额、税收扣除、亏损跨期结转等。

起征点（tax threshold）是政府对课税对象开始征税的数量界限。课税对象的数额未达到起征点时不征税，一旦课税对象的数额达到或超过起征点，则要就其全部数额征税，而不是仅对其超过起征点的部分征税。规定起征点主要是为了照顾收入水平较低的纳税人。

免征额（tax exemption）指的是在课税对象总额中免予征税的数额。当课税对象数额低于免征额时，不予征税；而当课税对象数额超过免征额时，仅对超过部分征税。免征额是给予全体纳税人的优惠待遇，它主要是为了照顾纳税人的最低生活需要。在各国的实践中，免征额通常采用定额扣除的方式，也可以说每个纳税人享有固定的免予征税的数额。

专栏 6-1　　中国个人所得税改革聚焦"起征点"

个人所得税"起征点"的高低，直接关系到每一个社会成员的切身利益，自然备受社会各界的关注。进入 21 世纪以来，中国先后四次对"个人所得税法"进行修订，每一次修法前后，如何对"起征点"进行调整，都是讨论的焦点。近年来，围绕着中国个人所得税"起征点"是否应上调的问题，社会上形成了泾渭分明的两大阵营。

赞同上调个人所得税"起征点"的多为工薪族。他们认为，提高个人所得税"起征点"，可以切切实实提高他们的可支配收入，也可以让工薪族花起钱来多一份底气，从而在一定程度上刺激人们的消费并最终达到促进经济增长的目的。一些人大代表和组织，也主张进一步提高个人所得税的"起征点"。2018 年的全国"两会"上，全国工商联就提案建议个人所得税的"起征点"提升至 7000 元/月。在最近一次个人所得税修法尘埃落定的情形下，全国人大代表、格力电器董事长董明珠仍在最近几年的全国"两会"上连续提出议案，她建议将个人所得税"起征点"调整至 10 000 元/月。

面对工薪阶层大幅提高个人所得税"起征点"的呼声，部分专家却持反对意见。他们认为，单纯上调"起征点"，中低工薪阶层减负并不明显，相对而言高收入阶层受益更多。专家给出的理由是：第一，中国相当一部分居民的月工薪收入没有达到"起征点"，如果继续提高个人所得税"起征点"，很多低收入群体根本享受不到实惠，政

[①] 如中国就规定按 1 个月结算纳税的，税款应在期满 7 天内缴纳，其余的均在结算期满 5 天内缴纳。

策的普惠程度远远不及以前。这样一来，提高"起征点"，高收入者受益远远大于低收入者；工资水平较高的东部地区受益大于西部地区，个人所得税调节收入差距的作用将被弱化，甚至产生逆向调节，显然与政策初衷相悖。第二，基于目前我国个人所得税纳税人群体占人口总数的比重不高的现实，提高"起征点"必将导致个人所得税纳税人锐减，并进一步弱化全社会税收意识。第三，个人所得税制的改革不能简单地局限于"起征点"的调整。如果其他制度安排不调整而只提高"起征点"，将是很坏的结果。

注：准确地说，个人所得税的减除费用标准应当被称为"免征额"，而不是"起征点"。国内各大媒体的报道以及相当一部分人大代表、政协委员和政府官员都将工薪所得减除费用标准称为"起征点"，这是一种误用。

资料来源：根据澎湃网和凤凰网相关资料编写整理。

税收扣除（tax deduction）是税法允许从应税项目中减除的部分，允许进行扣除的部分主要是因为应税项目发生了相应的费用或支出了相关的成本。与免征额是无条件适用于全体纳税人不同的是，税收扣除仅适用于符合要求的部分纳税人。税收扣除多用于对所得或财产的课税，扣除的具体额度常常因纳税人的某些特性的不同或其发生的费用或支出不同而有所不同。税收扣除一般通过直接扣除法和费用加成法来实现。在直接扣除法下，纳税人可以全部或部分扣除税法规定的项目实际发生的费用；而费用加成法也被称为"加计扣除"，它指的是允许纳税人对其某些规定费用项目的列支可以超过实际发生数，这实际上是以多计成本的方式来减轻纳税人的税收负担。在采用累进税率的情况下，税收扣除不仅可以通过减小税基的方式直接减轻纳税人的负担，而且有可能通过使纳税人降入低的适用税率档次（tax brackets）而进一步减轻纳税人的税负。

亏损跨期结转指的是允许纳税人以某一年度的亏损去冲抵特定年度的盈利。根据亏损结转的方向，跨期结转有"向前结转"和"向后结转"两种方式。向前结转（loss carry-forward）指的是纳税人以某一年度的亏损去冲抵以后年度的盈利，从而减少以后年度的应纳税额。向后结转（loss carry-backward）指的是纳税人以某一年度的亏损去冲抵以前年度的盈利，从而申请退还其以前年度的已纳税款。亏损跨期结转在各国的企业所得税制中比较常见。

2. 税率式优惠

税率式优惠（preferential tax rate）是指通过对特定的纳税人或特定的经济活动采用较正常税率低的税率征税的方式，来实现免除或减轻税收负担，它具体包括减按低税率征税和实行零税率。一些国家也基于特定的目的规定部分纳税人承担税收负担的最高限额，这实际上是一种间接的税率优惠形式。

税率式优惠适用的范围，通常视实际需要可以适当加以伸缩，而且适用期限也有长短之分，其目的在于根据不同情况，给予不同的纳税人或不同的经济活动以不同程度的税收优惠待遇，使税收负担得到公平合理的分配。

3. 税额式优惠

税额式优惠是指通过直接减少应纳税额的方式实现免除或减轻税收负担，具体包括减税、免税、税收抵免和优惠退税等形式。

减税（tax abatement）是给予纳税人少缴部分税款的待遇，它常常通过核定减征率或减半征收等来实现。免税（tax exemption）指的是在一定期间内对纳税人的某些应税项目或应税收入应当缴纳的税款给予免除纳税义务的待遇。减免税主要有法定减免税、临时减免税和特定减免税等形式。由于对基准税制下形成的税负分配有着相对较大幅度的背离，所以一个国家一般不会大规模地实行减免税，通常情况下只在特定情形下使用。

税收抵免（tax credit）指的是允许纳税人将某些特殊的支出项目，部分或全部从其应纳税额中扣除，从而减轻税收负担。常见的税收抵免主要有投资税收抵免和国外税收抵免两类。投资税收抵免允许纳税人将固定资产投资支出，按照一定的比例冲抵其当年应缴纳的所得税额，其实质是政府对纳税人投资的一种补助，目的在于鼓励私人投资，刺激经济增长。国外税收抵免指的是一国政府允许纳税人用其在非居住国或非国籍国已缴纳的税款冲抵本国的纳税义务。虽然主要目的在于避免对跨国纳税人的国际重复征税，以消除阻碍国际间资本、技术和劳务流动的障碍，但国外税收抵免的实施事实上也起到了减轻纳税人税收负担的作用。为了避免因实施税收抵免而使政府损失的税收收入出现难以控制的局面，各国通常都对抵免附加了"抵免限额"。

优惠退税（preferential tax refund）指的是政府为激励纳税人从事或扩大某种经济活动，将纳税人已经缴纳入库的税款，按照规定的程序部分或全部退还给纳税人，从而减轻纳税人的税收负担。优惠退税主要有出口退税和再投资退税两种形式。出口退税是指政府对出口产品退还在国内征收的商品税，其主要目的是鼓励出口，使出口产品以不含税的价格进入国际市场，以增强其在国际市场上的竞争力。再投资退税指的是政府为鼓励投资者将获得的利润用于再投资，而给予其退还再投资部分已纳税款的优惠待遇。

4. 递延式税收优惠

税收递延（tax deferral）指的是政府准许纳税人推迟缴纳应纳税款或分期缴纳应纳税款，从而减轻当期税负，它也常被称为"延期纳税"（deferment of tax）。尽管税收递延没有直接减少纳税人的税收负担，但对纳税人来讲无异于得到了一笔相当于延期缴纳税款额度的无息贷款，这可在一定程度上缓解纳税人的财务困境。对政府而言，税收递延所带来的只是推迟收税，其代价也就是利息损失。由于税收递延既能给纳税人带来优惠，又不至于使政府承受过重负担，因而为许多国家所采用。

加速折旧（accelerated depreciation）是一种特殊形式的税收递延。通常所说的加速折旧指的是采取特定的计提折旧的方法，如双重余额递减法和年数总和法等，使其在固定资产使用初期多提折旧，后期少提折旧。在加速折旧方法下，计提的固定资产折旧总额并未改变，但由于前期提取的折旧多，使纳税人在投资初期成本增大而减少应税所得，并由此减少了前期的应纳税额，后期提取的折旧少，后期的应纳税额就相应增加。可见，加速折旧并没有减少纳税人的总税负，它所带来的只不过是税款缴纳时间的向后推延，这相当于是政府向纳税人提供了一笔无息贷款或者说向纳税人补贴了一笔贷款利息。

在上述几种税收优惠形式中，税基式优惠的使用范围最广泛，它原则上适用于所有的生产经营活动；税率式优惠在商品和劳务税与所得税中运用较多；税额式优惠的适用范围最窄，它一般仅限于解决个别问题，往往只在特定情况下使用。

6.2.6 税务违法处理

税务违法处理是税务机关根据税法的规定对纳税人的税务违法行为（tax offences）所采取的惩罚措施，它是维护税法严肃性的重要手段，体现了税收的强制性。

纳税人的税务违法行为通常有逃税、漏税、欠税、抗税和骗税等。对纳税人不构成犯罪的税务违法行为，税务机关在追缴税款的同时往往会对纳税人处以加收滞纳金和罚款等行政处罚；而对构成犯罪的税务违法行为，除了行政处罚，还要交由司法机关追究当事人的刑事责任。

6.3 税制结构

税制结构（structure of tax system）指的是一个国家的税种制度中不同税系之间以及不同税种之间的相互配合、相互制约的组合状况，它体现了一个国家税种制度的整体布局和内部构造，反映了不同税系和不同税种在整个税收体系中的地位和作用。根据客观经济条件和社会经济发展的要求，建立合理的税制结构，是实现税收职能和相关税收政策目标的基本前提。

6.3.1 税种制度的类型

根据税种数量的多少，可以将税种制度分为单一税制（unitary tax system）和复合税制（multiple tax system）两种类型。

1. 单一税制

单一税制是指一个国家在一定时期内只以一种事物为对象设置税种所形成的制度，具体的税种数量可以是一个，也可以是税种经济性质相同的少数几个。由于所处历史时期的社会经济状况各不相同，不同国家的不同学者先后提出了单一消费税、单一土地税、单一所得税和单一资本税等多种不同的主张。[①]

1）单一消费税

单一消费税（single tax on consumption）是17世纪由以英国的霍布斯为代表的早期重商主义者率先提出的。他们认为，社会中的每个人都要消费，消费税可以反映人民从政府活动中获得的利益，也只有消费税才能使税收负担普及全体人民，并限制贵族及其他阶层的免税特权。19世纪中叶，德国学者普费菲认为，消费是纳税人纳税能力的体现，消费多者，税收负担能力就强；消费少者，税收负担能力就弱，因而对消费品课税最能体现税收公平原则。

[①] 小川乡太郎. 租税总论[M]. 萨孟武, 译. 北京：商务印书馆, 1934: 405-409.

2）单一土地税

单一土地税（single tax on land）最早是 18 世纪由以法国的布阿吉尔贝尔为代表的重农学派提出的。重农学派认为，土地是财富的唯一源泉，只有土地才能生产剩余产品，形成土地所有者的纯收益，也只有课于地租的税才不能转嫁，其他税收的负担最终都要归宿到地租身上，因而只有地租税才有存在的必要，其他各税均应废除。

美国的亨利·乔治（Henry George）是近代主张单一土地税的代表人物，他提出的"单一地价税"理论认为，土地私有制是造成贫困的根源，要消除贫困，就要废除土地私有制，但废除土地私有制困难很大，对土地价格征收地价税，将地租通过征税的形式收归社会，就可以起到将土地变为社会所有的作用。

3）单一所得税

单一所得税（single tax on income）最早是 19 世纪由法国的波丹提出的。他认为，所得税只是对少数富有者征收，最为公平合理，所得税富有弹性，能满足政府的财政需要，而且实行累进税率的所得税，还可以平衡社会财富。

4）单一资本税

单一资本税（single tax on capital）最早是由法国的计拉丹（Girardin）等人提出的。这里所说的资本，指的是不产生收益的财产。计拉丹等学者主张课税的标准是资本的价值，因为对资本课税既可以促使资本投资于生产，也能刺激资本的形成。

就理论上讲，单一税制的优点在于课征方法简单，征收费用少，税收负担相对较轻，而且对经济运行的扭曲也比较小。然而，由于课税对象单一，任何一个单一的税种都无法保证政府取得充裕、稳定和可靠的财政收入，而且容易导致税源枯竭，并扭曲资源的配置，从而阻碍经济的发展；此外，任何单一税制都不可能覆盖全部或大部分的人和物，不满足普遍课税的原则，无法实现税收负担的公平分配，也不利于税收发挥其对社会经济的调节作用。正因为这样，在历史上从未有任何一个国家全面实行过单一税制，它不过是纯理论上的设想。但不可否认的是，单一税制理论中所包含的简化税制、降低税率、扩大税基、减少对资源配置的扭曲以及对越来越复杂的累进税制进行适当地矫正等思想，即使对现代各国税收制度的建设与改革来说仍具有相当积极的作用。

专栏 6-2　　曾经颇受青睐的"单一税"逐渐遇冷

1981 年，美国胡佛研究所的罗伯特·E. 霍尔（Robert·E. Hall）和阿尔文·拉布什卡（Alvin Rabushka）针对美国税收制度过于复杂、遵从成本过高的状况以及销售税对低收入人群税负相对过高等问题，提出了所有的人都只缴纳一种税、适用一个税率的主张。这一构想实际上是一种现代的单一税（flat tax），它具有单一税率、消费税基和税收中性等基本特征。现代单一税的提出，在很大程度上是对累进税制的一种否定，也是对税收调节收入分配公平功能的否定。

虽然单一税制并未在任何一个国家全面实施过，但在一段时期内单一税却得到不少国家的青睐。对世界税制改革产生了重要影响的美国 1986 年税制改革，就实现了单一税理论所提出的降低最高税率的核心目标。现代单一税于1994年1月在爱沙尼亚正式付诸实施,实行单一税不久,爱沙尼亚就克服了苏联解体所产生的严重财政危机,经济增长率达到了7%的水平,其经济改革也被公认是原苏联各加盟共和国中最成功的一个。随后拉脱维亚、俄罗斯、格鲁吉亚、塞尔维亚、斯洛伐克、罗马尼亚、马其顿、吉尔吉斯斯坦和保加利亚等中东欧国家也先后跟进。据不完全统计,约有40多个国家和地区先后实施了单一税。

从2010年开始,部分实行单一税的国家(地区),如冰岛(2010年)、捷克(2013年)、拉脱维亚(2018年)、俄罗斯(2021年)等,却陆续放弃单一税制(见表6-6),但这些国家(地区)并未恢复传统的累进税制,大多数国家(地区)在原有基础上额外引入更高的边际税率,少数国家(地区)引进更低的边际税率,形成有一定累进性的税率结构,但级次比较少,基本保持在两级左右,而且最高边际税率稍有提升。曾经颇受青睐的"单一税"逐渐遇冷的现象,值得我们深入反思。

表6-6 部分国家/地区引入和退出单一税率时间

国家/地区	引入时间	退出时间	国家/地区	引入时间	退出时间
爱沙尼亚	1994	—	冰岛	2007	2010
立陶宛	1994	2019	毛里求斯	2007	2019
拉脱维亚	1995	2018	保加利亚	2008	—
俄罗斯	2001	2021	阿尔巴尼亚	2008	2014
塞尔维亚	2003	2010	捷克	2008	2013
乌克兰	2004	—	吉尔吉斯斯坦	2009	—
斯洛伐克	2004	2013	白俄罗斯	2009	—
格鲁吉亚	2005	—	波黑	2009	—
罗马尼亚	2005	—	马达加斯加	2009	2021
土库曼斯坦	2005	—	匈牙利	2011	—
哈萨克斯坦	2007	—	乌兹别克斯坦	2020	—
马其顿	2007	2019	塔吉克斯坦	2020	—
蒙古	2007	—	摩尔多瓦	2020	—
黑山	2007	2013	亚美尼亚	2020	—

资料来源:根据霍尔,拉布什卡. 单一税[M]. 北京:中国财政经济出版社,2003:II~X;彭海艳,伍晓榕. "单一税"是世界性个人所得税改革的蓝图吗?[J]. 税收经济研究,2022(1):28-38 和朱为群,陶瑞翠. 当代世界各国单一税改革的特征分析[J]. 审计与经济研究,2016(3):92-99 等编写整理。

2. 复合税制

复合税制是指一个国家在一定时期内以多种事物为课税对象设置税种所形成的制度,它表现为经济性质不同的多个税种的同时存在。当今世界各国普遍实行复合税制。之所以如此,主要是因为复合税制在取得财政收入和调节社会经济运行等方面具有单一税制无法实现的优越性。

1)复合税制可以确保政府取得充足的税收收入

复合税制下开征的税种数量多、课税面宽、覆盖面广,不论是社会再生产的哪一个环节或者是国民收入分配中的哪一个层次，凡是在社会经济运行中存在的事物或发生的事实，均可成为课税对象；凡是与课税对象相关的人，无论是自然人还是法人，也无论是本国人还是外国人，都负有纳税义务。在这种情况下，复合税制能够确保政府及时地取得充足的税收收入，以满足社会公共需要；与此同时，复合税制也使得政府的税收收入具有一定的弹性，可以适应社会经济形势的变化。

2）复合税制能保证税收负担的相对公平分配

在复合税制下，课税对象与纳税人分布广泛，可以使税收负担分配到社会经济生活的各个领域中去，不会出现税负畸重畸轻的现象，有利于社会经济的均衡发展。复合税制中的各个税种还存在相互配合、相互补充的关系，在主要按照支付能力原则分配税收负担的同时，还辅之以按照受益原则来分配税收负担，能够确保税收负担的分配基本做到相对公平合理，这有利于保持经济的正常运行和社会的稳定。

3）复合税制可以使税收在多个方面对社会经济运行进行调节

不同性质税种的课税对象存在着较大差异，从而决定了不同税种对社会经济运行的影响也是不同的。复合税制中既包括所得税和商品税，也包括财产税和其他税种，这使得复合税制能兼容各个税种对社会经济不同的调控作用，可以对社会经济生活的方方面面进行调节，有利于社会经济持续稳定地发展。

3. 税制结构的模式

税制结构是复合税制中的一个关键性问题，这是因为在由多税系、多税种共同构成的复合税制中必然涉及不同税系以及各税系内部各个税种之间的协调与配合。要建立合理的税制结构，就必须按照税收效率原则和税收公平原则的要求，解决好主体税种的选择和辅助税种的配置。在现代社会经济条件下，按照税收原则的要求来配置税种，并不意味开征的所有税种都同时符合税收原则的要求，而是要使各个税种之间相互协调、相互补充，尽量避免相互间可能产生的冲突，从而形成一个能在总体布局上体现税收原则要求的税收体系。

在实践中，往往会有一个或几个税种成为政府筹集财政收入和调节社会经济运行的主体税种。依照主体税种数量的不同，可将复合税制分为单主体税种、双主体税种和多主体税种等三种模式。

1）单主体税种模式

单主体税种的复合税制是在多个税种并存的情况下，以某一个税种为主体税种的制度。在不同的经济发展阶段，曾有过不同的税种发挥着主导作用，并因此形成了不同的单一主体税制模式。在小农经济条件下，土地税一直是占主导地位的税种；市场经济形成后相当长一段时期内，实行的是以商品税为主体税种的税收制度；而在市场经济高度发达的国家，实行的是以所得税为主体税种的税收制度。

2）双主体和多主体税种模式

双主体税种的复合税制是在多个税种并存的情况下，以两个税种为主体税种的税收制度。多主体税种的复合税制则是指以三个或三个以上的税种为主体税种的税收制度。在现代税收实践中，绝大部分国家的税收体系采用的都是单主体税种模式，双主体税种或多主体税种的税制模式并不多见。

6.3.2 税制结构的演变

在税收发展史中,各国的税制结构都发生了较大的变化。经济发达国家的税收制度较为完善,也具有典型性,所以下面着重分析经济发达国家税制结构的变化。

1. 不同税系间的变化

从直接税和间接税的相对关系来看,经济发达国家的税制结构经历了从"以原始直接税为主体的税制结构——以间接税为主体的税制结构——以现代直接税为主体的税制结构"的演变过程。

1)以原始直接税为主体的税制结构

在漫长的奴隶社会和封建社会,各国的税制结构基本都是以土地税和人头税等原始的直接税作为主体税种。这一时期,各国的经济结构均以自给自足的农业经济为主导,生产力水平和经济发展程度都十分低下,即使有少量的手工业和商品交换,也附属于农业经济。在以土地为中心的农业经济背景下,政府要想大量课征商品税和所得税是不现实的。为了取得足够的财政收入,各国只得对土地和人身等大量存在且极易捕捉的课税对象征税,即按土地面积课征土地税和按人口课征人头税。马克思所说的"直接税,作为一种最简单的征税形式,同时也是一种最原始最古老的形式,是以土地私有制为基础的那个社会制度的时代产物"①,就正好揭示了这一点。

2)以间接税为主体的税制结构

进入资本主义社会后,生产结构发生了较大的变化,工业生产逐渐发展起来,工业生产的兴起为商业的繁荣创造了条件,整个社会生产也步入工农经济时代。与此同时,自由职业随之出现,社会纯收益的分配比较分散,而商品的流转环节大量增加,税源相对集中,这时对商品及其交易等课征间接税就能保证财政收入。正是在商品生产和流通的规模不断扩大的过程中,以商品流转额为课税对象的关税和国内商品税等间接税,逐渐取代原始的直接税,成为各国税收制度的主体。

在以间接税为主体税种的税制结构中,不仅容易产生重复课税、加重生产者的税收负担,而且有损市场配置资源的效率,从而阻碍了经济的发展。随着工业化进程的加快,生产力得到快速提升,社会剩余产品大量增加,再加上资本急剧集中,收入分配差距越来越大。正是在这样一种情况下,许多国家开始发展和完善所得税和现代财产税制度。随着经济发展水平的进一步提高和市场化进程的加快,经济发达国家工商业得到了更快的发展,这提供了日益丰富的直接税税源,也为以直接税为主体的税制结构的建立奠定了必要的物质基础。在此过程中,经济发达国家长期实行的以关税、消费税等间接税为主体税种的税制结构,也就逐渐被以所得税、财产税等直接税为主体税种的税制结构所取代。

3)以现代直接税为主体的税制结构

图 6-3 显示了 1934—2023 年直接税与间接税在美国联邦政府税收收入中所占比重的变化趋势。1935 年,所得税等直接税在美国联邦政府税收收入中所占比重仅为

---

① 马克思,恩格斯. 马克思恩格斯全集: 第 8 卷[M]. 北京: 人民出版社, 1965: 543.

30.1%，而商品税等间接税所占比重高达 69.9%。此后，直接税在美国联邦政府税收收入中所占的份额迅速提升，1940 年前后就已经超过了间接税收入所占的份额，到 2023 年这一比重已经达到 94.8%，而间接税却只占 5.2%。类似的变化，也在许多经济发达国家出现。

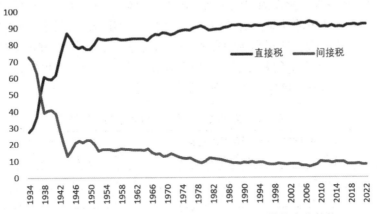

图 6-3　美国联邦政府直接税与间接税相对规模的变化趋势

资料来源：根据美国政府网（White House）相关资料整理。

经济发达国家税制结构的这一转变，实际上与第二次世界大战后经济发达国家普遍奉行"福利国家"的社会经济政策有着直接的关联。"福利国家"非常注重社会公平的实现，具体体现为通过个人所得税和社会保障制度等手段来对国民收入进行大规模的再分配，于是税制结构也就逐步转变为以个人所得税和社会保障税等直接税为主体。

以直接税为主体税种的税制结构，固然有利于社会公平，但较高的所得税和社会保障税却严重抑制了纳税人工作、储蓄、投资和风险承担的积极性，其结果是助长了"地下经济"的发展、阻碍了资本积累和技术进步，而这些无疑都损害了经济效率。第二次世界大战后经济快速发展的黄金时代结束后，长时间的经济不景气迫使经济发达国家不得不调整自己的经济政策和税收政策，纷纷把税收政策的首要目标重新转向经济效率，从过去注重财富的公平分配变为注重财富的创造。这一变化在税制结构上的体现就是，许多经济发达国家都对以直接税为主体的税制结构进行了一些调整，建立了以增值税为代表的新型间接税制，间接税在税制结构中的地位和作用有所加强；与此同时，包括所得税等税种在内的直接税所占的比重也有所降低。

2. 同一税系内部的变化

经济发达国家税制结构的变化，不仅体现在不同税系之间相对关系发生了变化，而且还表现为同一税系内部不同税种之间的相对关系也发生了较大的变化。

1) 直接税系的内部变化

在直接税内部，不同税种间相对关系的变化，首先体现为公司所得税的相对地位不断下降，而个人所得税的重要性却持续上升。表 6-7 反映了 1935—2023 年美国联邦政府税收收入中个人所得税和公司所得税各自所占比重的变化。20 世纪 40 年代，公司所得税还是美国一个相当重要的税种，其收入在联邦政府税收收入中所占比重的非加权平均值为 26.8%，其中 1943 年还曾达到 39.8%的最高点。此后，公司所得税的相对重要性一直在下降，到 20 世纪 80 年代，公司所得税在联邦税收收入中所占比重的非加权平均值仅为 9.3%，其中 1983 年只有 6.2%。在随后的二十多年里，公司所得税所占的比重虽然在有的年份有所回升，但幅度不大，到 2006 年也只有 14.7%。然而，2018 年公司所得税收入所占的比重再次下降到 6.1%。1935 年，个人所得税在美国联邦政府税收收入中所占的比重只有 14.6%，但到 20 世纪 40 年代个人所得税在联邦税收收入中所占的比重就已经提高到 33.7%，此后又进一步上升到 46%左右，并一直稳定下来。2022 年，个人所得税在联邦政府税收收入中所占的比重提升到 53.7%的历史最高水平。不少经济发达国家，也出现了类似的变化。

表 6-7　美国联邦政府税收收入中的所得税　　　　　　　　　　　单位：%

财政年度	个人所得税/联邦税收收入	公司所得税/联邦税收收入	财政年度	个人所得税/联邦税收收入	公司所得税/联邦税收收入
1935	14.6	14.7	2015	47.4	10.6
1940	13.6	18.3	2016	47.3	9.2
1950	39.9	26.5	2017	47.9	9.0
1960	44.0	23.2	2018	50.6	6.1
1970	46.9	17.0	2019	49.6	6.6
1980	47.2	12.5	2020	47.0	6.2
1990	45.2	9.1	2021	50.5	9.2
2000	49.6	10.2	2022	53.7	8.7
2005	43.1	12.9	2023	49.0	9.4
2010	41.5	8.9			

资料来源：根据美国政府网（White House）相关资料整理。

在直接税内部，不同税种间相对关系的变化，还体现为社会保障税在规模上的迅速扩大。社会保障税的历史比个人所得税和公司所得税都要短，多数经济发达国家都是在 20 世纪三四十年代之后才普遍开征社会保障税。在开征的最初二十多年里，社会保障税收入在税收总收入中所占的比重一般都只有 10%左右。但从 20 世纪 70 年代开始，为了缓和日益尖锐的社会矛盾，并减轻企业的社会负担，经济发达国家不断扩大社会保障制度的实施范围，同时也大大提高了社会保障税的税率。从此，社会保障税的收入规模迅速扩张。20 世纪 80 年代以来，社会保障税的规模在法国、德国和西班牙等经济发达国家已经超过了个人所得税，成为收入规模最大的税种。在经济发达国家中，美国的社会保障制度不是最完善和最复杂的，但其社会保障税的收入规模也呈现出同样的变化趋势。1935 年，社会保障税收入在美国联邦政府税收收入中所占的比重仅为 0.9%，1950 年上升为 11%，而到 1968 年提高到 22.2%，规模首次超过公司所得税，成为美国联邦政府仅次于个人所得税的第二大收入来源（见表 6-8）。此后 40 年间，社会保障税的规模持续上升，到 2009 年社会保障税在美国联邦政府税收收入中所占的比重提高到 42.3%；随后十多年间，除个别年份外，社会保障税的收入规模一直呈下降趋势，2022 年仅为 30.3%。然而，2023 年美国社会保障税在联邦政府税收收入中所占的比重又回复到 36.4%。

表6-8 美国联邦政府税收收入中的社会保障税   单位：%

财政年度	社会保障税/联邦税收收入	财政年度	社会保障税/联邦税收收入	财政年度	社会保障税/联邦税收收入
1935	0.9	1980	30.5	2017	35.0
1940	27.3	1985	36.1	2018	35.2
1945	7.6	1990	36.8	2019	35.9
1950	11.0	1995	35.8	2020	38.3
1955	12.0	2000	32.2	2021	32.5
1960	15.9	2005	36.9	2022	30.3
1965	19.0	2010	40.0	2023	36.4
1970	23.0	2015	32.8		
1975	30.3	2016	34.1		

资料来源：根据美国政府网（White House）相关资料整理。

2）间接税系的内部变化

在间接税内部，不同税种之间的相对关系也发生了一些改变。最初，关税是最主要的间接税税种，关税收入是各国重要的税收收入来源。美国从1789年建立联邦体制到"南北战争"爆发前，关税的平均税率高达24%左右，关税的收入是其他财政收入的5～10倍。但是过高的关税严重妨碍了国际自由贸易，所以随着各国经济交往的日益增多，关税的主体地位逐步被国内商品税所取代。从1861年到第一次世界大战爆发前，由于联邦政府提高了国内消费税税率、扩大了其课税范围，美国国内消费税收入首次超过了关税收入，成为间接税中的主体税种。[①]20世纪50年代以后，随着增值税的兴起，多数经济发达国家先后引入了增值税。由于增值税能够消除全值流转税所不可避免的重复征税等弊端，因而增值税在许多国家也取代了全值流转税成为最重要的间接税。

表6-9显示了主要经济发达国家2022财政年度的税制结构。经济发达国家的税制结构都以个人所得税和社会保障税为主体税种，但不同国家个人所得税和社会保障税的规模又有很大不同，如英国、美国和加拿大等盎格鲁-撒克逊国家个人所得税的收入规模大于社会保障税，而德国、法国和意大利等欧洲大陆国家社会保障税的收入规模却超过了个人所得税。在所得税内部，经济发达国家的个人所得税规模普遍大于企业所得税的规模，除法国和日本外，主要经济发达国家个人所得税占税收总收入的比重都比企业所得税占税收总收入的比重高二十个百分点或以上。尽管经济发达国家的税制结构不以商品税为主体，但大部分经济发达国家商品税的仍有一定的规模，如英国2022财政年度商品税收入占全部税收收入的比重高达31%，德国、法国和意大利等开征增值税的欧洲国家的商品税也有不小的规模，唯有不课征增值税的美国，其商品税收入占税收总收入的比重只有英国的一半（见表6-9）。经济发达国家财产税的收入规模都不大，但英国、美国和加拿大等盎格鲁-撒克逊国家财产税的收入规模明显比其他经济发达国家高不少。

[①] 张馨, 等. 当代财政与财政学主流[M]. 大连：东北财经大学出版社，2000：176.

表 6-9　主要经济发达国家的税制结构（2022 财政年度）　　　　　　　单位：%

国　　家	对个人的所得、利润和资本利得课税	对公司的所得、利润和资本利得课税	社会保障税	财产税	对商品和劳务的课税	其他税
美国	45	7	22	11	16	0
英国	29	9	20	11	31	0
德国	27	6	37	3	27	0
法国	22	6	33	8	27	5
日本	19	13	39	8	21	0
加拿大	37	13	14	11	22	4
意大利	26	7	31	6	28	4
OECD 平均	24	12	25	5	32	3

注：日本为 2021 财政年度的数据。
资料来源：根据 Tax Foundation.网站相关数据整理。

6.3.3　税制结构的现实选择

由于历史进程和发展阶段的差异，各国税收制度的主体税种是各不相同的。根据主体税种性质上的差异，可以将各国实行的税制结构大体上分为以商品税为主体的税制结构和以所得税为主体的税制结构两种类型。[①] 就目前的情况来看，经济发达国家多采用以所得税为主体税种的税制结构，而发展中国家的税制结构则多以商品税为主体税种。之所以如此，主要是因为不同的税系和税种有着不同的特点和作用，适应了不同的社会、经济和财政情况的要求。

1. 税制结构的影响因素

影响一个国家税制结构的因素，主要有经济发展水平、政府政策目标、税收征管和历史文化因素等几个方面。

1）经济发展水平

经济发展水平决定了一个国家国民经济的生产结构和分配结构，直接制约着税收收入的规模，制约着税种的选择和组合、税目的确定和税率的设置，并最终对一个国家税制结构的选择起决定性的作用。

经济发达国家经济发展水平高，人均国民收入处于较高的水平上，从而使个人所得税的征收具有丰富的税源。较高的经济发展水平也常常伴随着较高的经济货币化、城市化和公司化程度。在货币化程度较高的经济中，个人所得主要表现为货币所得，有利于所得税的准确计算及提高个人所得税的公平性。人口集中于城市且大部分人在公司工作，有利于对个人收入水平进行核查，也便于采用源泉扣缴的方法来征收所得税。这些都为大规模地征收所得税创造了便利的条件。

发展中国家经济发展水平相对较低，人均国民收入也不高，使得个人所得税的税源较为有限；此外，发展中国家经济的商品化、货币化和社会化程度也相对低许多，

[①] 部分国家的税制结构较为特殊，中东石油国家的税收收入严重依赖石油税，也有一些国家采用的是"避税港"税制模式。

存在大量自给自足、分散经营的实物经济，所得不完全表现为货币所得，因而个人所得税的偷逃现象相当严重，而且所得税也很难做到普遍征收和量能负担，这些使得发展中国家如若依靠所得税将无法取得足够的财政收入。正因为如此，所以发展中国家一般选择税基广、可以较好地保证政府财政收入稳定性的商品税作为主体税种。各国的税收实践也表明，随着人均国民生产总值的提高，所得税在全部税收收入中所占的比重会逐渐上升，而商品税的份额则同步下降。

2）政府政策目标

政府在进行税制结构设计时，往往不得不在公平与效率这两个既对立又统一的目标之间进行权衡，并做出选择。对于经济发达国家而言，发展经济的任务已经基本完成，但收入分配不公等问题显得十分突出。为了缓和社会矛盾、保持社会稳定，经济发达国家在效率与公平之间更加关注公平问题，纷纷推行以收入公平分配为目标的社会政策，通过采用具有"自动稳定器"作用的累进所得税和广泛征收的社会保障税来实现收入再分配，以达到缩小贫富差距和稳定经济运行的效果。

与经济发达国家不同的是，发展中国家面临着迅速发展本国经济的任务，因而其税收政策在效率与公平之间往往更侧重于促进经济增长的效率目标，以商品税为主体税种的税制结构，可以避免征收所得税对储蓄和投资造成的负面效应，有利于实现经济效率目标，这也是发展中国家采用商品税为主体税种的税制结构的重要原因之一。

3）税收征管

相比较而言，商品税对税收征管水平的要求比所得税低许多。[①]经济发达国家普遍建立了完善的税收征管体制，信息化的征管系统和现代化的税收征管手段已广泛应用于纳税申报、所得税的年终汇算清缴、税务审计、税收法规和资料的存储检索以及税务咨询服务等工作，税收征管中也有健全的监督制约机制，而且税务人员素质较高，这些与所得税的有效征管完全吻合，因而经济发达国家的所得税大体上做到了应收尽收，偷逃税款的现象不是很严重。

发展中国家的税收管理水平较低，税收征管手段和技术较为落后，加上经济货币化、城市化和公司化程度低，收入难以控制的农业就业人口和城市非正式就业人口所占比重较大，客观上也使得所得税的有效征管面临较大的困难，从而导致发展中国家所得税偷逃现象十分严重，所以建立以所得税为主体税种的税制结构的可能性较小。此外，商品税一般采用从价定率或从量定额征收，比采用累进税率征收的个人所得税对征管水平的要求要低许多。所有这些共同决定了发展中国家更多地选择商品税作为取得财政收入的主要渠道。

4）历史文化因素

历史文化因素在主体税种的形成过程中也发挥了一定的作用，这主要是因为具有历史连续性的文化观念、思维习惯往往左右着人们的纳税意识。大多数发展中国家法治观念淡薄，社会成员的纳税意识不强，在一定程度上导致税制结构只能停留在以间接税为主体税种的水平上；而经济发达国家社会成员良好的纳税意识，为税制结构从

[①] 不能对"商品税对税收征管水平的要求相对较低"的观点作过于绝对的理解。实际上，规范意义上的增值税对税收征管水平的要求也比较高。

以间接税为主体税种平稳过渡到以直接税为主体税种提供了坚实的文化基础。

2. 中国1994年后的税制结构[①]

1994年，中国按照建立市场经济体制的要求进行了改革开放以来规模最大的一次税制改革，搭建起了现行税收体系的主体框架；2004年前后，中国启动了"新一轮税制改革"；在经过一系列的调整之后，中国的税收制度改革仍未完全到位。1994年以来的历次税制改革，决定了中国现行税制结构的基本态势，也折射出其在未来一段时间内的发展趋势。

中国1994年的税制改革建立起以商品税为主体税种的税制结构，当年增值税收入在全部税收收入中占45%，再加上消费税、营业税和关税，商品税收入占全部税收收入的比重高达72.9%；而企业所得税和个人所得税收入占全部税收收入的比重仅为15.2%。

进入21世纪后，由于增值税转型和"营改增"等一系列改革措施的推行，商品税和所得税的相对地位发生了一些变化。在全面实施增值税转型改革的2009年，商品税在全部税收收入中所占的比重降到60%以下；而就在全面实行"营改增"的当年，商品税税种的收入在全部税收收入中所占的比重已经降到50%以下。这一时期，尤其是2001年所得税分享改革以后，企业所得税和个人所得税的绝对和相对规模都在快速上升，2001年企业所得税和个人所得税收入占全部税收收入的比重已经达到23.7%，到2008年则上升为27.5%，2017年突破的30%的关口，到2022年更是达到35.2%。在所得税内部，企业所得税占据重要位置，其规模要远大于个人所得税的规模，1994年企业所得税占税收总收入的比重比个人所得税占税收总收入的比重高12.4%，而到2022年两者之间的差已经拉大到17.2%（见表6-10），这与经济发达国家以个人所得税为主体的所得税制完全不同。

表6-10 1994年后中国的税制结构　　　　　　　　　　单位：%

年份	增值税/税收收入	营业税/税收收入	消费税/税收收入	关税/税收收入	企业所得税/税收收入	个人所得税/税收收入
1994	45.0	13.1	9.5	5.3	13.8	1.4
1995	43.1	14.3	9.0	4.8	14.5	2.2
1998	39.2	17.0	6.8	3.4	10.0	3.7
2000	36.2	14.9	6.8	6.0	7.9	5.2
2003	36.2	14.2	5.9	4.6	14.6	7.1
2005	37.5	14.7	5.7	3.7	16.6	7.3
2008	33.2	14.1	4.7	3.3	20.6	6.9
2010	28.8	15.2	8.3	2.8	17.5	6.6
2012	26.3	15.7	7.8	2.8	19.5	5.8
2015	24.9	15.5	8.4	2.0	21.7	6.9
2016	31.2	8.8	7.8	2.0	22.1	7.7
2017	39.1	—	7.1	2.1	22.3	8.3
2018	39.3	—	6.8	1.8	22.6	8.9

[①] 中国1978—1993年间的税收制度带有较强的体制过渡色彩，不具有稳定性和代表性，所以不作具体分析。

续表

年　份	增值税/税收收入	营业税/税收收入	消费税/税收收入	关税/税收收入	企业所得税/税收收入	个人所得税/税收收入
2019	39.5	—	8.0	1.8	23.6	6.6
2020	36.8	—	7.8	1.7	23.6	7.5
2021	36.8	—	8.0	1.6	24.3	8.1
2022	29.2	—	10.0	1.7	26.2	9.0
2023	38.3	—	8.9	1.4	22.7	8.2

注：1. 增值税和消费税收入中不包括进口环节征收的增值税和消费税。
　　2. 2001 年以前，中国企业所得税中只包括国有及集体企业所得税；从 2001 年起，企业所得税还包括除国有企业和集体企业外的其他所有制企业所得税；2008 年后，企业所得税又将外商投资企业和外国企业所得税纳入，前后年份的数据不可比。
　　3. "营改增"试点及全面推行后，前后年份增值税和营业税的规模不具有完全的可比性。
资料来源：《中国统计年鉴》。

随着社会经济的发展，消费税、财产税和其他税种改革的推进以及政府间税收收入划分的调整，必然会对中国未来一段时期的税制结构产生或大或小的影响，但并不会导致整个税制结构在短时期内发生根本性的改变。总体来看，中国现阶段和将来相当长一段时间里实行的仍然是以商品税为主、其他税种为辅的税制结构，具有典型的发展中国家的特征。

拓展阅读 6-2
双主体税种：中国税制结构改革的目标模式？

重要概念

　　直接税　间接税　对人税　对物税　从价税　从量税　价内税　价外税　实物税　劳役税　货币税　中央税　地方税　中央地方共享税　一般税　特别目的税　主体税种　辅助税种　经常税　临时税　纳税人　课税对象　税率　累进税率　超额累进税率　全额累进税率　超率累进税率　全率累进税率　比例税率　定额税率　名义税率　实际税率　平均税率　边际税率　纳税环节　纳税地点　纳税期限　税收优惠　起征点　免征额　税收扣除　税收抵免　优惠退税　税收递延　税务违章处理　单一税制　复合税制　税制结构

复习思考题

1. 结合国民经济循环流程图，分析市场经济条件下的税种设置。
2. 简述主要的税种分类。
3. 比例税率、累进税率和定额税率在财政、效率和公平等方面有什么异同？
4. 为什么各国的累进税制普遍采用超额累进税率形式？
5. 简述实行复合税制的必然性。
6. 经济发达国家税制结构的变化呈现出什么规律性？

7. 为什么经济发达国家主要采用以所得税为主体税种的税制结构，而发展中国家却主要采用以商品税为主体税种的税制结构？

课堂讨论

2013 年，党的十八届三中全会通过的《中共中央关于全面深化改革若干重大问题的决定》提出，"深化税收制度改革，……，逐步提高直接税比重"。2020 年，《中共中央国务院关于新时代加快完善社会主义市场经济体制的意见》再次强调要"深化税收制度改革，完善直接税制度并逐步提高其比重"。2022 年，党的二十大报告中提出，要"优化税制结构"。2024 年，中共二十届三中全会通过的《中共中央关于进一步全面深化改革、推进中国式现代化的决定》强调，"健全有利于高质量发展、社会公平、市场统一的税收制度，优化税制结构"。请根据这些政策部署，结合所给案例材料，就中国如何提高直接税的比重来优化税制结构进行课堂讨论。

案例材料　　中国如何提高直接税的比重？

直接税表现为政府直接从人们口袋中掏钱，而间接税的税负具有较强的隐蔽性。与间接税相比较，直接税更为纳税人所排斥。由于直接税更加不易为纳税人所接受，因而对中国来说，将以间接税为主的税制结构改为以直接税为主，具有很大的挑战性。

中国要提高直接税比重，改革的路径选择十分重要。至少有三条不同的路径可供选择：第一，保持目前间接税现状基本不变，而大力增加个人所得税和财产税等直接税，其中的重点是在全国范围内普遍开征房产税；第二，一方面对间接税实行减税，另一方面对直接税实行加税。也就是说，降低增值税、消费税和关税等税种的税率，或减免小微企业的商品税，与此同时，提高个人所得税的税率、改革房产税并开征遗产税；第三，保持直接税的现状基本不变，而逐渐降低间接税的规模。

资料来源：根据新浪网和搜狐网相关资料编写整理。

参考文献与延伸阅读资料

1. 杨斌. 比较税收制度[M]. 福州：福建人民出版社，1993.
2. 瑟仁伊. 比较税法[M]. 北京：北京大学出版社，2006.
3. MUSGRAVE R A, MUSGRAVE P B. Public Finance in Theory and Practice[M]. New York: McGraw-Hill College, 1989.
4. ALBI E, MARTINEZ-VAZQUEZ J. The Elgar Guide to Tax Systems[M]. Northampton: Edward Elgar Pub, 2011.
5. ROSEN H, GAYER T. Public Finance[M]. New York: McGraw-Hill Education, 2013.

 网络资源

www.ibfd.org
国际财政文献局（International Bureau of Fiscal Documentation）网站
http://www.internationaltaxreview.com
国际税收评论（International Tax Review）杂志网站

第 7 章 商 品 税

学习目标

- 掌握商品税的特点；
- 掌握商品税的主要分类；
- 掌握增值税的运作机理及其相对优势；
- 掌握消费税的基本原理及其特征；
- 了解关税的课征制度。

商品税由来已久，早在周代，中国就已经有了"关市之征"。18 世纪工业革命后，伴随着国内贸易和国际贸易的迅速发展，各国商品税体系日趋完臻，商品税收入在税收总额中所占的比重逐步提升，并成为大多数国家的主体税种。20 世纪中期以后，经济发达国家商品税的相对规模有较大幅度的下降，但在大多数发展中国家，商品税仍居主导地位。

7.1 商品税概述

商品税是对商品的生产、流通、消费以及劳务的提供课征的各税种的统称，它也常被称为"货物与劳务税"（goods and services tax，GST）。由于商品税是以货物与劳务的流转额为计税依据，所以它在中国过去较长一段时间也被称为"流转税"。现代社会，各国普遍开征的商品税主要有增值税、消费税和关税等。

7.1.1 商品税的特点

商品税以购买商品和劳务的国民收入流量为税源，与其他课税体系相比较，它具有直接作用于市场活动、税收负担累退、收入稳定和征管便利等方面的特点。[①]

1. 商品税能够直接作用于市场活动

首先，在生产环节课征的商品税常常会引起商品和劳务价格的上涨。商品和劳务价格的上涨，一般都会导致销售数量的下降，进而减少商品和劳务的供给。家庭或居民的收入主要用于消费和储蓄两个方面。征收商品税或提高商品税的税率引起的物价

---

① 商品税有价内课征和价外课征两种形式。对以价内税形式课征的商品税来说，还具有税收负担隐蔽、课征阻力相对较小的特点。

上涨，往往会促使人们减少消费，从而在一定程度上起到鼓励储蓄的作用。其次，商品税税率的调整余地较大，可以引导资源存量的转移和资源增量的投向，调节产业结构。商品税差别税率的运用，会直接影响商品和劳务的供需对比状况，有目的地鼓励或限制某些特定的行为，使资源得到有效利用，促进或阻碍政府的产业政策目标和其他目标的实现；此外，商品税纳税环节的确定以及税收的减免等，也会影响到资源配置。

2. 商品税在税收负担上具有累退性

商品税通常对生活必需品课以较低的税率，而对高档消费品或奢侈品适用较高的税率。在这样一种制度安排下，主要消费生活必需品的中低收入者承担的商品税税收负担就不太重，而只有具有一定负担能力的人才会购买高档消费品，这样商品税就能在一定程度上使高收入者多负担税收。尽管如此，但从总体上看商品税在税收负担上仍具有累退性。

商品税税收负担上的累退性具体体现在：第一，对商品课税，从直观上看，消费数量多，则承担的税收负担就重一些；消费数量少，则承担的税收负担也就轻一些。但是，个人的基本消费总是有限度的，个人消费品数量的多寡与个人收入并不完全成正比例关系。由于边际消费倾向递减，所以随着个人收入的增加，个人消费支出占其收入的比重必然下降。越是富有的阶层，消费支出占其收入的比例越小；越是贫困的阶层，消费支出占其收入的比例越大。同样税率的商品税，穷人要用自己较多份额的收入去承担税负，而富人只需用其收入的较少份额就足以应对商品税的课征。从这个意义上说，穷人承受的税收负担相对更重一些。第二，由于不同商品的需求弹性各不相同，征收商品税引起的价格上涨往往是生活必需品最快、日用品次之、奢侈品最慢。而商品税的课征范围又偏重于生活资料，因此商品税的税收负担总是更多地落到低收入者的身上。第三，任何国家的富裕阶层总是少数，相对贫穷的阶层总是多数。不管是富裕阶层还是贫困阶层，都要消费商品和服务，并承担一定的商品税。就总体而言，商品税的税收负担主要由居多数的贫困阶层承担。

3. 商品税能够取得较为稳定的财政收入

商品税是针对商品和劳务交易行为进行的课征，其课税范围大、税基宽广、税源普遍，只要有人类存在，对商品和劳务的消费就不会停止，就会有商品和劳务交易行为的发生，就能使政府持续不断地获得商品税收入，而且商品税收入会随经济的增长而增长，基本不受或较少受纳税人经营状况的影响。商品税能保证政府及时、稳定地获得财政收入，是众多发展中国家选择商品税作为主体税种的一个重要原因。

4. 商品税的征收管理相对简便

许多国家都在生产环节课征商品税，纳税人主要是从事生产经营活动的企业，税源相对集中、易于控制，征收管理也比较方便。商品税一般按商品销售收入或劳务收入从价定率计征，或从量定额计征，课税对象可计量程度较高，不存在或很少有模棱两可的问题。相对于所得税而言，商品税的计算较为简单、征收简便易行，税收遗漏现象也较少。发展中国家的税收征管水平相对较低，这也是其较多采用商品税作为主体税种的一个重要原因。

7.1.2 商品税税种的设置与分类

商品税税种的设置是以商品及其流通为基础的。商品按照用途可以分为消费品和资本品两大类。在商品的流通过程中，不同商品或同种商品经过的交易阶段和环节有多有少，它们相互交错、同时并存，构成一个错综复杂的商品流通过程。商品种类的多样性和商品流通渠道的复杂性，决定了商品税税种设置的多样性及其种类的复杂性。

1. 商品税税种的设置

表 7-1 显示了按照商品性质和流转环节设置的商品税税种。[①]从横向看，不同商品税的税基是不同的。第 I 栏以全部消费品作为税基，第 II 栏以经过选择的部分消费品作为税基，第 III 栏以全部消费品和资本品即国民总产值作为税基，第 IV 栏以流转过程中的交易总额作为税基，即商品从生产到零售的每一次交易都要课税。从纵向看，不同的商品税分别在相同或不同的流转环节课税。在单一环节课征的商品税中，有生产、批发和零售三个课税环节；在多环节课征的商品税中，又分为对增值额和流转交易额课税两种。根据税基和课征环节的不同组合，在理论上可以设置 13 个商品税税种，但并不是每一种形态的商品税在实践中都会采用。在各国的税收实践中，常见的商品税形态主要有 8 种。

表 7-1 商品税的设置及其类型

课征环节	课税基础			
	消费品		消费品和资本品	流转过程中的交易总额
	一般性	选择性		
	(I)	(II)	(III)	(IV)
单环节				
生产	(1)	(5)	(9)	—
批发	(2)	(6)	(10)	—
零售	(3)	(7)	(11)	—
多环节				
增值额	(4)	(8)	(12)	
流转交易额				(13)

——生产环节销售税（manufacturing sales tax）是对商品生产环节的流转额课征的一种税，在表 7-1 中表示为（1）。这一税种在一些国家也被称为"制造税"。

——批发环节销售税（wholesale sales tax）是对商品批发环节的流转额课征的一种税，在表 7-1 中表示为（2）。这一税种在一些国家也被称为"批发税"。

——零售环节销售税（retail sales tax）是对商品零售环节的流转额课征的一种税，在表 7-1 中表示为（3）。这一税种在一些国家也被称为"零售税"。

——消费税（excise tax）是有选择地对特定的消费品课征的一种税，在表 7-1 中

[①] MUSGRAVE R A, MUSGRAVE P B. Public Finance in Theory and Practice[M]. New York: McGraw-Hill Book Company, 1986: 435.

表示为（5）、（6）和（7）。

——增值税（value-added tax）是对商品生产和流通过程中各个环节的附加价值额课征的一种税，在表 7-1 中表示为（12）。

——周转税（turnover tax）是对商品生产和流通过程中各个环节的流转总额课征的一种税，在表 7-1 中表示为（13）。这一税种也常常被称为"流转税"。

——关税（customs duties）是对入境、出境、过境的商品课征的一种税。

——劳务税（services tax）是对劳务流转额课征的一种税。

2. 商品税的分类

根据不同的标准，可以对商品税进行不同的分类。课税范围和课税环节是商品税税种分类的两种主要标准。

1）一般商品税和选择性商品税

按照课税范围的大小分类，可将商品税分为一般性商品税（general sales tax）和选择性商品税（selective sales tax）。

一般性商品税的课税范围比较广，它对全部或大部分商品和劳务课征，可以取得较多的财政收入，而且税率也相对单一，可以对社会经济的运行起普遍的调节作用，但它也存在税收负担分配不公等问题。周转税曾经是各国一般性商品税的主要形式，它具有课征简单、财政功能较强等优势，但也存在重复征税的致命弱点，它不仅破坏了税收中性原则，而且不利于商品生产的专业协作，极大地阻碍了经济发展。目前，绝大多数国家都用多环节课征的增值税取代了周转税，只有少数国家把周转税改为单环节征收的零售税。

选择性商品税只对若干特定的商品和劳务课征，其课税范围一般较窄，取得的财政收入有限，不可能成为主体税种，但它却可以在公平、效率和财政等目标上弥补主体税种的不足。有的国家选择某一种商品为课税对象单独设立税种，如烟税、酒税和汽油税等；也有国家选择部分商品为课税对象设立税种，如消费税、货物税等。选择性商品税往往根据具体的社会经济状况开征或停征，以灵活地实现政府的社会经济政策。征收选择性商品税的关键是，选择哪些商品和劳务来征税。政策目标不同，纳入课税范围的商品和劳务也就不同，所以各国的选择性商品税存在很大的差异。

一般商品税和选择性商品税之间并不存在相互冲突、相互替代的问题，二者在相当大程度上是相互补充的。在现代社会，各国普遍同时课征一般商品税和选择性商品税。

2）单环节商品税和多环节商品税

按照课税环节的不同分类，可将商品税分为单环节商品税（single-stage sales tax）和多环节商品税（multi-stage sales tax）。

单环节商品税只在商品的生产、批发和零售等中的某一个环节进行课税，它也被称为"一次课税制"。多环节商品税在商品的生产、批发和零售等环节中的两个或两个以上的环节课税，它也被称为"多次课征制"。单环节商品税主要有制造税、批发税、零售税和关税等，而多环节商品税主要有周转税和增值税。

单环节商品税的课税对象非常明确、纳税人相对较少，而且征管也简单易行，这一优势在生产环节课征的商品税中体现得尤为突出；但是单环节商品税的税基相对狭小，财政功能也相应弱一些，要取得一定的税收收入，单环节商品税的税率就要定得比较高，从而增加了逃税的诱因。在资源配置效率上，课征单环节商品税，商品和劳务的税收负担往往因产销形态的不同而存在差别，容易造成税收负担的不公平。多环节商品税的征收管理相对要复杂一些，但其税基广、税源多，可以用较低的税率取得与单一环节商品税一样多的税收，而且税收负担分配相对均衡。但是如果不注意税基的选择，多环节商品税也有可能造成重复征税。

7.2 增值税

增值税是以商品和劳务交易过程中的增值额为课税对象而征收的一种税，它的产生和发展是现代商品税制度的一次重大创新。目前，增值税已成为世界各国商品税制最主要的存在形态。[①]

7.2.1 增值税的产生与发展

基于增值额征税的思想，早在第一次世界大战结束时就已经产生。1917年，美国耶鲁大学教授亚当斯（Adams）提出了"对营业毛利征税比对利润征收的公司所得税好得多"的论断。亚当斯所说的"营业毛利"是指销货额减去进货额，相当于工资、薪金、租金、利息和利润之和，也就是增值额。同年，德国资本家西蒙斯（Siemens）正式提出了增值税的概念，并详细阐述了增值税制的内容。[②]与亚当斯用增值税替代公司所得税的建议不同的是，西蒙斯是要推介一个"精巧的销售税"，即以增值税替代周转税。尽管亚当斯和西蒙斯的建议最初都没有被采纳，但他们提出的对增值额征税的思想却对后来的税制建设产生了深远的影响。

大规模的增值税实践，是从法国开始的。[③]在开征增值税之前，法国实行的是全值周转税，这是对商品和劳务流转全额多环节、阶梯式征收的一种税。这种税存在对中间产品重叠征税的弊端，造成商品流转的中间环节越多税收负担就越重，这促使企业为了降低税收负担采取与供应商进行纵向联合的组织形式，不利于专业化分工协作。为了解决这些问题，法国于1954年和1955年在对中间产品免税的基础上，对周转税作了进一步的改革，把对流转全额征税改为对增值额征税，分阶段引入了增值税，这一改变极大地促进了法国经济的发展。

增值税在法国的成功，使得增值税在20世纪60年代初得到理论界和各国政府的广泛重视。1962年，欧洲经济共同体（欧盟前身）财政金融委员会建议所有的欧共体成员国都采用增值税，此后十多年间丹麦、德国、英国和意大利等欧共体成员国都先后开征了增值税，并逐步扩展到欧洲其他国家。20世纪70年代后，阿根廷、巴拿

[①] 一些国家的增值税，并没有被冠以"增值税"的名称；如在日本，增值税被称为"消费税"，而在加拿大和印度，增值税被称为"货物与服务税"。
[②] 陈琮. 租税各论[M]. 台北：三民书局，1982：275.
[③] 其实，早在20世纪50年代初，日本就有开征增值税的动议，但并未付诸实施；而美国密西根州在大体相同的时间段有课征增值税的实践，但并未在全美范围内推广。

马、智利和韩国等美洲、亚洲国家也陆续开征增值税（见表7-2）。到20世纪80年代中后期，尽管开征增值税的国家数量还不到50个，但无论是从收入规模还是从开征国家的地理疆域看，增值税都已发展成全球主要的商品税税种。20世纪90年代是开征增值税国家数量突飞猛进的十年，从1990年的50个增长到1998年的113个。进入21世纪后，又有不少发展中国家陆续开征增值税。截至2024年，已经有遍及欧、亚、美、非和大洋洲的170多个国家和地区开征了增值税。然而，包括美国在内的少部分国家至今都未实行增值税。

表7-2 增值税实施范围的拓展

区　域	开征增值税的主要国家及开征时间			
	国　家	开征时间	国　家	开征时间
欧洲	法国	1954	丹麦	1967
	德国	1968	比利时	1971
	意大利	1973	英国	1973
	西班牙	1986	俄罗斯	1991
亚洲	韩国	1977	印度尼西亚	1984
	日本	1989	泰国	1992
	新加坡	1993	印度	2005
非洲	突尼斯	1988	南非	1991
	埃及	1991	阿尔及利亚	1992
	加纳	1998	莫桑比克	2008
南美洲	巴西	1964	阿根廷	1974
	智利	1974	哥伦比亚	1983
	秘鲁	1991	圭亚那	2007
加勒比及中北美洲	洪都拉斯	1964	巴拿马	1976
	墨西哥	1980	尼加拉瓜	1984
	加拿大	1991	格林纳达	2010
大洋洲	新西兰	1986	澳大利亚	2000

资料来源：根据OECD网站和马来西亚海关总署网站相关资料等整理。

专栏7-1　　　　　　　美国为何不课征增值税?

美国是唯一一个没有开征增值税的OECD国家，它一直以零售税作为主要的商品税税种。一直以来，美国国内就有开征增值税的呼声，1993年美国国会还收到关于实行增值税的正式报告，而且美国也曾有过课征增值税的历史。为了应付连年的财政赤字，密歇根州曾于1953年开征了增值税，原定一旦财政状况好转后便立即停征，但因实施效果良好，直到1967年才废止。

增值税之所以在美国千呼万唤不出来，是有其深刻背景的。最直接的原因，就是现实中的增值税不等于理想状态下的增值税，增值税本身的局限性令美国社会和决策层认为引进它是弊大于利：第一，增值税往往会形成一种实际上的累退性，从而损害低收入阶层的利益，造成负担上的不公平。公平是美国税制追求的重要目标，增值税的累退性与公平间的矛盾成为它进入美国的一大障碍。第二，增值税的税负归宿不确定。由于增值税是多环节征税，税收负担在流通过程中的归宿受各种市场因素的影响，很难确定。第三，增值税征收管理较困难。因为以增值额为课税对象，所以增值税的征管工作量非常大，征管成本也颇高。第四，美国的主流观点认为在采用抵扣式计税的情况下，增值税税负会向前转嫁给消费者，导致通货膨胀。

除了直接原因，更深层次的障碍来自于美国的联邦体制和反政府干预、反中央集权的传统。美国实行的是自由市场经济模式，由于增值税筹集收入的功能较强，开征增值税本身就已被许多美国人看作是政府的扩张而遭到反对。增值税本质上是一个要求在全国范围内统一协调的税种，如果美国要采用增值税，最可行的方案就是在各州现有销售税的基础上再在联邦一级增设增值税。如若要不加重纳税人的负担，就必须削减各州的零售税，各州的财政经济自主权就将缩小，这就涉及美国最敏感的联邦与州政府间的权力和利益分配问题。如果因为引进增值税而限制各州的独立性、缩减州的税权，则必然受到州和地方政府的强力抵制而无法通过。

资料来源：根据秦汝钧. 美国为何不引进增值税及其启示[J]. 涉外税务，2000（9）：30-32 等编写整理。

7.2.2 增值税的课税对象与类型

增值税的课税对象是商品和劳务流转过程中的增值额或附加值（value added）。

1. 增值额

从经济意义上说，作为增值税课税对象的增值额，指的是经济活动主体在一定时期内通过自身的生产经营活动使得商品价值增加的数额，也就是企业的商品销售额或营业额扣除非增值项目后的余额。

"经济增值额"可以从两个方面来理解：第一，就单个流转环节而言，增值额就是经济活动主体利用购进的商品和取得的劳务进行生产加工或经营而增加的价值额，它等于经济活动主体从当期的商品销售额或经营收入中扣除非增值项目后的余额，即产出减去投入。单个生产经营环节中的非增值项目包括转移到商品价值中的原材料、辅助材料、燃料、动力和固定资产折旧等，而增值额则包括经济活动主体在当期所支付的工资、利息、租金和取得的利润等。第二，就商品流转的全过程而言，一种商品在生产流通过程中各个环节的增值额之和，等于该商品实现最终消费时的销售额。商品的生产流转过程一般包括原材料生产、产成品生产、批发和零售等四个环节，以表 7-3 给出的数据为例，原材料生产环节的增值额为 400 元，产成品生产环节的增值额为 500 元，批发环节的增值额为 200 元，零售环节的增值额为 100 元，各流转环节的增值额相加之和为 1200 元，与最终的零售价格 1200 元相一致。"经济增值额"在理论上是非常明晰的，但在具体的税收征管中增值额的确定却往往会遇到这样或那样一些问题，所以各国的增值税制一般都以法律的形式对增值额做出统一的规定，也就是所谓的"法定增值额"。

表 7-3　不同流转环节的增值额　　　　　　　　　　单位：元

流 转 环 节	销 售 额	增 值 额
原材料生产	400	400
产成品生产	900	500
批发	1100	200
零售	1200	100

"法定增值额"是税法规定的在税收征收管理中作为增值税计税依据的增值额。"法定增值额"明确了在税收实践中哪些属于增值项目、哪些不属于增值项目，这既确保了增值税征收管理的顺利进行，也有利于实现税负公平。各国税法对商品和劳务流转过程中法定增值额的界定，一般都是以经济增值额作为基础的，但又与经济增值额不完全一致。基于财政需要或调控经济方面等方面的考虑，不同的国家对"法定增值额"的界定也不尽相同。

2. 增值税的类型

以增值税"法定增值额"的范围为标准，增值税可以分为生产型、收入型和消费型等三种类型。[①]

1）生产型增值税

生产型增值税（GNP type value-added tax）是以经济活动主体一定时期内商品与劳务的销售收入减去其耗用的外购商品和劳务支出作为税基，并对之进行课征的一种增值税。生产型增值税的增值额如式（7-1）所示：

$$\text{生产型增值税的增值额} = 销售收入 - 外购商品和劳务支出$$
$$= 工资 + 利息 + 租金 + 利润 + 折旧$$
$$= 消费 + 净投资 + 折旧 \quad (7\text{-}1)$$

在生产型增值税中，作为税基的增值额等于工资薪金、利息、租金、利润和折旧之和，从国民经济整体看，它与国民生产总值相一致，所以被称为"生产型增值税"或"毛收入型增值税"（gross income type value-added tax）。生产型增值税的基本特征是既不允许企业扣除购入的固定资产总额，也不允许企业扣除固定资产总额的折旧。

2）收入型增值税

收入型增值税（income type value-added tax）是以经济活动主体一定时期内商品和劳务的销售收入减去其耗用的外购商品和劳务支出以及资本品的折旧后作为税基，并对之进行课征的一种增值税。收入型增值税的增值额如式（7-2）所示：

$$\text{收入型增值税的增值额} = 销售收入 - 外购商品和劳务支出 - 当期资产折旧$$
$$= 工资 + 利息 + 租金 + 利润$$
$$= 消费 + 净投资 \quad (7\text{-}2)$$

在收入型增值税中，作为税基的增值额等于工资薪金、租金、利息和利润之和，从国民经济整体看，它相当于国民净产值或国民收入，所以被称为"收入型增值税"。

[①] 增值税法定增值额与经济增值额出现不一致的最主要原因在于税法对外购固定资产的税务处理，所以一些学者将不同类型增值税的区别表述为"是否允许扣除固定资产"。

收入型增值税的基本特征是不允许企业扣除购入的固定资产总额，但允许企业以折旧的方式对购入的固定资产总额进行分期扣除。

3）消费型增值税

消费型增值税（consumption type value-added tax）是以经济活动主体一定时期内商品和劳务的销售收入，减去其耗用的外购商品和劳务支出，再减去本期所购入的资本品作为税基，并对之进行课征的一种增值税。消费型增值税的增值额如式（7-3）所示：

消费型增值税的增值额=销售收入-外购商品和劳务支出-当期购入的资本品价值
$$=消费 \tag{7-3}$$

在消费型增值税中，作为税基的增值额，从国民经济整体看，相当于全部消费品的价值，它不包括资本品的价值，所以被称为"消费型增值税"。消费型增值税的基本特征是允许企业在购买时将购入固定资产的总额从税基中一次性扣除。

3. 不同类型增值税的比较

三种类型的增值税的主要区别在于对资本品的处理方式不同。正是这种差异，使得三种类型的增值税对财政以及经济运行产生的影响不尽相同。

1）对财政收入的影响不同

由于允许扣除的范围不同，不同类型增值税的税基大小也是不同的，进而影响到取得财政收入的多少。生产型增值税完全不允许扣除固定资产，在三种类型的增值税中它的税基最大，可以最大限度地保证政府的当期财政收入。收入型增值税允许在征税时扣除当期固定资产的折旧额，其税基要小于生产型增值税，对当期政府财政收入有一定的影响。消费型增值税允许在购入时全额扣除购入的固定资产，税基最小，对政府当期的财政收入影响最大。

2）对投资和技术进步的影响不同

在生产型增值税下，资本品或固定资产完全不能扣除，这意味着固定资产在销售时课征了一道税，在征收增值税时又课征了一道税。对资本密集和技术密集企业来说，重复征税问题尤为突出。生产型增值税使得企业在资本、劳务、投资和消费间的选择仍然是非中性的，既不利于鼓励企业的固定资产投资，又不利于国际竞争；但相比较而言，生产型增值税有助于控制通货膨胀。消费型增值税可以彻底消除重复征税问题，起到鼓励投资、加速设备更新的作用，也有利于促进技术进步。

3）对出口退税的影响不同

生产型增值税和收入型增值税体现的是"起点征税"原则，即使实行出口退税，商品在进入国际市场时仍包含有本国的增值税税负，国际竞争力被削弱，必然影响出口份额，对国内经济和对外贸易均有一定的负面影响。而消费型增值税体现的是"终点征税"原则，在这一类型的增值税下，出口退税较为彻底，有利于增强出口商品的对外竞争力。

收入型增值税下的法定增值额，最接近于理论上的经济增值额，应当说是最为理想的增值税类型。但在收入型增值税下，固定资产每一期的价值转移额会因折旧率的变动和缺乏规范性的凭证而难以掌控，在实际操作上比较复杂，也不便于采用发票抵扣的方法进行管理，因而采用的国家并不多。部分发展中国家基于财政方面的考虑，选择采用生产型增值税。由于生产型增值税不能根除类似于周转税制中重复征税的弊端，所以一旦经济发展到一定阶段、财力相对充裕，采用生产型增值税的国家就会推出增值税转型改革。目前，消费型增值税是世界各国增值税制的主流，以欧盟国家为代表的绝大部分国家，采用的都是这一类型。

拓展阅读 7-1

中国增值税制的变迁

7.2.3 增值税的税率

增值税的政策目标和征收管理特点，都要求其尽可能地采用单一的税率。只有在单一税率结构下，才有利于发挥增值税的优势，保持其中性。但是，增值税单一的税率也束缚了政府贯彻社会经济政策机制的运用，因而在实践中难以在大范围内推行，很多国家的增值税制采用的都是复式税率，具体包括标准税率、非标准税率和零税率等三种形式。

1. 标准税率

增值税标准税率（standard rate）或者说"基本税率"适用于一般性质的商品和劳务，体现的是增值税的基本课征水平。增值税基本税率的确定既要考虑政府的财政需要，也要考虑消费者的负担能力，它与本国的经济状况、税收政策、收入水平以及历史形成的负担水平密切相关。

各个国家和地区增值税的基本税率参差不齐，即使是在 OECD 国家内部，各成员国增值税基本税率也存在较大差异，如 2024 财政年度丹麦和瑞典增值税的基本税率高达 25%，法国也达到 20%，而日本、韩国和澳大利亚等国增值税的基本税率却只有 10%（见表 7-4）；而且 OECD 国家中欧盟成员国 2024 财政年度增值税基本税率的平均值为 21.6%，显著高于 OECD 国家整体的平均水平。

表 7-4 部分国家的增值税税率（2024 财政年度） 单位：%

国家	基本税率	低税率	特低税率	国家	基本税率	低税率	特低税率
法国	20	10，5	2.1	日本	10	8	—
英国	20	5	—	韩国	10	—	—
德国	19	7	—	俄罗斯	20	10	—
西班牙	21	10	4	澳大利亚	10	—	—
意大利	22	10，5	4	爱尔兰	23	13.5，9	4.8

资料来源：根据安永会计师事务所网站相关资料等整理。

2. 非标准税率

与标准税率相对应的是非标准税率。低税率（reduced rate）是增值税非标准税率最主要的表现形式，具体适用于税法单独列举的商品和劳务，主要是为了实现社会公平或者促进文化、教育等"优值品"和节能设备等具有正外部性产品的消费。[①] 低税率

[①] OECD, Consumption Tax Trends 2022: VAT/GST and Excise Rates, Trends and Policy Issues[M]. Paris: OECD Publishing, 2022: 46-47.

体现了增值税的优惠照顾政策（见表 7-5）。相当多国家的增值税制都设定有低税率，有的国家还设定有一般低税率和特低税率（super reduced rate）等多档低税率。

表 7-5 英国增值税制中的低税率、零税率和免税项目

低税率项目	零税率项目	免税项目
民用燃油和电力	食品	民用住宅出租
节能材料	新建住宅	商业财产交易
房屋装饰和修缮	国内客运	教育
女性卫生用品	国际客运	健康服务
	图书、报纸、杂志	邮政服务
	儿童服装	金融与保险
	供水和污水处理服务	殡葬服务
	药物和处方用品	博彩
	慈善物资	交易额低于起征点
	特定船舶和飞机	
	残疾人专用的车辆及其他物品	

资料来源：根据英国政府网相关资料等整理。

从理论上说，增值税非标准税率还包括高税率（increased rate），主要适用于税法规定的奢侈品和不利于社会公共利益的商品和劳务。设定高税率的目的主要是为了强化增值税的调控作用，它是政府限制特定产品消费政策的体现。从增值税近些年的实践看，设置高税率的国家并不多。

低税率和高税率的运用既会直接影响最终消费者的税收负担，也会间接影响生产经营者，如对某一产品采用低税率，就会起到鼓励消费的效果，从而间接地起到鼓励生产的作用。在增值税制中，低税率和高税率选择在哪一个环节设置是很重要的。课征环节设置不当，就达不到预期的效果。一般来说，低税率和高税率应尽量设置在商品流转的最后阶段。

3. 零税率

除了标准税率和非标准税率外，很多国家的增值税制还设定有零税率（zero rate）。在所有税种中，唯有增值税设定有零税率。

增值税零税率与免征增值税有相似之处，都免除了生产经营者某一特定环节商品交易活动的增值税纳税义务，但增值税零税率也不等同于免征增值税。严格说来，适用增值税零税率的产品也是要缴税的，只是在本环节缴纳的税款为零；不仅如此，增值税零税率产品的纳税人还可以要求退还生产零税率产品的投入品在以前环节已经缴纳的所有增值税（reclaim VAT），从而使零税率产品的价格中不含任何增值税，这实际上是一种"完全免税"（full exemption）；但在免税的情形下，该环节的生产者不能要求返还投入品在以前所有纳税环节已经缴纳的增值税，[①]仅是"一般免税"（normal exemption）而已。

增值税零税率一般适用于出口商品和劳务，其主要目的在于避免对出口商品的双

[①] 布朗，杰克逊. 公共部门经济学[M]. 张馨，译. 北京：中国人民大学出版社，2000：430.

重征税。增值税的税款由最终的消费者承担。出口商品和劳务的最终消费者是进口国的购买者，进口国要对进口商品的购买者征税，如果出口国不对出口商品实行零税率，势必造成重复征税。零税率不仅免除了最后出口阶段的增值税，而且通过退税使出口商品和劳务不含任何税收。以不含税价格进入国际市场，会提高本国商品的竞争力，所以说增值税零税率也是促进国际贸易发展的一项重要措施。除了出口商品，基于公平、征管技术和征管成本等方面原因，一些国家也对食品、书籍和医疗服务等商品和服务实行零税率（见表7-5）。

在增值税制的基本要素中，国与国之间差别最大的就是税率。各国增值税制不仅税率水平差别较大，而且税率档次也不尽相同，多的国家有四档或五档，少的国家只有一档，但采用两档或三档税率的国家仍居多数。①

专栏 7-2　　新西兰的"现代型"增值税制

包括欧盟国家在内的大部分国家的增值税制在实施过程中都采用多档税率结构，并出台了大量的减免税政策，这种模式被称为"传统型"增值税。"传统型"增值税虽然基本解决了周转税产生的重复征税问题，但在实施过程中也逐渐暴露了诸多缺点。大量的减免税项目的存在和两档甚至多档税率的使用，导致不同商品和项目所抵扣的进项税额是不一样的，这样增值税制中仍存在重复征税和对价格扭曲的作用。对免税商品和劳务来说，在此前环节中已经包含在其中的进项税额是不可以抵扣的，仍然含在商品价格中，就会产生重复征税的问题，导致商品和劳务的价格扭曲、抵扣链条的断裂。多重税率结构和大量减免项目还加剧了税法的复杂性，不仅违背了税制简便和效率原则，导致纳税人的遵从成本和税务机关的征管成本大幅上升，而且使得企业不得不投入大量的人力、财力用于税法遵从与筹划，对企业的正常经营和投资决策造成较大的影响。

为避免"传统型"增值税制的缺陷，新西兰于1986年引入了所谓的"现代型"增值税制，其基本特征是征税范围广和使用单一税率。在新西兰的增值税制中，减免税的范围被尽可能地压缩，除对极特殊的行业免税或另征其他税外，所有商品和劳务都纳入征税范围，并且以同样的税率征收。在这样一种非常接近增值税中性特征的制度安排下，进项税抵扣对于几乎所有的商品和劳务均是一样的，重复征税和商品价格的扭曲效应被降到最低，保证了增值税抵扣链条的完整，基本不会影响纳税人的经营决策。宽税基和单一税率还使得新西兰增值税制很少产生在适用性方面的争议，降低了税务征管机构的征收成本和纳税人的遵从成本。一些人站在公平性的立场反对单一税率的使用，而支持对生活必需品采用低税率以缓解增值税的累退性。表面上看，新西兰的增值税以单一税率对所有人征收，的确违背了公平原则，但是税收公平原则的实现不能仅仅立足于某一个税种，而应基于一个国家的整体税制。在推行"现代型"增值税制的同时，新西兰采取了降低个人所得税税率、提高低收入人群的补偿金等措

---

① 在OECD 35个课征增值税的成员国中，税率不超过三档的有32个，其中采用一档或两档税率的国家有15个。

施，这些都有助于促进新西兰从整体上实现税制公平。

资料来源：根据闫晓茗. 借鉴国际经验完善我国增值税制度[J]. 中国财政，2016（18）：58-60等编写整理。

7.2.4 增值税的计征方法

纳税人应缴增值税税额的确定，主要有税基列举法、税基相减法和税额相减法等三种方法。

1. 税基列举法

税基列举法是直接把纳税人一定时期内构成增值额的各个项目，如工资薪金、租金、利息和利润等相加，然后再乘以适用税率计算出应纳增值税额的一种方法，它也常常被称为"加法"（addictive method）。在税基列举法下，应缴增值税的计算公式为：

$$增值税应纳税额 = 增值额 \times 适用税率$$
$$= （本期发生的工资薪金+利息+租金+其他增值项目+利润）\times 适用税率 \tag{7-4}$$

2. 税基相减法

税基相减法（base to base method）是从纳税人一定时期内商品和劳务销售收入中，减去同期可扣除的非增值项目，然后再乘以适用税率计算出应纳增值税额的一种方法，它也常常被称为"减法"（subtractive method）。在税基相减法下，应缴增值税的计算公式为：

$$增值税应纳税额 = 增值额 \times 适用税率$$
$$=（本期应税销售额-可扣除的非增值项目）\times 适用税率 \tag{7-5}$$

3. 税额相减法

税额相减法（tax to tax method）是先以纳税人一定时期内的商品和劳务销售收入额乘以适用税率，计算出至本环节为止的累计税额，即销项税额（output tax），然后再从中减去同期各外购项目已纳税额，即进项税额（input tax），从而得出应纳增值税额的一种方法，它也被称为"抵扣法"或"购进扣税法"。在税额相减法下，应缴增值税的计算公式为：

$$增值税应纳税额 = 当期销项税额 - 当期进项税额$$
$$= 当期应税销售额 \times 适用税率 - 当期外购项目已缴增值税 \tag{7-6}$$

根据抵扣税额确定的依据不同，税额相减法又可细分为"发票扣税法"和"账簿扣税法"。发票扣税法（invoice-based approach）是以发票为依据来确定抵扣税额，而账簿扣税法（accounts-based approach）则是以会计账簿为依据来确定抵扣税额。

在税率相同的条件下，上述三种方法计算出的应缴增值税额是完全一致的，但在实践中不同的方法却有繁简之分。因为相加的因素太多，具体认定经常发生困难，所以采用税基列举法存在诸多不便。税基相减法又由于在具体的项目中往往出现有的免税、有的减税，账户记载要求十分精确，如果有多档税率或免税项目，实行起来难度就更大了。实行增值税的国家，大多倾向于采用抵扣法，这主要是因为抵扣法很好地体现了"道道课税，税不重征"的特点，而且简便易行，具有较强的可行性。

在抵扣法中，各国普遍采用的是发票扣税法。①账簿扣税法计算复杂，而且只在会计核算制度非常健全的背景下才能有效实施，它并不适合存在多档税率的增值税制。而发票扣税法具有计算简单的特点，而且包含了一种内在的反逃税机制。在发票抵扣法下，纳税人要抵扣进项税额就必须以销售方开具的发票作为依据，而销售方开具发票上注明的税款又是前一环节增值税纳税人的销项税额，这种计税方法在纳税人之间形成了一种自动钩稽关系，具有相互牵制、自动审核的效应（recouping effect），便于税务机关查核，有利于抑制偷漏税。然而，在各国的实践中，包括偷逃税在内的增值税欺诈行为仍然屡禁不止。

为防止销售方收取增值税后不向税务机关申报纳税的欺诈行为，部分国家引入了增值税反向征收机制（reverse charge mechanism）。这一征收机制一改传统征收机制下供应商向购买方收取的增值税然后就销项税与进项税的差额向税务机关申报缴纳增值税的做法，由购买方自行向税务机关申报缴纳。也就是说，增值税反向征收机制将增值税纳税义务从供应商转移到购买方。采用增值税反向征收机制的国家通常将其适用范围限制在集成电路设备、未加工及半成品金属、天然气及电力等易受增值税欺诈影响的部门，而且仅适用于 B2B 交易，不适用于 B2C 交易。虽然该机制在一定程度上能够降定特定的增值税欺诈风险，但也存在一定的局限性。

7.2.5 增值税的免税项目

从理论上说，为了保持增值税的中性特征，增值税的课征范围应尽可能的广、免税项目应尽可能的少。然而，相当多的国家，如除新西兰和土耳其外的所有 OECD 国家，都对若干行业或项目实行免税政策。一些国家因社会原因免除了医疗、教育和慈善等特殊行业的增值税，有的国家也因为实际操作方面的原因对税基难以确定的金融保险行业免征增值税，也有的国家因为历史原因对邮政服务、出租不动产、土地和建筑物的供给等免征增值税（见表 7-5）。②

从某种意义上说，免税是对增值税基本原理的偏离，因为它中断了增值税环环课税的链条。免征增值税虽然免除了特定环节纳税人的增值税纳税义务，但与此同时进项税额也不能进行抵扣，使得以前环节已经缴纳的税款沉淀在销售价格之中。如果增值税免税发生在最终销售环节，则不会产生太大的问题，因为没有发生重复征税，结果仅仅是政府损失了一定的税款；然而，如果免征增值税发生在整个链条的中间环节，则不可避免地造成重复征税，它带来的扭曲可能非常显著。

专栏 7-3 自产农产品免征增值税与农民的增值税负担

农业一直是中国国民经济发展的短板，除了投入不足等原因，还有一个重要原因

---

① 1994 年税制改革前，中国的增值税曾采用过账簿扣税法，但在 1994 年税制改革后改为发票扣税法。在开征增值税的 OECD 国家中，只有日本采用的是账簿扣税法。

② OECD, Consumption Tax Trends 2022: VAT/GST and Excise Rates, Trends and Policy Issues[M]. Paris: OECD Publishing, 2022: 48.

就在于农民和农产品实际承担的税收负担较重。尽管中国已于 2006 年全面废止了农业税，但这并不意味着农产品就不再承担或只承担较少的税收负担。中国的增值税制对农业生产者销售的自产农业品予以免税，这一免税待遇似乎是给农民的好处，然而恰恰是因为这一"优待"，农民在销售农产品时不能抵扣进项税额。据测算，农业生产中生产资料对应的进项税额占进入流通环节农产品价格的比例接近 20%，比增值税的基本税率还高。可以说，中国的农民因无法抵扣进项税额承受了不低的增值税负。

2012 年，中国在部分行业试行农产品增值税进项税额核定扣除，允许农产品的收购企业在没有支付任何进项税额的情况下凭开具的农产品收购发票，按照发票上列示价款的一定比例抵扣进项税额。这一做法使得本应由农业生产者享受的税收优惠，实际上给了农产品收购企业。此外，一些农产品收购企业还常常以农民不能提供可供抵扣的增值税发票而压低收购价格，从而将其承担的税收负担向后转嫁给农民，进一步加重了农民的税收负担。

处理好自产农产品的增值税问题，对降低农民负担来说有着重要的意义。欧盟国家对农产品也免征增值税，但同时采取了统一比率补偿计划（flat-rate scheme）。当农民销售农产品时，按照出售价款的一定比率（目前为 4%）向农产品购买者收取加价，以补偿其进项税额；农产品购买者支付的加价可作为进项税额进行抵扣。欧盟国家的这一做法值得中国借鉴。此外，中国也可以考虑取消对农业生产者销售的自产农产品的免税，将农产品全面纳入增值税征收体系，统一农产品各环节的税率，同时适当放宽将农民认定为增值税一般纳税人的标准，让农民在销售自产农产品时可以扣除进项税额，这不仅打通农业投入、农产品生产和销售以及农产品加工各环节的增值税抵扣链条，也能切实让农民得到实惠。

资料来源：根据 CNOSSEN S. VAT and Agriculture: Lessons from Europe, International Tax and Public Finance, 2018 (25): 519 和中国财政部网站相关资料等编写整理。

7.2.6　增值税有效实施的社会经济条件

理想状态的增值税，应具有全面课征、单一税率、消费型以及凭发票抵扣进项税额等特征，[1]它在理论上具备其他商品税所没有的一些优势。然而，在实践中，这些优势并不会自动地成为现实。要想顺利地实施增值税并取得良好的效果，至少必须具备一些基本的社会经济条件。

（1）建立健全的税收管理体系。在所有商品税税种中，增值税的课征方法和程序是最复杂的。如果一个国家的税收管理体系不健全、税务行政效率不高的话，要确保增值税制度的有效运行就会是一件非常困难的事情。

（2）国民具有较高的素质。要确保增值税的有效运行，除了要有健全的税收管理体系，也要求国民具有较高的素质。只有这样，各经济活动主体才能够较好地理解增值税制度的具体内容，才会采取合作的态度，从而有利于增值税制的运行。

（3）纳税人具有完备的会计核算体系。准确计算应缴增值税额，是增值税制有效运行过程中的核心问题。只有在纳税人建立有完备的会计核算体系下，才能提供可信

---

[1] 杨斌. 中国税改论辩[M]. 北京：中国财政经济出版社，2007：101-105.

的会计记录和交易凭证。会计账簿和交易凭证记录着经济活动主体进货、销货、存货以及计提折旧等经济活动,通过它能够准确计算出经济活动中新创造价值的大小,这也是准确计算应缴增值税额的基础。

(4)无严重的通货膨胀。实行增值税,极有可能会引起物价上涨,联邦德国在1968年引入增值税制时的情况就是如此。一个国家在已经出现通货膨胀现象的情况下,如果此时再引入增值税,那么物价上涨趋势是很难得到有效抑制的。[①]一般认为,增值税应没有发生通货膨胀或通货膨胀较低时方可引入。例如,比利时原定1970年1月推行增值税制,但恰恰遇到通货膨胀,不得不推迟到1971年才正式实行。

7.2.7 增值税的经济效应

增值税的引入,从根本上消除了传统商品税制的种种积弊,进而对社会经济运行产生了相当积极的影响。增值税的经济效应,可以理想状态下的增值税为例进行具体的分析。

1. 增值税与税收中性

商品课税的传统形式是周转税。无论是在商品和劳务流转过程中的某一个环节征收周转税,还是同时在几个环节征收,计税依据都是销售商品或提供劳务的毛收入。虽然增值税是从传统的周转税演进过来的,但增值税的税基不是流转额,而是每一个流转环节上的新增价值额。税基的改变,使得增值税比周转税更加符合税收中性原则,其对社会经济运行方方面面的干扰也减少了许多。

增值税对税收中性原则的体现,首先表现在对企业组织形态的影响上。周转税和增值税都是道道课税,但由于周转税是对多环节流转额的课税,因而容易造成"税上加税"的税负累积效应;而增值税只对各个环节的增值额课税,虽道道课税,但税不重征,相同商品的税收负担不受流转环节多少的影响,从而从根本上消除了对企业组织形态选择的负面影响。这可以用一个简单的例子来说明。成品布的生产一般要经过纺纱、织布和印染等三个环节,现假定对各个环节征收的增值税或周转税的税率均为10%。在周转税下,如果纺纱、织布和印染等三个环节都由独立的企业完成,则需要缴纳的全部税款为440元(见表7-6),如果某一企业能够集纺纱、织布和印染等环节于一身,则需要缴纳的全部税款仅为300元。不同企业组织形态下周转税税收负担的不同,会起到鼓励全能型而抑制专业型企业组织形态的作用。一些国家在征收周转税期间,出现了诸多"大而全"和"小而全"的生产组织,就是一种不可避免的结果,但这与现代社会专业化分工日益细化的趋势是背道而驰的。然而,在课征增值税的情况下,不管纺纱、织布和印染等的生产过程如何组织,由于税基是每一个环节的增值额,所以不同企业组织形态的应缴增值税税额始终保持不变。增值税的这一特征使其对生产者在企业组织形态的选择上是中性的,从而在促进专业化分工方面形成了自己的独特优势。

---

① 1993年上半年中国通货膨胀压力不断加大,并最终形成了新一轮的通货膨胀。为了控制通货膨胀或至少不在已经发生的通货膨胀的基础上"火上浇油",中国1994年的税制改革最终不得不继续实行生产型增值税。

表7-6 增值税与周转税的比较　　　　　　　　　　　单位：元

流转环节	购买额	销售额	增值额	增值税税额	周转税税额
纺纱	0	400	400	40	40
织布	400	1000	600	60	100
印染	1000	3000	2000	200	300
总计	—	—	3000	300	440

由于采用的是单一或有限的税率结构，因而各种商品和劳务的增值税税收负担率基本相同，这就不至于干扰消费者的选择。储蓄可视作未来的消费，如果增值税是连续征收的，而且政策也保持稳定，这就意味着对不同时点上的消费没有区别对待，这时增值税对储蓄和消费的影响也是中性的。增值税只对消费课征，税收负担平均分配于商品价格，对纳税人在劳动和闲暇的选择上没有影响。

增值税的税收中性还体现在国际贸易中。在国际贸易中，增值税通常根据目的地原则（destination principal）来课征。根据这一原则，出口货物通过出口退税达到不含税的状态，进口货物则同本地货物一样适用相同的税基和税率，从而确保了进出口产品和服务上的税收无差别待遇。

2. 增值税与经济增长

由于增值税对企业组织形态的发展演化保持中性，企业组织形态向社会化分工协作方向发展就不会受到税收的干扰，其结果对提高企业乃至整个经济运行的绩效是非常有利的。增值税对出口适用零税率，出口商品可以获得相对彻底的退税，本国商品以不含税价格进入国际市场，竞争力大大增强，这无疑会促进国际贸易的增长并带动整个国民经济的增长。

储蓄是投资的来源，消费型增值税不仅有助于提高储蓄率，而且还允许投资从税基中扣除，提高了投资的报酬率，再加上增值税对风险又保持中性，可起到鼓励风险投资的作用，这些都能够避免储蓄增加、投资不增加可能带来的失业问题。

3. 增值税与收入分配

理想状态下的增值税的税基非常广，几乎所有的商品与劳务都会被纳入课税范围中，并且多采用单一税率或有限档次的比例税率。但实际上，广泛的课税范围和有限的税率结构，往往使得增值税不能适应不同的经营规模、不同性质的商品和劳务、不同经营环节和不同地区的差别状况而实行量能课税，即难以做到对纳税能力强的经济活动主体多征税、而对纳税能力弱的经济活动主体少征税。由此，不同收入阶层在商品和劳务的购买和消费中实际承担的税收负担相对于其收入的比重将呈现出递减的态势，从而形成一种事实上的累退性，越是收入高的阶层，负担的增值税在其收入中所占的比重越是低。可见，增值税在税收公平目标的实现方面的积极意义较弱。

针对增值税税收负担所具有的累退性，部分国家也采取了一些应对措施：第一，运用免税机制对低收入阶层的某些生活必需品实行免税或提供零税率待遇；第二，建立多元化的税率体系，实行差别税负，对低收入阶层的生活必需品适用较低的税率；第三，除征收增值税外，另行开征消费税，综合发挥商品课税体系的功能。[①]

[①] 曹雪琴. 税收制度的国际比较[M]. 上海：学林出版社，1998：153.

专栏 7-4　　数字经济时代增值税制面临挑战

大部分国家的增值税制都是基于传统经济模式构建起来的。数字经济的发展，不仅改变了传统的商业模式，同时也对全球税收规则和税收体系造成巨大冲击。跨境数字交易给全球普遍开征的增值税带来了双重征税、非故意双重不征税以及征管上的困难等多方面的挑战。

1. 跨境数字交易会导致双重征税和双重不征税

增值税分阶段征收的特点，使得跨境征收的增值税面临相应增值额的税收征管权究竟归属于来源地还是目的地的问题。根据来源地原则，商品、服务和无形资产生产地所在国家或地区享有增值税征税权；而根据目的地课税原则，商品、服务和无形资产消费地所在的国家或地区享有增值税征税权。目前，各国对跨境数字交易还未完全明确实施一致的征税原则，这极有可能导致双重征税和双重不征税的发生。

当提供跨境数字产品和服务的企业所属管辖区按照来源地原则征收增值税而接受数字产品和服务的消费者所属管辖区按照目的地原则征收增值税时，就会产生双重征税。即便是跨境数字产品和服务的提供者和消费者所属管辖区都按照目的地原则征收增值税，由于退税机制的复杂和不健全，仍然会导致双重征税。当提供跨境数字产品和服务的企业所属管辖区，按照目的地原则征收增值税而接受跨境数字产品和服务的消费者所属辖区按照来源地原则征收增值税时，就会发生非故意双重不征税。双重不征税不但导致政府税收收入流失，而且会导致本国供应商和外国供应商的竞争扭曲。

2. 跨境数字交易客体数字化，难以确定交易主体的位置和身份

跨境数字交易的客体为数字化的虚拟产品，其产生、传送、接收和存储均可以通过网络以电子数据的形式完成。跨境数字交易从洽谈到付款通过网络在线完成即可，无须双方面对面交易，这样的模式打破了传统交易的物理和空间障碍。交易双方可以在任何时间、任何地点完成交易，交易主体的服务器或网页地址也很容易从一个国家转移到另外一个国家，从而增加了交易主体的隐蔽性，税务机关难以确定交易主体的位置和身份，从而无法判断应采取何种征收方式。

3. 跨境数字交易销售链条复杂，难以确定纳税人

跨境数字产品和服务的销售链条，从内容制造商到终端消费者，非常复杂。数字产品和服务的交付方式差异很大，主要包括通过一个或多个中介销售，直接销售给终端用户，或两者结合。上述交付方式还存在交叉。数字产品和服务供应链涉及多方主体，各自承担不同的功能和法律责任。除内容制造商以外，还涉及应用市场、通信服务提供商、网络集成商、支付服务商等。数字产品和服务的现金流和服务流并不总是一致，如终端用户在应用市场设立账户，通过不同的互联网设备获取内容，并以信用卡、话费或其他支付方式付费。跨境数字交易销售链条的复杂性，给确定增值税纳税人带来了很大困难。

为应对上述挑战，部分国家已经采取了应对数字经济的单边措施，欧盟委员会和 OECD 等组织也积极参与到增值税制改革多边方案的制定，并发布了《增值税行动计划》和《国际增值税/货物劳务税指南》等文件。2024年，中共二十届三中会会亦提出"研究同新业态相适应的税收制度"。然而，直到现在仍然没有世界各国普遍认可的应对数字经济发展的增值税制改革的指导原则。

资料来源：根据中央财经大学财政税务学院．中国税收发展报告：数字经济发展与国际税收变革[M]．中国税务出版社税收，2021：35-36编写整理。

7.3 消费税

消费税（excise tax）是对特定消费品或消费行为课征的一种税或一系列税种的总和，它是商品税体系中的一个重要组成部分。[①]在历史上，消费税曾经是各国财政收入的重要来源。然而在经济发达国家采用以所得税为主体税种的税制模式后，消费税占税收收入总额的比重有较大幅度的下降，但在发展中国家，消费税收入仍占较大的比重。

7.3.1 消费税的特点

从理论上说，消费税有直接消费税（direct consumption tax）和间接消费税（indirect consumption tax）两种。直接消费税是对个人的实际消费支出课征的一种税，其纳税人和负税人都是消费者个人，属于直接税的范畴。直接消费税实质上是对纳税人综合负担能力的课税，可以看成是个人所得税的一种转化形式。间接消费税是向消费品的经营者课征的一种税，纳税人是消费品的经营者，但税收可随价格转嫁给消费者负担，它属于间接税的范畴。通常所说的消费税，指的是间接消费税。

消费税的课税范围一般都具有选择性，在税收负担政策上采用有目的的差别待遇，并在确定纳税义务时采用特定的计量措施等特征，[②]这使得消费税具有了与其他商品税相比不同的一些特征。

1. 显著的税收非中性

税收中性原则要求，政府课税应尽可能地不干扰经济活动主体的活动。在商品税体系中居重要地位的增值税，就相对好地体现了税收中性原则。然而，各国开征消费税的目的，并不仅限于取得多少财政收入，更关键的是要通过差异化的税收制度安排来调节消费和收入，其税收非中性特征非常显著。

消费税差异化的制度安排具体体现为消费税课征范围的选择性和有目的的差别待遇上。世界各国课征的消费税，多数都只选择特定的消费品或消费行为，如奢侈品和有害产品等进行课征，属于"特种消费税"（specific consumption tax）范畴。在实践中，政府可以通过课征消费税对某些行为加以限制，如通过征收高额消费税来限制烟和酒的消费等。当市场机制在实现资源配置方面缺乏效率时，也可通过课征消费税来达到改善资源配置状况的目的，如针对汽油消费导致环境污染的情形，可对汽油征收

[①] 很多国家都存在政府专卖或财政专卖（fiscal monopoly）。政府通过对专卖品的生产、收购、运输和销售等环节中的一个或几个环节进行垄断或控制，可以取得较高的收入。从实质上看，财政专卖可以说是一种更为严格的消费税形式。

[②] 科诺森．消费税理论与实践：对烟、酒、赌博、污染和驾驶车辆征税[M]．李维萍，译．北京：中国税务出版社，2010：2.

消费税。各国的消费税制普遍对不同的应税项目适用不同的税率和税收优惠政策。

2. 税率结构较为复杂

增值税一般采用比例税率，而且为了实现所谓的"中性"倾向于使用单一比例税率，但是为了达到特定的调控目的，各国的消费税制大多同时采用从价的比例税率和从量的定额税率，而且每一种税率形式往往区别不同的应税品目分别规定差别税率。

在从量计征的消费税中，计量单位也存在比较大的差异，有的税目按重量计征，有的税目按容积计征，还有的税目按件数计征。

3. 单环节课征

无论是对商品和劳务流转过程中的流转额征收的周转税，还是仅对商品和劳务流转过程中的增值额征收的增值税，实行的都是多环节课税，但消费税通常采用单环节课税。①采用价内税形式课征的国家主要集中在生产环节征收消费税。在生产环节征税，课征费用较低，征收效率高，可以有效地保证政府的财政收入。采用价外税形式课征的国家则多在零售环节课征消费税。

拓展阅读 7-2

中国消费税制的历史沿革

7.3.2 消费税的课税范围与类型

消费税课税范围具有有限性与选择性的特征。各国消费税制的类型，在相当大程度上取决于课税范围的宽窄。

1. 消费税的课税范围

一个国家消费税课税范围的宽窄，常常与本国的经济发展水平、财政状况以及税制结构等因素存在密切联系。一般认为，选择性商品税的基本属性决定了消费税的应税项目是"有限的"。

一个国家消费税课税范围的选择，主要应考虑以下几方面的因素：第一，政府的财政状况。当政府的财政支出增长较快而税收收入又难以应对时，往往就会扩大消费税的课税范围以获得更多的财政收入。第二，调节社会经济运行的需要。当经济发展使社会成员之间的收入差距拉大后，政府通过对某些奢侈品或特殊消费品征收消费税来增加特定消费者的税收负担，从而对社会成员的收入状况进行适当的调节。第三，体现"寓禁于征"的精神。对危害健康和环境的商品，政府常以课征消费税的方式来抑制相关消费行为的发生。第四，历史因素。有些品目的课税，如盐税，历史久远，人们有纳税传统。②不管如何确定消费税的课税范围，纳入课税范围的品目大都具有生产集中、规格相对统一、产销量大和需求弹性小等特征。

从各国消费税制的实践看，烟草产品、酒类产品、奢侈品、机动车、矿物能源产品、污染产品、特定消费行为或服务等，是消费税课税范围中最常见的项目。

2. 消费税的类型

不同国家消费税课税范围存在一定的差异，有的国家消费税的课税范围相对宽一

---

① 部分国家的消费税制在多个环节对少数税目课征，但这不同于多环节课税。
② 唐腾翔. 比较税制[M]. 北京：中国财政经济出版社，1990：169.

些，有的国家消费税的课税范围则相对窄一些。根据课税范围的宽窄，各国实行的消费税大体上可以分为有限型、中间型和延伸型等三种类型。①

1）有限型消费税

有限型消费税（limited excise tax）的课征范围主要局限于一些传统的应税品目，如烟草制品、酒精饮料、石油制品、机动车辆、软饮料、钟表、首饰、化妆品和香水等，征税品目一般在 10～15 种。在所有实行消费税的国家中，采用有限型消费税的国家占多数。

2）中间型消费税

中间型消费税（intermediate excise tax）的课征范围较有限型消费税要宽一些，除了有限型消费税所涉及的课税品目，还包括纺织品、皮革、皮毛制品、刀叉餐具、玻璃制品、家用电器、电动产品和摄影器材等，征税品目一般为 15～30 种。

3）延伸型消费税

延伸型消费税（extended excise tax）的课征范围最宽，征税品目一般在 30 种以上。除了中间型消费税包括的应税品目，还涉及钢材、铝制品、塑料、树脂、橡胶制品、电缆和电池等生产性消费资料。

从理论上说，消费税的课征品目应当是有限的；只有这样，才能体现消费税调节消费和收入的功能。如果消费税应税的品目包罗万象，则与一般性商品税无本质区别。然而，在实践中，一些国家的消费税制却在逐步地从有限型往中间型，甚至延伸型发展。

7.3.3 消费税的税率与计征方法

消费税的税率是消费税的核心要素。消费税税率的高低直接关系消费税调控功能的发挥，消费税的税率过高，会抑制生产的发展，并导致税收收入的减少；而税率过低，又起不到调节消费和收入的作用。

1. 消费税的税收负担政策

虽然各国普遍征收消费税，但税率却存在相当大的差别。同一种商品，有的国家不征收消费税，有的国家只征收较轻的消费税，有的国家却课以重税。这种情形的出现，既有国情因素，也有历史传统和消费习惯等方面的原因。

尽管消费税税率高低的确定几乎没有什么规律可循，但各国消费税的税收负担政策仍存在一些共性：第一，社会公德要求限制消费的应税商品，税收负担一般都要重一些；第二，本国自产少于国外进口的应税商品，税收负担要重一些；第三，对于实行国家专卖的应税商品，消费税税收负担的轻重往往受价格的制约，价高利大的税收负担重一些；第四，符合供求规律和市场机制要求的应税商品，税收负担要轻一些；第五，政府财政依赖性大的重点应税商品，税收负担要重一些。中国现行消费税制中的税率设置，在很大程度上体现出了上述特征（见表 7-7）。

---

① 图若尼. 税法的起草与设计：第一卷[M]. 国家税务总局政策法规司，译. 北京：中国税务出版社，2004：266.

表 7-7 中国现行消费税税率表（部分）

税　目	税　率
一、烟	
1. 卷烟	
（1）甲类卷烟	生产（进口）环节：56%加 0.003 元/支；批发环节：11%加 0.005 元/支
（2）乙类卷烟	生产（进口）环节：36%加 0.003 元/支；批发环节：11%加 0.005 元/支
2. 雪茄烟	生产（进口）环节：36%
3. 烟丝	生产（进口）环节：30%
4. 电子烟	生产（进口）环节：36%；批发环节：11%
二、酒及酒精	
1. 白酒	生产（进口）环节：20%加 0.5 元/500 克（或者 500 毫升）
2. 黄酒	生产（进口）环节：240 元/吨
3. 啤酒	
（1）甲类啤酒	生产（进口）环节：250 元/吨
（2）乙类啤酒	生产（进口）环节：220 元/吨
4. 其他酒	生产（进口）环节：10%
5. 酒精	生产（进口）环节：5%

资料来源：《中华人民共和国消费税暂行条例》。

2. 消费税的计征方法

各国的消费税制均采用多样化的税率形式，具体包括比例税率、定额税率和复合税率等。不同的税率形式，对应的消费税计征方法也是不同的。与采用的税率形式相适应，应缴消费税税款的计税方法也有从价计征、从量计征和复合计征等三种。①

1）从价计征

在从价计征方式下，应当缴纳的消费税额以应税商品的销售价格为计税依据乘以适用税率计算得出，其计算公式如下：

$$消费税应纳税额 = 应税商品销售价格（不含税） \times 税率 \qquad (7\text{-}7)$$

如果应税商品的销售价格是含税价格，则应先将含税价格转换为不含税价格后，再计算应纳税额，其计算公式如下：

$$消费税应纳税额 = \frac{应税商品销售价格（含税）}{1+税率} \times 税率 \qquad (7\text{-}8)$$

2）从量计征

在从量计征方式下，应当缴纳的消费税额以应税商品的数量、体积或重量等为计税依据乘以规定的适用税额标准计算得出，其计算公式如下：

$$消费税应纳税额 = 应税商品的数量、体积或重量 \times 税率 \qquad (7\text{-}9)$$

3）复合计征

在复合计征（mix of dvalorem and specific taxes）方式下，应当缴纳的消费税额的计算把从价定率和从量定额的计税办法结合起来，其计算公式如下：

---

① 这三种计征方式在中国现行消费税制中同时存在，其中对卷烟和白酒的课征采用的就是复合计征方式（见表 7-7）。

$$消费税应纳税额=应税商品销售价格×比例税率+应税商品的数量、$$
$$体积或重量×定额税率 \tag{7-10}$$

7.3.4 消费税的经济效应

作为选择性的商品税，消费税在制度设计上就是"非中性"的。通过课税品目的选择和差别税率的安排，消费税可以被政府用来主动地对纳税人和社会经济运行施加一定的影响并配合相关社会经济政策的实现。

1. 抑制不良消费

基于社会价值判断，现实中的一些产品，尤其是烟和酒等，往往被认为是应当限制消费或不鼓励过多消费的。消费税在抑制不良消费方面有一定的作用空间。

对于应当限制消费或不鼓励过多消费的产品，各国的消费税制一般都规定了较高的税率或制定了偏高的专卖价格。课征消费税之后，应税产品的价格必然大幅上升，有可能促使消费者减少应税产品的消费，起到了"寓禁于征"的效果。消费税的课征，也会引致课税产品和非课税产品之间相对价格发生变化，并诱导消费结构的改变。

2. 作用于收入分配

大部分国家对生活必需品都不征收消费税，但都将奢侈品和一些生活非必需品纳入消费税的课税范围，并且一般都规定了相对较高的适用税率。奢侈品和生活非必需品的主要消费群体是高收入者，中低收入者基本上不消费或较少消费上述产品。在这种情形下，高收入者承担了较多份额的消费税，而中低收入者只承担了较少部分的消费税，从而使得消费税具有了一定的收入分配功能。当然，现实中消费税的收入再分配功能能否很好地发挥，要受很多因素的影响，奢侈品和生活非必需品的需求价格弹性就是其中的关键因素之一。

3. 促进环境保护与节约能源

除奢侈品外，各国的消费税制也普遍将具有外部性的高耗能产品、高污染产品纳入课税范围。高耗能产品和高污染产品的生产和消费，会对社会产生大量的负外部性。消费税的课征，可以促使纳税人采取各项措施，减少相关产品的生产、调整结构，以促进环境保护和能源节约。

拓展阅读 7-3

消费税制改革对中国百姓生活有什么影响？

7.4 关 税

关税是对进出口商品通过一国关境时征收的一种税。①关税起源很早，千百年来一

---

① 进入 21 世纪后，古老的关税又出现了新的形态——"碳关税"（carbon tariff），它与"碳国内税"（carbon domestic taxes）相对应而存在。从理论上讲，碳关税是主权国家或地区对高能耗产品进口征收的二氧化碳排放特别关税，它属于碳税的边境税收调整（border tax adjustment）措施。碳关税在进口环节对没有承担《联合国气候变化框架公约》下的污染物减排标准的国家生产的高能耗产品课征，具体依据产品在生产过程中排放碳的数量来计征。以美国为代表的经济发达国家借"环境保护"的名义推行"碳关税"，其主要目的还是为了削弱竞争对手的竞争力，实行贸易保护主义。

直是各国政府筹集财政收入、干预社会经济运行的重要工具。直至今日，关税仍是一个重要社会经济价值的税种。尽管现代关税的主要目的是保护本国产业发展和调节国际贸易关系，但在一些低收入国家，关税仍是一个重要的财政收入来源。在经济发达国家，关税收入占全部税收收入的比重已经很低，但关税政策及具体的课征方式，对国际贸易的发展仍具有很大的影响。

7.4.1 关税的类型

相对于国内商品税来说，关税是一种国境商品税。[①]国内商品税主要调节国内资源的配置，而关税却侧重于调节资源在国与国之间的配置。关税在课征范围、计税依据、计税方法等方面与国内商品税有许多相同之处；但在课税环节上，国内商品税可选择多个环节，而关税却只能在商品的进出口环节课征。一些国家在进口环节征收的增值税和消费税，也在一定程度上具有关税的某种性质。

按照不同的标准，可以对关税进行多种分类。最常见的是按征收目的和课税对象对关税进行分类。

1. 按征收目的分类

按照征收目的的不同，关税可分为财政性关税和保护性关税。

1）财政性关税

财政性关税（revenue tariff）的课征是以获得财政收入为主要目的。各国一般都把进口数量多、消费量大的商品列为课税对象，以使关税的税源广泛、收入充裕可靠。当然，为了不影响本国的生产和人民生活，主要选择一些非生活必需品来征税。为了不至于因税负太重而使得应税商品的价格过高导致消费减少，进而影响进口数量及关税收入，财政性关税的税率不宜定得太高。

2）保护性关税

保护性关税（protective tariff）的课征以保护本国的民族经济或幼稚产业发展为主要目的。各国主要把那些本国需要发展但尚不具备国际竞争力的商品列入保护性关税的课征范围，并根据国内不同商品需要保护的程度进行区别对待，让保护性关税的税额等于或高于进口商品成本与本国同类商品成本之间的差额，从而使保护性关税在防止外国商品大量进口、保护国内相关产业的生产方面发挥积极作用。

保护性关税不仅可以对不同的进口商品实行区别对待，而且能够对不同的输出国也实行差异化对待。对不同进口商品的区别对待，主要反映在关税的税率、计税价格和计征手续等方面。就税率而言，工业制成品的税率高于农产品和工业原料的税率；本国能生产商品的税率高于本国不能生产商品的税率；奢侈品的税率高于一般消费品和生活必需品的税率。就计税价格而言，一般是以进口商品的到岸价格作为计税价格，但在具体操作中也可以区别不同商品使用离岸价格、法定价格或者实际成交价格等来提高或降低关税的计税价格。在进口报关纳税手续等方面，海关也常常会区别情

[①] 国境是一个主权国家的领土范围，关境是执行统一关税税则法令的关税领域。一般情况下，国境与关境是一致的，但也存在国境大于或者小于关境的情况。

况给予方便或刁难，以维护本国的经济利益。对不同输出国之间的区别对待，主要是根据对等原则对不同输出国规定差别税率和差别优惠待遇。凡商品输出国对本国输入该国的商品课以低税或给予免税的，本国也对其商品给予对等的待遇。

第二次世界大战后，由于限制进口的非关税壁垒手段日益增多，而且经过"关税与贸易总协定"（GATT）多轮次的减税谈判，关税的总体税率水平已大大降低。正是在这样一种背景下，保护性关税的重要性相对有所下降。但是，各国经济发展极不平衡，大多数国家仍在一定程度上采取保护性关税政策，而且更加注意保护的程度和效果。

2. 按课税对象分类

按课税对象性质的不同，关税可分为进口关税、出口关税和过境关税。

1）进口关税

进口关税（import tariff）是一个国家对进口的外国商品所征收的一种关税，它通常在外国商品进入国境或关境时征收，或在外国商品从海关保税仓库或保税特区运往国内市场销售时课征。进口关税一般由进口商缴纳。

进口关税是最基本的关税类型，它也是一个国家实行保护性关税或财政性关税政策的基本手段。在许多不征出口关税的国家，进口关税是唯一的关税形态。

2）出口关税

出口关税（export tariff）是一个国家对输往国外的本国商品所征收的一种关税。征收出口关税可以增加一部分财政收入，对本国在国际市场上具有独占性或竞争力强的商品征收出口关税，更是可以获得高额的财政收入。也有部分国家征收出口关税是为了限制本国的部分商品和自然资源的出口。

在早期，出口关税曾经得到广泛实行，当时主要的资本主义国家输出的工业品运往附属国或殖民地出售，换回工业原料或农产品，这些工业品在海外处于垄断地位或具有较强的竞争优势，因而征收出口关税并不会影响出口贸易，反而能增加本国的财政收入。但随着国际市场上竞争的日益加剧，海外商品销售遇到了困难。为了提高竞争力、促进商品出口，经济发达国家已取消了大部分的出口关税。目前，只有少部分发展中国家仍在普遍征收出口关税。

3）过境关税

过境关税（transit duty）是一个国家对通过其关境的外国商品所征收的一种关税，它又被称为"通关税"。过境关税可以取得一定的财政收入，因而在重商主义时代曾为许多国家采用。在现代社会，过境关税的财政意义已很小，而且征收过境关税在很大程度上会阻碍国际贸易的发展，并有可能导致有关国家的关税报复，再加上过境商品对本国商品的生产和流通并不产生实质性的影响，因而除了少数国家，大多数国家都已不再征收过境关税，仅仅在外国商品通过其关境时征收少量的准许费、印花税、登记费和统计费等。

7.4.2 关税壁垒

关税壁垒（tariff wall）是为阻止外国某些商品的输入，而采取的对其征收高额关税的措施,从而形成对外国商品进入本国市场的障碍。关税壁垒主要有附加税和差价关税两种形式。

1. 附加税

附加税是在对进出口商品按规定的税率征收正常关税的基础上,再额外加征的一种关税,它通常是一种特定的临时性应急措施。现阶段,虽然各国进口关税的税率相对都较低,但同时都开征了税率较高的进口附加税。各国普遍征收的附加税,主要有反倾销关税(anti-dumping duties)和反补贴关税(counter vailing duties)两种。

1)反倾销关税

反倾销关税是对实行倾销的进口商品课征的一种附加税,其纳税人为进口倾销商品的经营者。反倾销关税通常由国内受损害产业有关当事方提供出口国进行倾销的证据,政府对该项商品价格状况及产业受损害的事实与程度进行调查,在确认进口国受到外国倾销商品的损害时,就会征收相当于出口国国内市场价格与倾销商品价格之间差额的进口关税,以抵制倾销、保护国内产业。当倾销停止时,一般应取消征收。

进口商品在本国任何形式的倾销,虽然可以使本国的消费者短期内从中获得一定的利益,但本国的生产者将蒙受巨大损失。受进口商品倾销的影响,本国同类商品将丧失大部分市场份额,相关产业也可能因此受到损害,这不利于本国的经济发展,并使得本国消费者的长期利益受损,所以各国都对实行倾销的进口商品课以反倾销关税。反倾销关税是 WTO 允许成员国采取的一种保护本国商品和市场的手段。但在实践中,反倾销关税往往成为一些国家尤其是经济发达国家限制进口的手段,它也是贸易大国进行"贸易战"的一项重要工具。

2)反补贴关税

反补贴关税是对任何接受直接或间接出口补贴的进口商品所课征的一种附加税,目的在于抵消国外竞争者得到奖励或补助所产生的影响,从而保护本国的生产者。凡在生产、加工、运输、买卖和出口等环节中接受任何直接或间接形式补贴、津贴或奖励的商品,不管补贴来自外国政府还是外国的民间财团,均被纳入反补贴关税的课征范围。反补贴关税的税额一般是按所接受的补贴金额来确定,获得的补贴金额越高,反补贴关税的税率也就越高。近年来,反补贴关税已成为国际贸易谈判中难以取得进展的领域,并且它的征收也使得国际对等贸易的安排复杂化,因为在对等贸易中要衡量政府补贴是非常困难的。

2. 差价关税

差价关税(variable import levies)又称"差额税",它是当某种本国商品的国内价格高于同类进口商品的价格时,为了削弱进口商品的竞争能力,保护国内市场和国内生产,按国内价格和进口价格间的差额而征收的一种税。由于差价关税常随着国内外价格差额的变动而变动,因而它是一种"滑动关税"。

关税壁垒也是国际贸易谈判中迫使对方妥协让步的一个重要手段。世界贸易组织极力反对关税壁垒,并一直试图通过谈判来大幅削减关税壁垒。除了关税壁垒,各国在国际贸易中还常常使用非关税壁垒。非关税壁垒是除关税以外各种限制进口的措施,它可分为直接的非关税壁垒和间接的非关税壁垒两大类。直接的非关税壁垒主要进行数量限制,由进口国直接对进口商品的数量或金额加以限制,或迫使出口国直接限制商品的出口,主要包括进口配额(import quota)、进口许可和外汇管制等形式。间接的非关税壁垒措施主要有歧视性的政府采购政策、最低进口限价、贸易技术壁垒以及专断的海关估价等形式。在实践中,各国的关税壁垒往往和非关税壁垒结合起来,共同作用于国际贸易。

7.4.3 关税的经济效应

虽然早期课征关税的主要目的是为了取得财政收入,但到了近现代,随着世界经济一体化进程的加快、国际贸易往来的增加以及国际市场竞争的日益加剧,关税的财政收入功能逐步淡化,它更多地是作为一个手段或工具来影响社会经济的运行。

1. 保护国内产业

一个国家的经济保护措施有很多种,利用关税来保护国内产业,是一种古老而又普遍采用的手段,而且是得到世界贸易组织(WTO)首肯的合法经济保护手段。

对进口商品征收关税,会提高进口商品在国内市场上的销售价格,同时改变进口商品和国内同类商品之间的相对价格,从而相对降低国内对进口商品的消费、保护国内同类商品的生产。具体来说,对国内新兴的幼稚产业,政府一般对相关进口产品征收较高税率的关税,削弱其竞争力,从而达到扶植或促进本国相关产业发展的目的,但对国内发展较为成熟的产业,对相关进口产品政府一般按照正常水平课征关税;对在国内进行倾销的进口产品,反倾销税更是保护国内产业不受侵害的有力武器。

2. 影响资源配置

进出口关税的征收以及进出口关税税率的调整,都会影响到进出口商品的价格,最终都会在不同程度上影响资源在国内和国际两个市场间的配置。具体来看,对国内紧缺的原材料、高新技术产品和生活必需品,可以降低其适用进口关税的税率或给予免税待遇,以扩大相关产品的进口、满足国内需求;而对国内市场供不应求的产品和本国的稀缺性资源,则可以提高出口关税的税率,从而减少出口,使相关产品留在国内,满足国内消费。

3. 平衡国际收支,调节社会总供求

关税税率的调整,也可以影响一个国家的国际收支平衡。当国际收支出现逆差时,可以提高进口关税的税率来限制进口,以缩小国际收支逆差;而当国际收支出现较大顺差时,则可以降低进口关税的税率来鼓励进口。当国内需求过旺时,可降低进口税率来鼓励进口,以增加国内供给;而当国内供给相对过剩时,则可提高进口税率来限制进口,以减少国内供给。出口关税对国际收支和社会总供求平衡的调节作用,恰恰与进口关税相反。

专栏 7-5　　　　关税与"中美贸易摩擦"

从20世纪90年代至2017年,中美之间先后于1991年、1992年、1994年、1996

年、2005 年和 2010 年发生了六次贸易摩擦。这六次贸易摩擦,美国都是以"301 调查"为借口挑起,以课征惩罚性或报复性关税为手段。

2018 年,美国时任总统特朗普开始对我国进口的商品课征广泛的关税,拉开了新一轮中美贸易争端大幕,并一步步升级为"中美贸易战"。到了拜登任内,美国不仅延续了特朗普的关税政策,而且还扩大了这一政策的实施范围,大幅提高了对电动汽车和太阳能电池等新类别中国商品课征的关税,使得中美贸易关系再次陷入紧张状态。在中美贸易冲突升级中,征收关税既是美方率先发动"贸易战"的主要措施,也是中方被迫反制美方的重要手段。

尽管中美贸易严重失衡是美国政府挑起"贸易战"的直接原因,但遏制中国的发展才是其最终目的,这也是美国加征关税的主要标的物与"中国制造 2025"紧密联系在一起的主要原因。"中国制造 2025"是中国实施制造强国战略的行动纲领,但美国政府认为"中国制造 2025"与美国产生竞争,美国不能让中国在这些产业领域上领先,因为这些涉及到美国的国家与军事安全。美国宣布加征关税的中国产品并非中美贸易逆差产品,有些甚至是顺差产品,而是中国七大战略性新兴产业的高科技产品,由此可见一斑。

资料来源:根据张伟. 中美贸易战的演变历程、经济影响及政策博弈[J]. 深圳大学学报(人文社会科学版),2018(5):73-81 和搜狐网相关资料等编写整理。

重要概念

商品税　周转税　货物与劳务税　销售税　一般商品税　选择性商品税　单环节商品税　多环节商品税　增值税　生产型增值税　收入型增值税　消费型增值税　增值税反向征收机制　购进扣税法　消费税　一般消费税　特种消费税　关税　财政性关税　保护性关税　进口关税　出口关税　反倾销关税　反补贴关税　差价关税

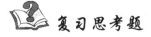

复习思考题

1. 商品税具有哪些特征?
2. 比较一般商品税和选择性商品税各自的优势和不足。
3. 为什么商品税在税收负担上具有累退性?
4. 为什么世界各国的商品税制普遍以增值税为主体税种?
5. 不同类型的增值税在财政经济效应上存在什么差异?
6. 消费税具有哪些特征?

请结合现实与以下案例材料,就中国现阶段及将来一段时期内奢侈品消费税应采

取重税还是轻税政策进行讨论。

案例材料　　中国的奢侈品：重税还是轻税？

随着经济发展水平的提升，中国已成为世界最大的奢侈品消费市场。快速增长的奢侈品消费，引发了社会各界对奢侈品消费税政策的关注，并形成重税和轻税两种不同的政策主张。

主张对奢侈品实行重税政策的理由主要有：（1）有助于促进调节收入分配。在中国能够进行奢侈品消费的人毕竟是少数富人，因此对奢侈品按较高税率征收消费税，不会加重普通人的纳税负担，相反却可以将由此取得的税收收入用于低收入群体的财政补助，缩小贫富差距。（2）有助于引导合理消费。总体上中国国民收入水平还不算高，虽然少数富裕起来的人有能力消费奢侈品，但不排除存在"示范效应"，诱使一部分人超出自己的收入水平跟风消费；尤其是极少数富人的炫耀性奢侈消费，造成社会观感差，不利于营造良好的社会风气。对奢侈品课以高税率的消费税，能在一定程度上避免盲目的高消费。（3）有助于增加财政收入。奢侈品价格高，对它们按较高税率征收从价税，可以为政府提供相对稳定的财源，增加财政收入，从而为政府的宏观调控增加财力支持。

主张对奢侈品实行轻税政策的理由主要有：（1）有助于促进购买力回流。近些年来，由于国内外奢侈品存在较大的价差，故而许多国人利用出国旅游、代购、海淘等途径，大量购买国外奢侈品。由此，不仅造成了奢侈品购买力流向国外，也导致了一定的税收流失。（2）有助于拉动国内经济增长。通过降低奢侈品消费税税率，再辅以调降相应的关税、增值税，尽管扩大了奢侈品的进口，但同时增加了国内流通行业的就业，增加了国内消费需求，产生的商业增加值也会增加国内的 GDP。（3）降低税收，让更多的人消费得起奢侈品，可以不断满足"人民日益增长的美好生活需要"。

资料来源：根据朱为群，陆施予. 我国奢侈品消费税改革探讨[J]. 税务研究，2018（7）：28-34 和张德勇. 进一步完善奢侈品消费税的思考[J]. 税务研究，2016（6）：30-34 等编写整理。

参考文献与延伸阅读资料

1. 科诺森. 消费税理论与实践：对烟、酒、赌博、污染和驾驶车辆征税[M]. 李维萍，译. 北京：中国税务出版社，2010.

2. 兰，勒琼. 全球数字经济的增值税研究[M]. 国家税务总局税收科学研究所，译. 北京：经济科学出版社，2017.

3. 申克，瑟仁伊，崔威. 增值税比较研究[M]. 熊伟，任宛立，译. 北京：商务印书馆，2018.

4. CHRISTIANSEN V, SMITH S. Economic Principles of Commodity Taxation[M]. Cambridge: Cambridge University Press, 2021.

5. OECD, Consumption Tax Trends 2022: VAT/GST and Excise Rates, Trends and

Policy Issues[M]. Paris: OECD Publishing, 2022.

 网络资源

http://www.oecd.org/ctp/tax
经济合作与发展组织网站税收专栏

http://www.taxnotes.com
税收资讯（Tax Notes）网站

第 8 章 所 得 税

学习目标

- 掌握所得税的特点和应税所得的内涵；
- 掌握个人所得税的基本税制要素；
- 掌握公司所得税的基本税制要素；
- 掌握资本利得课税的主要政策取向；
- 掌握社会保障税的基本税制要素。

所得税的产生远远晚于商品税，最早它是为筹措战争经费而临时开征的一个税种，后来所得税不仅成为经常税，而且其地位还随着社会经济的发展不断提升。在经济发达国家，所得税已经成为整个税收体系中的主体税种；在发展中国家，尽管所得税的收入规模要比经济发达国家小许多，但其在社会经济发展中发挥的作用却不容忽视。

8.1 所得税概述

所得税是以纳税人的"应税所得"（taxable income）为课税对象开征的各税种的总称。现代社会，各国普遍开征的所得税主要有个人所得税、公司所得税、资本利得税和社会保障税等。

8.1.1 所得税的特点

所得税以要素所有者占有的国民收入流量为税源，与其他课税体系相比较，它具有税源广泛、税负分配相对公平和对经济运行干预少以及征管相对复杂等几方面的特点。

1. 所得税的税源广泛

所得税的课税对象是企业和个人的所得。企业和个人所得的来源种类繁多，既有工资薪金所得和劳务所得，也有经营所得，还包括财产所得，这些所得来源于整个经济资源和纳税人全部或大部分的经济活动。只要有所得，就可以征收所得税，而且随着经济资源的不断增加和纳税人经济活动的日益扩大，所得税收入也必然随之增长。

2. 所得税的税负分配相对公平

所得税允许税前扣除，并设置了宽免额，从而保证了所得税的课征是建立在真实可靠的税基之上的，而且亏损企业和无收入的个人是不用缴纳所得税的，这与不管纳税人是否盈利、只要发生市场交易行为就要纳税的商品税相比,是完全不同的。

所得税在收入分配环节课征,其税收负担一般难以转嫁,作为纳税人的个人和企业将承担最终的税收负担。与此同时,所得税较多地采用累进税率,能够较好地针对纳税人的实际纳税能力来确定税收负担,调节收入和财富的分布,很好地体现了"多得多征,少得少征"的原则,有利于税收公平原则的实现。

3. 所得税符合税收中性原则的要求

所得税的征税环节单一,只要不存在两个或两个以上的课税主体,就不会出现重复征税,因而不会过多干扰正常的经济运行。所得税的应纳税额也不构成商品和劳务价格的组成部分,课征所得税一般不会影响不同商品和劳务间的相对价格,也不会损害市场机制配置资源的效率。所得税是以纳税人的纯所得为课税对象,虽然课征所得税对纳税人的积累和扩大再生产会有一些影响,但由于纳税人可以进行必要的税前扣除,这就不会伤及税本,也不会侵蚀整个社会经济正常运行的基础。

4. 所得税的征管相对复杂、征收阻力大

所得税以纳税人的应税所得作为计税依据,这需要对实际所得额做适当的调整,对于个人来说,要计算个人总收入、免税额和扣除额等;对于企业而言,要核算企业的总收入、成本、费用和利润等;再加上累进税率的运用,所以所得税的计征要比其他税种复杂许多。个人所得税的课征,还面临纳税人数量多、税额相对较小、税源分散以及容易出现隐匿所得、申报不实等问题,其征收管理的难度要比其他税种更大一些。

与商品税的税收负担相对隐蔽不同的是,所得税的税收负担具有较强的直接性、公开性和透明性,它的课征让纳税人直接感受到经济利益的损失,容易引起对抗,因而征收阻力相对较大。

8.1.2 对"应税所得"的界定

所得税是对"所得"课征的税。由于"所得"是一个内容宽泛的概念,因此要课征所得税,对"应税所得"的界定就成为问题的关键所在。对于什么是"应税所得",一直以来就有不同的看法,概括起来主要有"周期说""纯资产增加说""净值加消费说""交易说"等四种。[①]

1. 周期说

"周期说"又被称为"所得源泉说"(source and periodicity concept),其主要代表人是普伦(Plehn)。他认为,只有从可以获得固定收入的永久性"来源"中取得的收入,才应被视为是应税所得。在"周期说"中,应税所得是一个特定的概念,其关键点在于这种所得具有循环出现、反复发生的永久性源泉的性质,而非固定性收入,如临时性和偶然性收入等,因为没有规则性而被排除在应税所得之外。

2. 纯资产增加说

"纯资产增加说"(net asset accretion concept)最早是由德国学者熊滋(Schanz)

[①] 杨斌. 比较税收制度[M]. 福州:福建人民出版社,1993,292-294;马国强. 税收概论[M]. 北京:中国财政经济出版社,1995:192-193.

提出的。他认为,所得是在一定时期内新增加的并可随意支配的经济资产的总额,但要从中扣除所有应支付的利息和资本损失。"纯资产增加说"纯粹是从货币价值增加的角度着眼,不问所得来源是否具有规则性。这样,不仅反复连续发生的所得包括其中,同时被"周期说"排除在应税所得之外的临时性、偶然性和恩惠性的所得也被纳入应税所得。

3. 净值加消费说

"净值加消费说"是由美国学者海格(Haige)和西蒙斯(Simons)在熊滋提出的"纯资产增加说"的基础上发展起来的,以这一学说为基础的所得概念,常常被称为"S-H-S"概念。海格和西蒙斯认为,所得是在一定时期内纳税人个人消费能力净增加的货币价值,它等于在此期间的实际消费额加上财富净增加额。凡是能够增加一个人享受满足的东西,就应认为是所得;各种来源的所得,不论是经常性的还是偶然性的,不论是规则的还是不规则的,不论是已实现的还是未实现的,都应列入应税所得的范围。根据这一学说,应税所得不仅包括货币所得,而且包括房屋改良、机器修理后的重估溢价;不仅包括商品或劳务交换过程中发生的所得即交易所得,还包括不经交易产生的所得,如自己生产的产品供自己使用等情况。

4. 交易说

"交易说"是会计学家们赞同的一种观点,它认为所得与交易有关。"交易说"中的所得指的是某一时期在交易基础上实现的全部收入,减去为取得这些收入而消耗的成本费用,再减去同期亏损之后的余额。

上述学说中,以在"纯资产增加说"基础上发展出的"净值加消费说"最完整,并为相当一部分学者所接受。然而,"净值加消费说"在实践中却很难完全适用。第一,依照这一定义,各种真实所得和实物所得的计入与价值的衡量,在税务行政上有难以克服的困难,而且非市场性消费项目也被包括在所得之内,这不合情理[①];第二,资本增值是否应视为所得课税,各国所采取的态度不同,即使认为应当课税的国家,也提出对未实现的资本增益课税应予区别,仅对已实现的部分课税;第三,关于由继承或赠与而取得的收入应否视为所得,大多数学者的意见,仍然倾向于认为不是所得,主张分别处理。

在各国课征所得税的实践中,虽然没有一个国家固守上述学说中的某一种,但不同国家对上述学说的应用还是有一定的倾向性,如美国偏重于"纯资产增加说",英国和法国曾经在一段时间内都倾向于"周期说",但后来也逐步转向"纯资产增加说",而许多发展中国家更倾向于"周期说"或"交易说",[②]这是各国所得税制存在差异的一个重要原因。对"应税所得"的界定,实质上是在所得税制中对公平和效率的权衡与取舍。以"纯资产增加说"为基础的所得税,在公平方面要优于以"周期说"为基础的所得税,但却没有后者便利。"净值加消费说"使应税所得接近真实所得,从而能在更大程度上反映出一个人的纳税能力,有利于税收公平的实现,但在实际操作的可

[①] 田璧双,王盛贤. 所得税论[M]. 台中:国彰出版社,1983:19.
[②] 李金桐. 租税各论[M]. 台北:五南图书出版公司,1995:7;杨斌. 税收学原理[M]. 北京:高等教育出版社,2008:230.

行性方面，显然又过于复杂。以"交易说"为基础的所得税制比较简单，征管便利，但又由于课税范围仅限于交易的所得，不能全部反映一个人的纳税能力而有悖于公平原则。

在现实中，各国对于"应税所得"的界定，主要有两种做法：一种是在税法中规定包括各项应税所得的条款，但对每一项内容都只作比较粗略的概念性规定，这就可以避免限定应税所得的范围；另一种是把总所得定义为各种应税所得的总额，把各种应税所得详尽地分为几大类，分类计算应税所得，凡是不属于规定类别的所得都免于征税。

8.1.3 "应税所得"的特征

尽管各国所得税制中纳入课税范围的所得项目不完全相同，但一般认为，所得税的"应税所得"应当具有纯所得、合法性所得、货币性所得和能增加纳税能力的所得等特征。

1. 应税所得是纯所得

纳税人取得的任何一项所得，无论是劳务所得、经营所得、投资所得还是其他所得，均会有相应的物化劳动和活劳动的投入。为了不至于因为课税而影响经济再生产活动的顺利进行，各国在课征所得税时，都允许从毛所得（gross income）中减去合理的生产费用以及与获得该项收入密切相关的正常开支。也就是说，纳入课税范围的所得一般都是纯所得（net income），而不是毛所得。

2. 应税所得是合法所得

根据来源上的法律属性，所得可以分为"合法所得"和"非法所得"。合法所得指的是纳税人在法律许可的范围内，从事生产经营活动取得的所得。一般来说，只有具有合法来源的所得，才被纳入所得税的课税范围之内。至于走私、贪污、盗窃、赌博、抢劫、诈骗等非法所得，都不应列入所得税的课税范围。将非法所得排除在应税所得的范围之外，只是说它不适用于税收手段。

专栏 8-1　应税所得的合法性：基于税收原则的分析

20世纪90年代，沈阳、南京和广州等地的税务部门先后对"三陪服务人员"的收入征税，经过媒体报道后，引起了人们对应税所得合法性问题的广泛关注。一部分理论和实务工作者，尤其是一些法律学者，开始转向赞同也应把"非法所得"纳入课税范围的观点。税收原则是一个国家税收制度建设的指导思想，同时也是判断既定税收制度安排是否合理的标准，因此"非法所得"是否应纳入所得税的课税范围或者"合法性"能否作为界定应税所得范围的原则之一，其中很重要的一点就是看它是否违背了公认的税收原则。

1. 税收公平原则与应税所得的合法性

主张把应税所得的范围扩大到"非法所得"的学者认为，"对非法所得不能征税，公平原则就无从谈起；只对合法所得征税就是对公平原则的变相否定"，而且还会产生"新的不公平"。如果仅仅是对"非法所得"征税就能达到目的的话，那么一直困扰着人类的公平问题岂不是就可以迎刃而解了吗？然而历史和现实都明确地告诉我们，事情并不这么简单。毫无疑问，税收能够在公平问题上发挥重要的作用，但它并不是实现"公平"的唯一手段和途径，有的情况下税收在公平问题面前甚至是束手无策的。其实，"非法所得"的存在本身就是一种不公平，就是对公平原则的否定，将"非法所得"与"合法所得"一视同仁地征税以求"公平"，实际上就是对这种"不公平"的一种承认和延续，而绝不是对所谓的"新的不公平"的克服。

改革开放以来，中国各种灰色和黑色收入所占的比重越来越大，它所带来的包括不公平在内的社会经济问题也越来越严重。这在很大程度上是体制转轨过程中的一种极不正常的现象，而绝不是将"非法所得"排除在课税范围之外"惹的祸"。事实上，即使将"非法所得"纳入课税范围，也不可能从根本上抑制灰色和黑色收入泛滥的问题。将"非法所得"排除在应税所得范围之外，只是说对其不适用于税收手段，而不是听之任之、不采取任何措施。对于在现实生活中因"非法所得"的存在而产生的不公平，只能依靠规范收入分配秩序，强化法制建设和执法队伍的建设并加大执法力度，防止非法行为的发生，从源头上堵住"非法所得"，同时对"非法所得"予以相应的处罚直至取缔，这才是问题的关键。①依靠将"非法所得"纳入课税范围来解决问题，不仅无助于公平原则的实现，还会带来一些负面影响，尤其是对正常道德伦理观念形成较大的冲击。那种想依靠将"非法所得"纳入课税范围来解决问题的观点，最终也只会陷入"税收万能论"的窠臼。

其实，即使将"非法所得"纳入课税范围，也会因为在实际税收征管中难以得到有效课征而无法实现公平。"非法所得"之所以存在，主要就是因为非法行为者能够采取种种手段有效地逃避民商法等的规制。在民商法等的法律效应已经丧失的情况下，又有多大可能将这些所得置于税法的约束下，从而对其课税，进而有助于实现公平原则呢？在现实生活中，"非法所得"很难或者说根本就无法对其进行有效课征。将"非法所得"纳入应税范围，无论是从理论上还是从实践上看，对公平原则的实现都是没有任何裨益的。

2. 税收行政效率原则与应税所得的合法性

有学者还认为，将应税所得界定为合法所得，意味着税务机关每征一笔税都必须首先对应税所得的来源性质进行调查，从而造成税收征管效率的低下、税务机关的职能延伸至司法领域以及无法对部分所得项目征税等问题。在实践中，税务机关与其他执法部门之间有着明确的职能划分，税务机关在征税之前不需、不能而且也无力去调查每一笔应税所得的合法性，但这并不等于不能对未确定来源性质的所得征税。

"无罪推定、疑罪从无"是现代法学理论和实践所推崇和遵循的一项基本原则，即一个行为主体的行为及其所产生的后果，在未被相关的政府职能部门依法确定为"非法"之前，在法律上只能被认定是"无罪"的。这一原则在现代法治社会中已经被贯彻到社会经济生活的各个领域中，公安机关抓获的犯罪分子在被法院宣判罪名成立之

---

① 中共十六大、十七大、十八大、十九大和二十大报告，均提出要"取缔非法收入"。

前，在法律上只能称之为"犯罪嫌疑人"而不是"罪犯"，就是这一原则的具体体现。根据"无罪推定"原则，如若一项所得未被相关的政府职能部门根据国家颁布的法律、法规确定为"非法所得"，那么税法和税务部门就应当并且只能将其认定为"合法所得"，并依法对其进行课税。

3. 税收普遍征收原则与应税所得的合法性

普遍征收原则是德国著名财政学家瓦格纳在19世纪论证税收的社会正义性时提出来的一项原则。因为当今世界大多数国家都已实现了普遍征税，所以现代税收原则一般都不再刻意强调和突出这一点。然而，那些主张将应税所得的范围扩大到"非法所得"的学者，却把这一早期的税收原则学说搬了出来，提出将应税所得局限在合法所得范围内会使得普遍征收原则不复存在。其实，普遍征收原则的最初提出，主要是针对那些享有税收特权的封建贵族，它所要求的不是"任何收入都应纳税"，而是政府在征税过程中不考虑纳税人的政治、经济和社会地位的特殊而课及每一个有纳税能力的国民。即使随着时代的变迁和社会经济形势的变化，普遍征收原则的基本内涵，也没有扩展到将纳税人所有的所得都纳入课税对象。

在这个世界上，任何事物都不是绝对的，税收的普遍征收原则也是如此。通观各国的所得税法，可以说没有任何一个国家将纳税人所有的收入都纳入所得税的课税范围内，总会因为公平、效率、道德伦理、税收征管技术和成本等诸多方面的原因，而将部分所得项目排除在应税所得范围之外，将"非法所得"不列入应税所得范围，其实就是其中的一个具体体现。那种认为将"非法所得"排除在应税所得范围之外就是违背税收普遍征收原则的观点，恰恰是对"普遍征收原则"作了绝对化的理解，没有把握住瓦格纳当初提出这一原则的真谛。

资料来源：根据王玮. 论应税所得的合法性问题. 财税法论丛（第5辑）[M]. 北京：法律出版社，2005编写整理。

将应税所得界定为有合法来源的所得，也并不必然意味着政府课征所得税就承认一项已经纳过税的所得具有合法性。这主要是因为税法的基本功能在于规范各税收活动主体的行为、调整税收征缴过程中的相互关系，它并不具有判定一项所得是"合法"还是"非法"的功能。

3. 应税所得是可以增加纳税能力的所得

"所得"是反映纳税人纳税能力的一个重要指标。从理论上说，纳税人取得的所有所得都应作为个人所得税的应税所得，但纳入所得税课税范围内的所得应当能够体现出纳税人经济实力的净增加。正因如此，在计算应税所得时，应把所得与财产或资本区分开。如储蓄存款，其取得的利息收入代表纳税人税收负担能力的增加，它属于应税所得，但是取出存款只是形式上的变化，不增加纳税人税收负担能力，所以不构成应税所得。

4. 应税所得一般是可以用货币计量的所得

就存在形态而言，所得既包括物质所得，也包括精神所得。但是作为课税对象来课征所得税的，只能是物质性的并且能够以货币表示的所得。精神所得，如荣誉性所得、知识性所得、体质性所得以及心理性所得，均由于不代表纳税人实际纳税能力的增加,因而被排除在所得税的课税范围之外。

8.2 个人所得税

个人所得税(personal or individual income tax)是以个人或自然人取得的各项所得为课税对象征收的一种税。进入现代社会后,各国都普遍开征了个人所得税。在一些经济发达国家,个人所得税已经成为收入规模最大的一个税种。

8.2.1 个人所得税的纳税人与课征范围

个人所得税的纳税人是具有独立法律地位的自然人。在一个国家,哪些自然人在该国负有缴纳个人所得税的义务以及在多大程度上负有纳税义务,与这个国家行使的税收管辖权有着密切的关系。税收管辖权(jurisdiction to tax)是国家主权在税收领域里的体现。属地主义和属人主义是国际通行的两种税收管辖权原则。属地主义原则依据"地域"来确定税收管辖权,与之相适应的是"来源地税收管辖权"。属人主义原则依据"人身"来确定税收管辖权,由之确立的税收管辖权有"公民税收管辖权"和"居民税收管辖权"两种类型。税收管辖权不仅决定了一个国家个人所得税的纳税人,而且框定了该国个人所得税的课征范围。

专栏 8-2 中国的个人所得税:从"富人税"向"大众税"流变

1980 年中国颁布个人所得税法时,工资薪金所得适用个人所得税的免征额为 800 元/月,而当年中国城镇职工的月平均工资仅为 63.5 元,免征额与平均工资之比为 12.6∶1。此时,国内极少有要缴纳个人所得税的居民,纳税人主要是在华工作的外籍人士。为了抑制过热的消费需求并调节收入分配,中国于 1987 年专门对国内居民开征了个人收入调节税,免征额在不同地区有所不同,平均为 400 元/月,而当年全国城镇职工月平均工资为 121.6 元,免征额与平均工资之比为 3.3∶1,纳税人依然寥寥无几。直到 1992 年,仍只有 1%的工薪阶层缴纳个人所得税。1981 年中国的个人所得税收入仅为 0.05 亿元,占税收总额的比重不足 0.01%,1994 年个人所得税收入为 72.7 亿元,占税收总额的比重也只有 1.43%。可见,这一时期的个人所得税具有明显的"富人税"性质。

个人所得税逐步走进百姓生活,是从 1994 年开始的。这一年中国将外籍人士缴纳的个人所得税与国内居民缴纳的个人收入调节税合并为现行个人所得税制,免征额仍确定为 800 元/月,而当年全国城镇职工的月平均工资已提高到 378.2 元,免征额与平均工资之比降为 2.1∶1。随着经济发展水平的不断提高,普通社会成员的收入也不断增加。从 1994 年到 2002 年,中国职工的实际工资平均每年按 8.8%的速度递增,到 2001 年全国职工月平均工资达到 905.8 元,首次超过 800 元的免征额,2002 年又增加到 1035.2 元,平均工资是免征额的 1.3 倍。2005 年中国个人所得税的免征额调整为

1600元/月，2007年又调整为2000元/月，但2006年和2007年中国城镇职工的月平均工资也进一步提高到1750元和2060元。城镇职工的平均工资水平超过免征额，表明有相当一部分工薪阶层要缴纳个人所得税。个人所得税纳税群体的扩大，使得近年来中国个人所得税收入以年均20%以上的速度增长。2002年，中国个人所得税收入首次突破千亿元，达到1211.78亿元；2007年，中国个人所得税收入已超过3000亿，达到3185.58亿元，占税收总额的比重也上升到7%。2011年，由于免征额进一步提高到3500元/月使得个人所得税的纳税人数量有所降低，但当年中国个人所得税的增收幅度仍然突破了千亿元。2018年个人所得税制改革后，由于免征额提高到60 000元/年，再加上专项附加扣除等的引入，个人所得税的纳税人数由1.87亿大幅锐减到6400万左右。尽管如此，但个人所得税走进中国普通百姓生活的现实，已经不可改变。

资料来源：根据中国财政部网站和新浪网等相关资料编写整理。

1. 来源地税收管辖权下个人所得税的纳税人与课征范围

来源地税收管辖权（source jurisdiction to tax）以一个国家主权所及的领土疆域为其行使税收管辖权的范围。根据这一税收管辖权，收入来源国政府有权对任何国家的公民在该国境内取得的所得课税。在行使来源地税收管辖权的国家，只要一个自然人在该国取得收入，无论是否是该国公民或居民，均会被认定为该国个人所得税的纳税人，并在该国负有"有限纳税义务"（limited liability to tax），仅就其在该国境内取得的所得向该国政府缴纳个人所得税。

收入来源地的认定，是一个国家行使来源地税收管辖权的关键。在来源地税收管辖权下，只有在认定一个自然人与本国具有收入来源方面的连接因素（connecting factor）的前提下，方可对其来源于本国境内的所得课税。各国通行的收入来源地认定标准，根据所得项目的不同而有所区别。

（1）劳务报酬所得。判断劳务报酬所得是否来源于本国，一般依据劳务活动的受雇地点或就业地点而定。若受雇地点或就业地点在本国境内，本国即为收入来源地。

（2）利息所得。判断利息所得是否来源于本国，一般依据是否由本国境内的债务人支付而定。若是由本国境内的债务人支付利息，本国即为收入来源地。

（3）股息所得。判断股息所得是否来源于本国，一般依据支付股息公司的设立地点而定。若是由设在本国境内的公司支付股息，本国即为收入来源地。

（4）财产租赁所得。判断财产租赁所得是否来源于本国，一般依据财产的坐落地点而定。若财产坐落在本国境内，本国即为收入来源地。

（5）特许权使用费所得。判断特许权使用费所得是否来源于本国，一般依据版权、商誉、专有技术、专利等特许权的使用和费用支付地点而定。若在本国境内使用特许权并支付相关的费用，本国即为收入来源地。

（6）不动产所得。判断不动产所得是否来源于本国，一般依据不动产的坐落地点而定。若不动产坐落在本国境内，本国即为收入来源地。

2. 公民税收管辖权下个人所得税的纳税人与课征范围

公民税收管辖权（citizen jurisdiction to tax）以"本国公民"为其行使管辖权的范围。根据这一税收管辖权，一国政府有权对本国公民在境内和境外取得的所有所得课税。在行使公民税收管辖权的国家，该国公民都是该个人所得税的纳税人，并在该国负有"无限纳税义务"（unlimited liability to tax），需要就其在全球范围内取得的全部所得向该国政府缴纳个人所得税。

公民身份的认定，是一个国家行使公民税收管辖权的关键。由于公民身份的取得，必须以拥有国籍为前提条件，行使公民税收管辖权的国家通常以国籍作为区分公民和非公民的标准。在仅行使公民税收管辖权的国家，凡具有本国国籍，即确定为本国个人所得税的纳税人，而外国公民则被排除在本国个人所得税的纳税人范围之外。

3. 居民税收管辖权下个人所得税的纳税人与课征范围

居民税收管辖权（residence jurisdiction to tax）以"本国居民"为其行使管辖权的范围。所谓"居民"指的是居住在一国境内并受该国法律管辖的自然人。税法意义上的"居民"或者说"税收居民"概念，强调的是纳税人在一国境内长期居住的事实，它不同于民法和行政法意义上的"居民"。根据居民税收管辖权，居住国政府有权对在本国境内居住的所有居民在境内和境外取得的所得课税。在仅行使居民税收管辖权的国家，该国居民都是该国个人所得税的纳税人，并在该国负有"无限纳税义务"，需要就其在全球范围内取得的所有所得向该国政府缴纳个人所得税；而非该国居民则不是该国个人所得税的纳税人。

居民身份的认定，是一个国家行使居民税收管辖权的关键。在居民税收管辖权下，无论是本国公民还是外国公民，只要在一国境内居住并满足该国税法所规定的相关标准，就会被认定为该国居民。各国通行的居民认定标准主要有住所、居所、居住时间以及意愿等四种。

（1）住所标准。住所标准根据一个自然人是否在一国境内拥有永久性住所或习惯性住所（domicile），来判定其是否为本国居民。各国个人所得税法中所说的"住所"，一般都是指该自然人的配偶、家庭及财产的所在地。

（2）居所标准。居所标准规定一个自然人如在一国境内有居所（residence），即为该国居民。在国际税收实践中，居所和住所是两个不同的概念。"居所"通常是自然人为了经商、求学或谋生等目的经常居住或连续居住了较长时间但又不具有永久性居住性质的场所，它既可以是自然人自有的房屋，也可以是租用的旅馆或公寓等。

（3）居住时间标准。不少国家也以一个自然人在本国境内居住或停留（physical presence）时间的长短，作为判定其是否是该国居民的标准。居住时间标准一般按纳税年度确定，如果一个自然人在一个国家境内连续居住或累计停留超过了该国个人所得税法规定的时间，就会被判定为该国居民。

（4）意愿标准。一些国家还以一个自然人是否在本国有长期居住的主观意愿（willing of living），作为判断其是否为该国居民的标准。如果一个自然人有在一国居住的主观意愿，就会被判定为该国的居民。长期居住的主观意愿，通常根据签证时间的长短、劳务合同的签订情况等因素来加以判断。

各国常常是多个标准同时使用。凡根据上述标准被确认为一国居民，即为该国个人所得税的纳税人。但住所、居所、居住时间以及意愿等认定标准，虽然有国际通行的一般规则，但具体到不同的国家则取决于各国国内税法的规定，不同国家之间存在一些区别。

4. 各国税收管辖权的现实选择与个人所得税纳税人的确定

从理论上说，一个国家既可根据属人原则或属地原则中的一种实行某一种类型的税收管辖权，也可根据两种原则同时行使两种或三种类型的税收管辖权。由于仅实行单一税收管辖权会导致税收收入的大量损失，因而在实践中大部分国家都是以某一种类型的税收管辖权为主，同时兼及另一种类型的税收管辖权。

世界各国都根据本国的经济、政治和社会状况来选择税收管辖权的种类。一个国家对税收管辖权的选择，主要反映了该国的政治经济地位及维护本国财政利益的态度。发展中国家大多是资本输入国，吸收的外来投资较多，外资企业在本国经济中占有一定比重，而本国对外投资却不多，无丰厚的境外所得，资本流动基本呈单向注入式形态，所以发展中国家非常强调来源地税收管辖权。当然，出于成本—受益原则和国际间利益对等原则，大多数发展中国家也同时行使居民税收管辖权，只有少部分发展中国家仅行使来源地税收管辖权。经济发达国家基本都是资本输出国，同时又是资本输入国，资本双向流动特征明显。从资本输出国的角度看，大量的资本输出和人员流动产生了巨大的境外利益，本国居民来自其他国家的所得较多，因此经济发达国家更强调居民税收管辖权，①但从资本输入国或来源国的角度看，依照某些通行的原则，经济发达国家同时行使收入来源地管辖权也是必然的。只有美国等极个别国家同时行使公民税收管辖权、居民税收管辖权和来源地税收管辖权。

由于大部分国家同时行使来源地税收管辖权和居民税收管辖权，因而各国个人所得税的纳税人一般都被分为"居民纳税人"（resident taxpayer）和"非居民纳税人"（non-resident taxpayer）。居民纳税人对居住国负有无限纳税义务，要就其在该国境内和境外取得的全部收入向该国政府缴纳个人所得税；而非居民纳税人在该国仅负有有限纳税义务，只需就其在该国境内取得的所得向该国政府缴纳个人所得税。

大部分国家同时行使两种不同的税收管辖权，即使是采用完全相同类型的税收管辖权，但各国采用的判断标准也不可能完全相同，这种状况使得不同国家的税收管辖权必然出现重叠。就个人所得税而言，一个自然人既有可能是这个国家的纳税人，也有可能是另一个国家的纳税人（dual-resident taxpayer），其结果就是个人所得税国际间的重复征税。虽然不少国家都采取了相应的措施，但都没能从彻底消除重复征税。为了消除重复征税及其对社会经济运行产生的负面影响，一直以来就有学者提出各国的税收管辖权应由以属人原则为主转向以属地原则为主的诉求，但将这一主张付诸实施的难度非常大。

拓展阅读 8-1

中国歌星为什么会被瑞典税务机关指控涉嫌逃税？

8.2.2 个人所得税的基本模式

各国个人所得税制的课征有分类所得税模式、综合所得税模式和分类综合所得税模式等三种形态。不同模式的个人所得税制，在公平、效率和税收征管等方面均存在

---

① 第二次世界大战后，各国的经济生活呈现国际化的势头，跨国公司在全球范围内的迅猛崛起，导致国际间的人员和资本流动急剧增加，完全按公民身份来行使全面的税收管辖权，无疑会导致各国税收管辖权之间的磨擦和冲突进一步的加剧，因而大多数国家选择以"居住"标准取代"国籍"标准来确定本国的税收管辖权。

一些差异。

1. 分类所得税模式

分类所得税（schedular income tax）将纳税人的所得按来源划分为若干类别，如工资薪金所得、劳务报酬所得、经营所得、财产转让所得和财产租赁所得等，对各种不同来源的所得，分别适用不同的征税方法来征税。分类所得税计税依据的基础，是法律所确定的各项所得，而不是个人的总所得。

按照性质划分，所得可以分为勤劳所得（earned increment）和非勤劳所得（unearned increment）两大类。分类所得税制的理论依据在于取得不同性质的所得付出的劳动和艰辛程度是各不相同的，因而不同性质的所得应承担轻重不同的税收负担。工资薪金和劳务报酬等勤劳所得，要付出辛勤的劳动才能获得，应课以较轻的所得税；而股息、利息和租金等非勤劳所得，是凭借其拥有的资本或财产获得的，其中包含的辛劳较少，应课以较重的所得税。正因为如此，分类所得税对不同类型的所得一般会采用差别比例税率和累进税率来课征。

分类所得税对不同性质的所得实行区别对待，有利于实现特定的政策目标；分类所得税也易于进行源泉控制，而且无须每年进行汇算清缴，征收管理相对简单。但分类所得税存在不能全面合理地将累进税率运用其中、无法有效贯彻税收公平原则的要求等缺点。

2. 综合所得税模式

综合所得税（unitary income tax）将纳税人一定期间内的各种所得，不管其来源于何处，一律合并征税，其计税依据是纳税人的全部所得。综合所得税的理论依据是既然所得税是一种对人税，那么就应当综合纳税人各种性质的所得按统一的累进税率课征。

综合所得税能够照顾到纳税人的收入水平及家庭税收承担能力，符合税负公平负担的原则，也能适应经济的不断发展。但综合所得税模式是建立在自行申报制度基础之上的，纳税人必须自行完成整个纳税年度的税收汇算清缴工作，征纳手续比较繁杂。而且综合所得税制的有效运行，是以纳税人有较强的纳税意识、较健全的会计核算体系和完善的税收征稽体制等作为基本前提条件；否则，个人所得税偷逃现象就可能比较严重。

3. 分类综合所得税模式

分类综合所得税（scheduled unitary income tax）是一种将综合所得税制与分类所得税制结合起来的个人所得税模式，它又被称为"混合所得税制"。① 分类综合所得税有并立式和交叉式两种类型。交叉式分类综合所得税是先按分类所得税的计征办法在

---

① "二元所得税"（dual income tax）是分类综合所得税制的一种类型，它最早在北欧国家实行。典型的二元所得税，按照不同的税率对资本所得和劳动所得分别进行课税。在这一模式下，资本所得采用单一比例税率，且无任何扣除和抵免；劳动所得，在扣除相关的成本费用后采用累进税率来课税。在税率设计上，资本所得适用的税率参照公司所得税制定，且与劳动所得适用的累进税率的最低档大体相当，这意味着在二元所得税模式下资本所得的税收负担轻于劳动所得。二元所得税制对资本所得有一定的优惠，有利于吸引流动性税基、维护一国的经济竞争力和税收竞争力，具有效率优势；与此同时，二元所得税制对劳动所得进行累进课征，在一定程度上兼顾了对收入再分配的公平考虑。二元所得税制在北欧国家开始实行后，其影响力逐步扩大。

所得形成的过程中对纳税人的所得征税,在纳税年度终了再将各项所得加总,对全部所得超过一定限额的部分按照累进税率再课征个人所得税。分类阶段已经征收的税款,可以冲抵综合阶段要课征的税款,多退少补。并立式分类综合所得税是将纳税人某一所得或某些种类的所得从总所得中分离出来,按照分类所得税的办法单独计税,其余的所得项目则按照综合所得税的办法计征个人所得税。

4. 不同个人所得税模式的比较

从性质上看,分类所得税制注重所得的经济源泉和差别税负,而综合所得税制更注重所得的个人归集和整体税负。在性能上,分类所得税制中个人整体税收负担被切割,不便于累进课税,公平性较差,而综合所得税制调节收入再分配的能力较强,有利于税收公平的实现。在征管上,分类所得税制税收征管方面的要求要低许多,而综合所得税制对税收征管的要求比较高;此外,在分类所得税下,容易发生避税,但在综合所得税下却可以有效地避免这一问题。

分类综合所得税模式在一定程度上结合了分类所得税模式和综合所得税模式的优点,它既实现了对不同性质的所得进行区别对待,又坚持了"量能课税"的负担原则。但是,分类综合所得税在制度设计上比综合所得税制要复杂得多,税务管理的任务也更为艰巨。

不同模式的个人所得税制并不存在绝对的优劣,一个国家具体应选择哪种类型,关键在于本国的社会经济条件。一般来说,经济发展相对落后、税收征管制度不太健全的国家,多实行分类所得税制或分类综合所得税制;而经济发展水平较高、税收征管制度健全的国家,多实行综合所得税制。

专栏 8-3 　　中国个人所得税制模式的调整

税制模式的调整,一直是各国个人所得税制改革的一项重要内容。从世界各国的实践来看,许多国家在开征个人所得税初期采用的都是分类所得税制,中国在改革开放初期恢复课征个人所得税,采用的也是这一模式。后来,分类所得税制在部分国家演进为综合所得税制;在另外一些国家,则演进为分类综合所得税制,后又进一步演进为综合所得税制。尽管综合所得税模式已在实践中被证明是个人所得税制的发展趋势,但这并不意味着现阶段及未来一段时间中国的个人所得税制改革就是迅速向综合所得税制迈进。

实际上,一个国家要想真正有效地推行综合所得税制,至少应具备三个方面的基本条件:一是个人收入完全货币化;二是有效的个人收入汇总工具;三是便利的个人收入稽查手段。然而,中国目前的实际情况却是:居民收入水平还不是非常高,个人所得税纳税人数占总人口的比重还比较低;纳税人收入分配渠道众多,分配方式复杂,隐性收入较普遍;整个社会的纳税意识还比较薄弱,税收征管的能力和水平都还不高,难以全面、真实、准确地掌握纳税人的收入情况。可见,中国目前尚缺乏推行综合所得税制的必要条件。如果强制推行,必然会产生税款的大量流失等诸多问题。

立足于中国当前的实际情况,在兼顾税制的公平、效率和操作上的可行性等的基础上,现阶段及未来一段时间里中国个人所得税改革的理性选择仍然是分类与综合相结合的模式。早在2003年,党的十六届三中全会通过的《中共中央关于完善社会主义市场经济体制若干问题的决定》就确定中国个人所得税的改革方向是实行综合和分类相结合的模式。2013年,党的十八届三中全会再次重申中国要逐步建立综合与分类相结合的个人所得税制。在经过多年的准备之后,中国在2018年对《个人所得税法》进行了较大幅度地修订,并于2019年正式开始实施综合与分类相结合的个人所得税制。

2022年,党的二十大报告提出要"完善个人所得税制度";2024年,党的二十届三中全会提出"完善综合和分类相结合的个人所得税制度"。根据这些部署,实行劳动性所得统一征税,优化个人所得税综合所得的征收范围,完善专项附加扣除项目和标准以及规范经营所得、资本所得、财产所得税收政策等就成为中国实现个人所得税制模式转变之后关键性的举措。

资料来源:根据新浪网财经频道相关资料编写整理。

8.2.3 个人所得税的课税单位

个人所得税的课税单位主要有个人制和家庭制两种基本类型。如果一个国家的个人所得税制完全采用单一比例税率,那么课税单位(unit of taxation)的选择就无关紧要。然而,在累进税率结构下,个人所得税课税单位的选择,既关系到单身、夫妻仅一方有所得和夫妻双方均有所得等不同家庭形态之间税收负担的公平性,也影响着个人所得税制的累进性、妇女的工作意愿和妇女的社会地位等。[①]

1. 个人制

个人所得税是对取得收入的自然人课征的一种税,以自然人作为课税单位是一件非常自然的事情。个人所得个人制的课税单位(individual-based taxation),具体包括未婚者单独申报(single)和已婚者分别申报(married filing separately)两种形式。各种模式的个人所得税制,都可以个人为课税单位来进行课征。

个人制的最大优点在于"婚姻中性"(marriage neutrality)[②],它使得纳税人的税收负担不因为婚姻状况的改变而发生变化。但在个人制下,非常容易出现家庭成员之间通过分散资产、分计收入的办法来分割所得,以逃避税收或避免适用较高档次累进税率的现象,而且个人制也难以对家庭成员的生计费用扣除做出通盘安排。如果不考虑赡养人口,取得同样收入的个人,不管家庭负担存在多大差别,都要缴纳同样的税收,这显然有失公平。

2. 家庭制

人类步入文明社会后,家庭一直都是社会经济生活中的重要单位。作为家庭的一分子,有婚姻关系和血缘关系的自然人通过家庭结为财产关系的统一体,家庭成员之间天然的经济联系是不可随意分割的,而且家庭成员享受的福利水平又与整个家庭取

[①] 在个人所得税制的发展史中,课税单位的选择,常常以家庭中的配偶如何处理为问题的中心。这一问题是英国皇家所得委员会(Royal Commissions on the Taxation of Profits and Income)在1920年提出的,因为这一时期累进税率普遍被运用到个人所得税中来,个人所得税的负担日益加重,使得课税单位问题开始被重视。

[②] GRUBER J. Public Finance and Public Policy[M]. New York: Worth Publishers, 2012: 550.

得的收入息息相关，因此个人所得税也可以家庭为课税单位。个人所得税家庭制的课税单位（family-based taxation），具体包括户主申报（head of household）和已婚者联合申报（married filing jointly）两种形式。一个国家要以家庭为单位来申报缴纳个人所得税，其个人所得税制必须采用综合所得税制或分类综合所得税制模式。

以家庭为单位来课征个人所得税，能更全面、准确地反映一个家庭的负担能力，较为符合公平负担原则，而且家庭汇总申报纳税，各项税收扣除可以家庭为单位统一计算，税收的申报稽核相对简单，家庭成员通过资产和收入分割来避税就比较困难，征管效率也较高。然而，家庭制可能会因为婚前、婚后税负不同而造成对婚姻的税收干扰，鼓励收入悬殊的男女结婚，而"惩罚"那些收入接近的男女结婚（marriage penalty）。在高税率、多档次的累进税率下，家庭制也可能会降低女性的工作意愿，因为如果女性参加工作，其获得的收入要与丈夫的收入合并计算，会提高适用税率的档次，增加税收负担。

3. 其他形式的课税单位

部分国家对家庭制做了一些改进或在个人制和家庭制之间采取了一些折中的措施，如家庭系数法（family quotient system）、所得分割制（income splitting）和多组税率制（multiple rate system）等。

家庭系数法是将应税所得除以家庭系数，得出一个金额，以此作为依据确定个人所得税的适用税率，两者相乘的得数再乘以家庭系数计算出应纳税款。家庭系数法能照顾不同的家庭情况，负担能力强的家庭多纳税，抚养人数多、纳税能力弱的家庭少纳税，具有鼓励生育的效果。但是，家庭系数法只适用于以家庭为单位申报纳税的个人所得税制，而且其积极效应也只有在累进税率档次较多、边际税率较高的情况下才比较明显。高收入家庭每增加一个子女，其所享受的降税利益较低收入家庭大，因而家庭系数制只能达到横向公平，不能同时兼顾纵向公平。

折半乘二法（splitting system）是所得分割制的典型形态。[①]在使用折半乘二法计算夫妻二人的应纳个人所得税时，先将两人的合并所得除以二，以其商数及其适用的个人所得税税率计算出应纳税额，然后再乘以二即为夫妻二人的应纳税额。折半乘二法大幅降低了所得税的累进程度，从这一计税方法中受益最大的是适用较高累进税率的高收入家庭以及夫妻中只有一人取得收入的家庭，但对政府的税收收入影响甚大。折半乘二法维持了家庭制的特性，并且简单易行，同时也不影响结婚意愿，但却有可能影响妇女的工作意愿，并形成对单身者的"歧视"。

在多组税率制下，政府设计两组或两组以上的累进税率表，分别适用于单身申报、夫妻联合申报、夫妻分别申报和户主申报等不同情形的纳税人。多组税率制较好地适应了复杂的社会经济情况、具有一定的弹性，在某种程度上兼顾了税负的公平性和婚姻中性，同时也不致于对政府的税收收入产生过大的影响，但它使得税收制度更加复杂化，而且不能从根本上解决税负的公平分配问题。

4. 个人所得税课税单位的选择

一个国家个人所得税课税单位的选择，往往要综合考虑经济、社会和征管等多方

---

① 折半乘二法最早在美国付诸实施，德国、奥地利和斯里兰卡等国也曾采用过。

面的因素,具体包括税收公平、税收征管技术、税收征管成本、人口、婚姻、女性就业和女性独立性等,但很难找到方方面面都能形成共识的原则。

部分国家的个人所得税制在课税单位上选择实行家庭制,这在很大程度上是因为"家庭申报"或"夫妻联合申报"的征税方式可以使得税收负担更加公平、合理。但是,并不是所有国家的个人所得税制都适合以家庭为课税单位,它的有效实施必须具备一些基本条件,仅从技术上看就必须有很强的税收征管能力,并要建立以自然人为单位的全面财产信息税务登记制度和全国统一的涉税信息服务中心,能够全面掌握纳税人的真实收入状况。如果不具备这些条件,盲目采用家庭制就会产生巨大的征管漏洞,导致大量税收流失,同时会产生新的不公平问题。

除了公平方面的考虑,个人所得税课税单位的选择,还必须顾及经济效果、社会政策、财政收入以及税务行政等因素,过分强调公平,有时可能与其他目标相违背。①在实践中,对课税单位的任何选择或调整,都会涉及某些政策目标和社会价值之间的权衡,而在一定程度上牺牲其他的目标和价值。②如英国等国放弃原先已经实行多年的夫妻汇总纳税制度,并不是基于经济或征管技术方面的考虑,而是为了体现妇女的社会价值和独立地位,同时也消除夫妻合并申报产生的降低妇女劳动意愿等弊端。

8.2.4 个人所得税的计税依据

个人所得税的计税依据是从个人获取的总所得中减除相关的可扣除项目后的余额,即应税所得。各国的个人所得税制允许从纳税人的总所得中扣除的项目,主要有成本费用和生计费用两部分。

1. 个人所得税的应税所得

个人所得税的"总所得"是一定时间内纳税人由于劳动、经营、投资或将财产提供他人使用等各种渠道获得的所有收入。③各国的个人所得税制都将"总所得"分为"应税所得"和"非应税所得"(nontaxable income)两个部分。

不同国家个人所得税制中的"应税所得"存在较大的差异,但就收入形态来看,各国纳入个人所得税应税所得的既有货币收入和实物收入,也有债权或其他权利等;就收入性质来看,各国纳入个人所得税应税所得的既有劳动所得、资本所得以及劳动与资本混合所得,也有偶然所得等。

尽管从理论上说,所有能增加自然人纳税能力的收入都应纳入个人所得税的课税范围,但各国个人所得税制中都基于这样或那样的原因设定了一些"非应税所得"项目。个人所得税非应税所得的设定,主要有两种情况。第一种是基于税种分工和避免重复征税方面的原因而设定的非应税项目。不少国家既课征个人所得税,也开征了资

---

① 李金桐. 租税各论[M]. 台北:五南图书出版公司,1995:22.
② 奥尔特,阿诺德. 比较所得税法:结构性分析[M]. 丁一,崔威,译. 北京:中国财政经济出版社,2013:318.
③ 如美国《国内收入法典》(Internal Revenue Code)第 61 款将"总收入"界定为"产生于各种渠道的全部收入"(all income from whatever source derived);同时也列举了劳务报酬所得、营业收入、财产所得、利息、租金、特许权收入、股息、退休金及年金、赠养费收入、合伙人利润分成收入、信托资产所得、免偿债务的收入和在国外赚得的净所得等 14 项所得(参见 http://fourmilab.ch/ustax/www/t26-A-1-B-I-61.html)。

本利得税、遗产税和赠与税等税种,这些税种的课税对象之间存在着部分重叠,这就需要对上述税种的课税范围做出一个明确的界定,以免出现严重的重复征税。一些国家都将纳税人的资本性所得、继承所得和赠与所得等设定为个人所得税的非应税项目,而留给资本利得税、遗产税和赠与税来征收。第二种情况是基于一定的政策目标而设定个人所得税的免税项目。由于国情不尽相同,不同国家个人所得税制要实现的政策目标存在一定的差异,但基本都包括社会目标、经济目标和外交目标等。各国基于社会目标设定的免税项目主要有灾害救济所得、英烈抚恤金收入、保险赔款收入等;基于经济目标设定的免税项目主要有购买政府债券的利息收入、居民储蓄存款利息和符合条件的科技、教育等方面的奖励收入;基于外交目标设定的免税项目主要有国外派驻本国的外交人员的收入、按国际公约和双边协定中应予免税的项目。

专栏8-4　　　　中国也应对"附加福利"课税

附加福利(fringe benefits)是雇员由于为雇主提供服务而获得的货币化工资薪金以外的所有利益。附加福利虽然是以非货币的方式发放,但它却确确实实提高了获得者的纳税能力。经济发达国家普遍对附加福利进行课税。

经济发达国家附加福利的税务处理主要有两种方式:以澳大利亚为代表的少数国家独立开征"附加福利税"(fringe benefits tax)和以美国为代表的大部分国家将附加福利与其他的所得项目一并计入个人所得来征税。澳大利亚的附加福利税以雇主为纳税人,而对于取得福利的雇员则不需要缴纳此税。以雇主为纳税人,有利于正确完整地披露雇主所发放的实际福利,同时由于相对雇员来说,雇主的数量要少许多,可以使税收的征收管理便利有效,确保更大程度上的纳税遵从。澳大利亚附加福利税的税率以个人所得税税率为依据确定,而且采用的是最高档级的个人所得税税率,其课税范围采用列举法,凡被列入课税范围的都要课税,这样的规定可以有效防止避税现象的发生。美国按照《国内收入法典》的规定,将不征税的附加福利项目通过列举法进行列举,不在列举范围以内的所得都要征收所得税。

与经济发达国家一样,中国现阶段也有很多企业向员工提供或发放附加福利,比较典型的有提供个人用车、报销个人通信费用和日常生活消费等;此外,一些垄断性行业还存在着"部门福利",如航空企业职工及家属享受免费或低价机票,银行职工在贷款买房时享受低息的待遇等。虽然中国的个人所得税法已经将单位提供给员工的相关福利纳入个人所得税的征税范围,并且规定其由员工自行负担税负,但并没有对相关福利所包括的具体范围以及所得的计算方法作进一步的具体规定,从而造成了很多实物福利事实上游离于税收之外。在中国,附加福利在部分群体可支配收入中的比重较大,而且不同行业的附加福利还存在较大的差异,不少企业甚至将为员工提供附加福利作为规避个人所得税的一种手段。处于"无税"状态下附加福利的普遍存在,不仅造成了严重的税收不公平,同时也导致国家税收收入的大量流失。无论从哪个角度看,这种状况都应改变。

资料来源:根据澳大利亚税务局网站相关资料和白彦锋,张维霞,常怡. 境外附加福利税探讨及借鉴[J]. 国际税收,2015(5):46-50等编写整理。

2. 个人所得税的成本费用扣除

成本费用是纳税人与获取收入直接相关的各项支出。在征收个人所得税时，各国一般都允许纳税人将为取得收入而直接支付的相关成本费用从计税依据中扣除；否则，就可能伤及税本，影响社会再生产的顺利进行。

从各国的具体情况看，个人所得税成本费用扣除的方式，主要有综合扣除、分项扣除和综合分项扣除相结合等三种。综合扣除方式（standard deduction）是从总收入中一次性扣除一个综合费用额，这种扣除方式简单明了，也容易计算。分项扣除方式（itemized deduction）是对各项性质不同的成本费用分别进行扣除，这种扣除方式适应性强，能够考虑各种具体情况，体现纳税人的纳税能力，但计算比较复杂。综合分项扣除相结合的方式是对某些所得项目采用综合扣除方式，对另一些所得项目采用分项扣除方式，它避免了综合扣除方式和分项扣除方式的缺点，却集中了两者的优点，是费用扣除方式的发展趋势。

不论采用何种扣除方式，个人所得税的成本费用扣除都要依据一定的标准来进行。从各国的实践看，个人所得税成本费用扣除标准，主要有客观标准和预定标准两种。在客观标准下，按实际发生的成本费用额进行据实扣除，但这一标准过于宽泛，而且实际发生额并不一定就是合理的，容易产生侵蚀税基等问题，所以采用全额据实扣除方式的国家较少，较为常见的是限额据实扣除。在预定标准下，不管是否实际发生或发生多少，都按照事先规定的标准扣除。按预定标准进行费用扣除，具体有定率扣除法、定额扣除法以及定额与定率相结合扣除法等三种方法。

（1）定率扣除法。定率扣除法是对所得项目规定一个扣除比例来进行成本费用扣除。定率扣除法较好地体现了"所得数额不同，费用也不相同"的原则。取得各项所得所需支付的成本费用，往往随着所得的多少而有所区别。一般来说，收入多的纳税人，相应的成本费用也要多一些。

（2）定额扣除法。在定额扣除法下，不论所得额大小，都规定一个固定的数额来进行成本费用扣除。这一方法具有透明度高、便于税款计算和征管的特点，同时可以缩小征税面，更多地照顾低收入纳税人的利益。对所得额较小的纳税人来说，这一方法可以避免采用定率扣除法而造成成本费用扣除额过低而加重其税收负担现象的发生。

（3）定额与定率相结合扣除法。定额与定率相结合扣除法是对不同的所得采用不同的扣除方法。在不同的应税所得中，一些所得项目采用定额扣除法，另一些所得项目采用定率扣除法；或者对同一应税所得项目，在一定数额以下采用定额扣除法，超过一定数额以上的则采用定率扣除法。

3. 个人所得税的生计费用扣除

生计费用扣除是从个人所得税计税依据中减除维持纳税人及其抚养对象的生存所必需的生活费用，它也被称为"个人宽免"（personal allowance）。生计费用扣除包括基本宽免（basic allowance）和针对家庭成员、年龄和残疾等规定的补充宽免。生计费用扣除中的基础扣除、配偶扣除和抚养扣除是维持最低限度生活费用（minimum of subsistence）的扣除，而对老年人和残疾人的加计扣除，则是考虑特殊因素削弱了纳税人对税收承担能力的特别扣除。

人的再生产是物质资料再生产得以持续不断进行的条件和目的。生计费用虽然与获取收入的活动没有直接联系，但却是纳税人进行生产经营活动和维持劳动力再生产所必需的生活开支。生计费用扣除的意义在于保证纳税人具有维持自身再生产的能力。规定生计扣除也可以起到照顾低收入者的作用，从而有助于税收公平的实现；从税务管理的角度看，规定生计扣除还能够将应纳税额微不足道的纳税人排除在外，以避免应纳税额低于征收费用情况的发生。

各国个人所得税制中生计扣除额的确定，一方面应与本国的经济发展水平相适应，另一方面也应体现出税收制度对公平目标的追求。一般认为，生计费用扣除额的确定，主要应考虑个人所得税的功能定位、政府的财政需求和纳税人的实际情况等因素。

1）个人所得税的功能定位与政府的财政需要

个人所得税具有取得财政收入和调节收入分配两大功能。如果一个国家的个人所得税主要承担财政职能，那么其生计费用扣除额就会定得低一些，以使个人所得税的税基更宽一些，从而获得更多的财政收入。如果个人所得税主要承担调节功能，那么就应当将生计费用扣除额定得高一些，以使多数中低收入者被排除在课税范围之外，而只针对高收入者征收。

政府的财政状况如何，也直接影响宽免额的大小。当一个国家的财政处于困难时期，一般会调低个人所得税的宽免额，以获得更多的税收收入从而缓解财政困境；反之，则有可能会提高个人所得税的宽免额。

2）最低生活费用标准

不同国家、不同时代的最低生活水平存在很大差异。最低生活费用宽免额的高低，主要决定于经济发展水平。经济发展水平越高，最低生活费用标准就越高。此外，最低生活费用标准还应考虑物价上涨的因素。

为了不断提高人民的福利水平，生计费用扣除额应随社会发展适当考虑纳税人在更高层次上进行自身再生产的需要，这主要体现在关怀纳税人健康和进一步发挥个人潜能等方面，即除了要考虑最低生活费用，还要允许一定额度的教育费用扣除和医疗费用扣除。

3）其他税种的负担

不管是直接税还是间接税，税收负担最终都是由纳税人来承担的。在一定时期内，纳税人的负担能力是既定的。在这种情况下，个人所得税与其他税种之间在税收负担上就存在着此消彼长的关系。如果商品税和其他税种的税收负担比较重，那么留给个人所得税的空间就不大，因而生计费用扣除要定得高一些。如果商品税只限于对奢侈品课征，则一般民众对个人所得税的承受力会高一些，生计费用的宽免额就可定得低一些；如果商品税的税基已涉及基本生活必需品，那么生计费用扣除的数额就应高一些，以减轻民众的税负。

生计费用扣除的方法，主要有所得减除法和税额抵扣法。所得减除法指的是从应税所得额中进行生计费用扣除，这是大多数国家所采取的方法。在税额抵扣法下，纳税人先不从应税所得额中减除生计扣除额，而是在计算出应纳税额后，再从中减除一定数额的生计费用。

拓展阅读 8-2

中国个人所得税制中居民个人的成本费用扣除

4. 其他法定扣除

除成本费用扣除和生计费用扣除外，许多国家的个人所得税制还基于特定的目的，允许纳税人额外再进行一些扣除。如为了鼓励个人进行慈善捐赠，一些国家在征收个人所得税时，允许进行慈善捐赠的个人在规定的范围内将其慈善捐赠从计税依据中扣除。也有一些国家对因受不可抗拒的原因而遭受损失的个人，规定有偶然性损失扣除。其他法定扣除，在不同国家之间存在较大的差异。

5. 特定情况的调整

在现代社会，通货膨胀是一个经常发生的现象。一旦发生了通货膨胀，对整个社会经济生活都会产生较大的影响。就通货膨胀对税收的影响来说，会涉及许多税种，而个人所得税首当其冲。在这种情况下，就需要配合物价变动来进行适当的调整以应对通货膨胀对个人所得税的影响。

通货膨胀往往会增加个人所得税纳税人的实际税收负担，这具体体现为虚构性收入（illusory income）和累进税率档级的自动爬升（brackets creeping）。在通货膨胀时期，纳税人增加的收入中有相当一部分并不反映实际购买力或综合所得的真实提高，这在资本性收入中体现得尤为明显。个人所得税较多地采用累进税率，通货膨胀导致纳税人名义收入增加，也会使得纳税人自然而然地进入较高的收入档级，其适用的边际税率也随之提高，造成纳税者实际税负增加。此外，如果宽免额和扣除额没有随通货膨胀及时调整，那么纳税人实际享受的扣除价值也就减少了，从而增加纳税人的实际税收负担。

针对通货膨胀造成纳税人个人所得税税收负担的增加，各国采取的应对或调整的方法主要有税收指数化和选择性措施两种。

1）税收指数化

税收指数化（tax indexation）是在一个或多个侧面通过某一指数来反映个人所得税制受通货膨胀影响的程度并进行适当调整以消除通货膨胀对纳税人税收负担影响的举措。税收指数化具体通过对应税所得、税率结构与税收减免等按照物价指数进行调整，也可以通过对税基的调整来实现。如"虚构性收入"问题，可以通过指数化计算出资本收入中的通货膨胀因素，从而对资本收入的某些部分作减免税调整；而"累进税率档级自动爬升"问题，则可以直接对税率档次结构进行指数化调整。这样，只要税收指数化在某一时期内确定下来，就具有自动调整与相对固定的特征。

从理论上说，税收指数化的推行有助于避免或降低实际税收负担率随着物价水平的涨落而大幅波动，也有助于缓解因通货膨胀而引起的征纳之间的矛盾。然而，在实际运用中，税收指数化却遇到了一些问题，如减弱了个人所得税制所固有的"内在稳定器"功能，并在一定程度上引起政府税收收入的损失。近年来，经济发达国家的通货膨胀明显减弱，而且各国的个人所得税制也普遍减少了累进税率的档次，累进程度显著减弱，再加上自动抵消机制中的技术困难、执行中功能的死板、管理上的复杂性以及税基也容易受影响，税收指数化机制已逐步丧失它存在的意义。正因为这样，相当一部分经济发达国家并没有实行完全的税收指数化，而只是在税率或扣除额上实行部分指数化，也有不少原先实行税收指数化的国家后来放弃了这一举措。

2）选择性措施

选择性措施指的是政府根据物价变动的实际情况，灵活地对个人所得税制中的部分要素进行调整，以降低通货膨胀对个人所得税制的影响。选择性措施具体包括，在通货膨胀较为严重的时期对居民个人实行各种形式的补贴、对包括在各项工作合同中的"生活费用指数"进行不定期的调整等。

选择性措施的应用一般都由政府根据经济形势的变化而定，它具有灵活和不定期等特点。选择性措施实际上是"功能财政"（functional finance）思想的具体体现。[①]但是，随着"功能财政"思想影响力在20世纪70年代中后期的减弱，一些经济发达国家已不太愿意过多地采用选择性措施来调整通货膨胀对个人所得税的影响。

8.2.5 个人所得税的税率

从作为经常税正式开始课征到现在，各国的个人所得税制采用的税率形式发生了较大的变化。目前，比例税率和累进税率同时存在于大部分国家的个人所得税制中。

1. 比例税率

在比例税率下，不同纳税人，无论其应税所得多寡，都按同一个比例纳税，结果是纳税能力强的人负担相对轻，而纳税能力弱的人负担相对重，因而采用比例税率的个人所得税通常被认为不利于社会公平的实现。但采用比例税率的个人所得税制简单易行，有利于实行源泉预扣的征税方法。

比例税率在各国的个人所得税制中被普遍采用。在实行分类所得税模式的国家，一般都会有部分所得项目采用比例税率。在实行交叉式分类综合所得税模式的国家，分类课征阶段基本都采用比例税率；而在实行并立式分类综合所得税模式的国家，对不合并在综合所得中计征的专项所得或一些特殊性质的收入项目往往也采用比例税率，并按照所得的不同类别，实行差别比例税率。

2. 超额累进税率

累进税率理论源于19世纪的边际效用学派。该学派认为，采用超额累进税率的个人所得税最能实现税收负担的公平分担。在实行综合所得税模式的国家，个人所得税都以超额累进税率为基本税率形式；而实行分类所得税模式的国家，其综合课征的部分采用的也是超额累进税率。

个人所得税制中超额累进税率的运用，必须考虑收入分配状况、社会舆论对税收公平的看法以及课税后对经济运行的影响等因素，具体涉及累进起点与止点的选择、累进路线的设计以及累进级数与级距的设置等问题。[②]

1）累进起点与止点

个人所得税的累进问题，首先应考虑如何使低收入者少缴税甚至不缴税，这就要明确一个界限。累进起点就是开始累进征税的界限，界限以下的收入不征税。为了平

---

① "功能财政"是由美国凯恩斯主义经济学家勒纳（A. P. Lerner）提出的把财政支出、税收和公债等看作是调节经济的工具的一种财政理论。
② 马国强. 税收概论[M]. 北京：中国财政经济出版社，1995：198-199.

衡纳税与不纳税的关系，累进的起点不宜过高。累进止点是最后一级的税基水平，它受整体收入水平的制约，既不能无税可征，也不能使征税面过大。累进起点与止点的具体数值一般在测算所得分布状况的基础上确定。

一些国家为了更好地发挥个人所得税的收入再分配功能，在累进税率制度中做累进消失的结构安排，规定应税所得额达到或超过一定数额时，不再按超额累进税率计算应纳税额，而是全额适用最高一级的边际税率。这种做法的不足之处是应税所得额位于临界点时，会出现税负剧增的问题。

2）累进路线

累进路线体现的是累进起点与止点之间各级税率的相互关系，它主要有加速累进、减速累进和直线累进三种类型。加速累进表现为各级次间边际税率的差距越来越大，减速累进表现为各级次间边际税率的差距越来越小，直线累进则表现为各级次间边际税率的差距保持不变。

采用加速累进方法，税负的增加幅度大于所得的增加幅度，对增加所得具有明显的限制作用。采取直线累进办法，税负与所得同幅度增加，对增加所得既没有限制作用，也没有鼓励作用。采取减速累进办法，既能缓解分配不公，又对增加所得起鼓励作用。在实践中，也有国家个人所得税的累进税率采用变速累进。

3）累进级数与级距

累进级数是指将应税所得分成多少档级。累进级距是指每一档级的税基大小。累进级数的多少、累进级距的宽窄，直接关系到个人所得税的累进程度。一般说来，在基本税率不变的情况下，累进级数越多、累进级距越密，个人所得税税收负担的累进程度越高，越有利于贯彻量能负担的原则；反之，个人所得税税收负担的累进程度就要低很多。累进级数与级距，是由各国收入的分布情况及对公平税负的要求不同而决定的。

从理论上说，收入分配差距比较大的国家，累进税率要高一些、累进的级数要多一些，同时级距也要密一些，这样进行的收入调节才会更有效。尽管有可能在社会公平方面发挥积极的作用，但许多经济学家，尤其是供给学派和货币学派经济学家对累进税率都持批评态度，因为采用高边际税率、多档级累进税率的个人所得税制也会对社会经济的运行产生许多负面影响，尤其是会妨碍投资意愿和储蓄倾向，造成严重的效率损失。此外，在实施高累进个人所得税制的国家，常常因为政治、社会等方面的原因而出台名目繁多的税收优惠，其结果使得大部分个人所得税落在中低收入者头上，根本无法达到高累进税制所希望达到的平均财富的功能。

3. 单一税率

"单一税率"（flat-rate tax）指的是对所有应税收入采用固定的边际税率，并实行固定的扣除减免水平，可用公式表示为：

$$T = t(Y-E) \tag{8-1}$$

其中：T 为应纳税额；t 为边际税率；Y 为应税总收入；E 为扣除减免额。

单一税率是为了降低个人所得税累进税率带来的负面影响而提出的。单一税率区别于累进税率的特征是边际税率的累进程度等于零，这就降低了个人所得税制的累进程度。虽然边际税率的累进程度为零，但单一税率的平均税率仍具有累进性，它随着收入的增长而递增，①因而又被称为"线性累进税率制"。单一税率在公平与效率的权衡中，过于倾向于效率，难以使纵向公平原则得到贯彻。在这种情况下，一些学者又提出了适当保持累进速度的"双重（或三重）税率制"，既要降低边际税率，减少税率档次，又要保持一定的累进程度，他们认为这是各国个人所得税的改革趋势。

4. 主要国家个人所得税税率的演进

英国是最早开征个人所得税的国家，最初采用的就是比例税率。后来陆续跟进课征个人所得税的国家，无论是发达国家，还是发展中国家，在开征初期阶段，大多采用的也是比例税率。

从 20 世纪中前期开始，越来越多国家的个人所得税制陆续采用累进税率。除了由比例征收改为累进征收之外，主要国家的个人所得税税率还经历了由局部累进走向了全面累进的历程。②在采用累进税率的早期阶段，各国个人所得税的累进税率的级次并不多、最高边际税率也不是很高，如美国联邦政府个人所得税 1913 年采用的累进税率有 7 档，最高税率为 7%。随着收入差距的拉大，为更好地发挥个人所得税在收入分配中的作用，部分经济发达国家开始逐步增加累进税率的级次并不断提高最高边际税率，如 1918 年美国联邦政府个人所得税采用的累进税率的档级就达到 56 档，最高税率也提升至 77%。③

20 世纪 80 年代，美国启动了以"减税"为主要特征的税制改革。在此次改革和以后的调整中，美国联邦政府个人所得税最高边际税率多次被调低，1982 年降到 50%，1988 年更是降至 28%，此后虽有所回升，但一直在 40%以下，1999 年为 39.6%，2024 年为 37%；与此同时，美国还减少了联邦政府个人所得税累进税率的档次，1986 年税制改革将之前的 15 档变为 5 档，到目前为 7 档。现阶段，累进税率仍然是英国、法国、德国、加拿大、日本等主要经济发达国家个人所得税制的主要税率形式（见表 8-1），但在美国税制改革引发的世界性税制改革浪潮的带动下，许多国家在个人所得税累进税率的调整上，也纷纷采取了"降低累进税率的最高边际税率、减少累进级数、拉大低收入档所得累进级距"的措施。

表 8-1 主要经济发达国家的个人所得税税率和级次（2024 财政年度）　　单位：%

国　　家	税　　率	级　　次	国　　家	税　　率	级　　次
美国	10～37（联邦）	7	加拿大	15～33（联邦）	5
英国	0～45	4	德国	0～45（联邦）	4
澳大利亚	0～45	5	日本	5～45	7
法国	0～45	5	意大利	23～43（联邦）	3

注：表中的数据不包括附加税税率。
资料来源：根据普华永道会计师事务所网站相关资料编写整理。

进入 20 世纪 90 年代后，爱沙尼亚、立陶宛、拉脱维亚、俄罗斯、罗马尼亚、保

---

① 平均税率为 T/Y，即使 t 与 E 都是固定的，但随着个人应税总收入的增加，平均税率仍然保持一定的累进性。
② 朱俣. 所得税发达史[M]. 北京：商务印书馆，2020：141.
③ https://taxfoundation.org/historical-income-tax-rates-brackets.

加利亚和捷克等国的个人所得税制一度完全放弃了累进税率，而实行单一的比例税率。如原先采用18%～40%累进税率的罗马尼亚在2005年转而实行16%的比例税率。然而，在经过数年的运行后，实行单一比例税率国家中，又有部分国家出现了向累进税回归的趋势（见专栏6-3）。

8.2.6 个人所得税的课征方法

个人所得税的课征方法，主要有源泉课征法、申报清缴法、免申报制度和推定课税法等四种。近年来，免申报制度的实施范围也逐步扩大。

1. 源泉课征法

源泉课征法（method of collection at sources）是指收入的支付方在支付工资薪金、利息或股息时，按照税法的规定预先扣除纳税人应当缴纳的税款，然后代纳税人向税务机关缴纳的一种方法。在这一方法下，收入支付方通常都会被税法确定为"扣缴义务人"，负有法定的代扣代缴的义务。

源泉课征法既不需要纳税人直接申报纳税，也不需要税务机关查定，简化了税收征管手续，节约了税务机关的人力、物力消耗，而且又便于进行税源控制，避免或减少了偷漏税；与此同时，也可以保证政府税务机关对已实现所得课税的时效性。但源泉课征法的适用范围也有限，如经营性所得就无法从源头扣缴税款，更为重要的是源泉课征法无法根据纳税人的其他所得来确定其税收负担，难以实现量能课税原则。

2. 申报清缴法

申报清缴法（method of taxpayer declaration）指的是纳税人按照税法的规定自行汇总其总所得额并向税务机关申报，由税务机关进行调查或审核，然后确定其应纳税额，由纳税人一次或数次缴清。在一些国家，纳税人在一个纳税年度之初申报全年估算的总收入额，并按估算额分期预缴税款，纳税年度终了，再按实际收入额提交申报表，并依据全年实际应纳所得税额，对税款多退少补。

申报清缴法有助于纳税人树立自觉纳税的观念，而且有利于贯彻量能课税原则。尽管申报清缴法具有一定的科学性和合理性，但由于纳税人自行申报容易出现少报或瞒报的现象，而调查核实每一个纳税人的应税所得有时又比较困难，再加上申报清缴法的有效运作对纳税人和税务机关都有较高的要求，因而发展中国家较少采用这一方法。

3. 免申报制度

在过去相当长一段时间，很多国家在要求纳税人自行申报纳税的同时，也会要求雇主、金融机构、社会保险、医疗机构等第三方，向税务机关报告纳税人的收入及相关信息，并代扣代缴个人所得税。税务机关会使用来自第三方的信息核实个人所得税纳税人申报的信息是否真实，但一般不会向纳税人公开这些信息。丹麦率先改变了这种做法，在20世纪80年代创立的个人所得税免申报制度（pre-filled income tax return）。

个人所得税免申报制度的要旨是在纳税年度结束后，由税务机关根据第三方提供的纳税人的预扣预缴和税收扣除等信息，自动生成包括纳税人取得的各项收入、已经缴纳的税款和应补应退税款等信息在内的个人所得税纳税申报表，发给相应纳税人予以确认、补充或者修改。如果纳税人有多缴或少缴税的情况，税务机关会在一定期限内退还纳税人多缴的税款，或者要求纳税人在一定期限内补缴少缴的税款。个人所得税免申报制度，省去了纳税人烦琐的纳税申报事务，降低了纳税成本，同时也减轻了税务机关的审核负担，提高了税务管理效率。个人所得税免申报制度的有效实施，以健全的第三方税务信息系统为前提条件。

4. 推定课税法

推定课税法（method of presumption）是指税务机关在因某种原因无法按照税法的规定准确确定纳税人的实际应税所得的情况下，根据相关的法律法规和纳税人经济活动所表现出的外部标志，运用一定的方法推测或估算出纳税人的应税所得，并相应地确定其纳税义务的一种课税方法。

推定课税法的具体实施方式主要有净值法、消费支出法和银行账户法等三种。净值法是依据纳税人住宅的大小或交通工具的新旧等，来调查其财产的净值，并据以估计其应税所得。消费支出法依据纳税人平时的生活水平以及各种消费支出的数额推测其应税所得额。银行账户法根据纳税人银行账户的往来情况钩稽其收入来估计纳税人的应税所得。"推定课税"是在与根据税法的具体规定进行"准确课税"相对应的意义上使用的，推定应税所得过程中的主观性较强，在此过程中有可能发生税务人员贪污受贿等不良行为，因而其适用范围会受到一定的限制。

很多国家的个人所得税制同时采用多种课征方法，但也会区分不同的情况或不同的收入项目有所侧重。实行综合所得税制的国家，一般采用申报清缴法，但对于可以从源扣缴的所得，也常常先采用从源扣缴的方法，待结算申报时，再多退少补。实行分类所得税制模式的国家，一般采用源泉课征法。而推定课税法，实际上只是核定应税所得的一种技术方法，无论是实行综合所得税制还是实行分类所得税制的国家，在无法"准确课税"的情形下都可以采用。随着信息化程度的提升和信息交换技术的发展，必定会有越来越多的国家采用个人所得税免申报制度。

8.2.7 个人所得税的经济效应

目前，个人所得税不仅已成为许多国家一项重要的财政收入来源，而且在社会经济生活中也发挥着越来越大的作用。

1. 个人所得税有助于社会公平的实现

所得是一个能够较好地衡量纳税人税收负担能力的标准，个人所得税的课征符合税收公平原则。不同类型的个人所得税，都可在一定程度上改善贫富悬殊的状态，如实行分类所得税，可对勤劳所得课以轻税或不课税，而对非勤劳所得则课以重税；实行综合所得税，可对高收入者课以重税，而对低收入者课以轻税。可见，所得税是实现社会公平、缓和社会矛盾的重要手段。

2. 个人所得税是宏观经济运行的内在稳定器

个人所得税多采用累进税率，在经济过热时期，纳税人的名义收入上升，其适用的税率也自动相应地上升，使得个人所得税收入的增长速度超过个人所得增长的速度，从而可以遏制通货膨胀的趋势；而在经济萧条时期，纳税人的名义收入下降，其适用的税率也自动下降，使得个人所得税收入减少的速度快于个人收入降低的速度，可以阻止通货紧缩的趋势。这样，累进的个人所得税，就能够在一定程度上起到自动熨平经济波动的作用。

8.2.8 负所得税

负所得税（negative income tax）是政府对低收入者按其实际收入与维持既定生活水平需要的差额，运用税收手段，依率计算给予补助的一种方式。负所得税的具体设想是，先由政府制定贫困者的基本收入保障标准，如果纳税人的所得超过了这一标准，就要课征个人所得税，所得越高，需要缴纳的个人所得税就越多；如果纳税人的所得低于这一标准，就采用负所得税。负所得税和个人可支配收入的计算公式是：

$$\text{负所得税} = \text{收入保障数} - (\text{个人实际收入} \times \text{负所得税率}) \tag{8-2}$$

$$\text{个人可支配收入} = \text{个人实际收入} + \text{负所得税} \tag{8-3}$$

虽然从名称上看，负所得税是与所得税紧密关联的一项制度安排，但实际上它并不是一种税，而是货币学派的主要代表人物弗里德曼（Milton Friedman）鉴于经济发达国家已有福利制度对经济效率和社会结构的不利影响，提出的用以代替现行对低收入者补助制度的一种方案。负所得税把所得税课征的理念应用到低收入者，将所得税的累进税率结构进一步扩展到低收入阶层中去，通过负所得税对那些收入低于保障标准的人提供补助，所以负所得税相当于政府的转移性支出，其实质是政府为了解决贫困问题，将个人所得税与社会保障的某些特征结合为一个单一的体系，通过引入累进机制对低收入者提供的生活援助。

图 8-1 说明了负所得税制的运行机理。在图中，横轴表示社会成员的税前所得，纵轴表示社会成员的税后所得；OG 为 45°线，表示既没有征税也无补助的所得线；BC 为政府确定的最低生活保障线。收入在最低保障线以上者，为正所得税的实施范围，在图中表示为 CDG。收入在最低保障线以下者，为负所得税的实施范围。虽然对负所得税制下的补助金大小有不同的主张，但比较合理的区间是 ODE，而非 ODB。对一个零所得者而言，如果补助 OB，那

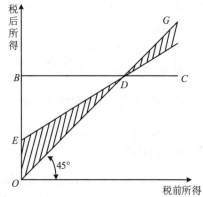

图 8-1 负所得税示意图

么极有可能降低其工作动力，使其产生惰性，选择接受补贴而不是工作。也就是说，因为 100%的负所得税率极有可能成为降低劳动积极性的诱因，所以应以部分补助为宜。在负所得税制下，低收入者的收入越高，他得到的补助就越少，但是收入每增加 1 元，其获得的补助不会减少 1 元。

弗里德曼认为，负所得税与正所得税共同构成调整收入差距的社会政策系统，可以改善整个社会的收入分配状况，并提高低收入者的福利水平。由于采用了累进机制，因而负所得税消除了定额补助下临界点附近的不公平现象与负激励作用，从而较

好地解决了财政分配中公平与效率的矛盾,实现了社会产品分配机制的完善。

虽然负所得税方案受到了一些政治家和经济学家的重视,但在实践中,只有美国尼克松政府执政时期提出的一项家庭救济计划,曾经采用了负所得税概念,却未获得通过。迄今为止,世界上并没有一个国家真正将负所得税主张付诸实施,其根本原因在于负所得税本身亦存在许多不足,如由于地区的差异,很难形成一个统一的负所得税制度;随着收入和消费水平的变动,边际税率需要经常调整,以及福利制度的改善对工作意愿有一定的消极作用等。尽管如此,负所得税计划旨在提高低收入者福利水平的立论基点,还是应得到肯定的。

8.3 公司所得税

公司所得税是对公司在一定期间内从事生产经营活动取得的所得课征的一种税。公司所得税曾是许多国家重要的财政收入来源。第二次世界大战后,随着个人所得税和社会保障税的发展,公司所得税在一些国家尤其是在经济发达国家的税收收入总额中所占的比重已有较大幅度的下降,但它仍是当今世界各国特别是发展中国家最重要的税种之一。

8.3.1 企业的组织形式与相关所得税的设置

企业是以盈利为主要目的的从事生产经营活动的经济组织,其组织形式多种多样,主要有独资企业、合伙企业和公司制企业等三种。独资企业是由一人投资,一般由业主直接经营,利润归业主所有,同时业主对企业的债务负无限清偿责任。合伙企业是由两个或两个以上的自然人,根据达成的协议共同出资设立,企业归合伙人共同所有,一般由合伙人直接进行经营,通过合同或协议来确定投资者的权利和义务,各合伙人对企业债务负无限清偿责任。公司制企业是依照法律规定,由股东出资设立的以盈利为主要目的的组织。公司制企业依据投资来确定投资者在公司中的股份,并通过股份来确定股东的权利和义务。作为独立法人,公司独立承担民事责任,公司股东对公司债务只负有限责任。

企业的组织形式不同,在税务处理上也存在差别。根据适用范围上的不同选择,对企业经营所得进行的课税,可以区分为企业所得税、公司所得税和法人所得税等三种类型。其中,公司所得税为大部分国家所采用。

1. 企业所得税

企业所得税(enterprise income tax)的特点是不区分企业的组织形式,把各种类型的企业都纳入企业所得税的课税范围。企业所得税将所有组织形式的企业都纳入进来,有利于不同类型企业间的平等竞争和税收负担的公平。但是独资企业和合伙企业的企业财产与业主的个人财产又常常难以截然区分开来,由此也会产生对企业利润征税和对个人所得征税很难划分清楚的问题,这会给税收征管带来不少困难。

2. 公司所得税

公司所得税(corporate income tax)的特点是区分企业的组织形式,只对以公司形式存在的企业的所得课征公司所得税,而对非公司性质的独资企业和合伙企业的所得征收个人所得税。[①]由于只对公司课税,公司所得税极易导致公司与非公司之间的不平等竞争以及税收负担的不公平。另外,公司所得既要缴纳公司所得税,在其作为股息分配给股东个人时还要课征个人所得税,这不可避免地会形成重复征税。

3. 法人所得税

法人所得税(legal entity tax)以法人的所得为课税对象。法人是按照相关法律成立,独立享有民事权利、承担民事责任的社会经济组织。具有法人资格的组织取得的所得,都要被课以法人所得税,不具有法人资格的组织取得的所得则会被课以个人所得税。在企业的三种主要组织形式中,只有公司制企业具有法人资格,适用于法人所得税。但与公司所得税不同的是,法人所得税还要对具有法人资格的非公司性质的组织和机构,如社会团体等就其取得的经营性收入进行课征。

8.3.2 公司所得税存在的必要性

虽然公司所得税早已成为各国税收制度的重要组成部分,但"为什么要开征公司所得税"这一基本问题却一直困扰着财税理论界。20 世纪 60 年代中期,美国就公司所得税存在的必要性展开了激烈的争论;到 20 世纪 70 年代中后期,争论在经济发达国家达到白热化。基于公司所得税与个人所得税之间的关系而产生的两种针锋相对的观点,在法律上表现为"实质法人说"和"拟制法人说"之间的争议,而在税收上表现为"独立课税论"和"合并课税论"之间的争议。

1. 独立课税论

独立课税论(the absolutist view)以"实质法人说"(real entity theory)为法源依据,它认为公司有其存在的意义,因而在普遍征收个人所得税的同时,还要课征公司所得税。

第一,公司是独立存在的法人实体。从法理上看,公司和作为公司所有人的股东是两个不同的法律实体。在现代社会,公司的资产所有权和经营权是分离的,相当多的股东都不介入公司内部的具体经营事务。公司以自身的名义拥有财产、对外举债和签订契约,与自然人一样享有受政府保护的权利。既然公司与自然人一样具有法律上的人格,并享有相应的权利,也就应与自然人一样负有纳税义务。法人的所得与股东所获得的股息,是两种独立纳税主体的所得,理所当然地应分别纳税。

第二,课征公司所得税符合按受益标准来分配税收负担的原则。作为一个独立的经济活动主体,公司也从政府提供的公共产品和服务中获得了相应的利益。虽然政府提供的公共产品和服务并非专门为公司提供,但公司往往因其独特的条件而享有较多的好处,如可以发行股票和利用债券筹资,而且公司股东只需负有限责任,即使公司破产倒闭,股东个人的损失也仅以其认缴的出资额为限等,这使得公司可以便利地运用资金、降低了经营费用,从而在竞争中居于有利地位,并且给公司及其投资者带来巨大利润,因此公司理应以缴纳公司所得税的方式作为补偿。

[①] 也有少部分国家将合伙企业视为公司,并对其课征公司所得税。

第三,公司所得税是控制公司行为的一种手段,可以用来有效地实现政府的某些政策目标。如为了促进资本的形成与增长,鼓励公司储蓄与抑制股利分配,就可以通过对已支付的股利征税而对保留利润免税的方法来实现;如果为了鼓励消费支出,需要鼓励公司分配股利并抑制保留利润,也可以通过对未分配利润征税而对用于分配的利润免税的方法来实现。此外,通过对投资的税收抵免和加速折旧等方法,可以对公司投资进行政策性引导,也可以利用公司所得税来控制垄断、限制公司的绝对规模和鼓励中小公司的发展。

第四,从税务管理的角度看,如果对公司不征收所得税,公司的未分配利润就有可能完全逃避所得税。公司股东可以将股息所得以股票增值的形式在公司中积累起来,从而逃避个人所得税,进而产生税收负担不公平的现象。从财政收入的角度看,公司规模越大,纳税能力也就越强,而且公司所得税比个人所得税要易于征管,是一个确实可靠的税源,故而公司所得税已成为各国税制中的一个现实。

2. 合并课税论

合并课税论(the integration view)认为,所有的税收归根结底都要由个人来承担,公平课税的概念只能应用于纳税人个人,应当根据总所得的概念把所得作为一个整体来课税,而与所得的来源无关。[①] 合并课税论还以"拟制法人说"(fictional theory)为法源依据,提出公司被称为"法人"是法律上的虚拟,它仅是股东的集合体,并无独立的人格。公司所得税虽在形式上由公司负担,但税收负担实际上仍由投资者即股东来承担。无论公司所得税还是个人所得税,税源的基础是相同的。对公司所得征税其实就是对股东所得征税,同时课征公司所得税与个人所得税会产生诸多的不公平与效率损失。

单独课征公司所得税产生的税收不公平,主要表现在两个方面:第一,造成公司企业和非公司企业税收负担的不公平。对比非公司企业,公司企业除总的纯收入要缴纳公司所得税外,其利润在分配给个人股东后还要缴纳个人所得税,而非公司企业的纯收入不管是否实际分配了,都不缴纳公司所得税,只是对企业所有者的纯收入征收个人所得税。第二,对公司分配利润的征税,没有考虑股息获得者的情况。公司所得税对已分配利润一般都按照比例税率进行征收,这意味着从中获得股息的所有公司股东都按同样的税率纳税,这没有将公司所得税的税收负担同公司不同个人股东的实际状况联系起来,从而产生了税收负担分配的不公平。

单独课征公司所得税产生的效率损失,具体表现在以下三个方面:第一,导致资源配置在公司部门与非公司部门之间的扭曲。一般来说,理性的投资者通常会根据公司部门和非公司部门投资的税后报酬率来决定其投资决策。在单独课征公司所得税的情况下,由于存在对公司与股东分别课税的双重课征制度,公司部门投资的税负相对重,因此投资者可能更多地选择非公司部门,从而扭曲了资源的均衡配置。第二,导致公司在分配利润和留存利润之间的扭曲。在单独课征公司所得税的情况下,公司所得和股东所得分别独立课税的直接结果就是加重了投资收益的税收负担。不进行利润分配而将其留存下来,是降低税收负担的一个重要途径,而且公司还可以将留存利润

[①] 理查德·A. 马斯格雷夫,佩吉·B. 马斯格雷夫. 财政理论与实践[M]. 邓子基,邓力平,译. 北京:中国财政经济出版社,2002:388.

用于再投资，那么股东的股票价值将随公司的未来收益能力的提高而增加，投资者还可以通过提高股份出售价格的方式来获得更高的收入。第三，扭曲了公司在募股与举债这两种筹资方式上的选择。由于公司举债所支付的利息可以在税前扣减，而公司分配给股东的股息不能免税。为了减轻税收负担，公司可能更多地以举债方式来筹集资金，而这种筹集方式又会增加公司的经营风险乃至破产的可能。

8.3.3 公司所得税的类型

根据各国对公司所得税和个人所得税间重复课税的态度以及对分配利润的税务处理方式的不同，可将公司所得税制分为古典制、归属抵免制、双率制和股息扣除制等类型。

1. 古典制

古典制（classical system）公司所得税指的是公司取得的所有利润都要缴纳公司所得税，其向股东支付的股息不能从公司应税所得中扣除。当股东缴纳个人所得税时，这些股息作为股东个人的投资所得被再次课税。古典制公司所得税的理论依据是"实质法人说"指导下的独立课税理论，有时也被称为"课税单位分列计税制"。

古典制公司所得税在发展过程中形成了两种不同的类型。一种是"纯粹的古典制"，又被称为"未经修改的古典制"，它在公司层面和股东层面对分配利润不给任何税收抵扣。也就是说，对已分配利润中的股息在公司分配股息和股东取得股息时，分别课征公司所得税和个人所得税。另一种是"经过修改的古典制"，它在公司层面对分配利润中的股息不作扣除直接课征公司所得税，而在股东层面对股息给予部分减免个人所得税。

古典制公司所得税与个人所得税之间没有任何关系。在征收个人所得税时，对公司所得税没有任何归属性的税收抵免。古典制公司所得税和个人所得税相互作用的结果，就是对已分配利润的重复课税。于是，在古典制下，公司所得税产生了保留利润的激励，这就扭曲了竞争条件、妨碍了企业的新投资。此外，独立课征公司所得税可能产生的种种效率损失，在古典制公司所得税上也体现得非常突出。由于存在同源双重课税以及不利于公司选择股票融资方式等问题，相当多的国家已经放弃采用古典制公司所得税。

2. 归属抵免制

归属抵免制（imputation system）公司所得税是将公司支付的部分或全部税款归属到股东取得的股息中，可以全部或部分抵免股东的个人所得税。具体来说，归属抵免制要求股东将其从公司获得的股息与股息应分担的公司所得税合计还原为税前所得，然后将还原所得加上其他所得，按累进税率计算个人所得税的应纳税额，接下来再将计入还原所得中的公司所得税额从中减除，就得出该股东实际应当缴纳的个人所得税额。

归属抵免制公司所得税有"完全归属制"和"部分归属制"两种类型，它们分别是指将公司所得税全部或部分归属到股东身上，并将其看作股东个人所得税的源泉预扣。归属抵免制是一种减轻同时课征公司所得税和个人所得税产生重复课税的有效方法。

3. 双率制

双率制（dual-rate system）公司所得税是对公司已分配利润和保留利润按不同的税率分别课征公司所得税的一种制度，其特点是对公司已分配利润适用较低税率，而对保留利润采用较高税率课征公司所得税，它又被称为"分率制"（split-rate system）公司所得税。双率制中的低税率一般只适用于正常的或基本的股息以及规定的一部分已分配的股息。若双率制中两种不同税率差别较小，实际上就接近于经过修改的古典制；若两者相差较大，则又使公司所得税在实质上成为未分配利润税。

根据有无涉及归属性税收抵免问题，双率制又被细分为"双率古典制"和"双率归属制"。所谓"双率古典制"是指不存在归属性税收抵免而分率课征的公司所得税，其目的就是要减轻对已分配利润的双重征税。当已分配利润的税率等于未分配利润的公司税率减去归属税率之差时，而且当未分配利润的公司税率等于在归属制下的公司所得税税率时，双率古典制等同于归属制。而"双率归属制"则是指存在归属性税收抵免而分率课征的公司所得税，在这种制度安排下，任何对利润课征的公司所得税都可以进行完全归属，股息所得可以从利润中支付。

4. 股息扣除制

股息扣除制（dividend deduction system）指的是在课征公司所得税时，对于所分配的股息允许从公司应税所得额中全部或部分扣除，这实际上把股息的支付视同费用支出。在这一制度下，允许扣除的股息数额，决定了消除重复征税的程度。如果允许股息从公司应税所得额中全部扣除，则可以彻底消除公司所得税与个人所得税之间的重复征税问题。同时，由于股息支出和利息支出具有同等的税收待遇，因此完全的股息扣除制也消除了公司所得税对公司筹资过程中对举债和募股产生的扭曲。

如果允许把公司分配的股息红利全部作为费用扣除，那么公司所得税实际上变成了只对公司保留利润征税、而对已分配利润免税。显然，这一制度安排不利于企业保留利润，不利于企业的可持续发展。

大部分经济发达国家的公司所得税都采用古典制，部分经济发达国家，如澳大利亚、加拿大、英国、新西兰等采用归属抵免制或者经修正的归属抵免制。也有部分经济发达国家调整了公司所得税的模式，如原先采用归属抵免制的德国从2001年起改为古典制，法国也于2005年开始用古典制取代了原来的归属抵免制。只有极少数国家采用双率制或股息扣除制。

8.3.4 公司所得税的纳税人与课征范围

与个人所得税一样，公司所得税的纳税人与课征范围，也是由各国行使的税收管辖权决定的。大部分国家在公司所得税上行使的税收管辖权与个人所得税保持一致，都同时实行居民税收管辖权与来源地税收管辖权。只有部分国家在公司所得税上行使的税收管辖权与个人所得税不完全一致，如有的国家在个人所得税上同时实行居民税收管辖权和来源地管辖权，但在公司所得税上却仅实行来源地管辖权。

在各国的公司所得税制中，作为纳税人的"公司"，一般被分为"居民公司"

（resident company）和"非居民公司"（non-resident company）。一个国家的居民公司在该国负有无限纳税义务，要就其来源于该国境内和境外的所有所得向该国政府缴纳公司所得税；一个国家的非居民公司在该国负有限纳税义务，仅就其来源于该国境内的所得向该国政府缴纳公司所得税。

各国对居民公司和非居民公司的认定标准，基本也是从"住所"或"居所"的基本概念推理延伸出来的。通常认为，不论是自然人还是法人，一旦出生或建立，就根据法律的规定取得了一个固定的住所。法人的固定住所即是它注册成立的国家。如果要进一步辨别法人的"住所"和"居所"，则"住所"是指公司的登记成立地，"居所"是指公司的控制和管理机构所在地。各国通行的居民公司的认定标准，主要有登记注册地标准、实际管理中心所在地标准和总机构所在地标准三种。

1. 登记注册地标准

在登记注册地标准下，居民公司与非居民公司依据公司的注册登记地点（place of incorporation）来判定。公司的注册地常常被视为其"法律住所"（legal domicile）。如果公司根据一个国家的法律在该国登记注册，就是该国的居民公司；反之，就是该国的非居民公司。这一标准不考虑居民公司的经营活动及管理机构是否在本国，也不问居民公司的投资者或主要股东是否为本国公民。

2. 实际管理中心所在地标准

实际管理中心所在地标准强调法人权力或决策中心的重要性。在这一标准下，居民公司与非居民公司依据公司实际控制或管理中心的所在地（place of effective management）而定。如果公司实际控制或管理中心所在地在一个国家境内，该公司就是该国的居民公司；反之，就是该国的非居民公司。

3. 总机构所在地标准

总机构所在地标准强调法人组织结构主体的重要性。在这一标准下，居民公司与非居民公司依据公司的总机构设立地点（place of head office）来判定。如果公司的总机构设在一个国家境内，该公司就是该国的居民公司；反之，就是该国的非居民公司。

登记注册地标准非常容易对居民公司和非居民公司进行确认和识别，而且这一标准可以有效防止部分公司随意变更自己居民纳税人的身份，因为变更注册登记地需要经过一定的法定程序。登记注册地标准的相对优势，使得其在上述标准中成为大部分国家判定居民公司和非居民公司最主要的标准。然而，在实践中，一些公司的注册登记地和实际经营管理地可能并不一致，公司可以脱离注册国而在别国从事生产经营活动，注册国政府很难对其进行有效的税收管辖；此外，纳税人也容易通过选择注册登记地来实现逃税和避税的目的。登记注册地标准的相对劣势，使得相当多的国家还同时采用其他的标准，尤其是实际管理中心所在地标准。在实践中，也有部分国家同时根据登记注册地标准和实际管理中心所在地标准来判定居民公司和非居民公司。采用总机构所在地标准的国家并不多，而且基本与其他标准同时使用。此外，部分国家在采用登记注册地标准和实际管理中心所在地标准的同时，辅之以主要经营所在地和控股权标准。

由于公司所得税居民身份的判定主要是由各国国内税法确定，当纳税人发生跨境经营活动时，判断标准的差异可能会导致一项所得被双重征税，也有可能导致一项所得不被任何一方国家征税，即双重（或多重）不征税，进而产生所谓的"税基侵蚀和利润转移（BEPS）"问题。对于双重征税，《OECD 税收协定范本》明确规定，对因法人居民身份确定规则存在不同而导致公司出现双重居民身份时，缔约国双方应当考虑实际管理机构所在地、注册地等其他相关因素，协商确定其居民身份。对于双重不征税，则很难通过一个简单易行的标准来协调，这就需要各国通过 BEPS 行动计划共同应对。

8.3.5 公司所得税的计税依据

与个人所得税一样，公司所得税的计税依据也是净所得。公司所得税计税依据的确定，同样有一个从"总所得"到"应税所得"的过程。

1. 公司所得税的应税所得

公司所得税的应税所得额等于公司在一定期限除免税项目以外的总收入，减去成本、费用、损失和其他法定扣除项目后的余额。其计算公式为：

$$公司所得税应税所得额 = 总所得 - 可扣除费用 \qquad (8\text{-}4)$$

应当计入总所得的项目主要有公司的经营所得、投资所得、资本利得和其他所得等。经营所得指的是公司的主要销售收入；投资所得，主要包括公司取得的利息、股息和红利收入；资本利得指的是公司出售财产，如房地产、股票、特许权等所实现的收入；而其他所得主要指的是营业外收入等。

可以作为费用扣除的项目通常包括公司的经营成本、折旧和折耗、税金、管理费用和其他费用等。经营成本具体包括公司支付的工资、租金、原材料费用、维修费和运输费等；折旧和折耗主要是指固定资产折旧、资源折耗等；税金指的是在公司所得税前可以扣除的各项税款；管理费用指的是利息费、保险费和广告费等。

2. 公司所得税成本费用的扣除

虽然从理论上看，公司所得税应税所得额确定的基本原则比较简单，然而在具体的实践中，哪些项目可以作为费用扣除、如何计算具体的扣除额以及费用扣除的时间等问题，却相当复杂。其中，固定资产折旧和经营亏损的税务处理，对公司所得税成本费用扣除来说尤为重要。

1）公司固定资产折旧的税务处理

公司的固定资产在生产过程中会不断磨损，为了维持基本的再生产，就需要提取一定数额的折旧。由于折旧可以作为一项费用计入成本，计提折旧的数额直接关系到公司的利润额和公司所得税额，因此各国的公司所得税制都对计提固定资产折旧的基础、期限以及方法等，做出了具体的规定。

折旧基础是指固定资产折旧是按照何种价值来计提的。在过去相当长一段时期内，一些国家的公司所得税制都以固定资产的原始价值为标准来计提折旧。由于通货膨胀在相当多的国家都是一个经常发生的现象，如果仍按固定资产的原始价值来计提折旧，就不能保证通过提取折旧获得足够的资金来更新资本设备。为了解决折旧计提不足的问题，许多国家准许按照固定资产的重置价格来计提折旧，这样公司就可以按较原始价值高的标准多提折旧。也有部分国家对固定资产原始价值实行指数化，先按照物价上涨指数对固定资产原值进行调整，然后根据调整后的价值计提折旧。无论采用上述哪种方法，其结果都是公司所得税的税基因多计固定资产折旧而有所缩小。

折旧期限通常都是根据固定资产的耐用期限来确定。折旧期限的长短，直接关系到每年折旧额的多少以及公司利润的高低，也就必然影响到税额的多少。折旧期限越短，公司当期应当缴纳的税款也就越少，这实际上相当于政府以延迟税款的缴纳为代价给公司提供无息贷款。近几十年来，一些国家出于鼓励公司投资和加速更新机器设备的政策需要，人为地缩短折旧期限，有的国家甚至规定允许企业在一定幅度内自行决定折旧期限，这对公司的发展来说是非常有利的，但这种方法造成的政府税收收入损失较大，而且不鼓励新办企业，所以各国又对这种做法采取了一些限制性措施。

各国计提固定资产折旧采用的方法，主要有直线法、余额递减法和年数合计法等。直线法（straight-line method）按照固定资产使用年限每年提取相同数额的折旧费，它也称作"平均法"。余额递减法（declining balance method）是根据资产账面余额按固定比率计算折旧，每年递减后的余额次年再按固定比率计算，折旧额逐年减少。年数合计法（sum-of-years-digit method）是指每年折旧额等于资产价值乘以剩余年数与耐用总年数之比。三种计提折旧的方法，都在不同程度上被各国采用。虽然直线法因简单易行而被长期使用，但近年来出于刺激企业扩大投资、加快经济发展的政策目的，后两种方法的使用范围越来越广。

2）公司亏损的税务处理

公司的经营活动不仅会有盈利，有时也会发生亏损。根据收益与风险共担的原则，当公司出现盈利时，政府要依法对其课征公司所得税；而当公司出现亏损时，政府也应采取适当的措施来帮助其渡过暂时的难关。相当多的国家都对公司的净经营亏损，采取了盈亏互抵或结转措施，允许从以前年度的利润中扣除当年的亏损，或者用以后年度的利润来弥补当年的亏损。盈亏互抵的目的，在于降低或减少私人投资的风险，并对私人资本的形成给予一定的激励。对公司经营净亏损的税务处理，体现了政府保护公司再生产、降低或减少投资风险以及鼓励投资的政策意图。

在现实生活中，盈亏结转制度的确发挥了一定的积极作用，但这种制度也是以政府税收收入的直接减少作为代价的，尤其是公司亏损向后结转，意味着可以从税务机关得到相应的退税，这不仅涉及政府的既得利益，而且还涉及预算的法律程序问题，操作也比较复杂，所以部分国家对"后转"采取了一定的限制性举措甚至取消这种做法，各国较多地采用"前转"的方式。对于盈亏结转的期限，一般依据政府的财政状况和公司扭亏增盈的实际需要而定，不同的国家有不同的规定。大部分国家对盈亏结转的期限进行了限定，不允许无限期结转。[①]

8.3.6 公司所得税的税率

公司所得税率决定了公司利润的税收负担水平，它的高低直接影响着公司利润的

[①] 中国现行企业所得税制规定，企业发生的亏损不允许向以前年度结转，而只能向以后年度结转、用以后年度的利润来弥补，并且结转年限最长不得超过5年。

多少和公司投资的积极性。目前，各国公司所得税的税率有比例税率和超额累进税率两种形式。

1. 比例税率

公司所得税采用的比例税率，有单一比例税率和分类比例税率两种形式。分类比例税率其实就是一种有区别的单一比例税率，它主要是为了照顾或扶持利润较低或规模较小的公司以及某些特殊行业的公司。在实践中，有的国家是按企业规模或利润规模大小实行分类比例税率，有的国家按居民公司与非居民公司为标准来实行分类比例税率，有的国家对公司的保留利润和已分配利润课以不同税率，还有的国家以行业和公司类型为标准来实行分类比例税率。

有的国家的公司所得税从一开始采用的就是比例税率，也有一些国家最开始采用累进税率来课征公司所得税，但后来陆续改为采用比例税率。目前，大多数国家的公司所得税采用的都是比例税率（见表8-2）。

表 8-2　主要经济发达国家的公司所得税税率（2024 财政年度）　　　　单位：%

国家	税率	国家	税率	国家	税率
美国	21（联邦）	法国	25	加拿大	15（联邦）
英国	25	德国	15	意大利	24
澳大利亚	30	日本	23.2	西班牙	25

注：表中的数据不包括附加税税率。
资料来源：根据普华永道会计师事务所网站相关资料等编写整理。

2. 超额累进税率

在相当长一段时间内，一些国家的公司所得税制采用了超额累进税率，不仅边际税率高，而且累进档级也较多。随着税收理论研究的深入，越来越多的国家都逐步认识到，公司所得税在实质上不是"对人税"，其课税的依据也并非个人的综合负担能力，所以按照所得额的大小规定高低不同的税率，在理论上没有多大意义。目前，只有少部分国家出于财政和收入调节政策方面的考虑[①]，在公司所得税制仍保留着累进的税率结构。

在具体实施过程中，对公司利润课征累进所得税的结果是，过高的边际税率不仅减少了公司税后可支配的利润，而且削减了投资规模，并最终妨碍了经济发展。正是在这样一种情形下，原先采用累进税率的国家陆续进行了一些调整，大幅减少了公司所得税累进税率的级数、累进程度也缓和了许多。

1980 年，全球公司所得税非加权平均税率高达 40.11%。20 世纪 80 年代以来，随着经济全球化程度的不断加深，各国为了保持自身税制的国际竞争力，纷纷下调了公司所得税的税率，这一趋势一直持续至今，其中以进入 21 世纪后的最初几年下调幅度

---

① 在财政方面，因为大部分公司所得税是由大公司缴纳的，如果不分公司大小实行统一税率，税率定高了，中小公司很可能承受不了；税率定低了，政府财政又要少一部分收入。在收入调节方面，采用累进税率的公司所得税，多多少少总会对个人收入起到一定调节作用，因为利润丰厚公司的大股东一般都是高收入者，若对大公司实行高税率，其结果是税后留利减少，自然要因此而少分股息或红利。

最大，但近年来公司所得税税率下调的幅度已明显放缓。2023 年，全球公司所得税非加权平均税率已经降到 23.45%。[①]

8.3.7 公司所得税的主要激励措施

长期以来，公司所得税被绝大多数国家视为调节社会经济运行的主要杠杆，用来实现推动公司增加投资、激发公司加大研发（R&D）力度、促进公司加大慈善捐赠、鼓励特定区域、行业和企业的发展等目标。

各国的公司所得税在具体制度安排中都规定了多种激励措施，具体有直接激励措施和间接激励措施两类。公司所得税的直接激励措施主要体现为税率式和税额式优惠，具体包括降低公司所得税税率、减免公司所得税应纳税额和投资抵免等。公司所得税间接激励措施主要是税基式优惠，具体包括加速折旧、费用加计扣除和减计收入等缩减税基进而降低应缴公司所得税额的措施。

拓展阅读 8-4

中国高新技术企业的所得税优惠

8.3.8 公司所得税的经济效应

公司所得税对社会经济发展的影响是多维度的，主要体现在影响资本配置、公司投资和公司筹资等几个方面。

1. 对资本配置的影响

公司所得税，尤其是古典制公司所得税，与个人所得税并征对公司已分配利润造成重复征税，使得公司股息的总体税收负担重于非公司企业，这种税收上的不公平待遇极有可能导致资本从公司部门流向非公司部门，而且资本流动也会带动劳动力等其他生产要素的流动。公司所得税干扰资源配置的结果，可能使某些非公司部门的增长速度快于公司部门。从社会的角度来看，这一税收导向所形成的资本配置不同于市场机制所决定的配置格局。配置于公司部门的资本过少，则不利于代表现代企业组织发展方向的股份公司的发展，从而不可避免地产生效率损失。当然，在采取有效措施消除对已分配利润的重复征税后，公司所得税对资源配置的非中性影响就会大大降低。

公司所得税在不同行业或不同规模公司之间的资源配置会造成多大影响，取决于公司所得税的具体政策，尤其是其中的税收优惠政策。如果公司所得税税收优惠政策侧重于中小企业，那么资源配置就有利于中小企业；如果税收优惠政策侧重于高新技术产业，就会对高新技术产业的发展壮大起促进作用。

2. 对公司投资的影响

公司所得税也会对公司投资决策产生影响，其累积效应之和就构成了对社会总投资的影响。一般认为，公司将不断积累资本，直至最后一单位投资的收益等于其运用该单位资本的全部经济成本。公司所得税具体通过对边际收入课税和允许某些资本项目进行扣除这两个方面，来影响厂商的投资决策。对边际收入课税，可以使公司投资

---

① https://taxfoundation.org/publications/corporate-tax-rates-around-the-world.

的边际收益下降，而允许某些资本项目进行扣除，则会产生"税收节约量"，其结果会降低资本的边际使用成本。如果同时以相同的比例影响投资的边际收益和成本，则公司所得税对厂商投资决策的影响等于零，对投资行为不会产生税收导向的干扰作用。如果公司所得税使边际收入的下降幅度大于税收优惠政策使边际成本下降的幅度，则公司的投资量将减少；反之，亦然。在其他条件不变的情况下，任何旨在促进资本运用成本下降的税收优惠规定，都会鼓励投资。

3. 对公司筹资方式的影响

公司资本的筹资方式主要有举借债务和发行股票两种。公司筹资方式的选择，一般基于不同方式之间的相对成本，同时考虑税收因素。由于各国的公司所得税制大多允许债务利息作为费用从应税所得中扣除，而股息却不能扣除，因此在其他因素既定的条件下，可能促使公司更多地依赖债务融资，从而导致公司筹资决策的变形。当然，这种扭曲也受到一些现实因素的制约：一是在现实中，一些国家的公司所得税制对利息扣除有一定的限制，以防止出现资本弱化（thin capitalization）；二是债务筹资导致的公司破产风险比较大。

8.4 资本利得税

资本利得税（capital gains tax）是对个人或公司因出售或转让资本性资产（capital asset）所实现的增值收益课征的一种税。从税种性质上看，资本利得税的课税对象是收益额，所以它被归并到所得税类[①]。资本利得的实现必然依附于资本性资产，因而也有学者主张将资本利得税归于财产税类。

8.4.1 资本利得概述

资本利得是从资本性资产的转让或销售中获得的利润，也就是已实现的资本性资产的收益（realized gains）。[②]资本性资产是指纳税人长期持有或使用的资产，具体包括土地、建筑物、机器设备、有价证券、商誉、专利权以及特许权等。虽然也是所得的一个组成部分，但资本利得在性质上与劳务所得、经营所得以及其他所得还是存在一些不同之处。

1. 资本利得是一种非勤劳所得

资本利得不是靠生产劳动和经营努力取得的，它是一种典型的非勤劳所得。资本利得的形成，主要是资源稀缺和通货膨胀等多种因素共同作用的结果，由于生产劳动不追加于资本性资产，因而资本利得只是一种货币增值，它不体现为价值增值或者说

[①] 经济合作与发展组织（OECD）在其历年发布的 The OECD Classification of Taxes and Interpretative Guide 中，就一直将资本利得税划入所得税的范畴（见表6-1）。

[②] 虽然按照海格-西蒙斯的所得界定，未实现的资本收益应被看作与已实现的资本收益同样的收入，但在各国的资本利得课税都遵循"实现原则"（Realization Basis）这一基本标准，即只有当财产持有者出售财产，且得到了增值时才课税；若持有者不出售财产，即使财产已发生增值，也不课税。

它并不意味着实际财富的等量增加。

2. 资本利得是一种非定期取得的所得

作为生产要素的一个主要组成部分，资本性资产的交易具有非经常性和不确定性，也是一种具有一定风险的活动，由此决定了资本利得的取得并不具有预期性。

3. 资本利得的实现一般需要较长的时间

资本性资产的流动性相对来说要小很多，因此投资于资本性资产，不像投资于经营性资产那样通过市场交易活动就能够在较短的时期内获得收益，它是在相对较长一段时间内持有或使用资产的结果。

4. 资本利得往往并不是纯粹的资本性所得

在现实生活中，除了通货膨胀因素，资本利得的形成还会受公司留存收益的转化、某些资产的供求关系发生变化和加速折旧等的影响，这就决定了以资本利得形式存在的所得，并不是纯粹的资本性所得，其中也包含由其他所得尤其是投资所得转化而来的成分，也可以说是由资本性所得与部分正常所得混合而成的。如股息是一种投资所得，如果公司将获得的利润不作股息分配，而将这些盈余资本化，公司的总资产因而增加，公司股票在市场上的价格也会随之相应地上涨，此时出售升值的股票所获得的资本利得，则含有投资所得转化而来的成分。

8.4.2 资本利得的课税形式

资本利得是否应当征税以及如何征税，一直是一个争论不休的问题。主张对资本利得课税的学者认为，资本利得提高了纳税人的纳税能力，根据税收公平负担的原则，应将其计入应税所得，并在扣除一定资本损失后征税；如果不开征资本利得税，就有可能产生投资扭曲。也有部分学者基于资本利得税自身存在的缺陷反对对资本利得课税：第一，要使资本利得税仅对真实的收益而不对由通货膨胀带来的收益（inflationary gains）课税，存在实际困难，如果收益中包含了较多的通货膨胀因素，那么对其课税就会使纵向公平受到影响。第二，除极少数例外，对应计但未实现的资本利得课税，实际上是不可能的。资本利得税通常仅在资产出售时缴纳，纳税人可以通过不实现资本的价值而延期纳税或不纳税。这样，资本利得税就有可能妨碍投资者出售其资本性资产，由此而产生的"锁住效应"（lock-in effect）会带来经济上无效率的后果。第三，不管在实践中资本利得税采用何种征收方式，与其他对来自资本的所得课税一样，都会产生不利的影响，如以牺牲储蓄的方式来刺激消费，在开放程度较高的经济中还可能导致资本流失。

无论理论界是赞成抑或反对对资本利得课税，在各国的实践中，除新加坡、巴林和牙买加等少数国家外，大多数国家都对资本利得课税，只不过具体的课征形式不同。有的国家单独开征资本利得税，如英国、法国、德国和巴西等，也有国家将资本利得视同普通所得，合并到个人所得税和公司所得税中课征，如美国、日本、俄罗斯和澳大利亚等（见表8-3）。

表 8-3 部分国家资本利得的课税形式

资本利得的课税形式	对资本利得免税	对资本利得课税	
		单独开征资本利得税	合并到个人和公司所得税中征收
国家	新加坡、巴林、开曼、巴巴多斯、牙买加、纳米比亚、毛里求斯等	英国、法国、德国、芬兰、巴西、立陶宛、墨西哥、爱尔兰、菲律宾等	美国、加拿大、日本、韩国、澳大利亚、丹麦、挪威、俄罗斯、泰国、爱沙尼亚、捷克、阿根廷等

注:目前,英国对个人的资本利得课征资本利得税,而对公司的资本利得课征公司所得税。
资料来源:根据普华永道会计师事务所网站相关资料等编写整理。

资本利得不同的课税形式各有优点,但也都存在一些不足。单独开征资本利得税,便于对资本利得实行特殊政策,可以较好地适应经济状况的变化,但很容易增加纳税人的负担,尤其是加大纳税人心理上的负担。合并到个人所得税和公司所得税中征收,由于不单独立制,有利于简化税制、节省税收征纳成本,较为符合综合所得税制模式的要求,同时也减少了纳税人心理上的负担,但不利于区别对待。

8.4.3 资本利得的税收负担政策

资本利得税务处理的关键在于税收负担的确定。从理论上看,资本利得的税收负担政策有高税负、等税负和低税负三种不同的类型。在实践中,极少有国家对资本利得课征高于普通所得的税收负担;有的国家在部分资本利得项目上采取了与普通所得相同税收负担的政策,但相当一部分国家都对资本利得实行相对普通所得较轻的税收政策。

一些国家之所以要给予资本利得一定的优惠待遇(preferential treatment of capital gains),主要是因为:第一,资本利得的实现一般需要较长时间,其中常常包含通货膨胀的因素;第二,资本利得是逐步实现的,若用普通的所得税税率对已实现的资本利得一次课征,显然比逐年按收益额课征的税收负担要重;第三,对资本利得采用轻税政策,可在政策上起到鼓励资本流动、活跃资本市场的作用,防止产生投资"锁住效应",从而有利于经济增长。

各国对资本利得采取的轻税政策具体体现在税基折征、适用低税率、通货膨胀调整、结转资本损失和再投资减免税等几个方面。

(1)税基折征。所谓"税基折征",指的是仅将资本利得的一定比例纳入税基来征税。有的国家按照财产持有期限的长短来规定折征率,长期持有资产获得的资本利得(long-term capital gains)的折征率要高一些,而短期持有资产获得的资本利得(short-term capital gains)的折征率则要低一些或者与普通所得同等对待。

(2)适用低税率。一些国家,无论采用单独课税还是合并至个人所得税或公司所得税来对资本利得课税,都将资本利得的适用税率定得低于普通所得适用的个人所得税或公司所得税税率。有些国家即使对资本利得不全面实行低税率,但也对其中的部分项目,如长期资本利得适用低税率。

(3)通货膨胀调整。资本性资产受通货膨胀的影响较大,有时甚至还出现因通货膨胀引起的名义增值掩盖了资产的实际贬值。在课征资本利得税时，如不考虑通货膨胀因素，不仅可能使得资本利得实际承担的税收负担过重，而且存在侵蚀资本的风险。因此，不少国家采取了通货膨胀调整措施来消除名义增值。最常见的通货膨胀调整措施是，根据物价指数调整资产的历史成本，但多限于持有期限在一年以上的资产。

（4）结转资本损失。资本损失（capital losses）的税务处理与经营亏损的税务处理是一致的，各国都允许结转抵补，这实际上是政府参与纳税人风险的分担。但不同的国家对资本损失的抵补范围却有着不同的规定，有的国家只允许冲减同类资本利得，有的国家允许冲减所有类型的资本利得，还有的国家允许冲减普通所得。在资本利得的结转方式上，多数国家都规定只允许往前结转，允许往后结转的国家并不多。

（5）再投资减免税。对用于再投资的"融资转换"型资产转让的利得课税，其"锁住效应"会非常明显。为了消除或减缓"锁住"资本，各国也采取了相应的措施。对用于再投资的资本利得，一些国家采取了免税的措施。

专栏8-5　　　　　中国的资本利得课税

20世纪50年代初，中国曾经开征了利息所得税，但该税种于1959年停征。此后，中国未再次开征专门的资本利得税。目前，个人和企业的资本利得与其他性质的所得一并缴纳个人所得税或企业所得税：

- 个人转让有价证券、股权、建筑物、土地使用权、机器设备、车船以及其他财产取得的所得，均应缴纳税率为20%的个人所得税。对个人投资者从上市公司取得的股息红利所得，实施差异化的税收政策。对个人从公开发行和转让市场取得的上市公司股票和从全国中小企业股份转让系统挂牌公司（即"新三板"）取得的股票，其股息红利所得按持股时间长短实行不同的个人所得税政策，持股期限在1个月以内（含1个月）的，其股息红利所得全额计入应税所得额；持股期限在1个月以上至1年（含1年）的，其股息红利所得暂减按50%计入应税所得额；而对持股超过1年的纳税人取得的股息红利所得暂免个人所得税。
- 企业取得的利息收入和股息收入等，需缴纳税率为25%的企业所得税。

中国也对部分资本利得项目免征所得税：

- 个人购买国债和国家发行的金融债券的利息收入以及企业购买国债取得的利息收入。
- 居民储蓄存款利息所得。自1999年11月起，中国对居民从中国境内的储蓄机构取得的人民币、外币储蓄存款利息恢复征收税率为20%的个人所得税，2007年8月，国务院决定将居民储蓄存款利息所得的适用税率调减为5%。2008年10月，中国再次决定对居民储蓄存款利息所得暂免征收个人所得税。

上述对资本利得的税务处理，已为广大民众所接受。目前，相当一部分社会成员，尤其是数千万股民关注的一个焦点是，是否会对个人股票交易所得征税。这是1994年以来一直悬而未决的一个问题。根据个人所得税法的相关规定，股票交易转让所得是居民财产转让所得的一种形式，应该按适用税率纳税。早在1994年就有过这样的猜测和传闻，结果引发了股市的暴跌。财政部不得不宣布，为鼓励中国新兴证券市场的发展，对股票转让和交易所得暂不征税。2007年11月国家税务总局发布通知，要求年收入超过12万元的居民在2008年申报个人所得税时申报自己在股市交易中的所得，再次引发了数千万股民的疑虑和恐慌，并加剧了股市自2007年10月开始的下跌。随后，财政部和国家税务总局再次声明，现阶段无意征收所谓的"资本利得税"，此举不过是为了建立更好的数据库。

资料来源：根据中国国家税务总局网站和新浪网相关资料编写整理。

也有学者不赞同对资本利得实行轻税政策，其主要理由是作为一种非勤劳所得，资本利得往往更多地为高所得者所拥有，对资本利得实行税收优惠政策会加剧税收制度的不公平性。

8.5 社会保障税

社会保障税（social security tax）是对纳税人取得的工资薪金所得课征、其收入专门用于社会保障制度的一种税。一些国家的"工薪税"（payroll tax）或"国民保险缴款"（national insurance contributions），实质上就是社会保障税。

8.5.1 社会保障税的产生与发展

社会保障税的开征，与社会保障制度的实施密切相关。社会保障制度是政府通过立法以强制的手段对国民收入进行再分配，形成社会保障基金，并对因多种原因使生存发生困难的社会成员给予物质上的帮助，以保证其生活需要的一系列有组织的措施的总称。社会保障制度起源于19世纪中后期的欧洲，第二次世界大战以后所有的经济发达国家和相当一部分发展中国家都陆续根据本国的国情建立起社会保障体系。

作为实施社会保障制度的主要资金来源，社会保障税也随着社会保障制度的发展而逐步走上历史舞台。自1889年德国创设社会保障税以来，法国（1910年）、瑞典（1913年）、英国（1918年）、意大利（1919年）和美国（1935年）等先后开征了社会保障税；第二次世界大战后，部分发展中国家也开始征收社会保障税。社会保障税开征后，获得了迅速的发展，不仅课征范围扩大到几乎所有的工薪收入者，而且税率也随着经济的发展逐步调高，这使得社会保障税收入占税收总收入的比重稳步上升。在德国、法国、瑞士、荷兰和瑞典等国，社会保障税已跃居为头号税种；在美国，工薪税自1969年以来一直是联邦政府收入规模仅次于个人所得税的税种。目前，一些国家社会保障税的覆盖面和税率，还有进一步扩大和调高的趋势。

8.5.2 社会保障税的特点

与其他所有税种相比较，社会保障税是一种特殊性质的税种，其特殊性表现在专税专用、个别有偿性和两个纳税人等方面。

1. 专税专用

社会保障税是一个指定税款用途的税种，其收入专门用于社会保障支出，这种专款专用的性质不同于其他税种。其他税种的收入缴入国库后，要纳入政府预算统一用于执行政府职能所需的各项财政支出。而社会保障税收入缴入国库后，只能用于社会保障事业，不能挪作他用，这可以使社会保障基金免受政府财政预算状况恶化所造成的不利影响；然而，这种专税专用的做法也限制了政府根据实际财政收支状况灵活地安排支出。

2. 个别有偿性

根据各国社会保障制度的规定，只有缴纳社会保障税的社会成员，才有资格享受社会保障制度带来的利益。虽然社会保障税的纳税人从社会保障体系中获得的利益并不取决于其支付税款的数额，而是要根据国家的财政经济状况和投保者的具体条件加以确定，但它与社会成员是否缴纳了社会保障税之间存在着直接关联。社会保障税的纳税人从社会保障体系中受益是政府对其缴纳了社会保障税的一种单独偿付，而不是政府给予的整体有偿的福利。

社会保障税所具有的个别有偿性，与一般意义上的税收在形式上所具有的无偿性和本质上的整体有偿性都有着很大的差别。正因为如此，很多学者都认为社会保障税不是真正意义上的税收，一些国际组织在进行财政收入统计时，也经常把社会保障税作为一种特殊收入来处理。

3. 两个纳税人

在有较大收入规模的主要税种中，无论是个人所得税、企业所得税，还是增值税、消费税和房产税等，都只规定有一个纳税人。与绝大部分税种不同的是，社会保障税却有两个纳税人。各国的社会保障税制的主体部分一般都由雇主（employer）和雇员（employee）共同缴纳。①

8.5.3 社会保障税的类型

现代各国的社会保障税制度是多种多样的，根据承保对象和承保项目设置的方式不同，大体上可以将社会保障税分为项目型、对象型和混合型等三种模式。②

1. 项目型社会保障税模式

项目型社会保障税按承保项目的不同而分项设置社会保障税。在这一模式下，社会保障税按照不同保险项目的支出需要，分别确定一定的比率从工资薪金中提取。瑞典的社会保障税制是典型的项目型模式，它分设养老保险税（retirement pension）、遗属养老保险税（survivor's pension）、疾病保险税（health insurance）、工伤保险税（occupational injury insurance）、双亲赡养保险税（parental insurance）、失业保险税（unemployment insurance）以及工资税（payroll contribution）等七个项目，每个项目有各自不同的税率。

---

① 部分国家社会保障税体系中的失业保险税是个例外，只由雇主缴纳。
② 杨斌. 比较税收制度[M]. 福州：福建人民出版社，1993：388-391.

项目型社会保障税的最大优点在于社会保障税的征收与承保项目之间建立起了一一对应的关系，专款专用，返还性非常明显，而且可以根据不同项目支出数额的变化调整税率，哪个社会保障项目对财力的需要量大，其适用税率就会提高。项目型社会保障税模式的主要缺点是各个项目之间财力调剂余地较小。

2. 对象型社会保障税模式

对象型社会保障税按承保对象的不同而分类设置社会保障税。在这种模式下，社会保障税在设置上主要以承保对象为标准，建立起由几大类社会保障税组成的社会保障税体系。如英国的社会保障税就有四类：第一类（national insurance class 1）是针对一般雇员征收的国民保险税，第二类（class 2）是对营业利润低于一定水平的自营者（目前是低于6725英镑/年）征收的国民保险税，第三类（class 3）是对自愿投保者[①]征收的国民保险税，第四类（class 4）是对营业利润达到一定水平以上的自营者（目前是超过12 570英镑/年）征收的国民保险税。[②]

对象型社会保障税模式的优点是可以针对不同就业人员或非就业人员的特点，采用不同的税率，便于执行；这种模式的主要缺点是征收与承保项目没有明确挂钩，社会保障税的返还性未能得到充分的体现。

3. 混合型社会保障税模式

混合型社会保障税按照承保对象和承保项目并行设置社会保障税。在这种模式下，社会保障税不是一个单一税种，而是由一个针对大多数承保对象和覆盖大部分承保项目的一般社会保障税、针对失业这一特定承保项目的失业保险税以及针对特定承保对象而设置的税种所组成的税收体系。美国是采用混合型模式的代表，其社会保障税税收体系由工薪税（payroll tax）、失业保险税（unemployment insurance tax）、铁路员工退职保险税（railroad retirement tax）和自营人员保险税（self-employment tax）等税种构成。

混合型社会保障税的主要优点是适应性较强，可在适应一般社会保障需要的基础上针对特定行业实行与行业工作特点相联系的加强式社会保障，还能让特定的承保项目在保险费收支上自成体系。但这一模式也存在统一性较差、管理不够便利以及返还性的表现不够具体等不足之处。此外，这一类型的社会保障税累退性较强，再分配的效应受到抑制，其社会公平功能趋于减弱。

8.5.4 社会保障税的制度要素

纳税人、税基、税率和征管方法等，是社会保障税制中最为关键的几个制度要素。

1. 社会保障税的纳税人和税基

各国社会保障税的课征范围一般都较广，只要在本国有工资薪金收入的人，都被纳入社会保障税的课征范围。支付工资薪金的雇主和取得工资薪金的雇员，同时是社

[①] 自愿投保者指的是参加了前两类社会保险，但又想增加保险金权益的雇员、自营者以及没有正式职业但又想保持其领取保险金权利的人。

[②] https://www.gov.uk/national-insurance/national-insurance-classes.

会保障税的纳税人。对不存在雇佣关系的自营人员（self-employment），由于没有确定的工资薪金所得，是否应纳入社会保障税的课征范围，各国的做法不尽相同。根据"专税专用"的原则，只有缴纳了社会保障税，才有权享受社会保障的利益。在条件许可的情况下，将自营者包括进来是较为理想的，这有利于整个社会的发展和安定团结。经济发达国家的社会保障体系大多将自营人员纳入进来，但在一些社会保障体系不是很完善的发展中国家，自营人员往往被排除在社会保障体系之外。

社会保障税的税基一般是在职员工的工资薪金收入和自营人员的事业纯收益。作为社会保障税税基的工资薪金所得，并不是纳税人的全部工薪收入，而只是一定限额以下的工薪收入额，如美国2024年联邦社会保障税制规定的工薪收入限额为168 600美元（见表8-4）。纳税人取得的除工薪收入外的其他收入，如资本利得、股息所得、利息收入等，都被排除在社会保障税的税基之外。各国在课征社会保障税时，一般都把毛工薪收入额直接作为计税依据，不允许从中扣除为取得收入而发生的费用开支以及宽免。从总体上看，社会保障税的税基要小于对综合收入课征的个人所得税的税基。

表8-4　美国联邦政府社会保障税率

年份	最高征税收入/美元	OASDI 税率/%	HI 税率/%	年份	最高征税收入/美元	OASDI 税率/%	HI 税率/%
1940	3000	2	—	2005	90 000	12.4	2.9
1950	3000	3	—	2010	106 800	12.4	2.9
1960	4800	6	—	2015	118 500	12.4	2.9
1970	7800	8.4	1.2	2020	137 700	12.4	2.9
1980	25 900	10.16	2.1	2021	142 800	12.4	2.9
1990	51 300	12.4	2.9	2022	147 000	12.4	2.9
1995	61 200	12.4	2.9	2023	160 200	12.4	2.9
2000	76 200	12.4	2.9	2024	168 600	12.4	2.9

注："OASDI"指的是老年人、遗属和伤残人保险项目（old-age, survivors, and disability insurance），"HI"指的是医疗保险项目（medicare's hospital insurance）。

资料来源：根据税收政策中心（Tax policy center）网站相关资料整理。

2. 社会保障税的税率

社会保障税的税率形式，视各国的国情而有所不同，但大多数国家采用的是比例税率。社会保障税的课税对象是工薪收入，而工薪收入仅仅是综合收入中的一部分，高收入者的收入主要来自投资和财产，仅对工薪所得征收重税对收入分配起不了多大的调节作用，因而极少有国家在社会保障税中采用累进税率。少数国家的社会保障税实行单一比例税率，大部分国家则是按不同的保障项目，分别规定不同的差别税率，然后分项目确定雇主和雇员各自负担的税率。

社会保障税税率的高低，是由各国社会保障制度的覆盖面和受益水平决定的，它既要考虑政府维持社会保障制度运行的需要，也要考虑社会成员的实际承受能力。一般来说，刚开征社会保障税时税率会定得低一点，随着社会保障制度的覆盖面不断扩大、受益水平逐步增加，社会保障税的税率也会相应地提高，如美国1950年OASDI项目的税率为3%，到1970年就提高到8.4%，而近三十多年来一直保持在12.4%的水平上（见表8-4）。一些国家也会根据政府财政收支的平衡状况，对税率进行适当的调整。

3. 社会保障税的征收管理

社会保障税的税款由雇主和雇员双方共同负担，课征时一般采用源泉课征法，税款也无须经过复杂的计算过程。雇员所应负担的税款由雇主在支付工资、薪金时扣缴，连同雇主所应负担税款一起向税务机关申报纳税。在社会保障税的征收管理过程中，无须雇员填写纳税申报表，而自营人员的应纳税款则需要自行填报，一般与个人所得税一起缴纳。

专栏8-6　　中国的社会保障：缴税还是缴费？

现阶段，中国主要以"费"的形式来筹集社会保障制度所需的资金。在中国，以社会保障税取代社会保障费的呼声一直此起彼伏，其立论的依据是目前社会保障收费制度存在资金筹集严重不足、政出多门、管理混乱等弊端。中国的社会保障到底是实行"缴费制"还是"缴税制"，这既是一个理论问题，也是一个激励问题；既是一个导向问题，也是一个制度设计问题。一字之差，意味着政府承担的责任、保障对象的范围、征收标准等都会发生改变：

- 在缴税制下，纳税人换取的是一个享有福利待遇的权利，这个权利与纳税水平之间没有等量的对称性；而在缴费制下，参保人的福利待遇预期是透明的，因为它具有明显的储蓄性质和较强的"对等返还"性质。
- 在缴税制下，纳税人的退休待遇基本是与其最后的工资水平挂钩的，退休之后的退休金水平与以往的纳税总量之间关系不大；而在缴费制下，参保人的退休待遇水平主要是与其职业生涯中的缴费总量联系在一起的，多缴多得，少缴少得，不缴不得。
- 缴税制具有明显的公有性，而缴费制却带有强烈的私有性。对于社会保障费来说，我们可以将之看作具有某种延迟收入或储蓄的性质，尤其是在引入个人账户制度的情况下，许多国家都立法规定它在账户持有人去世时可以由子女继承。
- 缴税制下存在一个"税负归宿"问题，即社会保障税制度下必定存在着征税前后某些群体福利的变化，有些人可能福利水平降低了，有些人可能提高了。而社会保障费则不同，缴费制完全是个人终生消费的一种熨平，根本就不存在任何归宿问题。

加强缴费与待遇之间的关联，是中国社会保障改革制度的一个基本原则。对一个人均GDP尚处于中等收入国家行列的发展中大国来说，如果进行"费改税"，就等于完全撇开了国家、社会和个人三者责任共担的制度设计理念，就等于将社会保障责任完全推到了国家的身上，国家将承担起社会保障的无限责任。一字之差，改变的却是现行社会保障制度的根本属性和激励机制。

资料来源：根据郑秉文. 费改税不符合社保制度改革的趋势[N]. 中国劳动保障报，2007-01-18编写整理。

8.5.5 社会保障税的经济效应

社会保障税的课征会对劳动力的供给和整个经济运行产生多方面的影响,其中对收入分配、就业和储蓄的影响最为突出。[①]

1. 对收入分配的影响

与个人所得税具有的累进性不同的是,社会保障税是一个在税收负担分配上具有累退性质的税种。之所以如此,主要是因为:第一,社会保障税以工薪收入额为课税对象,投资所得、股息所得、利息所得等非工薪收入都被排除在外,致使总收入中非工薪收入多者的社会保障税负担相对较轻;第二,社会保障税不允许扣除任何费用或宽免,而且对应税所得额采取封顶的做法(maximum taxable earnings),超过规定限额部分的收入免缴社会保障税,从而使得高收入者缴纳的社会保障税占其收入的比重远远低于中低收入者;第三,社会保障税通常采用比例税率,极少有国家采用累进税率。同个人所得税相比,社会保障税的缴纳是穷人的一笔数额较大的开支;而对富人来讲,却只是区区小钱而已。就社会保障税自身来看,它对收入分配不产生积极影响。

2. 对就业和劳动力供给的影响

社会保障税对劳动力供给可能产生的影响主要表现为:第一,社会保障税作为一种对劳动力供给报酬的课税,会降低劳动力供给的净收益,从而降低劳动力供给的积极性和最终的供给量。虽然社会保障税是由雇主和雇员共同承担的,但由于劳动力的供给弹性要小于资本的供给弹性,雇主缴纳的社会保障税转嫁给雇员承担的可能性非常大,所以劳动力事实上要承担主要的税收负担,其结果是劳动力的供给受社会保障税的影响比没有考虑税负转嫁时要大一些。第二,社会保障税可能促使劳动力提前退休,这一点同社会保障制度的受益密切相关。如果低收入劳动者在退休后获得的退休金收益超过他们过去缴纳的社会保障税,同时这些收入与他们继续工作的实际收入相差无几,提前退休对大多数低收入者来说还是有一定吸引力的。经济发达国家已经出现了这样的情况。

3. 对社会储蓄率的影响

劳动者往往将缴纳社会保障税视为一种替代个人进行退休储蓄的方式。在不存在社会保障制度的情况下,个人在其有工作能力时会储蓄部分收入,以备将来失业或退休时仍能维持正常的生活水平。而在有社会保障制度的条件下,这笔储蓄金就大致等同于所缴纳的社会保障税,其结果是个人储蓄量普遍降低,进而使资本形成率下降,造成对社会总供给的严重扭曲,并妨碍劳动生产率与经济增长率的提高。

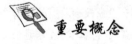 重要概念

所得税　个人所得税　来源地税收管辖权　居民税收管辖权　公民税收管辖权

[①] 社会保障税对劳动力需求影响的介绍,参见第 11.2.2 小节。

居民纳税人　分类所得税　综合所得税　分类综合所得税　源泉课税　申报清缴　个人所得税免申报制度　负所得税　公司所得税　古典制公司所得税　归属制公司所得税　双率制公司所得税　资本利得税　社会保障税　工薪税

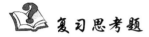 复习思考题

1. 简述所得税的基本特点。
2. 不同模式的个人所得税制各自有什么优缺点？
3. 应如何认识负所得税机制？
4. 公司所得税的课征对社会经济运行会产生哪些影响？
5. 为什么各国普遍对资本利得实行轻税政策？
6. 简述社会保障税的特点。

 课堂讨论

近年来，中国的人口出生率逐年下降，2022年甚至出现六十年来首次人口负增长。在此背景下，通过包括税收在内的公共政策来促进人口生育，备受社会各界关注。请结合以下案例材料，就中国"如何通过个人所得税制改革来促进人口生育"进行讨论。

案例材料　　人大代表建议通过个人所得税鼓励生育

在2023年全国两会上，上海市代表团向大会提交了《关于优化完善与人口长期均衡发展相适配的个人所得税制度的建议》（以下简称《建议》）：

- 在幼有所育方面，《建议》认为，现行子女教育等专项附加扣除全国采用一个标准，尚未建立起与地区发展禀赋、与家庭生活成本变化相适应的动态调整机制，鼓励生育的政策激励导向不明显。应建立动态调整机制，根据各地经济社会发展状况，调整子女教育等专项附加扣除金额，形成有利于鼓励生育的税收政策环境。
- 在劳有所得方面，《建议》认为，现行以个人为纳税主体的申报制度，一定程度上不利于减轻劳动人口的税收负担，中国人习惯以家庭为单位衡量收入水平，也习惯以家庭为单位进行投资和消费，现行以个人为纳税主体的申报制度对家庭成员间收入差异较大的情况未予以充分考虑。应探索引入家庭制申报模式。
- 在老有所养方面，《建议》认为，现行支持养老"第三支柱"发展的个人所得

税政策导向不够显著，缓解未来养老财政支出压力的作用有待加强。应进一步提高扣除限额，优化领取时的税率设计，支持个人养老金产品做大做强。

资料来源：根据腾讯网相关资料编写整理。

参考文献与延伸阅读资料

1. 普拉斯切特. 对所得的分类、综合及二元课税模式[M]. 国家税务局税收科学研究所，译. 北京：中国财政经济出版社，1993.
2. 奥尔特，阿诺德. 比较所得税法：结构性分析[M]. 丁一，崔威，译. 北京：中国财政经济出版社，2013.
3. 哈里斯. 公司税法：结构、政策与实践[M]. 张泽平，赵文祥，译. 北京：北京大学出版社，2020.
4. OECD. Fundamental Reform of Personal Income Tax[R]. Paris: OECD Tax Policy Studies No 13, 2006.
5. GORDON R, SARADA. The Role of the Corporate Tax[M]. Cambridge: Cambridge University Press, 2019.

网络资源

http://www.cfen.com.cn
中国财经报网

http://www.taxinstitute.com.au/
澳大利亚税收研究所（Australia Tax Institute）网站

第 9 章　财产及其他税

学习目标

- 掌握财产税的特点与作用；
- 掌握不同种类财产税的差别；
- 掌握房产税或房地产税的基本税制要素；
- 掌握遗产税的基本税制要素；
- 掌握环境税和资源税对社会经济运行的影响。

在古代社会，财产税曾经是政府主要的财政收入来源。进入近代后，随着商品税的盛行和所得税的兴起，各国财产税的地位和作用逐步下降。在现代社会，虽然财产税已不再是整个税收体系中的主体税种，但依然在各国的社会经济生活中发挥着重要的作用。

9.1　财产税概述

财产税（property tax）是对纳税人在某一时点拥有、支配或处分的财产课征的各种税的统称。在现代社会，各国开征的财产税常见的有房产税、土地税、房地产税、遗产税、赠与税和资本净值税等。

9.1.1　财产税的特点

财产税以国民收入存量或者以往创造价值的各种积累为税源，一般不课自当年创造的价值。与其他课税体系相比较，财产税具有调节社会财富分配、收入稳定、缺乏弹性和征管难度大等方面的特点。

1. 财产税是调节社会财富分配的重要手段

作为财产税课税对象的财产，多不参与当年的国民经济循环。财产税"存量税"的性质，与所得税和商品税"流量税"的属性形成鲜明对照。与所得税是从"流量"角度调节社会收入分配不同的是，财产税是从"存量"的角度来调节社会财富分配的。"存量税"与"流量税"的配合，形成对社会财富的全方位调节。

2. 财产税的课征会妨碍资本形成

在很多情况下，资本都是由财产转化而来的。对财产课税会减少投资者的资本收益，降低投资者的投资积极性。而为了逃避财产税，人们不是减少投资和储蓄，就是增加即期消费，这些都会妨碍资本的形成和积累。在资本短缺的发展中国家，这种阻碍作用可能更为明显。

3. 财产税收入稳定但缺乏弹性

各国开征的财产税涵盖了财产的占有、使用和转让等多个环节，充分体现了良好税收制度对一个税系应该调节其课税对象价值运动全过程的客观要求。当经济发展到一定阶段后，财产税的税源比较充分，不易受经济波动的影响，是一个稳定的财政收入来源。然而，除非提高税率或扩大课税范围，财产税收入在短期内很难有较大幅度的增长，缺乏必要的弹性。

4. 财产税征收管理的难度相对较大

财产税制的正常运行，有赖于对财产的有效管理和对财产价值的合理评估。在经济发展的早期，人们的财产主要是有形财产，此时财产价值的测度较为容易。但随着经济的发展，财产的种类不断增加，这使得对财产税的有效征管变得越来越困难。要对种类繁多的有形资产进行准确的评估本身就很难，而对日益涌现的无形资产价值的测度就更加困难。除了财产价值难以准确评估，财产中的动产还常常成为隐匿对象，从而轻松地逃避财产税。在财产税的征管过程中，税务部门往往不得不花费较多的人力、物力和财力去评估财产的市场价值并防范偷逃税行为，课征难度较大。

专栏 9-1　　　　　美国的财产税限制制度

财产税是重要的直接税，其税收负担一般来说难以转嫁，纳税人能明显感受到远强于商品税的"税痛感"。财产税是不少国家地方政府最主要的收入来源，在财政支出需求持续增长的压力下，地方政府存在着不断扩大财产税规模的动机。在评估技术不完善的时期和地区，财产税的征收还常常出现评估价值与市场价值差异较大和税负分配不公的现象。财产税税收负担的可见性、税负的沉重性以及税负分担的不公平性，使得民众对财产税的抗拒心理非常强。美国著名财政学家塞利格曼甚至把财产税称为"文明世界最糟糕的税收之一"。

美国历史上曾经多次爆发针对财产税的抗税运动，其直接结果之一就是财产税限制制度（property tax limitations）的建立。美国第一次大规模财产税立法限制，发生在1933年的经济大萧条时期。1929—1932年，经济危机使得美国民众的可支配收入减少了一半，而财产税收入弹性小、税负稳定，导致财产税占纳税人收入比重大幅提高，引发纳税人强烈不满。美国全国有3000—4000个地方同盟发起了税收改革，有16个州通过财产税税收限制法案，对财产税规定税率上限同时设置财产税优惠政策。第二次大规模财产税立法限制，发生在20世纪七八十年代的经济滞胀时期。通货膨胀导致房地产价格上涨过快，而经济增长停滞使得居民收入增长随之止步，但地方政府却没有同步降低财产税税率，公众财产税税负飙升，来自私人业主的财产税比重由1970年的34%升高到1978年的44%，由此引发了对财产税的税率（rate limits）、评估

（assessment limits）与征管（levy limits）等方面的全面限制。目前，美国共有 46 个州和哥伦比亚特区推出了本州的财产税限制措施。只有康涅狄格、夏威夷、新罕布什尔和佛蒙特等 4 个州没有对财产税进行限制。

在美国各州对财产税的限制中，最为著名的是加利福尼亚州的"13 号提案"（Proposition 13），它是加利福尼亚州宪法的一条修正案，其正式名称是《人民限制财产税动议》（People's Initiative to Limit Property Taxation）。"13 号提案"的主要内容包括：对房产征收的任何从价税的最大量不应超过该房产现值的 1%；将房产评估价值增长上限定为 2%，以限制通货膨胀带来的税基增长；对房地产征税，须获得议会三分之二以上多数同意等。"13 号提案"意在大幅削减财产税并限制财产税收入的增长，它是美国现代财产税限制制度的开始，并在美国其他州引发连锁反应，其影响力持续至今。

资料来源：根据 WALCZAK J. Property Tax Limitation Regimes: A Primer[R]. Fiscal Fact, No.585, 2018 和华莱士·奥茨. 财产税与地方政府财政[M]. 丁成日，译. 北京：中国税务出版社，2005：157-161 等编写整理。

9.1.2 财产税的发展与功能

在漫长的发展历程中，财产税在税种设置、课税范围以及职能侧重点等方面，都发生了较大的变化。

1. 财产税的发展

财产税体系发展，首先体现在税种设置上经历了由单一税种到多税种配合的过程。在自然经济条件下，经济发展水平低下，财产的种类和数量都有限、存在形态也极为单一，这一时期的财产税制自然也非常简单。对土地和牲口等的课税，是早期最常见的财产税形态。随着社会经济的发展，私人资本快速积累，财产的种类和数量不断增多、存在形态也日趋多样化，各国又新开征了遗产税、赠与税及净值税等税种。除土地和房产等外，财产税的课税范围也随着汽车和知识产权等先后被纳入而大为扩宽。目前，财产税已经逐渐从单一财产税体系发展为多税种相互配合的复合财产税体系。

财产税的征收方法也经历了从简单到复杂的演变。早期的土地税、房产税等不动产税，为了取得足够的财政收入和适应当时落后的征收方法，不是以财产价值为计税依据征收的，而是以财产的外部数量，如土地的面积、房屋窗户的数量等作为计税依据。这样的征税方法虽然简单，但极不合理，因为它完全没有考虑到财产本身的价值，导致税收负担分配的不公平。

在财产税职能侧重点的转变过程中，财产税的课征也由以从量征收为主发展到以从价征收为主，税率从以定额税率为主发展为以比例税率为主，有的国家甚至采用了超额累进税率。

2. 财产税的功能

早期财产税的主要功能在于筹集财政收入，并且一度成为整个税收体系的核心。随着社会经济的发展和私人资本的增长，动产大量增加，社会财富的持有分化严重，人们开始注重强调税收的社会经济调节功能。在这种情况下，财产税功能的侧重点也发生了转移，财产税的收入职能逐步弱化，而影响资源配置和对社会财富进行再分配的功能不断强化。

1）对社会财富进行再分配

贫富差距过大一直是一个非常棘手的社会问题，也是各国政府力图解决的问题。贫富差距的形成不仅是国民收入流量分配不公的结果，其中也有国民财富存量占有不公方面的原因。虽然个人所得税可以对收入分配差距进行一定的调节，但它却无法直接作用于由国民财富存量造成的贫富差距，而又有相当部分的财富存量是通过继承、赠与等方式获得的，不通过市场交易，这更是个人所得税无力调节的。

财产税直接对国民财富存量课征，它遵循"有财产者纳税，无财产者不纳税，财产多者多纳税，财产少者少纳税"的基本原则，较好地体现了支付能力原则。通过课征税负高低不等的财产税，可以有目的地对财富分配不均的状况进行调节，在一定程度上弥补了个人所得税不能对存量财富课税的缺陷，从而有助于社会公平的实现。

2）有效引导资源配置

对遗产和闲置的资产，尤其是土地资源课征财产税，可以促使这些资源从非生产性转化为生产性的资源，增加用于生产领域里的投资，也可以促使财产所有人增加即期消费和投资，减少财富的过度积累，同时通过将存量财富引入消费领域，促进有效需求的扩展，从而刺激经济增长。

9.1.3 财产税的分类

财产税的课征是以财产的存在作为前提的。财产可以分为动产和不动产。动产（personal property）的主要特征在于其移动性，它又包括有形动产和无形动产，前者如耐用消费品、家具和车辆等，后者如股票、债券、借据、现金和银行存款等。不动产（real property）的主要特征是非移动性和有形性，主要包括土地及土地改良物。根据具体征税目的物的不同，各国开征的财产税可谓名目繁多，如房产税、土地税、地价税、土地增值税、固定资产税、流动资产税、遗产税和赠与税等。为了准确把握财产税，对其进行分类是非常有必要的。

以课税对象为标准，可以将财产税分为静态财产税和动态财产税。静态财产税（static property tax）是对财产所有人某一时点的财产占有额，依其数量或价值进行的课征。①动态财产税（dynamic property tax）是对财产所有人所有权发生变动的财产进行的课征。

根据课征范围的大小，静态财产税可被细分为一般财产税和特种财产税。一般财产税（general property tax）指的是对纳税人拥有一切财产的综合课征，但在课征时常常考虑对一定价值以下的财产和生活必需品实行免税，并允许扣除负债，它也被称为"综合财产税"。特种财产税（specific property tax）是对纳税人拥有的某一类或某几类财产，如土地、房屋、资本等单独或分别进行的课征，它也被称为"选择性财产税"。

根据财产转让时是否支付对价，动态财产税可细分为财产有偿转让税和财产无偿

---

① 一些学者甚至认为，只有静态财产税才是真正意义上的财产税。

转让税。由于容易移动而且不损害其完整性和使用价值，因而动产可以迅速地流转。社会中的商品交易活动大多属于动产的交易，因此对有偿转让动产的课税，通常被视为是对商品交易行为课征的商品税，而基本不被纳入财产转让税的范畴。财产有偿转让税一般仅指不动产有偿转让税，而不动产的有偿转让基本上都会产生收益，因而课征不动产有偿转让税实际上就是对不动产转让收益的课税，它在本质上属于所得税的范畴。在现实生活中，财产的无偿转让主要表现为财产的继承与赠与行为，因而财产无偿转让税也就主要体现为遗产税和赠与税。

广义上的财产税内容非常庞杂，既包括财产保有税，也包括财产转让税，还包括财产收益税。而狭义上的财产税则将具有所得税性质的财产收益税排除在外，仅包括一般财产税、特种财产税和财产无偿转让税等。

9.1.4 财产税的征收管理

财产税的征收管理，主要包括财产估价（property assessment）、检查和征收等三个阶段。在各国已经普遍建立以市场价值或评估价值为核心的税基体系下，应税财产的价值评估就成为财产税征收管理中最为关键的一个环节，它直接关系到财产税税负的轻重和税收负担的公平分配。建立系统、完整的财产评估制度是财产税课征的基础。财产评估包含了对应税财产的发现、查核与评价。财产估价制度完善与否，决定了财产税的征管效率。财产价值一般采用财产原值折价或财产现价评估。财产现价评估标准有市场价格、实际售价、重置价格和租金估价等四种。使用财产原值，比较符合财产的历史面貌，但容易产生与现价之间的巨大差距；应用财产现价，较符合现实情况，但受价格波动影响较大，而且评估时也存在一些争议。在财产价值的评估过程中，应充分掌握财产资料，运用科学的评估程序和方法，必须防止人为地压低或抬高评估价格，以造成税收负担的不公平。

财产税税款的征缴，一般在财产评估一年内进行。通常是规定具体的时限，将一年的应缴税款一次缴清。也有一些国家规定，可以分期缴纳财产税以使得税款均衡入库。财产税的有效征管，必须有规范、严密的财产登记制度作为配套措施。只有建立在完善的财产登记制度基础上，才能有效地获取财产信息和征管资料，也才能充分发挥财产税的功能。

经济发达国家大多建立起了一套宽税基、多税种或多税目、整体配合、功能协调的财产税体系。这一方面是因为经济发达国家税收征管手段先进、征管制度较为严密，而且公民纳税意识较强；另一方面也是因为经济发达国家采取了逐渐降低少数人集中财富比例的政策，再加上经济发达国家财产种类繁多，财富标志不仅仅体现为土地和房屋，故其多选择税基范围较广、课征技术要求较高的综合课征的财产税，并相应开征了遗产税和赠与税。而发展中国家的财产税，因为税源相对狭窄、征管体系不健全、纳税观念淡薄以及农业仍在整个国民经济中占重要地位等，所以大多选择以土地和房屋为主要课税对象的特种财产税，而且由于征收成本高昂和评估机制不完善等因素的影响，部分发展中国家并未开征遗产税和赠与税。

9.2 财产保有税

由于处于静止状态的财产主要体现为财产的保有，所以静态财产税习惯上也被称为"财产保有税"（tax on property possession）。

9.2.1 一般财产税

一般财产税以财产的所有人为纳税人，既包括个人，也包括法人。与所得税一样，大多数国家一般财产税的纳税人也被分为居民纳税人和非居民纳税人，居民纳税人须就其全球范围内的所有应税财产向居住国政府缴纳财产税；而非居民纳税人仅须就其位于所在国管辖范围内的财产向财产所在国政府缴纳财产税。

根据课征范围和计税依据的不同，各国开征的一般财产税大体上可分为一般财产净值税和选择性一般财产税两种类型。

1. 一般财产净值税

一般财产净值税以应税财产总值减去未偿还债务后的净值为课税基数，并规定免税项目，同时给予生活费宽免，它也被称为"财富税"（wealth tax）。列入一般财产净值税课税范围的主要有不动产、有形动产和无形资产。与财产总值相比，财产净值是更好地衡量纳税人纳税能力的指标，所以财产净值税被看作是比对财产总额征税更为公平的一种税。

大多数国家都只对自然人课征一般财产净值税，只有少数国家也对公司课征。多数国家的一般财产净值税都采用比例税率，少数采用累进税率，但累进程度都相对缓和。一般财产净值税较多地采用自行申报缴纳方式，并以家庭为申报单位，配偶或子女的财产合并申报。在那些将一般财产净值税由中央政府征收的国家，一般财产净值税的申报通常与个人所得税的申报结合进行，甚至使用同一张纳税申报表。

一般财产净值税主要在一些欧洲国家、少数亚洲和拉丁美洲国家征收。从各国的实践来看，一般财产净值税大多由中央政府征收，也有少数国家由地方政府征收。

2. 选择性一般财产税

选择性一般财产税是以税法列举出的财产作为课税对象来进行综合征收。从理论上说，一般财产税的课税对象应包括人们拥有或者支配的全部财产。然而在现代社会，社会成员的财产形式日趋多样和隐蔽，政府实际上不可能做到对纳税义务人的全部财产尤其是动产课税，因此严格说来并不存在真正意义上的一般财产税。一些国家课征一般财产税，在课税对象上往往有所取舍，仅包括纳税人保有的不动产和部分容易课税的动产，而将征收查实困难、征收费用过高或不宜作价的财产都排除在课税范围之外，因而在本质上属于选择性财产税。

在开征选择性一般财产税的国家，主要都是由地方政府来负责征收管理，其税率往往由地方政府根据本地区的财政需要逐年确定，不同地区的税率往往存在或大或小的差异，而且不同的年份也有可能不同。

9.2.2 特种财产税

在历史上,特种财产税是最早的财产税课征形式,然而现今各国开征的特种财产税税种并不多,主要包括不动产保有税和动产保有税两种类型。

1. 不动产保有税

不动产保有税是对纳税人保有的土地与其上附着物(主要是房屋建筑)课征的一种税。在大多数情况下,通常所说的财产税指的就是不动产保有税,它已成为世界绝大多数国家财产课税的主要形式。房产税、土地税或者土地与房屋并征的房地产税,是不动产保有税的基本课征形态。

1)房产税

房产税(house tax)是对房屋及有关建筑物课征的税收。按课税标准的不同,房产税可以分为所得税性质的房产税、消费税性质的房产税和财产税性质的房产税等三种类型。

所得税性质的房产税,是以房屋的租金或出租所得扣除折旧和修理等费用后的纯收益为课税标准,它较好地反映了纳税人的纳税能力,也相对公平合理。在以所得税为主体税种的国家,房屋所得一般纳入个人的综合所得课征所得税。消费税性质的房产税,是以房屋的消费使用行为作为课征对象,对房屋居住人所征收的一种税。

财产税性质的房产税,是以房屋的数量或价值为计税标准而征收的。目前,各国开征的房产税基本属于财产税性质的房产税。最早的房产税,如灶税、窗户税和房间税等,均以房屋的外部标准为计税依据,而且多是从量计征,因而方便易行、不易漏征,但也存在不能准确地反映纳税人纳税能力的缺点。当今各国的房产税已普遍采用从价计征的方法,在这种课征方法下税收负担较为公平合理,但是征管难度较大,特别是房屋的估价比较困难,必须考虑房屋的间数、层次、面积、装饰和所处地理位置以及用途等多种因素。房屋估价高低与房产税税率有密切联系,如果税率定得比较高,则房屋估价一般就较低;反之,房屋估价就要高一些。极少数国家的房产税同时采用从价和从量两种标准。

专栏9-2　　　　　　　　　　中国房产税制的改革

总体来看,中国房产开发环节的实际税收负担并不重,但房产流转环节的税负偏重,这不利于活跃房产市场尤其是二手房市场,也不利于住房资源的有效配置。不仅如此,中国还缺乏在保有环节对房产的课税。中国现阶段与房地产相关的税种,与真正意义上的房产税还存在较大的差距:现行房产税制依据房产原值或房产的租金收入征税,没有体现出房产的真实价值;现行城镇土地使用税制以纳税人实际占用的土地面积为计税依据,没有真正对财产的价值征税;现行土地增值税制是对转让房地产所取得的增值额征税,它是对房地产的流转环节而不是保有环节的征税。

进入21世纪以来,中国政府一直按照"减少流转环节的课税、增加保有环节的税收"的方向来规划房产税制的改革。2003年,"开征统一的物业税"在党的十六届三中全会通过的《中共中央关于完善社会主义市场经济体制若干问题的决议》中被确定为房产税制的改革目标，这是中国首次提出对自住房进行征税。由于"物业税"本身就不是一个被广泛接受的概念，再加上开征物业税目标的提出在社会上引起了很大的争议，因而经国务院批准发布的《关于2010年深化经济体制改革重点工作的意见》就放弃了"开征物业税"的提法，并重新提出要"逐步推进房产税改革"。2011年1月，上海市和重庆市率先推行房产税改革试点。

2011年通过的国民经济和社会发展第十二个五年规划提出"推进房地产税改革"，重新对改革方向进行定位。2013年，党的十八届三中全会通过的《中共中央关于全面深化改革若干重大问题的决定》，提出要"加快房地产税立法并适时推进改革"，房地产税立法被提上日程。2015年和2018年，房地产税先后被列入十二届和十三届全国人大常委会的立法规划。2021年发布的国民经济和社会发展第十四个五年规划再次提到要"推进房地产税立法"。

2021年10月，第十三届全国人大常委会第三十一次会议决定授权国务院在部分地区开展房地产税改革试点工作。试点地区的房地产税征税对象为居住用和非居住用等各类房地产，但不包括依法拥有的农村宅基地及其上住宅，土地使用权人、房屋所有权人为房地产税的纳税人。

从现阶段的国际国内政治经济形势看，中国扩大房地产税改革试点很难在短期内再次被提上议事日程。尽管如此，但从长远看中国房地产税制改革的进程还会视情况继续推进。

资料来源：根据中国政府网和新浪网财经频道相关资料编写整理。

2）土地税

土地税（land tax）是以土地为课税对象征收的一种税。土地税是各国最早普遍征收的一种财产税，在各个历史发展阶段，它都在财产税体系中占有重要地位。从税种结构看，有的国家对土地的课征单独设立税种，有的则是包含在不动产税、财产税或房地产税中课征。尽管各国土地税的具体名称、课征方法和课征标准各不相同，但以税基为标准，仍然可以把土地税划分为财产税性质的土地税和所得税性质的土地税等两种类型。

财产税性质的土地税是以土地的数量或价值为税基，具体包括从量计征的"地亩税"和从价计征的"地价税"（tax on land value）。地亩税以土地的单位面积为课税标准，按土地面积大小确定税额，它也被称为"面积税"。地亩税虽然征收管理较为简便，但由于土地肥沃贫瘠不一，所处位置不同，价值相差较大，仅就面积大小的征税显然有失公允，如今已很少采用。目前世界各国普遍采用的是地价税。地价税是以土地市场价格为计税依据征收的一种税。由于土地市场价格涨落不定，原价和市场价格都难以确切地反映土地的价值，因而现今各国大多采用估价计税方法。目前各国付诸实施的土地税，大多指的是财产税性质的土地税。

所得税性质的土地税是以土地的收益额或所得额为税基课征的一种税，课征时可以扣除相应的费用，并根据实际情况给予适当的宽免。所得税性质的土地税，具体包括土地所得税和土地增值税两种形式。土地所得税以土地所得额为计税标准，它不仅对土地所有人从土地所获的所得课征,而且对土地使用人的土地租赁所得课征。在以所得税为主体税种的国家,土地所得往往被纳入所得税的课税范围。土地增值税(land value added tax)以土地增值额为计税标准,它又可分为土地转移增值税和土地定期增值税。土地转移增值税是对在土地所有权发生转移时,就土地售价高于土地购入价格的差额部分课征。土地定期增值税则是在一定时期内土地价格发生上涨时,就其价格增加的部分课征。与其他形式的土地税是定期的经常税制不同的是,土地增值税往往是非定期课征的。尽管土地增值税在理论上曾盛极一时,但实行起来,亦非易事,所以如今开征土地增值税的国家并不多。

土地税的税源虽然不大,但在合理利用土地资源等方面起着不可忽视的调节作用,主要体现在四个方面:第一,平均土地分配。在土地私有的国家里,由于土地的分配高度不均,致使土地生产力不能有效发挥,从而降低了农业人口的生活水平。课征土地税,同时对自耕农和土地使用者实行一定的减免税,可以加重土地所有者的负担,从而逐渐均衡土地财富的分配。第二,平抑土地价格。土地是一种有限的资源,当今世界人口剧增,资本高度集中,对土地的需求日益增加,投资于土地的人也越来越多。以有限的土地,来应对无穷的需求,土地价格必然要快速上涨。课征土地税,可增加土地所有者的税收负担,降低土地所有者投资土地的利益,促使地价下降,同时土地税还能折入资本,这两个方面都可以降低地价,并有利于其他方面的物价稳定。第三,促进生产。土地应有效利用,方能地尽其利。如果土地所有者垄断操纵,待价而沽,从事不劳利得的获取,则常常会使有用的土地荒芜。对空地、荒地课以重税,可迫使土地利用与改良,从而达到增加土地供给、促进生产的目的。第四,增加就业机会。土地如果发生大量兼并,所有权集中在少数人手中,会使得农村剩余劳力增加并转入失业大军。土地税重课于兼并者,可促进自耕农的发展,解决部分就业问题。[①]

3) 房地产税

基于房屋和土地之间的不可分割性,许多国家对土地和房屋合并课征房地产税或不动产税(real estate tax)。随着城市的快速发展,房地产税逐渐代替了土地税,成为许多国家最主要的不动产保有税。

房地产税的课征范围比仅以土地或房屋为课税对象的土地税或房产税宽广,它包括了土地和房屋在内的所有不动产项目,但又比对纳税人拥有的全部或大部分财产课征的一般财产税狭窄。按课征方法和适用税率的不同,房地产税可分为两种形式:一种是以不动产作为单一的课税对象,不区分不动产项目而适用统一的税率课税;另一种是区分不动产项目,分别规定估价方法、税率和课征办法,如有些国家对不动产中的土地课征的税率一般不高,但对房产却大多实行较高的税率,这实际上是将土地税和房产税在名义上合并成一个税,但实质上仍是两个独立的税。

专栏9-3 房地产税的性质与房地产税的税负归宿

理论界对房地产税的性质的认识存在"传统观点"和"新观点"两种不同的认

[①] 李厚高. 财政学[M]. 台北:三民书局,1984:248-249.

识,由此也决定了对房地产税税负归宿的认识也必然存在一些差异,这具体体现在货物税观点(goods tax view)和资本税观点(capital tax view)。

房地产税税负归宿的传统观点认为,房地产税实际上就是对土地和房屋建筑物课征的一种货物税,其税负归宿与货物税相同,主要决定于供需曲线。只要土地的数量不变,则土地的供给曲线就是垂直的,税负完全由土地所有者负担;即使是承租的土地,税负也会后转给土地所有者,土地买卖时亦会透过税收资本化的方式使税负由卖方负担。从长期来看,建筑物的供给是有弹性的。房地产税会使得建筑业使用的资本转移到其他行业,透过房价的上升,最后的税收负担将部分由房屋的需求者负担。因为土地税与土地所有者收到的地租多少有一定的比例关系,而房产税也与房屋所有者收取的房租有比例关系,所以其税负分配是否合乎累进公平,要视地租或房租收入是否会随所得的增加而定,如果地租收入随所得增加,则其税负亦增加,因而是累进的;反之,则是累退的。

新观点把房地产税看作是一种资本税。与货物税观点基于局部均衡分析框架不同的是,新的资本税观点采用了一般均衡分析方法。如果资本供给固定,课征房地产税,所有的资本要素都将承受税负。一般来说,所得越高者,其资本持有数量也越多,那么资本的税后报酬率降低,税负将由高所得者承担,这符合垂直公平原则的要求。不同地区的房地产税的税率往往不同,它会使得资本从税率高的地区转移到税率低的地区,最后使整个经济体系所有要素的税后报酬率趋于相等。但是当要素的流动性不高时,则有可能承担部分税收负担。由于每一种要素的流动性不同,再加上税负在国民经济循环中的调整过程也相当复杂,因而很难判断其是否具有累进性。从长期来看,资本的供给对税率有着相当的敏感性。如果房地产税的课征降低了资本的供给,则劳动生产率、实际工资等就会下降;反之,如果房地产税使得资本供给增加,那么劳动生产率、实际工资等就会上升,所以税收负担到底由谁承担,难以判断,其是否具有累进性亦难有定论。

在研究全国范围内房地产税制变革产生的影响时,资本税观点采用的一般均衡分析框架是适宜的。如果一个国家内部某一地区想对房地产税进行局部调整,则传统的局部均衡分析是恰当的,因为相对于整个经济体,一个地区是相对较小的,其资本供给曲线可以认为是水平或近似水平的。

资料来源:根据华莱士·奥茨.财产税与地方政府财政[M].北京:中国税务出版社,2005:24-111等编写整理。

2. 动产保有税

动产保有税是对财产所有者持有的车辆、船舶和飞行器等动产的课征。随着社会经济和交通运输事业的迅速发展,世界各国基本上都对机动车、飞机和船舶等动产单独进行课税,这主要是因为这些动产的价值一般都比较大,对其征税可以方便地取得财政收入,而且各国对其都采取了登记制度,便于税收征管。

车船税是现实生活中各国普遍开征的一种动产保有税。车船税的纳税人是机动车辆的所有者,税率多按照机动车辆的用途、种类、马力和

拓展阅读 9-1

中国车船税制的演进

重量等标志采用差别比例税率,也有国家采用定额税率和累进税率。各国的车船税大多属于地方税种,其收入按照"专税专用"的原则,主要用于公路等交通运输设施的维修。

9.3 财产转让税

动态财产税是对财产因遗赠、继承等而发生所有权转移时课征的税收,它也被称为"财产转让税"(tax on property transferring)。遗产税和赠与税是财产转让税主要的课征形式,契税也在一定程度上具有财产转让税的属性。

9.3.1 遗产税

遗产税(estate and inheritance tax)是以财产所有人死亡后遗留下来的财产作为课税对象课征的一种税。因为死亡是课征遗产税的基本要件,所以它也常常被称为"死亡税"(death tax)。遗产税最早产生于古罗马,近代遗产税始征于 1598 年的荷兰,其后英国、法国、德国、日本和美国等国相继开征了遗产税。目前,全球有相当一部分国家都开征了遗产税或对遗产课征类似的税收。[①]

1. 开征遗产税的理由

在现代社会,各国课征遗产税基本上都不是主要出于财政方面的考虑,而着眼于平均社会财富和促进慈善事业发展等方面的原因。[②]

1)平均社会财富

虽然一代人手中积累起来的财产是有限的,但如果世代相承,积聚起来的财产数额将是非常惊人的。若不对遗产继承加以适当的限制,那么就可能无法遏制财产向少数人手中集聚的趋势。少数人越来越富的另一面,就是多数人越来越穷。贫富严重分化,是加剧社会矛盾和导致社会不稳定的一大根源。遗产税是限制私人资本过于集中的一个重要手段,基于社会公平和社会稳定方面的考虑,开征遗产税是非常有必要的。

2)促进社会进步

如不对遗产继承进行适当限制,那么遗产继承人不需要通过任何努力,就可以获得较大数额的财富,这种不劳而获往往使得遗产继承人饱食终日、无所作为,过着寄生虫式的生活,埋没了其投身实业活动创造更多财富的能力和才华,不利于社会进步和发展。遗产税的开征,能够促使部分遗产继承人不依赖遗产生活,更多地通过工作来改善自身的生活状况,同时也贡献于社会。此外,遗产税的开征也为不同社会成员创造了更多的平等机会。

3)促进社会慈善事业的发展

各国遗产税制一般都对将财产捐赠给公共团体、学校和慈善组织等机构的遗产继

[①] 有的国家,如加拿大,没有开征遗产税,但课征了"遗嘱税"(probate duty)。
[②] 税收学说史中关于"为什么要开征遗产税"的理论,主要有"国家共同继承权利说""遗产课税能力说""平均社会财富说""社会公益说"等(具体论述可参见:唐腾翔. 比较税制[M]. 北京:中国财政经济出版社,1990:206-207.)。

承人给予减免税待遇,这会鼓励财产所有人将其所有的财产捐献给社会慈善事业和公益事业。通过遗产税的减免税优惠政策,有助于树立鼓励公民向慈善事业捐赠的社会风尚。

4) 弥补其他税种的不足

在任何一个国家,政府在课征所得税和商品税时,总有一些纳税人能够成功实现偷逃税。这部分逃漏下来的税收,常常集聚成为一笔数额不等的财富,这笔财富在其所有者死亡或进行赠与时就会表现出来。遗产税的课征,能够扩大税网覆盖面,将这部分由于主观原因而少缴的税款在财产所有人死亡时补征上来。从这个意义上说,遗产税可以起到弥补其他税种不足的作用。

由于遗产税的课征会妨碍资本的积累、降低储蓄倾向,并影响劳动者辛勤工作的心理,再加上在实践中遗产税偷漏税非常严重、征税成本也比较高,因而各国一直以来都有反对课征遗产税或取消遗产税的声音存在。

专栏 9-4　为什么一些经济发达国家和地区纷纷停征遗产税?

全球有 100 多个国家和地区先后开征了遗产税,但是陆陆续续有一些国家和地区又停征或废止了遗产税。早在 20 世纪 70 年代,加拿大(1972 年)和澳大利亚(1979 年)就停征了遗产税;1992 年,新西兰取消了遗产税;进入 21 世纪以来,新加坡、瑞典、挪威和中国香港等经济发达国家和地区亦先后停征了遗产税(见表 9-1)。

表 9-1　2000 年以来取消遗产税的国家和地区

国家/地区	取消时间	国家/地区	取消时间
中国澳门	2001	葡萄牙	2004
斯洛伐克	2004	瑞典	2005
俄罗斯	2005	中国香港	2006
匈牙利	2006	新加坡	2008
列支敦士登	2011	文莱	2013
捷克	2014	挪威	2014

在引领全球税制改革的美国,虽然没有取消遗产税,但废除遗产税的声音一直没有间断过。小布什执政时期推出的《经济增长与税收救济协调法》调低了联邦遗产税的税负,并使得 2010 年成了近代以来美国唯一停征联邦遗产税的时段,但由于 2011 年美国国会没有通过新的法案废除或继续暂停征收遗产税,联邦遗产税又恢复到 2001 年之前的状态。在竞选期间,特朗普也提出了要取消遗产税的计划;当选之后,特朗普政府虽然没能废止美国的遗产税,但大幅提高了遗产税的免征额。

为什么有着悠久历史的遗产税,会在众多经济发达国家和地区停征或是酝酿停征呢?

1. 遗产税的公平社会财富作用有限

遗产税仅对因发生死亡而转移一定数额以上的财产征收,征税面窄,而且相当一部分富裕阶层,利用种种途径减少甚至是逃避缴纳遗产税,从而使得遗产税在公平社会财富方面的作用受到了较大限制。

2. 遗产税的征收有可能导致资本外流，而且不利于吸引外部投资和人才流入

随着全球化程度的逐步加深，资本的全球流动也变得越来越容易实现。遗产税可以说已经成为引导全球富豪迁徙和财富配置的一个重要指挥棒。一个国家或地区若有过高的遗产税，极有可能诱使本国或本地区高净值阶层移民，并最终导致财富和资本外流。

大多数国家和地区的遗产税采用属人与属地相结合的原则，对不在本国或本地区居住的个人拥有的位于本国或本地区的财产，当其死亡时也要征收遗产税或继承税。这种征收的办法，无法鼓励国外投资者到本国或本地区投资，同时使得投资人对所投资产没有安全感，常常以投机的心态从事经营活动。

3. 遗产税取得的财政收入有限，但征管成本较高

为了防止因课征遗产税导致财富过度向境外流失，各国或地区不断提高遗产税的免征额，并出台了各种各样的税收优惠措施；即便如此，各国或地区遗产税的纳税人仍然通过各种手段来规避遗产税，同时调整或改变原有的经营行为，从而使得开征遗产税的国家和地区的遗产税收入规模并不大。进入21世纪以来，美国联邦遗产税收入已不到联邦税收收入的1%，甚至美国遗产税收入的绝对规模也在不断下降。如2001年，美国遗产税收入为380亿美元，到2015年只有约200亿美元，2020年进一步减少到176亿美元。

在遗产税的收入规模不大的情形下，多数国家和地区遗产税的征收成本都比较高。遗产税的课征需要设置专门的机构，聘请具有专业知识的人员，花费相当多的时间和精力对遗产进行核实、评估和征收。在日本，遗产税收入仅占全部税收的3.5%左右，投入的征税力量却占全国税务人员总数的6.5%。

资料来源：根据郑博文. 遗产税为何纷纷停征[N]. 国际金融报，2005-11-14和COLE A. Estate and Inheritance Taxes around the World[R]. Fiscal Fact, No. 458, 2015等编写整理。

2. 遗产税的类型

根据纳税义务人的不同，遗产税可以被分为总遗产税制、分遗产税制和总分遗产税制等三种类型。

1）总遗产税制

总遗产税制（estate tax）是对财产所有人死亡后遗留的财产总额进行课征的一种税。在这一制度下，遗产处理实行"先税后分"，即只有课征遗产税之后，才能将遗产分配给法定继承人。采用总遗产税制的大多是英美法系国家。[①]

总遗产税制的纳税人为遗嘱执行人或遗产管理人，其计税依据是遗产净值，即应税总遗产额减去各项扣除宽免后的余额。应税总遗产指的是除法律规定免征遗产税项目外的全部遗产，主要包括不动产、有形动产以及股票债券、特许权、人寿保险权益等各种无形财产。可以从应税总遗产中扣除的项目，主要有丧葬费、遗产管理费、未支付的抵押财产或债务、至死亡之时为止已经发生但尚未缴纳的税款、婚姻扣除和基础宽免额，以及对慈善、教育等公共利益机构和团体的捐赠等。遗产总价值一般以当前公平的市场价格为标准来评估确定。总遗产税大多采用超额累进税率。

总遗产税制仅就遗产总额进行一次课征，纳税主体也只有一个，税源比较容易控

[①] 陈清秀. 税法各论：下[M]. 台北：元照图书出版有限公司，2018：11.

制、逃漏税要难许多，稽征程序简单、征税成本相对要低一些，而且由于采用的是累进税率，所以可以取得相对较多的财政收入。但在总遗产税制下，税收负担的确定不考虑继承人与被继承人之间的亲疏关系，也不考虑继承人数量的多少，使能力弱者与能力强者继承的遗产负担相同的税收，这没有最大限度地体现税收公平原则，从而削弱了遗产税实现社会公平、抑制财富过度集中的功能。

2）分遗产税制

分遗产税制（legacy duty）是对遗产继承人或遗产受赠人就其所分得的遗产净值进行课征的一种税，它又被称为"继承税制"（inheritance tax）。在这一制度下，遗产处理实行"先分后税"，即先将遗产分配给法定继承人，然后再分别对不同继承人各自继承的遗产课税。采用分遗产税制的主要是大陆法系国家。①

分遗产税制的纳税人是遗产继承人或遗产的受赠人，由于是分别对各个继承人分得的遗产课征，所以其纳税主体可能有多个。分遗产税的计税依据一般是继承人分得的应税遗产份额扣除法定项目后的余额。丧葬费、处理遗产所发生的费用、债务和基础宽免额等，可以从每个继承人分得的遗产总价值中扣除。分遗产税制的课征，往往与继承人和被继承人之间的亲疏关系联系在一起。基础宽免额会因纳税人与被继承人或受赠人的亲疏关系而有所不同，关系越亲密的继承人的扣除额越大；反之，就越小。分遗产税一般也会根据被继承人与继承人、受赠人亲疏远近设置高低不同的税率，关系越亲密和直接的，税率越低；反之，就越高。

分遗产税制运用差别税率和有区别的税收扣除等措施，对亲疏关系不同的继承人继承的遗产征税，较好地体现了社会公正原则。但是分遗产税制的制度设计要复杂一些，征管成本也较高，而且遗产分割后再征税也使得税源控制相对要难一些。

3）总分遗产税制

总分遗产税制将总遗产税制和分遗产税制综合起来，对死者留下的遗产总额先课征一道遗产税，当税后遗产分配给各继承人时，再就各自继承的份额课征继承税，它也被称为"混合遗产税制"。在这一体制下，在遗产处理上按"先税后分再税"的程序进行。总分遗产税制的纳税义务人既有遗嘱执行人，也有遗产的继承人。

混合遗产税制兼蓄了总遗产税制与分遗产税制的优点，既能使政府的遗产税收入有一个基本保证，又能使税收公平负担的原则得到落实。但在这一模式下，同一个税种却要两次征税，同时要转变纳税主体，不仅制度繁杂、实施成本高，而且在一定程度上可能造成重复征税。

不管是哪种类型的遗产税，为了防止纳税人因要缴纳遗产税而被迫出售营业性遗产进而影响社会经济的正常运行，课征遗产税的国家大都规定营业性遗产需要缴纳的遗产税可以分期缴纳，但同时会对应缴未付的税款根据延期缴纳的时间长短加收利息。

3. 遗产税的课征范围

在现代社会，遗产税一般根据属人原则和属地原则来确定其课征范围。根据具体采用原则的不同，遗产税的课征范围有所不同。

采用属地原则的国家，以被继承人的遗产所在地为主要标准来确定遗产税课征范

---

① 陈清秀. 税法各论：下[M]. 台北：元照图书出版有限公司，2018：11.

围的边界。如果被继承人的遗产所在地在一国境内，无论被继承人是本国国籍还是外国国籍，均需向遗产所在国缴纳遗产税。被继承人位于境外的遗产，无须向该国缴纳遗产税。采用属人原则的国家，以被继承人的居所、住所或国籍为主要标准来确定是否课征遗产税。如果被继承人具有一国国籍，或者不具有该国国籍但在该国有住所或无住所但居住满一定的时间，则无论其遗产坐落何处，均需向该国缴纳遗产税。有的国家的遗产税制，同时采用属人原则和属地原则。如果被继承人是该国公民或居民，则需要就其境内外的全部遗产向该国缴纳遗产税；如果被继承人不是该国公民或居民，则仅需就位于该国境内的遗产向该国缴纳遗产税。

同时采用属人原则和属地原则课征遗产税，征收范围最广，有利于获得财政收入并防止偷逃税的发生，但向国外侨民课税，在征管上会遇到较大困难，同时也不可避免地产生重复征税的问题。若仅对位于国内的遗产课税，虽然征管上存在很大便利，但课征范围太窄，而且给偷逃税以可乘之机。这是一个两难的选择。在实践中，采用总遗产税制度的国家，以被继承人的住所和遗产所在地为标准来确定课征范围较为适宜；而采用分遗产税制度的国家，以继承人的住所和遗产所在地为标准来确定课征范围比较恰当。

9.3.2 赠与税

赠与税（gift tax）是以赠送的财产为课税对象而向赠与人或受赠人征收的一种税。虽然赠与税并不是对遗产或死亡的课税，但它与遗产税密切相关。

1. 赠与税的性质

如果只对财产所有人死亡后的遗产课税，而不对其生前对外赠与的财产征税，那么就会发生财产所有人为规避遗产税而在生前较多地将财产赠与财产继承人的情形，这就是所谓的"死亡预谋赠与"。这种现象既会引致遗产税的大量流失，又会使得税收负担有失公平，并导致遗产税的征收管理出现混乱。正因为如此，所以遗产税的有效运作必须有赠与税的紧密配合。从性质上看，赠与税是遗产税的补充税种。凡课征遗产税的国家，大多同时开征了赠与税。

少数没有同时开征赠与税的国家，也采取了将被继承人在去世前若干年内赠送他人的财产作为"拟制遗产"课征遗产税等措施。如英国遗产税制中就有专门针对赠与的"七年规则"（seven year rule）。根据这一规则，财产所有人死亡前3年内赠与的财产要按照40%的标准税率课征遗产税，死亡前3年但不满4年赠与的财产按32%的税率课征遗产税，死亡前4年但不满5年赠与的财产按24%的税率课征遗产税，死亡前5年但不满6年赠与的财产按16%的税率课征遗产税，死亡前6年但不满7年赠与的财产按8%的税率课征遗产税，死亡前7年及以上年份赠与的财产不课征遗产税。[①]之所以按照时间早晚来设定不同的税率，主要是因为离死亡越近年份赠与的财产，其逃避遗产税的嫌疑越大。

为防止财产所有人通过生前分散赠与来降低死亡后累进遗产税产生的高额税收负担，赠与税在税率设计上也要与遗产税相配合。在一些国家，同额财产作为赠与适用

[①] https://www.gov.uk/inheritance-tax/gift.

的税率往往高于同额财产作为遗产所适用的税率,以此来使得财产所有人生前赠与财产的税收负担不低于死后遗产税的税收负担。

2. 赠与税的类型

通常情况下,赠与税的制度类型会与遗产税的制度类型保持一致。在采用总遗产税制的国家,一般实行总赠与税制。总赠与税以赠与人为纳税义务人,按其一定时期的全部赠与额征税,它也被称为"赠与人税"(donor's tax),这是一种财产型赠与税课税模式。

在采用分遗产税制的国家,通常也采用分赠与税制。分赠与税以受赠人为纳税义务人,并对受赠人受赠的财产征税,它也被称为"受赠人税"(donee's tax),这是一种所得型赠与税课税模式。

采用总分遗产税制或混合遗产税制的国家,一般同时征收赠与人税和受赠人税。

3. 赠与税的课税对象

赠与税以财产所有人赠与他人的财产为课税对象。明确界定"赠与",对赠与税制的顺利运行来说是非常重要的。这里的"赠与"指的是财产所有人将自己的财产无偿转让给他人,并经他人允受而生效的行为。

在各国的现实中,都有一些行为虽然没有"赠与"之名,却有"赠与"之实,如在请求权时效内,无偿免除或承担他人的债务等。各国的赠与税法都明确规定类似的赠与要纳入赠与税的课征范围。与此同时,各国也普遍免除部分赠与行为的纳税义务,如将财产捐赠给政府部门以及公立教育、文化和公益慈善等机构。

9.3.3 契税

契税(deed tax)是以不动产的所有权发生转移或变动时取得或签订的契约为课税对象,向产权承受人征收的一种税。各国的法律普遍规定不动产因买卖、承典、交换、赠与或占有而取得所有权者均应取得或签订契约,因而买受人、典权人、交换人、分割人、受赠人和占有人均负有缴纳契税的义务。契约其实只是契税形式上的课税对象,不动产的转移才是契税实际的课税目标,所以契税在实质上是一种财产转让税。①

契税一般在不动产产权发生转移时课征,其征收范围主要包括土地和房屋。契税一般就契约从价课征,买卖、典权契约按照契价申报纳税,交换、赠与、分割和占有契税均应估价立契申报纳税。如果申报契价未达到当地不动产评估机构评定的标准价格,则按照评定标准价格来计征契税。契税多采用差别比例税率,一般情况下买卖、赠与和占有契税的税率较高,而交换和分割契税的税率要低一些。

9.4 其 他 税

在各国的税收体系中,都有一些既不属于商品税和所得税的范畴、也不符合财产

---

① 在日本和德国,与"契税"大体相当的税种被称为"不动产购置税"。

税性质的"其他税"。尽管这些税种的收入规模不大,但它们在社会经济生活中发挥的作用却是不容忽视的。

9.4.1 环境税

环境税(environmental levies)是为了保护生态环境而征收的各税种的总称,它又被称为"生态税"(ecological taxes)。

1. 环境税的性质

广义上的环境税,包括整个税收体系中所有直接或间接与环境的利用和保护有关的税种,而狭义的环境税则是指与环境保护或污染控制直接相关的税种,其目的是实现对纳税人影响生态环境行为的改变,同时也筹集财政收入用于实现特定的环境和生态目标。由于狭义环境税的主要目的是抑制污染、保护环境,所以它也被称为"污染税"(pollution taxes)。通常所说的环境税,指的是狭义上的环境税。

开征环境税的主要思想,源于英国经济学家皮古(Arthur Cecil Pigou)提出的外部性理论。皮古认为,一个在竞争性市场中排放污染物的生产者,往往按照私人边际收益等于私人边际成本的法则来决定其最优生产行为,由于环境成本不能自动体现在私人生产成本之中,因而私人厂商的生产量往往要高于从整个社会角度来看的最优产量。政府可以通过征税的方式,将污染造成的负外部性加到私人生产成本中,迫使企业考虑其生产活动产生的污染对社会的危害,使其生产量保持在私人边际收益等于社会边际成本所决定的有效产量上,也使产品的价格等于边际社会成本,从而达到社会资源的最优配置。通过征税使外部效应内部化以实现私人最优与社会最优一致的方式,常常被称为"皮古税"(Pigovian tax)。

2. 环境税的类型

根据课征的对象、依据、内容和目的等方面的不同,大体上可以将环境税分为污染物排放税、污染产品税、生态环境补偿税和环境服务税等四种类型。

1)污染物排放税

污染物排放税是对排入水、大气和土壤等的污染物以及噪声的产生进行的课征,其目的在于通过加重污染排放者的负担来促使其尽可能地减少污染物的排放。污染物排放税是按污染物的性质和数量来计算的,其征收方式是将排放的污染物当量化,以某一合适的指标为标准将这些污染物归一,然后计算其应缴税额。目前,污染物排放税在经济发达国家获得了广泛地应用。

2)污染产品税

污染产品税是对那些在生产、加工、消费或处理过程中对环境可能造成危害的产品课征的一种税。污染产品税遵循"污染者付费"(polluter pays principle)的基本原则,其目的主要在于鼓励生产厂商尽量生产清洁或污染少的产品、鼓励消费者尽量使用清洁或污染少的产品,从而降低对环境的压力。

污染产品税的课征对象主要是能源燃料、化肥农药和含磷洗涤剂等有潜在污染的产品,各国课征的污染产品税有燃油环境税和特种污染产品税等。比较典型的是经济发达国家和一些发展中国家征收的"燃油税"和特别针对机动车的"铅税",这些国家对无铅汽油往往适用较低的税率或给与减免税的待遇。

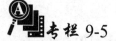

专栏9-5　　　　　　　　欧洲国家的碳税

碳税（carbon taxes）是以煤炭、汽油和柴油等含碳燃料为征税对象,向化石燃料生产者或使用者征收的一种税,或者说直接对二氧化碳或其他温室气体排放进行课征的一种税,它力图通过减少碳排放来达到保护环境、减缓全球气候变暖的目的。

欧洲国家在碳税的课征上走在世界的前列。1990年,芬兰率先开征碳税,挪威、瑞典、丹麦等其他北欧国家也于20世纪90年代先后课征碳税,此后又有十多个欧洲国家紧随其后。在这些欧洲国家,碳税并非完全作为一个独立税种存在,而是作为该国加强环境保护和节能减排税收体系中的一部分。在芬兰和瑞典等国家,碳税是消费税、能源税或燃料税的一部分,而在丹麦和斯洛文尼亚等国,碳税作为环境税的一部分存在。欧洲国家碳税的税率高低不同,瑞典的碳税率最高,为每吨碳排放117.30欧元,其次是瑞士和列支敦士登（117.27欧元）和挪威（79.12欧元）,而波兰（0.07欧元）的碳税率最低。

在制度设计上,碳税可以对二氧化碳、甲烷、一氧化二氮和氟化气体等不同类型的温室气体征收。欧洲国家碳税的课征范围并不相同,导致该税所涵盖的温室气体排放份额不同。例如,西班牙的碳税只适用于氟化气体,仅对该国温室气体排放总量的2%征税。相比之下,列支敦士登纳入碳税课征范围的温室气体排放量占其温室气体排放总量的81%以上。

从碳税发展历程来看,大部分欧洲国家都经历了从单一政策到复合政策的转变。最早开征碳税的芬兰经历多次改革,实现了由单一碳税制度向碳税、碳交易并行的混合政策转化。欧盟于2005年建立首个国际碳排放权交易体系——欧盟碳排放权交易体系（European Union Emission Trading Scheme）,碳税与碳交易在覆盖范围和价格机制上具有互补性。在覆盖范围上,碳交易主要规制大型固定排放设施,而碳税覆盖范围广,可涵盖小型、分散、移动的排放源。在欧洲,碳排放权交易体系覆盖了高排放的电力部门和大工业部门,而碳税则覆盖占欧洲碳排放量55%的部门,包括来自汽车燃料、居民部门和小工业部门等小型排放源。大部分参与欧盟碳排放权交易体系的欧洲国家,将碳税作为该体系的补充机制。

资料来源：根据鲁书伶,白彦锋.碳税国际实践及其对我国2030年前实现"碳达峰"目标的启示[J].国际税收,2021（12）：21-27等编写整理。

3）生态环境补偿税

生态环境补偿税是向开发或利用生态环境资源的生产者和消费者课征的一种税,它取得的收入主要用于补偿和恢复在开发和利用过程中遭到破坏的自然生态环境。生态环境补偿税的课征,是建立在"生态资源与环境有价"这一观念基础之上的。目前,生态环境补偿税的主要形式有自然资源税、森林开发税和矿产资源税等。由于资源环境价值的量化方式还不完善,使得生态环境补偿税还只是在少数经济发达国家实行。

4）环境服务税

环境服务税是对为了改善环境或避免环境恶化而需要政府提供服务的单位或个人进行征税，其征收的依据是政府在环境方面提供的公共产品和服务。课征环境服务税的目的，是刺激与公共产品和服务有关的当事人尽量减少资源的使用，同时筹集资金用于改善环境和补偿相关的行政管理支出。

3. 环境税制的基本构成要素

环境税的功能具体是通过环境税制体现的，纳税人的确定、税基和课税环节的选择以及税率的高低是其中最为关键的几个构成要素。

环境税的课税对象是直接污染环境的行为和在消费过程中预期会造成环境污染或资源匮乏的产品。从税收的公平性考虑，环境税的征收范围应具有普遍性，即凡会造成环境污染或资源匮乏的行为和产品均应纳入课征范围。根据国际通行的"污染者付费"的原则，环境税应由破坏和污染环境者负担。环境税课税环节的选择，应实现对所有的排污行为和所有的资源开采征税，但也应考虑尽量减少纳税人的数量以节省征管成本。一般来说，如果污染产生于对某一产品的消费，课税环节应选在零售环节上；如果污染产生于所投入的原料或者发生在流通分配链的初始环节，则可将课税环节定在开采阶段。在实践中，为了便于控制税源和征收管理，对环境税的课征环节和纳税人也可做出不同的选择，然后通过税负转嫁机制达到课征目的。

从理想的角度来看，环境税的税基应将所有与污染排放和资源使用相关的行为都包括在内，然而在实践中却无法做到这一点。环境税税基的选择，应注意以下几方面的问题：第一，环境税的税基在一国所有地区不一定要完全相同。不同地区的污染物是不同的，所造成的环境与健康风险也可能会有差异，即使是同样的污染物，如同样的空气污染浓度，对人口密度高的地区和人烟稀少的地区的影响也是不一样的。第二，税基的选择也要考虑所选定的税基与污染的联系程度。如果污染主要来自比较固定的少数几个大的污染源，则直接对污染物排放征税是比较容易实施的；但如果污染源众多，数量分散，此时如果能确定在生产过程中所用的投入物与污染排放量之间有明确的联系，就可以将投入物的数量作为税基。第三，税基的选择要考虑征管成本及其与现行税制框架的适应程度。[①]

环境税税率的确定，应反映由于课税对象的生产、使用或消费对环境进而对整个社会经济所造成的社会成本，使环境税的收入规模以满足政府为消除纳税人所造成的污染而支付的全部费用为最低量限。环境税税率应该等于由于减少单位污染而增加边际社会效益所需要的边际社会成本。环境税的税率不宜定得过高，过高的税率可能使得因追求过度清洁而抑制生产，不利于社会经济的发展。在大多数情况下，污染的数量与产生污染的产品生产或消费的数量直接相关，而与其价值量无关，此时环境税应该是从量税而不是从价税。如果用从价税，由于制造商所生产的产品特征不同，可能会促使制造商们通过降低质量而不是减少污染来降低价格。采用定额税率则对产品质量不会产生影响，所以对应税排污行为应以排放物的实际排放量为计税依据，实行从量定额课征。

[①] 计金标. 生态税收论[M]. 北京：中国税务出版社，2000：83-84.

4. 环境税的社会经济效应

理论界有关环境税对社会经济发展产生影响的分析，主要体现在环境税"双重红利"假说上。环境税的"双重红利"（double dividend），指的是环境税的开征不仅能够有效抑制污染，改善生态环境质量，达到保护环境的目标，而且还可以利用其税收收入降低现行税收制度中其他税种对市场的扭曲作用，从而提高效率、增加产出，并最终促进社会就业和经济持续增长。也就是说，环境税的社会经济效应，具体体现在"绿色红利"和"蓝色红利"两个方面。

欧洲各国在20世纪八九十年代推出的一系列环境税方面的举措，在一定程度上验证了环境税的"双重红利"假说。欧洲各国先后开征的二氧化碳税、二氧化硫税、垃圾填埋税和汽油产品税等税种促使污染企业外部成本内部化，迫使能源消耗企业调整产品结构或者转向使用更为清洁的能源，各种污染物的排放明显减少，各国环境质量有了显著改善。与"绿色红利"或"环境红利"在欧洲各国环境税实践中得到验证形成对照的是，"蓝色红利"或"非环境红利"则体现得并不是非常明显。理论分析认为当政府用环境税收入去减轻劳动所得税负时，就可以获得就业红利。但在20世纪90年代中期以后，很多实证研究都表明就业红利可能由于政治、经济和社会等多方面的原因而在实践中不存在。[1]

9.4.2 资源税

资源税（natural resource taxes）是以自然资源为课税对象征收的税种[2]，在有的国家中它被称为"能源税"（energy tax）或"自然资源消费税"（natural resources consumption tax）。资源是一切可以被人类开发和利用的客观存在。广义上的资源是一个国家或一个地区拥有的人力、物力和财力等各种物质要素的总称；而狭义上的资源仅仅是指土地、矿藏、水利和森林等可供人类开发利用的各种自然财富，即自然资源。资源税的课税对象主要是狭义上的资源。资源税的征收，一般都不以获取财政收入为主要目的，而是为了实现社会经济的可持续发展（sustainable development）。

根据课税的目的及其意义的不同，资源税可以被分为级差资源税和一般资源税两种类型。

1. 级差资源税

绝大部分国家自然资源的地域分布都具有较强的不平衡性，这不仅体现在自然资源的数量上，而且体现在自然资源的质量上，因而在开发和利用土地、矿藏、水利和森林等自然资源的过程中，都存在着数目不等的级差收入。级差资源税就是对开发和利用自然资源的经济活动主体因资源条件的差别所取得级差收入课征的一种税。

---

[1] 对于环境税的第一重红利或"绿色红利"的含义，学术界基本没有异议；但是，对于第二重红利或"蓝色红利"的含义，学术界观点各不相同，并形成了三种阐释：一是"弱式双重红利论"，指通过环境税收入减少原有的扭曲性税收，从而降低税收的额外负担；二是"强式双重红利论"，即通过环境税实现环境收益和现行税收制度效率的改进，以提高福利水平；三是"就业双重红利论"，指与改革之前相比，环境税改革在提高环境质量的同时促进就业。

[2] 自然资源是环境的重要组成因素，资源节约又是环境保护的重要内容。从这个意义上，也可以说资源税是广义环境税的一个组成部分。

开征级差资源税,将经济活动主体利用自然资源而多获得的级差收入直接收归政府所有,使经济活动主体的利润水平能够真实地反映其主观努力经营所取得的成果,排除因资源优劣造成企业利润分配上的不合理状况,有利于经济活动主体在同等水平上展开竞争,同时也有利于促使经济活动主体合理利用不同品质的资源。

列入级差资源税课税范围的自然资源,主要是一些开采利用价值高、级差收益大、经济发展所需要的重要物资。在税率设计上,一般根据资源的丰瘠程度和级差收入的多少,按不同开采区设计高低不同的定额税率,也有国家采用超额或超率累进税率。

2. 一般资源税

绝大部分国家的自然资源,尤其是不可再生资源的储藏量都是有限的。如果自然资源一直被无限制地开采下去,人类就可能面临资源匮乏的困境,因此对资源的消费也应该进行限制。一般资源税就是基于这样一种目的,对使用自然资源的经济活动主体为取得应税资源的使用权而征收的一种税。一般资源税的征收,体现的是"普遍开征,有偿开采"的原则。与级差资源税是对资源级差收入的征税、税收来源于级差地租不同的是,一般资源税是对资源使用的征税,其税收收入来源于绝对地租。

各国的资源税主要设置在资源的生产和消费两个环节上。资源生产环节上的课税,力图从源头上控制资源的浪费。各国资源生产环节上的课税,有两种不同的政策目标选择,一是适应经济发展的要求,鼓励资源的生产和采掘;二是适应环境保护的要求,限制资源开采,鼓励资源储备。由于经济发展和环境保护这两个目标之间很难完全协调一致,使得很多国家在这两种政策目标的选择上摇摆不定,有时甚至顾此失彼。消费是生产的动力,日益增长的资源消费是导致过度开采资源的根源。从这个意义上说,贯彻节约资源、控制污染和环境保护的政策,必须限制污染性资源的消费。正因如此,所以资源消费课税应在整个环境资源税体系中占据重要地位。

资源税有从量计征和从价计征两种方式。从量计征使得资源税收入缺乏弹性,既不能反映资源价格的变动,也无法体现资源税本身的价值;即使调整资源税税率,但资源税税负依然较低,过低的税收负担使得资源的使用成本不高,不仅不能促进资源的合理开发和利用,而且不利于企业节约资源和经济增长方式的转变。从价定率征收更能发挥出资源税的级差调节作用,而且资源税税额随市场的波动必然会给高能耗企业带来成本压力,迫使其采取先进技术来降低能耗,起到抑制资源浪费的作用。然而,在资源价格持续上涨的背景下,从价计征资源税又会加重资源税的税负,上游企业税收成本的增加必然会传导给下游产品,整体上会加大市场对通货膨胀的预期。一个国家的自然资源禀赋往往有着较大差异,即使是同一种资源,其埋藏环境、开采条件等都不尽相同,导致开采成本各不相同,从量计征的方式可以反映各地资源条件的差异;但从价计征却不能很好地反映各地资源禀赋方面的差异。从量计征和从价计征各有自己的优势和不足,在现实中根据具体情况分别采用从量或从价计征方法是更为可行的选择。

拓展阅读9-2
中国的资源税制改革

9.4.3 印花税

印花税(stamp tax)是以证明财产权利的创设、转移、变更和消失等经济行为的凭证为课税对象征收的一种税。[①]印花税的征收范围非常广泛，一般包括交易凭证、财产凭证、许可凭证和人事凭证等，但在不同的国家以及同一个国家的不同时期也略有差异。较宽的征收范围使得印花税的税源相对充裕，在税率并不是很高的情况下，就能取得较为充足的收入。

印花税税额确定的方式，主要有定额课征法、分类课征法和分级课征法等三种。在定额课征法（fixed stamp tax）下，不管应税凭证载明的金额是多少而课以事先确定的税额，这种方法大多用于无法估价的课税标的。分类课征法（class stamp tax）依据课税品目的性质或价值，分别评定其课税的种类或等级，每一种类或等级确定一个税率。分级课征法（graduation stamp tax）依据应税凭证上所记载金额的大小以差别税率来课征，一般采用差别比例税率，也有选用累进税率的个例。不管采用哪种税率形式，各国印花税的税率都相对较低，一般不会让纳税人感到税负太重。

印花税的征收方法也简便易行，纳税人自行购买并粘贴印花税票就可完成印花税的缴纳，而无须经过烦琐的申报手续，政府除要支付印刷费及少数稽征人员的检查费用外，再无其他支出。

在实践中，凡是有应税凭证的纳税人，不管其经济状况或纳税能力如何，都要缴纳印花税，这在一定程度上有悖于税收公平原则。在课征印花税的过程中，如果一项经济事物流通或周转的次数愈多，其税收负担就越重，从而容易形成重复征税，所以印花税也会起到阻碍经济流通的作用。此外，自行贴花的征收方式，也使得印花税容易产生偷漏税。

 重要概念

财产税　一般财产税　特种财产税　静态财产税　动态财产税　土地税　遗产税　赠与税　契税　环境税　生态税　双重红利假说　资源税　印花税

复习思考题

1. 财产税具有哪些特点？
2. 财产税的地位和作用发生了哪些变化？
3. 一般财产税和特种财产税有什么区别？
4. 试比较不同类型遗产税制的优劣。
5. 简述环境税制的基本构成要素。
6. 级差资源税和一般资源税有什么区别？

[①] 从课税对象上看，将印花税称之为"凭证税"，似乎更符合其开征意图，但因为印花税的征收方式较为特殊，从一开始就是以贴用政府发行印花税票的方式来缴纳税款，所以"印花税"这一名称就一直沿用下来。

课堂讨论

结合当前国内社会经济形势和以下案例材料,就中国近期是否能开征遗产税进行课堂讨论。

案例材料　　中国的遗产税:征还是不征?

早在民国时期,中国就开征了遗产税。中华人民共和国成立后不久颁布的《全国税政实施要则》和1994年的税制改革方案,都将遗产税作为拟开征的税种之一,但由于种种原因都未付诸实施。进入21世纪后,随着中国经济发展水平的不断提高,相当一部分社会成员拥有的财产数量已经达到一定水平。2013年,经国务院同意并转发国家发改委等部门拟定的《关于深化收入分配制度改革的若干意见》,明确提出"研究在适当时期开征遗产税问题"。在这样一种背景下,中国是否应当开征遗产税再次引起社会各界的高度关注。

一些学者认为,中国当前已具备开征遗产税的条件:经过几十年经济的快速发展,已出现了一批富裕阶层;《中华人民共和国民法典》对个人去世后的财产继承做出了相应的法律规定;中国已经培养了一大批资产评估人员,积累了一定的财产评估经验。尽管还存在很多困难,但更应该注重开征遗产税的意义。增加财政收入只具有次要的意义,更为重要的是通过税收的强制形式增强财富的社会责任感,有利于形成一种健康的财富文化。而接受这种健康财富文化的熏陶,是中国财富走向良性发展和与社会和谐并存的必备洗礼。

也有部分学者认为,遗产税的开征在很大程度上要受经济发展水平、居民收入和财政支出需要等因素的影响,而且要有许多条件的配合。中国现阶段缺乏较为完善的财产申报、登记、管理和评估制度,税收征管水平有限,尚达不到遗产税征收的技术标准,而且缺乏有利于征收遗产税的国民纳税习惯和财产观,目前还不具备开征遗产税的条件。即使条件具备,还存在遗产税对经济效率的影响问题,需要重新加以评估,才能最后确定是否开征。

资料来源:根据新浪网财经频道相关资料等编写整理。

参考文献与延伸阅读资料

1. 杨金田,葛察忠. 环境税的新发展:中国与OECD比较[M]. 北京:中国环境科学出版社,2000.
2. 侯一麟,任强,马海涛. 中国房地产税税制要素设计研究[M]. 北京:经济科学出版社,2016.

3. BAHL R, YOUNGMAN J M. Challenging the Conventional Wisdom on the Property Tax[M]. Cambridge: Lincoln Institute of Land Policy, 2010.

4. MCCLUSKEY W J, CORNIA G C. A Primer on Property Tax: Administration and Policy[M]. Oxford: Wiley-Blackwell, 2013.

5. OECD. Inheritance Taxation in OECD Countries[M]. Paris: OECD Publishing, 2021.

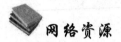

网络资源

https://www.ipti.org
国际财产税研究所（International Property Tax Institute）网站

https://nptg.com/
全美财产税顾问联盟（National Property Tax Group）网站

第 10 章 最 优 税 收

学习目标

- 掌握最优税收理论的基本思想；
- 了解最优税收理论的发展历程；
- 掌握最优商品税理论；
- 掌握最优所得税理论；
- 掌握最优税收理论的现实意义。

最优税收理论（the theory of optimal taxation）研究的是如何构建能够兼顾效率与公平的税收制度，它实际上是对税收效率原则与税收公平原则的综合与深化。最优税收理论提出的一些政策主张，对各国税收制度的建设和完善有着较强的现实意义。

10.1 最优税收理论概述

对"最优税收"的理论研究，最早可以追溯到亚当·斯密提出的平等、确实、便利和最小征收费用等四项税收原则。在经历了一个漫长的发展和演化过程之后，最优税收理论逐渐发展成熟。

10.1.1 最优税收理论的产生与发展

在亚当·斯密之后，穆勒、杜普特（Dupuit）、埃奇沃斯（Edgeworth）和威克赛尔（Wicksell）等经济学家，都先后涉足最优税收问题的研究。从总体上看，这一时期的"最优税收"理论，研究的基本是如何以最小的征管成本来取得满足政府支出需求的税收收入，并且多局限于对税收原则自身的细化。

1927 年，英国经济学家拉姆齐（Ramsey）在题为《对税收理论的贡献》（A Contribution to the Theory of Taxation）的论文中，初步提出了最优商品税的基本分析框架，从而为现代最优税收理论奠定了基础。然而，在此后的二十多年时间内，极少有学者对拉姆齐提出的问题进行研究。1953 年，科利特（Corlett）和黑格（Hague）发表了题为《税收的超额负担及其补偿》（Complementarity and Excess Burden of Taxation）的论文，标志着最优税收理论的研究有了新的发展。其后，除了不多的数篇论文外，对这一问题的研究又趋于平静。直到 20 世纪 70 年代，西方经济学家在税收理论研究中大量引入了数学方法,才使得对最优税收的规范性研究取得了长足进展[1],形成了相对系统的"最优税收理论",并由此进入发展的鼎盛期。这一时期,许多经济学家都在最优税收理论的研究方面做出了贡献,其中以米尔利斯(Mirrlees)和维克里(Vickery)最为突出。1971年,米尔利斯在题为《最优所得税理论探讨》(An Exploration in the Theory of Optimum Income Taxation)的论文中,通过最优所得税问题阐述了其不对称信息理论,并依据一些特定的函数形式,提出了计算最优税收函数的方法。同年,米尔利斯还与美国经济学家戴蒙德(Diamond)合作,扩展了拉姆齐的最优商品税理论,从而形成了"拉姆齐-戴蒙德-米尔利斯税收法则"。

专栏 10-1　米尔利斯和维克里对最优税收理论的贡献

由于在不对称信息与激励性经济理论领域中的突出贡献,以及将信息经济学的基本观点与最优税收理论结合起来,英国剑桥大学教授米尔利斯和美国哥伦比亚大学教授维克里共同获得了1996年的诺贝尔经济学奖。

米尔利斯对不对称信息经济学的贡献,主要表现在最优所得税机制的设计上。在现实生活中,政府对每个人是否有纳税能力并不是太清楚,当纳税能力不可观察时,只能根据收入征税。但如果对高收入者征重税,有纳税能力的人就会假装能力很低,就可以使自己得到很大好处。由于信息不完全,政府的最优税收行为就会受到很大制约。米尔利斯探讨了政府在信息不完全的情况下,如何设计出一种激励性相容的最优税收体制。

维克里对不对称信息经济学的贡献,主要表现在最优税制结构方面。早在20世纪40年代中期,维克里就强调累进所得税制对个人的激励作用,指出税收制度设计将面临两方面的问题:一是政府不能确切地知道每个人的真实能力所造成的信息不对称,二是税收制度又会反过来直接影响个人工作的努力程度,因此必须考虑到私人信息的影响和激励相容问题,以便在彼此冲突的公平与效率目标之间找到一个最佳的平衡。

资料来源:根据王振中,李仁贵. 1996年诺贝尔经济学奖得主的理论贡献[J]. 管理与财富,2003(8):69编写整理。

20世纪70年代以后,最优税收理论的发展主要经历了两个阶段。第一阶段为20世纪七八十年代前半期,作为一种规范性研究,最优税收理论对政府可应用的税收工具、税收赖以存在的经济结构以及税收政策的目标等方面进行了深入研究,但没有将其研究成果与税收征管结合起来。第二阶段为20世纪80年代后半期至今,最优税收理论将税收征管问题以及税收征管对税收政策的制约作用纳入了研究体系,其主要研究成果包括征税成本、效率和公平原则间的权衡与协调、征税成本的确定、用于防范和打击偷逃税资源的最优规模等。这一阶段的研究,使得最优税收理论在实证应用方面有了很大突破。[2]经过半个多世纪的发展,最优税收理论在税收学乃至整个经济

---

[1] 纽伯恩,斯特恩. 发展中国家的税收理论[M]. 徐雅萍,译. 北京:中国财政经济出版社,1992:33.
[2] 张馨,等. 当代财政与财政学主流[M]. 大连:东北财经大学出版社,2000:188.

学中，都占据了相当重要的地位。

10.1.2 最优税收理论的基本思想与方法

理想的税收制度，应当能够兼顾效率原则与公平原则。但是无论是在理论分析中还是在现实中，效率与公平之间都是对立统一的关系。对某一个特定的税种来说，更是只能满足其中的某一个原则而无法同时满足另一个原则，如累进的个人所得税符合税收公平原则的要求，但会对劳动供给产生负向激励；而增值税虽然一般不会对劳动供给产生负向激励，却不符合税收公平原则。最优税收理论就是要寻求在政府征税过程中权衡公平与效率的思路和方法，提供让税收扭曲或福利损失最小化的途径。

最优税收理论的基本方法是，运用个人效用和社会福利的概念，在赋予效率原则和公平原则不同权重的基础上，将这两个原则统一于社会福利标准之中。社会福利水平是衡量一个社会好坏的指标，而社会福利的大小又取决于个人效用的高低。一般来说，效率越高，个人效用和社会福利水平也就越高。然而，社会福利并不必然是个人效用的简单加总，它还取决于效用的具体分配。普遍认为，当效用分配的不平等程度递增时，社会福利总水平下降。从这个意义上说，社会福利概念既可以体现效率原则的要求，也可以反映出公平原则的要求。最优税收的两个标准都可以转化为社会福利的不同侧面，于是不同国家的税收制度就可以用社会福利水平这一标准来加以比较和衡量。最优税收实质上就是从公平和效率意义上使得社会福利最大化的税收，[1]或者说是在社会对公平的期望程度一定的情况下，实现社会公平与经济效率最佳平衡的征税方式。[2]

最优税收理论，源于福利经济学中的"最优原则"（the first best principle）。最优税收理论的具体分析，是建立在一系列的假设前提基础之上的，其中最重要的假设有三个：第一，完全竞争市场假设。在这个市场上，不存在垄断、外部经济、公共产品、优值品与劣值品、规模收益递增或其他导致市场失效的因素，市场机制能够有效地配置资源。第二，行政管理能力假设。任何税收工具的使用，都不受政府行政管理能力的限制，并且行政管理成本是比较低的。第三，标准福利函数假设。标准福利函数给定了衡量最优税制的目标，即实现社会福利极大化。这个福利标准可以是针对个人的，也可以是针对全社会的或者说是针对众多个人的。标准福利函数用于对各个可供选择的税收工具进行择优，从中得出最优的税收工具。此外，最优税收理论还包含有其他一些假设，如个人偏好可通过市场显示出来，财政支出同税制结构特征无关等。然而，即使在上述假设下，政府也不可能不付出任何代价，就能筹集到所需的财政收入，这种代价集中体现为税收干扰资源配置产生的经济效率损失，即所谓的"超额负担"。也就是说，从效率原则的基本内涵来看，绝大部分的税收都不符合最优原则，因为税收在市场配置资源的过程中加入了一个"税收楔子"。

鉴于"最优原则"是无法实现的，经济学家就开始转用"次优原则"（the second best principle）来研究"最优税收"问题，即致力于寻求一种最优的税收工具，这一工

---

[1] 阿克塞拉. 经济政策原理：价值与技术[M]. 郭庆旺，刘茜，译. 北京：中国人民大学出版社，2001：253.
[2] 布朗，杰克逊. 公共部门经济学[M]. 张馨，译. 北京：中国人民大学出版社，2000：309.

具在能够筹集既定收入量的前提下，产生的超额负担尽可能得小。理想的税收制度假定政府在建立税收制度和制定税收政策时，对纳税人的能力和偏好等信息是无所不知的，而且政府也具有无限的税收征管能力。但在现实生活中，政府对纳税人和课税对象等信息的了解并不完全，同时征管能力也有限，所以最优税收理论自然要研究在信息不对称的情况下，政府如何征税才能既满足效率要求，又符合公平原则。现代最优税收理论，其实就是福利经济学中的次优概念和信息经济学中的信息不对称理论在税收中的具体应用成果，其意义在于为政府进行税收制度设计和制定税收政策时提供一种理想的参照系。

最优税收理论主要包括三方面的内容：一是选择怎样的税率结构，才能使商品税的效率损失最小化；二是在假定收入体系是建立在所得课税而非商品课税的基础上，如何确定最优的累进或累退程度，以便既实现公平又兼顾效率；三是税收制度的征管效率问题。对这三方面问题的研究，分别构成最优商品税理论、最优所得税理论和最优税收征管理论，其中对最优商品税和最优所得税的研究较为深入和系统，最优税收征管理论是近些年来才引起重视的一个问题。

10.2 最优商品税

政府课征商品税，不可避免地会产生替代效应，进而造成效率损失或超额负担。最优商品税理论（optimal commodity taxation）要研究的就是通过课征商品税取得既定税收收入时，应如何确定应税商品的范围和税率，才能使得政府课征商品税带来的效率损失最小化。最优商品课税问题的现代分析，源于拉姆齐的创造性贡献。

10.2.1 商品税的最优征税范围

政府以课征商品税的方式取得财政收入，既可以对商品流通中的所有或大部分商品普遍征收，也可以只对其中的一部分商品课税。要取得一定的税收收入，政府是对商品普遍课征还是进行选择性课征，或者说是课征一般性商品税还是选择性商品税，既是商品税制度设计中必须首先解决的问题，又是最优商品税理论中的一项重要内容。

从经济效率的角度来评价政府普遍课征商品税和选择性课征商品税的优劣，关键是看这两种课税方式哪一种造成的福利损失更小。为了问题的简化，假定一个社会仅生产 X 和 Y 两种商品。如图 10-1 所示，在社会资源总量、技术水平以及 X 和 Y 商品的价格既定的情况下，消费者的预算线 AB 与消费无差异曲线 I_1 相切于 E_1 点，决定了在政府征税前的资源配置格局。如果要通过课征商品税的形式取得既定数额的财政收入，政府有两种选择，一种选择是既对 X 商品征税，也对 Y 商品征税，并且对 X 和 Y 商品课以相同的税率；另一种选择是只对其中的某一种商品征税，而对另一种商品不征税。

图 10-1 对两种不同课税方式下的社会福利状况进行了比较分析。[1]在普遍课税的

---

[1] 布朗，杰克逊. 公共部门经济学[M]. 张馨，译. 北京：中国人民大学出版社，2000：285.

情形下，由于对两种商品适用的税率相同，没有改变 X 商品和 Y 商品之间的相对价格，所以政府征税后消费者的预算线将由 AB 向内平移到 CD，CD 与消费无差异曲线 I_2 相切于 E_2 点。政府征税后，虽然消费者可购买的 X 商品和 Y 商品的数量都有所减少，但并没有改变消费者在 X 商品和 Y 商品之间的购买选择。在选择性课税的情形下（假设只对 Y 商品课税，而不对 X 商品课税），为了取得与普遍征税相同的税收收入，此时对 Y 商品课征的税率就要远高于课征一般性商品税时的税率。在政府对 Y 商品课税后，消费者的预算线将不再是由原来的预算线 AB 向内平移，而是将 AB 线以 A 点为圆点向左下方内旋至 AG[①]，AG 与消费无差异曲线 I_3 相切于 E_3 点。

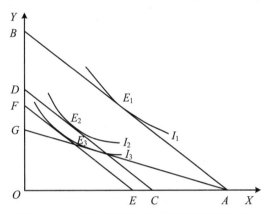

图 10-1 一般性商品税与选择性商品税的比较

对比两种不同的课税方式，不难发现，要取得相同的税收收入，课征一般性商品税比课征选择性商品税更符合经济效率原则的要求。从图 10-1 中可以看到，普遍课税情形下的均衡点 E_2，处于相对较高的消费无差异曲线 I_2 之上，而课征选择性商品税情形下的均衡点 E_3，处于相对较低的消费无差异曲线 I_3 之上，这表明课征一般性商品税比课征选择性商品税获得的社会福利水平要高一些。之所以会如此，主要是因为用相同税率向所有商品普遍课税，只产生收入效应，不产生替代效应，因而既不会扭曲消费者选择，也不会造成税收的超额负担；然而，仅对部分商品课征选择性商品税，则不仅产生收入效应，而且还会改变征税商品与不征税商品之间的相对价格，从而产生替代效应并影响消费者选择，进而不可避免地造成税收的超额负担。在图 10-1 中，消费无差异曲线 I_2 与 I_3 对应的社会福利水平的差，就可以用来表示课征选择性商品税的超额负担或效率损失。[②]

从经济效率的角度看，普遍课征的一般性商品税造成的超额负担较小，因而优于选择性商品税。但是如果从社会公平的角度来比较一般性商品税和选择性商品税的优劣，得出的结论却恰恰相反。对全部或大部分商品课征一般性商品税，固然有利于减少税收的超额负担、有利于提高经济效率，但普遍课税也必定课及生活必需品。对生活必需品课税，税收负担具有明显的累退性，这与税收的纵向公平原则是相悖的。从

[①] 由于对 Y 征收的选择性商品税的税率高于一般性商品税的税率，所以在图 10-1 中 G 点比 D 点更接近于圆点。
[②] 在图 10-1 中，将 CD 往下平移至与 I_3 相切得到 EF。这时，课征选择性商品税的效率损失在数量上就体现为比课征一般性商品税少生产 CE 数量的 X 商品。

兼顾公平与效率的角度出发，最优商品税应尽可能地广泛课征，同时也应对一些基本的生活必需品免税。

10.2.2 商品税的最优税率

政府以课征商品税的方式取得财政收入，既可以对全部课税对象采用统一的税率课征，也可以对不同的课税对象采用差别税率来课征。采用不同的税率，与课征商品税带来效率损失的大小也有着直接的联系。从这种意义上看，税率的选择也是最优商品税理论中的一个重要内容。

较早对商品税最优税率进行研究的是拉姆齐。拉姆齐认为，如果商品课税是最优的或者说要使政府征税带来的超额负担最小化，那么选择的税率应当使各种商品在需求量上按相同的比例减少[1]，这可以用式（10-1）表示如下：

$$\frac{dx_1}{x_1} = \frac{dx_2}{x_2} = \cdots = \frac{dx_n}{x_n} \qquad (10\text{-}1)$$

其中：x_n 表示的是政府课税前某一种商品的需求量；dx_n 表示的是政府课税所导致的某一种商品需求量的减少。这一判定标准被称为"拉姆齐法则"（Ramsey rule）。拉姆齐法则是建立在严格的假设条件基础之上的，具体包括整个经济中只有一个人或者人都是同质的、竞争性经济、劳动力是唯一的生产投入以及规模收益不变等。通过对用来推导拉姆齐法则的经济条件施加进一步的约束，即假定课税商品之间不存在交叉价格效应，鲍莫尔（Baumol）和布莱特福德（Bradford）推导出了"逆弹性法则"（inverse elasticity rule）。逆弹性法则与拉姆齐法则在实质上是一致的，或者说只有符合逆弹性法则，商品税才能达到拉姆齐法则要求的最优状态。

逆弹性法则指的是为了实现最优商品课税，当各种商品的需求相互独立时，对各种商品课征的税率，必须与该商品自身的价格弹性呈反比例关系。最优商品课税要求，对需求弹性相对较小的商品课以相对高的税率，而对需求弹性相对较大的商品课以相对低的税率。这是因为一种商品的需求弹性越大，对其征税产生的潜在扭曲效应也就越大；反之，征税带来的扭曲效应就越小。

图 10-2 可以用来解释逆弹性法则。[2] 假设一个社会只有两种商品，一种是有较高需求弹性的商品 e，另一种是需求弹性相对较低的商品 i，并且两种商品的供给相同并均富有弹性。在政府没有征税的情况下，D_e 和 D_i 这两条需求曲线与供给曲线 S_1 相交于 a 点，决定了两种商品税前的均衡价格和产量均为 P_0 和 Q_0。如果政府按税率 t 分别对两种商品的生产课征从价

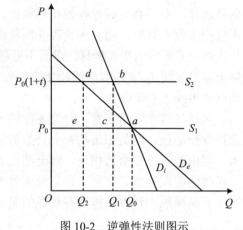

图 10-2 逆弹性法则图示

---

[1] ROSEN H, GAYER T. Public Finance[M]. New York: McGraw-Hill Education, 2013: 355.
[2] 鲍德威. 公共部门经济学[M]. 邓力平, 译. 北京: 中国人民大学出版社, 2000: 183-184.

税,由于两种商品都富有弹性,所以政府征税后的均衡价格提高至 $P_0(1+t)$。有较高需求弹性的商品 e 的需求,在政府征税后下降至 Q_2,此时政府取得的税收收入为 $P_0(1+t)deP_0$,因政府征税而产生的净福利损失或超额负担在图 10-2 中体现为三角形 dae。需求弹性较低的商品 i 的需求,在政府征税后下降至 Q_1,此时政府取得的税收收入是 $P_0(1+t)bcP_0$,因政府征税而产生的净福利损失在图 10-2 中体现为三角形 bac。比较这两种情形,很容易看出,对需求弹性较低商品征税的单位税收收入的净福利损失比对需求弹性较高的商品征税的单位税收收入的净福利损失要低,这可由式(10-2)表示如下:

$$\frac{bac}{P_0(1+t)bcP_0} < \frac{dae}{P_0(1+t)deP_0} \quad (10-2)$$

当实现最优课税时,两种商品单位税收收入的净福利损失应是相同的。从式(10-2)可以知道,只有当对两种商品征收的税率不同时,两种商品的单位税收收入的净福利损失才有可能相等。

对富有需求弹性的商品来说,课征商品税每单位税收收入的净福利损失为:

$$\frac{dae}{P_0(1+t)deP_0} = \frac{-\frac{1}{2}\Delta Q_e P_0 t_e}{Q_e P_0 t_e} \quad (10-3)$$

其中:t_e 表示的是对需求有弹性商品 e 课征的税率;Q_e 是其税后需求量;ΔQ_e 是商品 e 因课税而导致的需求变化;$P_0 t_e$ 是商品 e 因课税而产生的价格变化。若将需求弹性定义为 η_e,那么有:

$$\eta_e \cong -\frac{\Delta Q_e P_0}{Q_e P_0 t_e} \quad (10-4)$$

把式(10-4)代入式(10-3)中,就可以得到对高弹性商品 e 征税,单位税收收入的净福利损失近似为 $\frac{1}{2}\eta_e t_e$。以同样的方法也可以得到对低弹性商品 i 征税,单位税收收入的净福利损失近似为 $\frac{1}{2}\eta_i t_i$。由于最优商品税要求对较高需求弹性商品的征税和对较低需求弹性商品的征税产生的单位税收收入的净福利损失应相等,所以有:

$$\frac{1}{2}\eta_e t_e = \frac{1}{2}\eta_i t_i \quad (10-5)$$

并最终得到:

$$\frac{t_e}{t_i} = \frac{\eta_i}{\eta_e} \quad (10-6)$$

这表明最优商品税的税率应当与商品的需求弹性呈反比例关系。

在现实中,生活必需品的需求价格弹性很低、奢侈品的需求价格弹性却很高,所以逆弹性法则的政策含义是应对生活必需品课以高税,而对奢侈品则课以轻税。这一结论在拉姆齐建立的单一消费者模型中是能够成立的。然而,现实社会中的消费者并不是一个人,而存在着无数个"异质"的消费者。在这种情况下,依据逆弹性法则建立的商品税制就不一定是最优的,因为对低弹性商品按高税率课税,实际上意味着低收入者的税收负担高于高收入者的税收负担,而这明显违背公平原则,具有内在的不公平性。当然，这不能成为彻底否定逆弹性法则的理由，因为在只有一个人或者人都是同质的假定下，逆弹性法则根本无须考虑收入的再分配。

如果商品税要在一定程度上追求再分配目标，就必须开征扭曲性税收，而这必然会偏离最初的拉姆齐法则。商品税是一种对物税，在税收负担分配上难以做到因人而异，而且商品税的税基只是所得中的消费部分，只能通过对消费的再分配间接地作用于收入或财富的再分配。此外，要使商品税具有再分配功能，还应满足另一个条件，即政府课征的商品税必须使高收入者的消费支出中所包含的税收远远高于低收入者的消费支出中所包含的税收。戴蒙德和米尔利斯率先在最优商品税率的决定中引入公平方面的考虑，并且将拉姆齐法则中的单个家庭经济扩展至多个家庭经济中。他们认为，在需求独立的情况下，一种商品的最优税率，不仅取决于其需求的价格弹性，而且决定于其收入弹性。这意味着，对许多价格弹性和收入弹性都较低的商品来说，应当将实行高税率产生的分配不公问题和实行低税率带来的效率损失问题进行比较。就现实经济情况而言，商品税应采用差别税率制，同时对低收入阶层特别偏好的商品或生活必需品适用低税率或者是免税，而对高收入阶层特别偏好的商品或奢侈品则要课征高税率，才能使商品税具有再分配功能。

商品税不对劳动所得课征，因而它一般不会像所得税那样直接影响劳动力的供给。然而，如果将闲暇视为一种特殊商品，就会发现由于一般商品税并没有把闲暇这种特殊商品包括在税基中，而且闲暇与其他商品之间并不具有弱可分性[①]，因而课征单一商品税会扭曲人们在闲暇和一般商品消费之间的选择，鼓励人们多消费闲暇，而减少劳动供给。为了纠正商品课税对工作——闲暇关系的干扰，有必要在设计商品税的税率结构时采取一种补偿性措施，即对与闲暇互补的商品，如高尔夫球场和游艇等课征较高的税率，而对与闲暇相互替代的商品或者说与劳动互补的商品，如工作服等课征较低的税率。这一结论就是通常所谓的"科利特-黑格法则"（Corlett-Hague rule）。科利特-黑格法则与逆弹性法则是一致的，也可以说它就是逆弹性法则一个具体实例。

10.3 最优所得税

与最优商品税立足于效率不同的是，最优所得税（optimal income taxation）的研究是从公平切入的。最优所得税理论的核心问题是如何确定所得税的最优税率，以使社会在达到收入公平分配目标的同时，也能够使对所得课税带来的效率损失最小化。

10.3.1 埃奇沃斯模型

19世纪末，埃奇沃斯在边际均等牺牲效用论的基础上，运用一个简单的模型考察了最优所得课税问题。在研究中，埃奇沃斯作了以下几方面的假定：

第一，社会福利是功利主义的，它等于所有社会成员个人效用的和。如果用 U_i 表示第 i 个人的效用，W 表示社会福利，那么：

[①] 弱可分性是指任何两种商品的边际替代率都独立于闲暇的数量，或者说没有任何商品与闲暇有替代或互补关系。

$$W = U_1 + U_2 + \cdots + U_n = \sum_{i=1}^{n} U_i \qquad (10\text{-}7)$$

其中：n 为社会成员的数量。

第二，政府征税要取得固定的税收收入，其目标是使所有社会成员的个人效用之和达到最大。

第三，每个人的效用函数完全相同，而且每个人效用的大小仅取决于各自的收入水平。这些效用函数表明，收入的边际效用是递减的，即随着个人收入的增加，他的境况得到改善，但改善的速度却是递减的。

第四，可获得的收入总额是固定的。

在上述假设条件下，为了实现社会福利的最大化，每个人收入的边际效用必须相等。在个人效用函数相同的情况下，只有当所得水平相同时，所得的边际效用才有可能相等，这就要求税收制度应当使税后所得尽可能地平等。为实现这一目标，就应当对富人的所得课以高税，这是因为政府征税使富人损失的边际效用比穷人损失的边际效用要小。如果在所得分配已达到完全平等的情况下，政府还要增加税收收入，增加的税收负担就应平均分配。埃奇沃斯模型意味着，所得税制要采用累进程度很高的税率结构（radically progressive tax rate），即应从最高收入一端开始削减收入，直到达到完全平等。也就是说，高收入者的边际税率应为 100%。[①]

埃奇沃斯模型的假定条件非常严格。社会可获得的收入是固定的假定，意味着即使税率达到 100%，对产出水平也没有影响；而个人效用仅取决于收入的假定，忽略了闲暇也是获得效用的一种途径。一旦考虑到个人效用不仅取决于收入，还取决于闲暇，那么所得税就会扭曲工作决策，带来超额负担。

10.3.2 最优所得税的现代研究

最优所得税的现代研究，由最优线性所得税（optimal linear income taxes）和最优非线性所得税（optimal non-linear income taxes）两方面的内容构成，它在很大程度上否定了埃奇沃斯模型的结论。

1. 最优线性所得税

最优线性所得税理论认为，最优线性所得税税率的高低取决于社会成员对收入——闲暇的偏好状况、社会对收入再分配的态度以及人们对社会福利的认识等因素。在这些因素既定的情况下，可以利用社会福利函数从理论上分析最优的比例所得税税率，即在社会公平观念既定的情况下，最优线性所得税的税率与纳税人的劳动——闲暇替代弹性成反比，而且在劳动——闲暇替代弹性一定的情况下，社会期望的平等程度越大，比例所得税的最优税率就越高。

英国经济学家斯特恩（Stern）根据一些不同的劳动供给函数、财政收入的需要和公平观念，考虑了所得税对劳动供给的影响，并结合负所得税的设想，提出了一个具有固定边际税率和固定截距的最优线性所得税模型，如式（10-8）所示：

[①] ROSEN H, GAYER T. Public Finance[M]. New York: McGraw-Hill Education, 2013: 362.

$$T = -\alpha + tY \tag{10-8}$$

其中：T 表示税收收入；α 表示政府对个人的总额补助；t 表示税率；Y 表示个人的全部所得。

图 10-3 更直观地描述了斯特恩提出的最优线性所得税模型。在图中，纵轴表示税收收入，横轴表示所得。当纳税人的所得为 0 时，他可以从政府那里获得数量为 α 的转移支付；当纳税人的所得大于 0 时，他每获得一单位所得都必须向政府缴纳 t 单位的税款或者他获得的转移支付就减少 t 单位。纳税人的收入与政府的税收收入之间的关系可以用一条直线来表示①，这就是说边际税率是不变的。最优线性所得税就是要找到 α 和 t 的"最优"组合值，即在政府取得一定量税收收入（在必需的转移支付之外）的条件下，使社会福利达到最大。

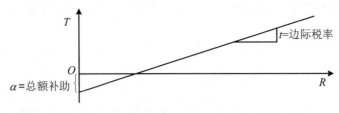

图 10-3　线性所得税模型

斯特恩的研究发现，在考虑闲暇与收入之间有较小的替代关系（他在研究中假定为 0.6）、且要求政府收入约等于个人收入的 20% 的条件下，t 约为 19% 时，社会福利能达到最大。这比埃奇沃斯模型中 100% 的 t 值要小得多，也比许多国家实际的边际税率要低得多。这就表明，即使是很小的劳动积极性效应，对最优边际税率的影响也是很大的。斯特恩还发现，在其他条件不变的情况下，劳动供给弹性越大，最优的 t 值就越小，因为劳动供给弹性越大，对劳动所得课税所产生的超额负担就越大。斯特恩最后得出的结论是，线性所得税的最优边际税率随着闲暇和商品之间替代弹性的减小而增加，随着财政收入的需要而提高，随着更加公平的需求而增加。这意味着，人们对减少分配不平等的关注越大，相关的税率就应越高。

2. 最优非线性所得税

与线性所得税不同的是，非线性所得税有多个边际税率，不同的收入水平分别适用不同的税率，即税率是累进的或累退的。由于人与人之间存在差别，政府征收所得税对劳动供给产生的激励或抑制作用是所得税的核心。最优非线性所得税的关键问题是如何确定所得税的累进或累退程度，或者说如何设定所得税的边际税率。在维克里研究的基础上，米尔利斯对最优非线性所得税的研究做出了重要贡献。

米尔利斯对最优非线性所得税的研究，同样是建立在一系列假设的基础之上的，具体包括：经济是静态的，税收对储蓄没有影响，税收仅对劳动供给产生影响；只考虑劳动收入，不考虑财产收入；个人偏好没有差异，个人通过理性来决定所提供劳动的数量与类型，每个人的效用函数都相同，适当地选择了个人效用函数后，福利可以

---

① 这也是被称为"线性所得税"的原因。在数学中，如果一个函数具有加减和数乘的不变性，即 $f(ax+by)=af(x)+bf(y)$，那么该函数就是一个线性函数。

表示为个人效用之和；个人提供的劳动量不会对其价格产生影响，个人仅在他们的税前工资或生产率上有差别，只存在一种劳动，因此劳动的类别没有差异，一个人的劳动完全可以替代其他人的劳动，劳动供给是连续的；政府对经济中个人的效用及其行动拥有完整的信息，实施最优税收方案的成本可以忽略不计等。在这些假定的基础上，米尔利斯得出了以下几方面的结论：第一，边际税率应在 0 到 1 之间；第二，对最高收入的个人的边际税率应为 0；第三，如果有最低所得的个人是按最优状态工作的，那么他面临的边际税率应为0。

米尔利斯最初在研究最优所得税的时候想证明，对有纳税能力的人应该多征税，这在完全信息条件下是没有疑问的。但米尔利斯最终得到的结果，与最初的设想恰恰相反。在不完全信息条件下，一个人假装低纳税能力要比假装高纳税能力容易得多，所以政府就可能征不到税。正是由于信息的不对称，所以最高收入的边际税率应该为 0。也就是说，从社会公平与效率的总体角度来看，非线性所得税的最优边际税率结构应使高收入段的边际税率降为零，低收入段的初始税率接近零，而中等收入者的边际税率可以适当高一些，即边际税率曲线应呈倒 U 字形。这一结论是基于这样的判断：在同样的效率损失情况下，政府通过提高中等收入者的边际税率，从较为富裕者那里取得更多的收入，而通过降低最高和最低收入者的边际税率，增加这一群体的福利，从而既能实现帕累托改进，又能促进收入分配公平。这一结论的重要性，也许不在于告诉政府应通过降低最高所得部分的税率以减少对最高收入者的影响，而在于它表明最优税收函数可能并不是累进性的，这就促使人们重新审视利用累进所得税制来实现再分配的观念。要使低收入者的社会福利最大化，未必需要通过对高收入者课以重税才能实现。事实上，让高收入者承担过重的税负，其结果可能反而使低收入者的福利水平下降，所得税并非在所有条件下都是缩小收入不平等的有效工具。

专栏 10-2　　最优税收理论与税收征管

从开始萌芽到 20 世纪 80 年代中后期，最优税收理论的研究重点一直在规范分析和税制发展改革思路的研究上，而较少涉及税收征管上的优化问题，因而其实证性与可操作性相对较差。要使最优税收理论真正具备可操作性，就必须把研究的重点从消费者偏好转移到税收征管上来。20 世纪 80 年代中后期以来，不少学者加强了这方面的研究。将最优税收理论与税收征管结合起来的主要研究成果体现在以下三个方面。

（1）最优征税成本的确定。希·雅萨奇研究了当新的商品纳入已有的最优商品税税基时新产生的征管成本问题。他指出，当最优商品税基拓宽时，税收超额负担会减少，但征税成本将上升，这时最优商品税要求边际税收超额负担应等于边际征管成本，从而使征税成本达到最小。斯特恩讨论了所得税与一次总付税的征收成本问题。他认为，如果能够解决包括纳税人特点鉴别在内的征管问题，则有差别的一次总付税制较优，但若征管出现困难与错误，那么还是所得税制较优。也就是说，不论是所得税还是一次总付税都存在信息不对称与征管成本问题，对这些问题都须加以考虑，而不能简单地忽略不计。不少学者都认为，将最优税收理论与征税成本结合起来考虑的一个难题，是征税成本的大小往往因税收政策的调整而发生变动。

（2）逃避税的防范及管理成本的确定。约·斯金那与斯林孟德研究了当存在逃避税时如何才能真正贯彻税收的效率与公平原则，以及防范逃避税所增加征管成本的优化问题。阿·桑得莫研究了存在逃避税情况时的线性所得税制及其征管体制的最优参数问题。他的主要结论是，在存在逃避税的情况下，最优边际税率将降低，因为正常收入已经不再是准确反映纳税者经济福利水平的标志，同时累进税制的再分配职能也会被削弱。此外，如果逃避税现象提高了正常劳动力供给的可补偿工资弹性，则最优累进税程度也应相应降低。他还讨论了须用于防范逃避税行为资源的最优规模问题，其基本要求是防范逃避税的边际征管成本应等于边际社会收益。约·梅塞尔和丹·优瑟尔等经济学家还较完整地将防范逃避税的管理成本有机地结合进标准的最优税制模型中。这类模型的一般结论是，虽然最优商品税制理论的基本原理仍然成立，但在存在逃避税的条件下，任一税种设置的边际超额负担量还应包括防范逃避税的管理成本及税收入库的不确定性。

（3）如何通过对不同税种征税成本的比较，在征税成本、效率与公平诸原则中做出选择。雷·李兹蒙与斯林孟德研究了为什么许多发展中国家目前相当依赖于扭曲性极强但较易征管的进出口关税，而不愿意实行扭曲性较弱但难以征管的土地税。他们的研究表明，只有将征税成本因素与效率、公平原则同时加以考虑，才能实现一个真正可行的最优税制结构。

现实中的税收制度环境，远比税收理论所描述的要复杂得多。现实中的税制优化，必须将最优税收理论与税收征管有机地结合起来，只有这样，才能较好地解决税收政策实践与税制改革中的许多现实问题。

资料来源：根据邓力平. 优化税制理论与税收征管实践研究[N]. 中国税务报，1999-03-04 编写整理。

10.3.3 最优税收理论的积极意义

任何一个国家税收制度的建设，都应综合考虑效率与公平两大目标。从一般意义上说，效率与公平之间存在着既对立又统一的关系。在税收领域内，效率与公平之间的矛盾和冲突更是难以避免的。但是，税收制度中的效率与公平目标之间，也并非总是互不相容的。最优税收理论的一个重要贡献，就是把效率与公平同时纳入研究框架中来，这一点充分体现在对最优商品税和最优所得税的理论分析中。

最优税收理论还得出了一些与传统论断完全不同的结论。传统的税收理论认为，在改善收入分配方面，所得税具有商品税不可比拟的优越性，而且采用累进税率的所得税也具有较强的宏观经济稳定功能。然而，最优税收理论的理论探讨和数理分析都表明，需要重新认识所得税的公平功能，因为所得税在改善收入不平等方面的功能也许并不像人们设想得那么好。最优所得税理论提出，最优所得税必须在较高的边际税率所产生的公平收益和较高的边际税率所导致的效率损失之间进行权衡。正因如此，我们要慎重看待"公平意味着递增的边际所得税税率"这一传统认识，至少应重新探讨累进所得税制的合理性。

最优商品税理论揭示的拉姆齐法则和逆弹性法则，论证了统一的比例税率并不是最理想的，这促使人们进一步去思考应如何设计商品税的税率才能达到更高的效率，在可能的情况下采用差别税率也是可行的。在立足于效率的同时，最优税收理论还挖掘出商品税的公平功能。最优商品税理论认为，在可行的情况下，应当对需求缺乏弹性的商品课以较重的税收以减少税收的超额负担，但是如果这些商品主要是由低收入者所消费时，那么出于公平考虑，就应当对其课以较低的税率。也就是说，通过适当的制度安排，商品课税也可以具有再分配功能。对于商品税收入占较大比重的发展中国家如何通过商品税的课征来促进收入的公平分配，这一结论具有重要的意义。

部分学者一直在努力使最优税收理论在税收政策建议上提出更为实用的主张，税制设计理论（theory of tax design）就是这一努力的成果。税制设计理论既包括最优税收理论发展的重要成果，也考虑了信息不对称、征管成本和技术对政府征税行为的约束。近几十年来，特别是20世纪90年代以来，经济发达国家减税改革进一步推动了世界性税制改革的浪潮。虽然各国采取的措施具有一定的差异性，但仍体现一些共同的发展趋势，这在一定程度上就体现了税制设计理论的研究成果。

虽然最优税收理论具有一定的积极意义，但它提供的毕竟是在非常严格的条件下最优征税模式的理论和方法，其结论本身的适用范围是有限的，并不具有普适性，我们应辩证地认识最优税收理论。

专栏 10-3　　税制优化的理想与现实

税制优化目标能否实现、如何实现以及实现的方式，取决于具体的约束或限制条件。根据是否与市场联系在一起，税制优化过程中存在的约束或限制条件可以分为"市场约束"与"非市场约束"两大类。不存在任何市场或非市场约束而按"理想税收原则"建立起来的最优税制，我们将其称为"理想最优税制"；而在一定市场或非市场约束下按税收原则设置的最优税制，我们将其称为"现实最优税制"。

首先，从"市场约束"来考察税制的"理想优化"与"现实优化"。所谓市场无约束，是指一种完全竞争的理想市场状态，这种形态需要众多严格的前提条件，就税制设置而言，最突出的一条就是能够在充分、完全和对称的条件下获取实现优化税制所需的各种信息，在这种条件下讨论的最优税制就是"理想最优"状态。换言之，其基本假定是政府在设置税收制度与制定税收政策时，对有关经济信息是无所不知的。然而在现实市场经济中，对设置最优税制所需的信息获取，往往是不充分、不完全和不对称的，在这种市场约束下讨论的就是"现实最优税制"问题。如果政府能够得到关于被征税对象的全部信息，则只要在行政管理方面没有限制，任何一种税收工具都能够达到理想税收原则的目标，税收将是一种"非扭曲性"的政策工具，并能很好地实现对经济行为主体的激励问题。但是这类税收在现实中难以寻找，它们因涉及复杂而严格的信息需求而在操作上不可行。因此，现代最优税收理论要求在现实中先决地将"非扭曲性"税收排除在选择范围以外，在研究中将其作为一个参照系，以便在现实可供选择的"扭曲性"税收中找到最接近理想状态的税种，并以此为基础构建"现实最优税制"，使税制有助于减少干预市场机制的正常运转，并在不对称信息下解决对经济行为主体的激励。同时，这样建立起来的"现实最优税制"也是可以将效率与公平两大原则统一起来的。

其次，从"非市场约束"来考察税制的"理想优化"与"现实优化"。从世界各国税制设置与税制改革的历史与现状看，并不是所有的理想税制都能得以建立，并不是现行税制中所有必须改进的地方最终都能付诸实施。究其原因，就在于在税制优化过程中，除了市场约束，还存在大量的非市场约束，具体包括一国具体国情的约束、一定经济发展阶段与水平的约束、政府多重社会经济目标冲突与协调的约束、政治体制的约束、社会各阶层对税制变动承受力的约束、税制改革中利益调整的约束、技术和管理方面的约束等。我们必须认识到：第一，在各种非市场约束存在的条件下，理想税制诸原则的实现内容与形式都会有所变化，各税收原则间的协调与目标实现的先后顺序也要加以调整，"理想优化"往往要让位于"现实优化"状态。第二，在税制优化过程中，需要对各种非市场约束加以区别，有些约束在一定历史阶段上是难以改变的，对于这类约束，税制改革与优化过程只能加以适应；而有些约束则经过一定努力是能够加以调整的，或经过一定时间的推移，约束或限制程度会有所缓解，对于这类约束，我们既要创造条件，努力使"现实优化"向"理想优化"迫近，又要正确把握税制改革措施出台的时机。第三，从世界各国税制改革的实践看，正是不少理想但非切实可行（或暂不切实可行）的税种设置或征管形式往往被较不理想、次优但较切实可行的税制或征管模式所替代，使得各国税制改革发展过程往往是一个逐步从"现实优化"向"理想优化"迫近的过程。

资料来源：根据陈涛. 税制优化的理想与现实[N]. 中国税务报，1999-03-04 编写整理。

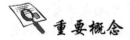

最优税收　最优商品税　拉姆齐法则　逆弹性法则　科利特—黑格法则　最优所得税　最优线性所得税　最优非线性所得税

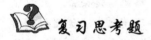

1. 什么是最优税收理论？
2. 简述最优商品税的基本观点。
3. 简述最优所得税的主要内容。
4. 累进的个人所得税在社会公平方面的合理性是否值得怀疑？
5. 最优税收理论对现实税收制度建设有什么积极意义？

中国的税收制度应当如何进一步改革，才能更加符合"宽税基、低税率、少优

惠、严管理"原则的基本要求？请运用最优税收理论，围绕这一主题进行讨论。

参考文献与延伸阅读资料

1. 纽伯恩，斯特恩. 发展中国家的税收理论[M]. 徐雅萍，译. 北京：中国财政经济出版社，1992.
2. 奥尔巴克，费尔德斯坦. 公共经济学手册[M]. 匡小平，黄毅，译. 北京：经济科学出版社，2005.
3. 莫里斯. 税制设计[M]. 湖南国税翻译小组，译. 长沙：湖南人民出版社，2016.
4. 斯莱姆罗德，吉里泽尔. 税制分析[M]. 李建军，岳媛媛，刘元生，等译. 上海：格致出版社，2019.
5. SALANIÉ B. The Economics of Taxation[M]. Cambridge: The MIT Press, 2011.

网络资源

http://www.worldbank.org/en/publication/reference
世界银行（World Bank）网站"研究与出版物"专题
http://www.ifs.org.uk
英国财政研究所（Institute for Fiscal Studies）网站

第 11 章 税收的微观经济效应

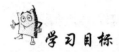

- ▶▶ 掌握税收对生产者行为的影响；
- ▶▶ 掌握税收对消费者行为的影响；
- ▶▶ 掌握税收对劳动力供给与需求的影响；
- ▶▶ 掌握税收对家庭储蓄的影响；
- ▶▶ 掌握税收对私人投资的影响。

在任何一个国家，税收都会对私人部门活动主体的生产、消费、储蓄、投资以及劳动力的供给与需求等产生或大或小、或直接或间接的影响。税收对私人经济活动主体各种行为的作用机理，具体可以通过税收的收入效应和替代效应来分析。

11.1 税收对生产者和消费者行为的影响

税收对生产者和消费者行为的影响，都是通过对市场价格机制的扰动来实现的。不论是对生产者征税还是对消费者征税，也不论是采用从量税还是采用从价税的形式，税收都在被课税商品的消费者价格和生产者价格之间打入了一个"税收楔子"。

11.1.1 税收对生产者行为的影响

为了实现利润最大化目的，生产者会在各种可支配生产要素的配置上做出相应的决策。税收对生产者行为的影响，其实就是税收对生产的影响。

1. 税收对生产者行为的收入效应

税收对生产者行为的收入效应，表现为政府课税减少了生产者可支配的生产要素，从而降低了生产者的生产能力，其生产水平和利润率也随之下降。图 11-1 具体阐述了税收影响生产者行为的收入效应。

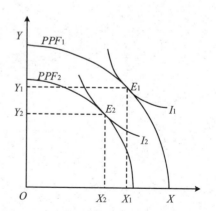

图 11-1 税收影响生产者行为的收入效应

假定某一生产者拥有生产要素的数量是固定的，这些生产要素全部用来生产 X 和

Y 两种商品。在图中，PPF_1 为政府课税之前的生产可能性曲线，它代表着生产者生产出来的 X 商品和 Y 商品各种可能的组合情况。PPF_1 与无差异曲线 I_1 相切于 E_1 点，决定了政府征税之前生产者的最优生产组合是 X_1 数量的 X 商品和 Y_1 数量的 Y 商品，此时生产者可以实现利润的最大化。现假定政府向生产者征收一次总付税或一般性的所得税，这种税只是将生产者手中的一部分生产要素转归政府所有，它并不直接影响 X 和 Y 两种商品间的相对价格。政府征税使得生产可能性曲线由原来的 PPF_1 向内移至 PPF_2，新的生产可能性曲线与无差异曲线 I_2 在 E_2 点相切，形成了政府征税后的生产均衡点，即生产 X_2 数量的 X 商品和 Y_2 数量的 Y 商品。从图中可以清楚地看到 $X_2<X_1$ 和 $Y_2<Y_1$，这表明政府征税以后由于生产者实际可支配的生产要素较征税前减少了，生产能力也相应下降了。

2. 税收对生产者行为的替代效应

税收对生产者行为的替代效应，主要是由政府课征选择性商品税而产生的，它表现为税收使得不同商品间的相对价格发生变化，导致生产者减少被课税或重税商品的生产，而增加无税或轻税商品的生产，也就是以无税或轻税商品替代被课税或重税商品。图 11-2 具体阐述了税收影响生产者行为的替代效应。

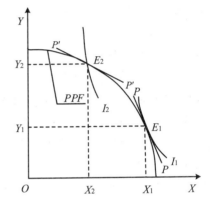

图 11-2 税收影响生产者行为的替代效应

仍然假定某一生产者拥有生产要素的数量是固定的，并全部用来生产 X 和 Y 两种商品。在图中，PPF 为政府课税之前的生产可能性曲线。政府征税之前，PPF 与无差异曲线 I_1 相切于 E_1 点，决定了政府征税之前生产者的最优生产组合是 X_1 数量的 X 商品和 Y_1 数量的 Y 商品，此时生产者可以实现利润的最大化。PP 是 PPF 与 I_1 在 E_1 点的公切线，其斜率是 X 商品和 Y 商品边际成本的比。现假定政府对 X 商品的生产征税，但对 Y 商品的生产不征税。政府征税后，消费者为获得 X 商品而支付的价格随之上升，与此同时生产者实际得到的价格却下降，X 商品与 Y 商品的边际成本比率也相应提高。可以找到一条斜率与新的边际成本比率相等的 PPF 的公切线 $P'P'$。$P'P'$ 线与 PPF 线在 E_2 点相切，并在 E_2 点形成税后的生产均衡点，此时生产者生产 X_2 数量的 X 商品和 Y_2 数量的 Y 商品。从图中可以得知，在政府征税以后新的边际成本比率或相对价格比下，生产者所能达到的最高无差异曲线为 I_2，X 商品的生产量将从 X_1 减少到 X_2，而由此转移出的一部分生产要素将用于增加 Y 商品的生产，其产量从 Y_1 提高到 Y_2。由于政府对 X 商品征税但不对 Y 商品征税，改变了生产者的生产决策，并出现了以 Y 商品的生产替代了一部分 X 商品的生产。

11.1.2 税收对消费者行为的影响

为了获得最大化的效用满足，消费者会在使用归自己支配的收入方面做出相应的决策。税收对消费者行为的影响，实际上就是税收对消费的影响。

1. 税收对消费者行为的收入效应

税收对消费者行为的收入效应，表现为政府课税之后消费者实际可支配收入出现下降，从而降低了商品的购买量，而处于比政府课税之前低的消费水平上。这可以用图11-3来具体说明。

假定某一消费者的可支配收入是固定的，而且全部收入只用于 X 和 Y 两种商品的消费。在图中，横轴和纵轴分别表示 X 商品和 Y 商品的数量，预算线 AB 表示的是在 X 和 Y 两种商品的价格既定的情形下，消费者消费两种商品各种可能的组合。在政府征税之前，预算线 AB 与无差异曲线 I_1 相切于 E_1 点，决定了消费者的最优消费组合是 X_1 数量的 X 商品和 Y_1 数量的 Y 商品，此时消费者的效用达到了最大化。如果政府对消费者征收一次总付税，从而减少了消费者的实际可支配收入，但没有影响 X 和 Y 两种商品间的相对价格，这时政府征税后的预算线将由原来的 AB 向左下方平移至 CD。新的预算线 CD 与无差异曲线 I_2 相切于 E_2 点，决定了政府征税后消费者的最优消费组合是 X_2 数量的 X 商品和 Y_2 数量的 Y 商品，均低于政府征税前消费者对 X 和 Y 两种商品的消费量，而且消费者的效用水平也低于征税前的效用水平。

2. 税收对消费者行为的替代效应

税收对消费者行为的替代效应，表现为政府对不同的商品实行课税或不课税、重税或轻税等区别对待，改变了不同商品间的相对价格，从而促使消费者减少课税或重税商品的消费量，而增加无税或轻税商品的消费量，即以无税或轻税商品的消费替代征税或重税商品的消费。图11-4具体阐述了税收影响消费者行为的替代效应。

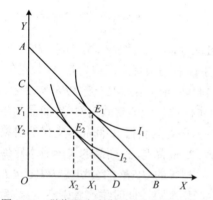

图11-3　税收影响消费者行为的收入效应

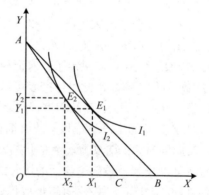

图11-4　税收影响消费者行为的替代效应

仍然假定某一消费者的可支配收入是固定的，而且全部收入只用于消费 X 和 Y 两种商品。政府征税之前的预算线 AB 线与无差异曲线 I_1 相切于 E_1 点，决定了消费者达到效用最大化时的消费组合是 X_1 数量的 X 商品和 Y_1 数量的 Y 商品。如果政府对 X 商品的消费课税，但不对 Y 商品的消费征税，则政府征税后的预算线将由原来的 AB 以 A 点为原点向左下方旋转至 AC，AC 与无差异曲线 I_2 相切于 E_2 点，决定了税后消费者将消费 X_2 数量的 X 商品和 Y_2 数量的 Y 商品。与政府征税之前消费者的最优消费组合相比，消费者对 X 商品的消费量从税前的 X_1 下降为税后的 X_2，而对 Y 商品的消费量从

拓展阅读 11-1

丹麦用税收引导汽车消费

税前的 Y_1 上升为税前的 Y_2，与此同时政府征税后消费者的效用水平也下降了。

11.2 税收对劳动力供给和需求的影响

税收对劳动力供给和需求（labor supply and labor demand）的影响，具体是通过个人所得税和社会保障税来实现的。劳动力的供给和需求都有多个方面的内涵，包括工作时间、工作的努力程度、教育年限以及退休年龄等。由于税收对劳动力供给和需求每一方面的影响都适用于相同的分析[①]，因而这里主要分析税收对劳动者工作时间决策的影响。

11.2.1 税收对劳动力供给的影响

劳动力的总供给是由劳动力的平均工作时间和人口总规模共同决定的。由于税收对人口总规模的影响并不明显，至少在短期内是如此，因而税收对劳动力供给的作用更多地体现为税收对劳动时间的影响上。每个劳动者可支配的时间总是有限的，它既可用于劳动，也可以用于闲暇（leisure）。[②]如果劳动者把时间用于工作，那么将增加收入、减少闲暇；如果劳动者把时间用于闲暇，则将减少工作和收入。

在现代社会，劳动者福利水平的提高，不仅表现为人们通过劳动获取收入来进行物质产品的消费，同时还包括人们从闲暇中所获得的精神享受。劳动者在劳动与闲暇间的选择，主要取决于工作的报酬和机会成本这两个基本要素。由于物质产品的消费并不是人们生活的唯一目的，因此研究税收对劳动力供给影响的目的，并非在于简单地促使劳动力供给的最大化，而是分析税收如何影响个人在工作与闲暇间的选择，以使得人们在满意闲暇的基础上实现劳动力的最大化供给。

1. 税收对劳动力供给的收入效应与替代效应

政府征收个人所得税，劳动者的实际工资水平会相应地下降，并直接减少纳税人的可支配收入。假定闲暇是一种正常产品，那么劳动者可支配收入的减少将使其不得不减少闲暇的享受，或者说为了维持以往的收入或消费水平，劳动者倾向于更加勤奋的工作。这种影响，就是税收对劳动力供给的收入效应，它指的是政府征税会直接减少个人的可支配收入，从而促使其为维持既定的收入或消费水平而减少闲暇、增加工作时间。税收对劳动力供给收入效应的大小，主要由个人所得税的平均税率决定。

政府征收个人所得税降低了劳动者的实际工资水平，这就使得闲暇与劳动之间的相对价格发生了改变，因为闲暇相对于劳动变得更便宜了。这时，劳动者将增加对闲暇的消费，而减少劳动时间，这就是通常所说的税收对劳动力供给的替代效应，它指的是政府征税会使闲暇相对于劳动的价格降低，引起劳动者以闲暇替代劳动，从而减少劳动、增加闲暇。税收对劳动力供给替代效应的大小，主要取决于个人所得税的边际税率。

[①] 斯蒂格利茨. 公共部门经济学[M]. 郭庆旺，等译. 北京：中国人民大学出版社，2005：452.
[②] 这里所说的"劳动"是指劳动者在市场上为取得工资收入而进行工作，而"闲暇"则是指劳动以外的其他活动。

2. 税收对劳动力供给的净效应

政府课征个人所得税，对劳动力供给会同时产生收入效应与替代效应，而收入效应与替代效应对劳动者在工作和闲暇之间选择的作用方向恰恰相反。那么，税收对劳动力供给到底会产生什么实际影响呢？不同劳动者对劳动——闲暇的偏好不同，他们对政府征税做出的反应也可能不同。也就是说，税收对劳动力供给的收入效应与替代效应相互抵消后的净效应是因人而异的。

在具体分析税收对劳动力供给的净效应之前，先做出以下几方面的假定：第一，劳动者的劳动时间具有一定的弹性，即劳动时间是可以变化的；第二，工资率或工资水平是决定劳动力供给的唯一因素；第三，劳动力是同质的，既不存在劳动力质量差别，也不存在劳动熟练程度差别等影响劳动力收入差别的因素。图 11-5 可以用来分析税收对劳动力供给两种不同的净效应。在图中，横轴表示劳动者的闲暇，而纵轴是用收入的多少代表的劳动时间。AB 是政府征税前劳动者的时间预算线，它表明劳动者有限的时间是如何在劳动与闲暇之间进行分配的，其斜率等于劳动者的工资率 W。如果劳动者将其所有的时间全部用于劳动，那么其闲暇时间就为零，此时他可以获得的工资收入为 OA；如果劳动者将其所有的时间都用于闲暇，那么其劳动时间就为零，此时他获得的工资收入为零。无差异曲线反映了劳动者对劳动和闲暇的偏好及其从消费和闲暇中获得的效用水平。政府征收个人所得税之前，时间预算线 AB 与无差异曲线 I_1 相切于 E_1 点，决定了此时劳动者的时间在劳动与闲暇之间的分配是 OL_1 的时间用于闲暇，其他的时间用来工作。如果政府对劳动者的工资收入征收税率为 t 的个人所得税，则税后的时间预算线就由原来的 AB 变为 BC，其斜率也变为 $W(1-t)$。BC 与无差异曲线 I_2 相切于 E_2 点，决定了政府征税以后劳动者为了使自身福利达到最大化，会将 OL_2 的时间用于闲暇，其他的时间用来工作。①

为了分解出政府课征个人所得税对劳动力供给的收入效应和替代效应，可以假定政府征税后，劳动者的非工资收入增加，正好补偿了工资收入的下降。这样，政府征税以后，劳动者的无差异曲线仍与政府征税前相同。在劳动者获得了非工资收入补偿的假定下，便形成了一条补偿预算线 DF，DF 与税后的预算线 BC 的斜率相同，因为补偿性非工资收入的获得并没有改变劳动者税后的工资率。DF 与无差异曲线 I_1 相切于 E_3 点，E_3 点对应的闲暇时间为 OL_3。在图 11-5（a）中，E_1 点和 E_3 点都位于无差异曲线 I_1 上，但分别处在不同的时间预算线上，它表明只改变了闲暇与劳动的相对价格而没有降低个人的效用水平，因此 L_1L_3 表示的是税收增加闲暇、减少劳动的替代效应。E_2 点所在的时间预算线平行于 E_3 点所在的补偿预算线，两者的斜率相同，但 E_2 点和 E_3 点分别位于无差异曲线 I_2 和 I_1 上，它表明只降低了个人的效用水平而没有改变闲暇与劳动间的相对价格，所以 L_2L_3 表示的是税收增加劳动、减少闲暇的收入效应。此时在图中给定的劳动——闲暇偏好下，税收对劳动力供给的收入效应大于替代效应（在图中表现为 $OL_2<OL_1$），政府征税对劳动力供给的实际影响从总体上看是减少闲暇。在图 11-5（b）中，L_1L_3 表示的是税收增加闲暇、减少劳动的替代效应，L_2L_3 表示的就是税收增加劳动、减少闲暇的收入效应。此时在图中给定的劳动——闲暇偏

---

① 这是一个非常简化的劳动供给决定模型，它没有考虑诸如职业选择、工作时间的制度刚性以及跨期影响等问题。

好下，税收对劳动力供给的替代效应大于收入效应（在图中表现为 $OL_1<OL_2$），从总体上看政府征税对劳动力供给的实际影响是增加了闲暇。

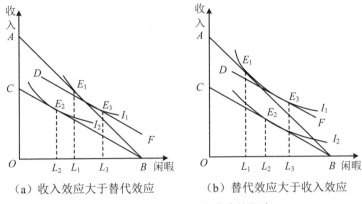

（a）收入效应大于替代效应　　　（b）替代效应大于收入效应

图 11-5　税收对劳动力供给的影响

3. 两种不同形状的劳动力供给曲线

税收对劳动力供给的净效应，也可以用劳动力供给曲线直观地加以说明。劳动力供给曲线是根据劳动——闲暇无差异曲线来绘制的。如果不断改变工资率，也就是不断变换时间预算线的斜率，就可以得到一组预算线与无差异曲线的切点，把这些切点所对应的工资率和劳动时间组成一系列的坐标点，然后将其在新的坐标图中标识出来并连接起来就是一条劳动力供给曲线。图 11-6 显示了两条典型的劳动力供给曲线，它们分别对应着税收对劳动力供给的替代效应大于收入效应与税收对劳动力供给的收入效应大于替代效应两种的不同情形。

图 11-6（a）中的劳动力供给曲线是一条向右上方逐步伸展的曲线。在政府课征个人所得税后，劳动者的工资水平由原来的 W_1 下降为 W_2，劳动边际收益的下降意味着闲暇的机会成本降低，而工作的机会成本提高，个人必然趋向于减少工作、增加闲暇，此时劳动者的劳动时间也将由原来的 OL_1 减少到 OL_2。在这种情况下，政府征税对劳动力供给的替代效应大于收入效应，其净效应表现为劳动力供给的减少。图 11-6（b）中的劳动力供给曲线是一条先向右上方伸展然后向左上方弯曲的曲线。在工资水平处于比较低的阶段，当工资水平提高时，劳动者倾向于增加劳动时间；而当工资水平达到一定程度之后，劳动者对工资收入的需要相对就不那么迫切了。工资水平再上升，劳动者的供给便不再倾向于增加，而是趋向于减少。在政府课征个人所得税后，劳动者的工资水平由原来的 W_4 下降为 W_3。随着纳税人税后工资收入的下降，劳动力的供给倾向于增加，劳动时间由原来的 OL_4 增加至 OL_3。在这种情况下，政府征税对劳动力供给的收入效应大于替代效应，其净效应表现为劳动力供给的增加。①

从上面的分析中可以清楚地认识到，在理论上无法准确预测出税收对劳动力供给的净效应，它具体取决于税收对劳动力供给的收入效应和替代效应的相对强度；当

---

① 上述分析结论是在"闲暇是正常商品"的假定下得出的。如果闲暇被劳动者视为劣值品（inferior goods），那么政府对所得征税的收入效应就为负值，它意味着所得越高，对闲暇的偏好越低，而所得越低，对闲暇的偏好反而越多。在这种情况下政府课征所得税，将透过替代效应和收入效应的双重作用，使得劳动力供给减少更多。

然，税收对劳动力供给的净效应还会受现实中许多相关因素的影响。

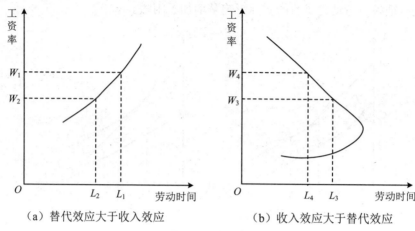

(a) 替代效应大于收入效应　　　　(b) 收入效应大于替代效应

图 11-6　劳动力供给曲线

专栏 11-1　税收影响劳动力供给的实证研究

　　税收对劳动力供给的最终影响，在理论分析上是不确定的。现实生活中的税收对工作努力程度到底有多大的影响，主要是一个经验问题。税收对劳动力供给影响的经验研究常用的方法，主要有问卷调查和经济计量两种。问卷调查方法通过问询劳动者的途径来获取其对政府征税的反应，而经济计量方法则是利用公布的统计数据来研究政府征税与劳动力供给之间的关系。

　　学术界在税收对劳动力供给影响这一问题上所作的经验研究非常多，但结论却并不完全一致。最早对特定收入集团进行调查的是布瑞克（Break，1957）完成的，他对英国 300 多名律师和会计师进行了问卷调查，发现税收对劳动力供给的收入效应和替代效应所占比例大体相同，前者为 10.1%，后者为 13.1%，因而他得出的结论是这种反应不具有重要的经济或社会意义。费尔德斯和斯坦布瑞（Fields and Stanbury，1970）也进行了类似的研究，他们在重新设置了布瑞克的调查问题之后重复了他的调查，发现样本的 18.9% 有抑制效应，11.2% 有激励效应，他们得出的结论是税收对劳动力供给有抑制效应，这与布瑞克的研究结论有些出入。霍兰德（Holland，1977）运用美国企业经理的调查样本对个人所得税的劳动供给效应进行了研究，结果发现与假想的一次总付税相比，个人所得税似乎使得工作努力程度下降，但却使退休时间推迟。布朗和列文（Brown and Levin，1974）的研究表明，有 74% 的被调查者认为不会因此改变劳动决策，而打算增加和减少工作时间的人分别占到了 15% 和 11%，这与布瑞克的研究结论是一致的，即对大多数工薪阶层的劳动力供给来说，政府征税只是次要因素。瓦特茨（Watts，1973）利用截面数据进行的研究表明，对达到标准工作年龄的男子而言，其劳动供给力曲线是向后弯曲的，弹性较小，但对妇女而言，劳动供给弹性则是正的，并且有可能较大。

　　资料来源：根据平新乔. 财政原理与比较财政制度[M]. 上海：上海三联书店，1995：220-222 和余显财. 个人所得税劳动供给效应的实证研究[J]. 管理世界，2006（11）：28-40 编写整理。

4. 不同征税方式对劳动力供给的影响

上面分析的是政府采用比例税率的形式征收个人所得税对劳动力供给的影响。实际上，政府采用一次总付税、比例个人所得税和累进个人所得税等不同的征税方式，对劳动力供给的影响会有所不同。政府课征一次总付税、比例个人所得税与累进个人所得税对劳动力供给的影响，可以在政府获取相同的税收收入以及税收收入用于支出的方式相同的假定下，进行比较分析。

1) 一次总付税与比例个人所得税对劳动力供给影响的比较

一次总付税按固定数额征收，税额不随收入额的增减而变化，它不会改变收入与闲暇之间的相对价格，因而不具有妨碍劳动力供给的替代效应，相反它还会激励纳税人努力工作，以维持原来的收入水平或消费水平。与一次总付税相比，比例个人所得税对劳动力供给的影响要大一些，它具有一定的替代效应，在某种程度上会激励人们选择闲暇替代劳动。虽然从理论上难以断言一次总付税与比例个人所得税的总效应，但一次总付税比取得相同税收收入的比例个人所得税能够更多地激励劳动者努力工作却是肯定的。① 这可以用图 11-7 来加以说明。

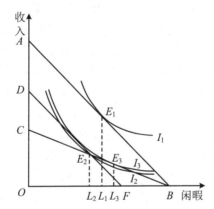

图 11-7 一次总付税与比例个人所得税对劳动力供给效应的比较

在图 11-7 中，AB 是政府征税前的时间预算线，它与无差异曲线 I_1 相切于 E_1 点，决定了劳动者选择享用 OL_1 数量的闲暇。如果政府征收既定数量的一次总付税，将引起预算线向内平移形成新预算线 DF，它与无差异曲线 I_2 相切于 E_2 点，决定了劳动者在政府课征一次总付税的情况下选择享用 OL_2 数量的闲暇。如果政府以课征比例个人所得税的形式来取得相同的税收收入，将引起预算线向内转动至 BC，并且它与 DF 相交于 E_2 点，BC 与无差异曲线 I_3 相切于 E_3 点，决定了劳动者选择享用 OL_3 数量的闲暇。从图中可以清楚地看到，政府课征一次总付税时劳动者享用的闲暇 OL_2，少于政府课征比例个人所得税时劳动者享用的闲暇 OL_3，这说明一次总付税比筹集相同收入的比例个人所得税有更多的激励劳动者工作的效应。之所以如此，是因为一次总付税和比例个人所得税取得的税收收入相同，其收入效应相同，但征收比例个人所得税会改变工作与闲暇之间的相对价格，它会产生替代效应，而一次总付税却不会产生替代

---

① JAMES S, NOBES C. Economics of Taxation[M]. Bath: Fiscal Publications, 2015: 54.

效应,这两种征税形式的收入效应与替代效应相互抵消之后,其总效应就是上述结果。

2)比例个人所得税与累进个人所得税对劳动力供给影响的比较

类似的分析也可用于获得相同税收收入的比例个人所得税与累进个人所得税间的比较。在取得相同税收收入的情况下,比例个人所得税与累进个人所得税对劳动力供给具有相同的收入效应。在比例个人所得税下,边际税率与平均税率相等,而在累进个人所得税下,边际税率大于平均税率,这使得累进个人所得税的替代效应大于比例个人所得税。综合比例个人所得税和累进个人所得税的收入效应和替代效应之后,便可以清楚地知道累进个人所得税对劳动力供给的总效应要大于比例个人所得税对劳动力供给的总效应,即在产生相同税收收入的条件下比例个人所得税比累进个人所得税对劳动力供给产生更大的激励作用。

11.2.2 税收对劳动力需求的影响

税收对劳动力需求的影响主要体现在社会保障税上。企业雇用劳动力,除了要向其支付工资,还要为其缴纳社会保障税。这样,企业的劳动力使用成本就不仅取决于劳动力工资率的高低,而且要受社会保障税的影响。在劳动力资源丰富的国家,雇主可以通过降低工资或延长工作时间等途径将税负转嫁给劳动者承担。如果雇主将其缴纳的社会保障税完全转嫁出去,那么企业的用工成本就不会因为社会保障税的课征而上升,也就不会引起劳动需求的减少。如果劳动力资源相对稀缺,或者实施了法定最低工资制度和严格的就业保护政策,企业很难转嫁社会保障税或只能转嫁少部分,从而导致非工资性劳动力成本上升。由于企业用工成本上升,雇主就会解雇超过需求的劳动力,最终结果通常是低技能、低收入的劳动者的就业受到冲击,失业率增加。

企业为了降低劳动力使用成本,或保持劳动力使用成本不变,一个可供选择的方法就是尽可能地通过技术改造来实现以资本代替劳动力,其结果是减少对劳动力的需求。当资本不能够或难以替代劳动力时,开征社会保障税或提高社会保障税的税率会使得企业的总体成本上升,从而有可能促使企业缩小生产规模,并最终导致企业对劳动力的需求下降。

社会保障税还会产生国外对本国劳动力需求的挤出效应。在市场经济条件下,经济增长直接来源于企业数量的增加和规模的扩张,而企业规模的扩大意味着企业要雇佣更多的劳动力和缴纳更多的社会保障税。过高的社会保障税税率往往会降低企业的国际竞争力,导致以利润最大化为目标的企业选择投资于本国之外税负较低的国家,就业岗位也随之由本国转移到国外。

专栏 11-2 社会保障税对劳动力需求的负面影响:以西欧国家为例

社会保障制度的建立发展,对促进劳动就业、推动劳动力市场平衡发展起到了积极作用,但是西欧国家的社会保障税却对劳动力市场也产生了不小的负面影响。尽管"高失业"是经济发达国家普遍存在的一种现象,但由于西欧国家的"高失业"与"高福利"所带来的"高人力成本"交织在一起,使得这些国家劳动力市场的高失业带有一定的独特性。

1. 社会保障税推高了人工成本，不利于扩大劳动力市场需求

由于实行高福利政策，西欧国家的社会保障税的项目多，税率也较高。如 2019 年德国企业雇用一个劳动者应缴纳的社会保障税的综合税率已经接近 40%，其中养老保险为 18.6%、医疗保险为 14.6%、失业保险为 2.4%、护理保险为 3.05%；而同期美国综合社会保障税率约为 20%。西欧国家的人力成本已名列经济发达国家前列，这严重影响了其产品的国际竞争力；随着产品销售量的下降，西欧国家的就业需求也相应疲软。为了减轻人力成本负担，西欧国家的企业在国内雇用劳动力时也尽量雇用短时工或用机器替代人工。

2. 社会保障税负过重，导致企业的国内劳动力雇用相对下降

西欧国家较重的社会保障税，也影响了其在国内投资的积极性。一些企业为了规避比较高的社会保障税税负而加大对国外的投资，这种状况直接减少了其国内的劳动就业岗位。

2008 年全球金融危机后，西欧各国都对社会保障制度进行了一些改革，多数国家都采取了降低雇主的社会保障税负的措施，以减轻企业负担、降低劳动力成本。如 2015 年以来，法国降低了雇主的家庭福利社会保障税，对于工资水平达到法国最低工资水平 1.6 倍的雇主适用的税率由 5.25%降为 3.45%；德国也采取了降低综合社会保障税率的办法。

资料来源：根据沈琴琴. 德国社会保障状况及其对劳动力市场的影响[J]. 欧洲, 1999（4）：88-92 和成新轩, 刘曼. 欧盟社会保障税对就业影响的效果研究[J]. 经济研究参考, 2017（28）：25-29 等编写整理。

11.3 税收与家庭储蓄

储蓄是财富的积累，是未来消费和投资的来源。储蓄水平的高低，代表着资本形成的潜在力量，是促进经济增长的先决条件。家庭储蓄（household savings）是国民储蓄的主要来源之一，也是制约私人投资乃至整个经济增长的一个重要因素。税收对家庭储蓄的形成，有着较强的影响。[①]

11.3.1 家庭储蓄行为的决定因素

在二元经济模型中，国民收入被分解为消费和储蓄两个部分，用公式可表示为 $Y=C+S$。也就是说，国民收入不是用于消费，就是用作储蓄，两者必居其一。家庭储蓄是家庭经济资源从现期转移到未来某个时期以便将来能够获得更高回报的活动。从一定意义上可以说，家庭储蓄就是未来的私人消费，或者说是推迟了的私人消费。

家庭储蓄的动机或者说影响因素有多个方面，储蓄与决定储蓄的各种因素之间的

---

① 除了家庭储蓄，私人部门储蓄还包括企业储蓄。税收对企业储蓄的影响主要体现在公司所得税和固定资产折旧的税务处理上。公司所得税对企业储蓄的影响类似于个人所得税对家庭储蓄的影响，而固定资产折旧的税务处理对企业储蓄的影响将在税收对私人投资的影响中阐述。

依存关系可以用式（11-1）表示如下：

$$S = f(Y, R, W, X) \tag{11-1}$$

其中：S 代表储蓄；Y 代表可支配收入，包括现期收入和预期收入；R 代表储蓄利率；W 代表净财富；X 代表其他因素。

收入是影响家庭储蓄最主要的因素[①]，收入水平决定了社会成员的储蓄能力，两者之间呈正比例关系，而且储蓄往往随着收入的增加以递增的比率增加，也就是说国民边际储蓄倾向是递增的。不管社会成员的储蓄动机如何、储蓄目的怎样，对普通的个人来说，都是一种"投资"，必然要考虑这种"投资"的净利益，因而利率的高低也对储蓄动机或储蓄意愿具有一定的影响。一般来说，利率高，储蓄就多；反之，储蓄就少。除了收入和储蓄利率，影响家庭储蓄行为的因素还包括人口的年龄结构和居住情况等。但是，这些结论都是在没有考虑到税收的情况下得出的。其实，税收也是影响储蓄的一个重要因素，它主要是通过对家庭储蓄利息的课税来实现的。

11.3.2 个人所得税对家庭储蓄的收入效应和替代效应

税收对家庭储蓄的收入效应指的是政府课税会减少纳税人的可支配收入，从而促使纳税人降低现期消费以维持既定的储蓄水平，即政府课税反而会促使纳税人相对增加储蓄。而税收对家庭储蓄的替代效应，具体表现为政府课税会减少纳税人的实际利息收入，降低储蓄对纳税人的吸引力，从而引起纳税人以消费替代储蓄，即政府课税会造成家庭储蓄的下降。税收对家庭储蓄的最终影响，取决于其收入效应和替代效应的相对大小。

个人所得税对家庭储蓄行为的收入效应和替代效应，可以用生命周期消费理论（life cycle consumption theory）来分析。生命周期消费理论认为，人是有理性的，会根据自己一生所能得到的收入和财产来安排一生的消费；人在一生中的消费规律是，在工作时期进行一定的储蓄，以便为退休后的消费提供资金，即用工作时的储蓄进行消费。

两阶段生命周期模型将一个人的生命周期分为两个阶段，第一阶段为工作期，在这一阶段个人收入为 Y，其中消费为 C_1，剩余的 S 用于储蓄；第二阶段为退休期，没有其他的收入来源，这一阶段的消费 C_2 取决于第一阶段的储蓄及储蓄获得的利息。个人一生的预算约束条件可以表示如下：

第一阶段：$Y = C_1 + S$ （11-2）

第二阶段：$C_2 = S(1+r)$ 或 $S = \dfrac{C_2}{1+r}$ （11-3）

根据式（11-2）和式（11-3），个人的预算约束条件也可以表示为

$$Y = C_1 + S = C_1 + \frac{C_2}{1+r} \tag{11-4}$$

其中：$\dfrac{C_2}{1+r}$ 是第二阶段的消费 C_2 在第一阶段的现值；$\dfrac{1}{1+r}$ 是贴现系数，它表示在第

[①] 解释家庭储蓄行为的理论，主要有凯恩斯的绝对收入假说、杜森伯里的相对收入假说、弗里德曼的永久性收入假说以及卡尔多的阶级储蓄假说四种。无论哪一种学说，都将收入视为影响家庭储蓄行为的主要决定因素。

二阶段的 1 元消费等同于第一阶段的 $\frac{1}{1+r}$ 元，同时它也代表第二阶段的消费价格。贴现系数越大，也就意味着第二阶段的消费相对于第一阶段的消费来说越昂贵。

政府对家庭储蓄利息有两种不同的税务处理方式，一种方式是仅对个人的收入征收个人所得税，但不对其储蓄利息征税；另一种方式是既对个人的收入征收个人所得税，也对其储蓄利息征税。①两种税务处理方式对家庭储蓄的影响是不同的。

图 11-8 可以用来分析政府只对个人一般性收入征收个人所得税时税收对家庭储蓄的影响。在图中，横轴代表第一阶段的消费，纵轴代表纳税人的储蓄或代表第二阶段的消费。AB 是收入预算约束线，它是在个人可支配收入一定的条件下，纳税人对储蓄和消费各种可能选择的组合。AB 的斜率为 $1+r$，它与 X 轴和 Y 轴的截距分别表示当所有的收入全部用于第一阶段消费和第二阶段消费的数量。AB 与无差异曲线 I_0 相切于 E_0

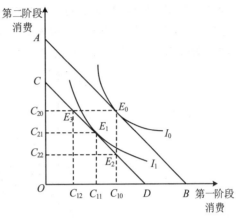

图 11-8 个人所得税对家庭储蓄的收入效应和替代效应（1）

点，决定了在政府征税之前为实现效用最大化，第一阶段和第二阶段的消费分别为 C_{10} 和 C_{20}。政府课征个人所得税会直接降低纳税人的可支配收入，由于可支配收入减少，纳税人对储蓄和消费的选择组合无疑会发生变动。由于政府征税未涉及储蓄的利息，没有改变税后利率，因而不会改变收入预算线的斜率，这在图 11-8 中表现为政府征税后的预算线从原来的 AB 向左下方平移到 CD，它与无差异曲线 I_1 相切于 E_1 点，决定了在政府征税后第一阶段和第二阶段的消费分别为 C_{11} 和 C_{21}。可见，政府只对个人收入征收个人所得税，个人第一阶段的消费和第二阶段的消费（或第一阶段的储蓄）都将同时下降。然而，在现实生活中，第一阶段和第二阶段的消费也有可能由个人对消费时间的偏好而没有同时下降。如某个人更偏好于在工作时期的消费，那么即使政府征税减少了其实际可支配收入，但为了保持第一阶段的消费水平，他可能会做出降低第一阶段的储蓄或第二阶段消费的决策，此时的消费组合点就在 E_2 点，即在保持第一阶段 C_{10} 的消费水平的前提下，将第一阶段的储蓄或第二阶段的消费降低为 C_{22}。也有的人出于对未来的担心而保持其储蓄目标不变，这样他就可能会在可支配收入减少的情况下，宁可牺牲第一阶段的消费而保持第二阶段的消费不变，也就是保持第一阶段的储蓄水平不变而减少第一阶段的消费。此时的消费组合点就在 E_3 点，即在保持第二阶段 C_{20} 的消费水平的前提下，将第一阶段的消费降低为 C_{12}。可见，仅对一般性收入征收个人所得税，在家庭储蓄方面只产生收入效应，没有替代效应。

图 11-9 可以用来分析政府既对一般性收入征税也对储蓄利息征税时个人所得税对家庭储蓄的影响。在图中，纵轴和横轴仍分别代表纳税人对储蓄和消费的选择，AB 是

---

① 在实践中，既可以将储蓄利息作为个人收入的一部分纳入个人所得税的征税范围，也可以设置独立的税种来对其征税。

政府征税前的收入预算约束线，其斜率为 $1+r$。AB 与无差异曲线 I_0 相切于 E_0 点，决定了在政府征税之前为了实现效用最大化，第一阶段和第二阶段的消费分别为 C_{10} 和 C_{20}。政府对储蓄利息所得征税后，虽然名义利率仍为 r，但税后的实际利率却变为 $r(1-t)$，因而政府征税后收入预算线将以 B 点为原点向左下方旋转至 BD，其斜率也相应地变为 $1+r(1-t)$。BD 与无差异曲线 I_1 相切于 E_1 点，决定了在政府征税之后第一阶段和第二阶段的消费分别变为 C_{11} 和 C_{21}。即对储蓄利息所得征税使得纳税人的未来可支配收入减少，从而影响了纳税人第一阶段或第二阶段的消费决策和储蓄决策，使其不得不降低第一阶段或第二阶段的消费和储蓄。

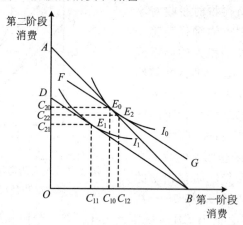

图 11-9　个人所得税对家庭储蓄的收入效应和替代效应（2）

为了分析在政府同时对一般性收入和储蓄利息征税的情形下税收对家庭储蓄的替代效应，可以在图 11-9 中引入一条补偿预算线 FG，它与预算线 BD 平行且与无差异曲线 I_0 相切于 E_2 点。从 E_0 点到 E_2 点的变化，就是政府征税对家庭储蓄替代效应作用的结果。预算线 AB 与 FG 的斜率不同，意味着政府征税前后第二阶段消费的相对价格是不同的，政府征税后第二阶段消费的价格变得昂贵一些，所以纳税人为了获得同样的效用水平，必然会用相对价格较便宜的第一阶段的消费来代替相对价格较昂贵的第二阶段的消费（这在图 11-9 中体现为第一阶段消费由 C_{10} 增加到 C_{12}），从而减少了第二阶段的消费（这在图中体现为第二阶段消费由 C_{20} 下降为 C_{22}）。而从 E_2 点到 E_1 点的变化，就是政府征税对家庭储蓄收入效应作用的结果。预算线 FG 与 BD 平行，意味着第一阶段和第二阶段消费的相对价格没有发生变化，但实际可支配收入减少了。由于可支配收入的减少，纳税人就会同时降低第一阶段和第二阶段的消费（这在图 11-9 中体现为第一阶段消费由 C_{12} 下降为 C_{11}，第二阶段消费由 C_{22} 下降为 C_{21}）。在政府同时对一般性收入和家庭储蓄利息征税的情形下，税收对家庭储蓄的具体效应往往也会因为纳税人的消费——储蓄偏好的不同而有所变化，也就是说 E_1 点的位置可能是变化的。有时，纳税人为了维持未来一定的消费水平，并不会减少储蓄，而是保持第一阶段的储蓄水平不变，此时 E_1 点的位置就可能是在 E_0 点的左边，而不是左下方。

由于政府征税对家庭储蓄的收入效应和替代效应的作用方向相反，因而税收对家庭储蓄行为的实际影响并不是确定的，它具体取决于税收对家庭储蓄的收入效应与替代效应的相对大小。尽管在理论上无法确定税收对家庭储蓄的收入效应与替代效应的相对大小，但以下结论却是确定的。

（1）个人所得税的累进程度是决定税收对家庭储蓄收入效应的重要因素。因为高收入者的边际储蓄倾向高于低收入者的边际储蓄倾向，所以征自高收入者的所得税比征自低收入者的所得税会对家庭储蓄有更大的妨碍作用。降低高收入者的税收负担，有利于增加家庭储蓄。

（2）由于税收对家庭储蓄替代效应与个人所得税边际税率的变动方向相同，因而较之比例个人所得税，累进个人所得税对家庭储蓄有着更大的妨碍作用，累进程度较高的个人所得税较之累进程度较低的个人所得税，对家庭储蓄有更大的障碍作用。降低对家庭储蓄课税的边际税率，有利于减少消费、增加家庭储蓄。

专栏 11-3　　中国"利息税"的目的为何没有达到？

对居民储蓄存款的利息所得课征的个人所得税，常常被社会大众和媒体俗称为"利息税"。1999 年，在亚洲金融危机爆发后国内经济不景气、首次出现通货紧缩的背景下，中国恢复了"利息税"的征收。减少居民储蓄存款、把高额居民储蓄这只"笼中虎"赶到市场上来以启动消费、拉动内需，是复征"利息税"的重要目的。

从制度设计上看，课征"利息税"就是想借助税收对家庭储蓄的替代效应来达到调控的目的。然而，"利息税"开征后，中国的居民储蓄非但没有减少反而激增，甚至在出现"负利率"的情况下，也是有增无减，毛储蓄率（国内生产总值中没有立即消费量所占的比例）超过 50%。中国人民银行的统计数据显示，2000 年中国居民储蓄存款余额首次超过 6 万亿元，2004 年达到 12 万亿元，到 2006 年更是突破了 16 万亿元。与此同时，居民消费因居民储蓄余额的攀升而削弱，无论是平均消费倾向还是边际消费倾向都明显下降。在较长一段时间内，中国居民消费率持续偏低，2003 年为 55.5%，2004 年为 54%，2005 年为 38.2%，这不仅远远低于经济发达国家 80%的消费率，也低于发展中国家 70%的水平。

"利息税"的替代效应之所以没有显现出来，一个重要原因是当时的中国许多与民生紧密相关的改革，如社会保障制度、教育制度和医疗制度都还没有到位，许多本应由政府分担一部分费用的事情，却需要普通的老百姓独自承担或负担其中的大部分。在这种情形下，普通老百姓的支出预期非但没有降低，反而不断提升，因而他们要进行必要的储蓄以应对将来的支出需求，而没有过多考虑"利息税"降低储蓄收益的影响。可见，税收替代效应的发挥，不能仅仅着眼于税收本身，还取决于外部的社会经济条件。2008 年 12 月，中国再次决定暂停对居民储蓄存款利息征收的个人所得税。"利息税"之所以"下课"，除了宏观经济形势发生了变化之外，开征目的没有达到也是其中一个重要原因。

资料来源：根据杨作书. 利息税为何该"下课"[N]. 中国改革报，2007-06-05 编写整理。

11.3.3 其他税种对家庭储蓄的影响

商品税是影响私人部门储蓄行为的一个重要税种。在取得同样税收收入的情况下，商品税比个人所得税更有利于提高家庭储蓄率。①

（1）商品税的税基是商品的交易额，这实际上是对消费征税，而将储蓄排除在商品税的征税范围之外，这在某种程度上可以视为对储蓄行为的一种激励，而且在实践中商品税较多地采用价内税的形式，税款内含在商品价格之中，它常常随着商品交易的实现转嫁给消费者。消费者承担的商品税只与其消费支出相关，而与储蓄无关。可见，开征商品税会限制当期的消费，而有利于提高当期的储蓄倾向。

（2）商品税并不降低家庭储蓄的回报率，因而不存在课征个人所得税时产生的对家庭储蓄的替代效应，而这种替代效应是不利于家庭储蓄的。

（3）政府课征商品税也会减少个人的实际可支配收入，但由于商品税所涉及的仅仅是用于消费的部分，而且往往又是特定的消费行为，因而它更多的是减少主要用于消费的收入。如果一个人没有储蓄，那么课征商品税只能降低其消费。如果个人的储蓄具有极强的契约性质，任何收入或消费的变化都不会对这种储蓄行为产生冲击，这时商品税也只会限制消费，而较少影响储蓄。

（4）商品税的税收负担具有一定的累退性，而个人所得税的税收负担却具有累进性。由于边际储蓄倾向与收入是成正比例关系的，收入水平越高，其储蓄也就越多。对高收入者来说，税收的累进程度越低，留给他的资金越多，由于其边际储蓄倾向较高，在一定程度上就增强了个人或家庭的储蓄能力，因此商品税更能鼓励储蓄。

除了个人所得税和商品税，财产税也能够直接影响私人部门的储蓄行为。财产是一定时点上家庭所拥有经济资源的总值，作为一个存量，财产是家庭各个时期储蓄积累的结果。无论家庭出于何种动机进行储蓄，最终都表现为家庭拥有一定数量的财产，所以政府对家庭的财产课税实质上就是对家庭储蓄的成果征税，它的课征必然对家庭储蓄产生一定的抑制作用。如果人们认为财产税负担过重，而不愿意将储蓄转化为其他可以获得利益的财产，但又由于通货膨胀等因素而不可能将储蓄永远存在银行，这时人们就会选择减少储蓄甚至不储蓄，而完全将收入用于消费。可见，财产税会鼓励人们把更多的收入用于当期消费，而不是用于储蓄。

11.4 税收与私人投资

私人投资（private investment）是私人部门经济活动主体为了获得一定的收益将储蓄转化为资本的过程。从内容上看，投资包括实际投资和证券投资，而实际投资又可分为物质资本投资和人力资本投资。②

投资决策的新古典模型，是由美国经济学家戴尔·乔根森（Dale W. Jorgenson）提出的，所以也常常被称为乔根森模型。新古典投资模型认为，私人部门的投资决策受众多因素的影响，但最终取决于新增投资的边际报酬率。只要增加一单位投资带来的收益大于这笔投资的资金使用成本，私人部门就将不断积累资本直至最后一单位投资

---

① 理查德·A. 马斯格雷夫，佩吉·B. 马斯格雷夫. 财政理论与实践[M]. 邓子基，邓力平，译. 北京：中国财政经济出版社，2002：316.
② 本节主要分析税收对物质资本投资的影响。

的收益等于其运用资本所产生的机会成本。税收对私人投资的影响，具体是通过作用于私人投资的收益和成本来实现的。

11.4.1 税收对私人投资收益的影响

税收对私人投资收益的影响，主要表现在公司所得税的课征上。政府课征公司所得税，会对纳税人的投资行为同时产生收入效应和替代效应。税收对私人投资的收入效应指的是政府征税导致纳税人税后投资收益率下降，减少了纳税人的可支配收益，从而促使纳税人为维持以往的收益水平而增加投资。税收对私人投资的替代效应指的是由于政府征税导致纳税人税后投资收益率下降，从而降低了投资对纳税人的吸引力，造成纳税人以消费替代投资。

税收对私人投资的收入效应和替代效应，可以用图 11-10 来加以说明。因为投资实际上是纳税人放弃当前的消费以便在将来获得更多收入的行为，所以为了兼顾当前和未来的个人福利，他必须在消费和投资之间做出适当的安排。在图 11-10 中，纵轴表示纳税人对投资的选择，横轴表示纳税人对消费的选择，AB 线表示的是在收入既定的情况下，纳税人对投资和消费各种可能选择的组合。AB 线与无差异曲线 I_0 在 E_0 点相切，表明 C_0 数量的消费与 V_0 数量的投资的组合，可以给纳税人带来最大化的效用。当政府对纳税人课征公司所得税时，纳税人的投资收益率将出现下降。如果纳税人因为税后投资收益率出现下降而倾向于减少投资，那么其对投资和消费的选择组合线就会由 AB 以 B 点为原点向左下方旋转至 BC（参见图 11-10（a）），它与无差异曲线 I_1 相切于 E_1 点，决定了纳税人税后可获得最大效用的组合是 C_1 数量的消费与 V_1 数量的投资。从图 11-10（a）中可以看到 $C_0<C_1$ 和 $V_0>V_1$，这说明此时政府征税对私人投资的替代效应大于收入效应。如果纳税人因为税后投资收益率出现下降而倾向于增加投资，那么其对投资和消费的选择组合线会由 AB 以 A 点为原点向左下方旋转至 AD（参见图 11-10（b）），它与无差异曲线 I_2 相切于 E_2 点，决定了纳税人税后可获得最大效用的组合是 C_2 数量的消费与 V_2 数量的投资。从图 11-10（b）中可以看到 $C_0>C_2$ 和 $V_0<V_2$，这说明此时政府征税对私人投资的收入效应大于替代效应。

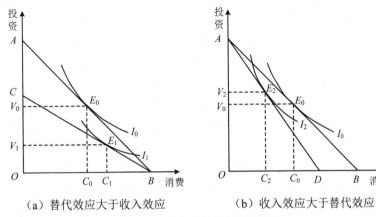

(a) 替代效应大于收入效应　　(b) 收入效应大于替代效应

图 11-10　税收对私人投资的影响

由于税收对私人投资的收入效应和替代效应作用方向相反，税收对私人投资的总效应就取决于税收对私人投资两种效应的大小对比。

11.4.2 税收对私人资本使用成本的影响

私人资本的使用成本指的是企业拥有一笔实物资本所产生的全部机会成本。当不考虑通货膨胀和税收时，私人资本使用成本主要体现为融资成本和折旧。在其他因素保持不变的情况下，任何旨在提高企业资本使用成本的税收措施，都将抑制私人投资的增长；而任何旨在使企业资本使用成本下降的税收优惠措施，都将刺激私人部门的投资意愿。通过对私人部门的融资、折旧和投资行为采用不同的处理方式，税收可以直接或间接影响私人资本的使用成本。

1. 融资成本

企业投资一定要有相应的资金来源。企业的融资方式主要有股权融资和债务融资两种。不管采用哪种融资结构，企业都要支付相应的融资成本。债务融资的成本体现为向债权人支付利息，而股权融资的成本是向股东支付股息。

在公司所得税制中，对不同融资方式的税务处理方式是不同的。各国的公司所得税制度普遍允许企业在税前从应税所得中扣除一定的债务利息支出，但一般不允许股息在税前进行扣除。这样，债务融资就会产生"税盾"（tax shield）[①]效应。当企业通过借贷的方式从资本市场上获得资本时，借贷利率 r 就成为决定企业债务融资成本的关键因素。在政府征税以后，企业的债务融资成本将有所降低，从原来的 r 变为 $r(1-t)$。在股权融资方式下，如果企业要向股东支付与相同数量债务融资相同的回报，需要有更多的利润来支撑。尽管如此，但企业并不会全部用债务为其投资融资，仍然主要依靠股权融资，其中的一个原因是债务融资不仅要支付利息，而且还要偿还本金，但股权融资却不需要偿还。

2. 折旧的扣除

折旧是企业的实物资本在一定时期内消耗或磨损的价值。折旧也是决定私人投资成本的一个重要因素，这是因为折旧既可以作为一项投资成本，直接从公司所得税应税所得中扣除，从而减少纳税人的纳税义务，又可以作为一项基金，由纳税人积累起来，用于再投资或将来的固定资产重置。正因为如此，所以折旧提取的时间、方法和数额等对纳税人的投资行为有着很大的影响。

实物资本的折旧，可以分为实际折旧和税收折旧。实际折旧指的是根据实物资本的实际损耗情况而计提的折旧，而税收折旧则是指由税收制度根据经济政策的需要规定的在计税过程中可以计提的折旧。在现实中，私人资本的实际折旧和税收折旧往往并不一致。通过税收制度规定纳税人可以从公司所得税应税所得中扣除的折旧额度，是政府对私人投资施加影响的一个重要途径。如果税收制度规定的税收折旧率等于实际折旧率，则税收对私人投资的影响就是中性的，纳税人会依照原定计划安排投资；如果在税收制度中实行加速折旧和缩短折旧期限等措施，使得税收折旧率高于实际折旧率，则税收对私人投资的影响就具有一定的激励性，其结果是在其他因素保持不变

[①] "税盾"是指可以产生避免或减少纳税人税负作用的工具或方法。

的情况下纳税人倾向于增加私人投资；如果税收制度规定的税收折旧率低于实际折旧率，这将延缓纳税人的固定资产投资回收速度，从而对纳税人的投资行为具有一定的抑制作用，其结果是在其他因素保持不变的情况下促使纳税人减少私人投资。

税收折旧一般是按历史成本来计提的，也就是说在资本使用期间的折旧扣除总额是资本的原始成本。然而，在通货膨胀比较严重的时期，如果企业仍以历史成本为基础来计提折旧额，那么折旧的实际价值就不仅低于经济折旧，甚至还不足以重置耗损的资本，这极不利于鼓励投资。针对这种情况，部分国家采取了缩短折旧年限或采用折旧提取指数化等方法，来降低或消除通货膨胀对投资的不利影响。

3. 税收投资抵免

许多国家在课征公司所得税时，都允许企业用投资额的一定比例直接冲减企业应当缴纳的所得税税额，这就是通常所说的"税收投资抵免"（investment tax credit）。税收投资抵免可以使企业减少应缴纳的所得税税额，也就相当于降低了企业购置资产的实际价格，进而降低企业资本的使用成本。不同的国家对税收投资抵免的具体规定各不相同，有的国家规定在进行税收投资抵免后，按照抵免前的投资额为基础来计提折旧，而有的国家却只允许按照抵免后的投资额为基础来计提折旧。相比较而言，前一种措施对私人资本投资有着更大的刺激作用。

11.4.3 税收对资产组合和风险承担的影响

企业或个人可以用不同的形式来进行投资。不论何种形式的投资，投资人都希望能够从投资中获得最大化的收益。不同资产的收益率是不同的，而且由于信息不充分和不确定性等市场失效因素的存在，不同形式的投资必然伴随有不同的风险。一般来说，风险与投资收益成正比例关系，风险越大，收益也就越大，高收益实际上是对投资者承担风险的机会成本的一种补偿。为了分散投资风险以实现收益的最大化，投资者往往会同时持有几种具有不同收益和风险的资产，并根据情况对其持有的各种形式资产的比例进行调整，直到各种资产的边际收益率相等为止，这就是通常所说的"资产组合"（asset portfolio）问题。

资产组合的多样化，能够在一定程度上降低投资的总体风险。税收对投资者的资产组合，也会产生一定的影响。税收对资产组合的影响，实质上就是税收对风险承担的影响，这是因为如果税收能够影响人们对风险的承担，则课税一定会导致风险资产所占比重的下降，从而使投资者的资产组合结构发生变化；反之，如果税收不会影响人们对风险的承担，人们在选择资产组合结构时就不会受到税收的干扰，因而税收也就不会对资产组合产生影响。

假定投资者只能在安全资产（safe asset）和风险资产（risky asset）之间进行选择和组合。安全资产没有风险，但其收益率为零；风险资产具有较大的风险，但可以取得较高的收益率。面对这两种资产，投资者不太可能做出只持有安全资产或只持有风险资产这样的极端选择，因为前一选择没有任何收益，而后一选择风险太大。在现实中，投资者往往按照其对风险和收益的偏好来选择持有两种资产的组合比例。

政府在课征公司所得税时，如果不允许投资者用投资亏损来冲抵其投资收益，那么对无风险资产来说,由于其收益率为零,因而政府征税对其没有影响。但对于风险资产,由于投资收益为正,风险资产的净收益在税后会下降,因而政府征税可能会降低风险资产对投资者的吸引力,而且公司所得税的税率越高,风险资产的吸引力就越低。显然,这一税务处理方式有利于人们对安全资产的投资,而不利于风险资产的投资。当然,现实生活中完全无风险而收益为零的资产只是一种极端情况,大多数资产或多或少都存在一定的投资风险或损失的机会成本,所以在有风险的资产中,税收有利于风险较小的投资,而不利于风险较大的投资。这样往往会导致企业只愿意进行安全投资,而不愿意从事有风险的投资。在现实经济活动中,任何投资都是有一定风险的,有些投资风险可能会比较大,但这些投资项目又是必需的。如果政府在征税过程中不采取相应的激励措施的话,那么这些风险投资就不可能进行,最终是不利于社会经济发展的。

如果政府允许投资者用一定时期或一种资产项目发生的投资亏损冲减其另一时期或另一种资产项目取得的应税投资收益,则就意味着政府在分享企业收益的同时也承担了企业一部分损失(risk taking)。此时,税收既降低了风险投资的收益,又降低了其投资的风险程度。如某一投资者在某一项目上亏损了 200 万元,假定政府允许该投资者用这一亏损完全冲抵其他投资的应税收益,并且假定公司所得税税率为 20%,那么该投资者其他投资的应税收益就可以减少纳税 40 万元,或者说他的实际投资损失从 200 万元降为 160 万元。可见,在允许亏损冲抵收益的情况下,政府成了投资者承担风险的"隐匿合伙人"(silent partner)。这样,政府征收公司所得税对风险资产的投资就产生了双重影响:一方面它降低了风险资产的收益率,从而抑制投资者进行风险投资;另一方面它又降低了风险资产的风险程度,从而刺激投资者去进行风险资产投资。由于这两种影响方向相反,所以公司所得税对投资者进行风险资产投资进而对其资产组合的最终影响也是不确定的。

专栏 11-4　　税收与中国的 FDI

随着经济全球化进程的加快,税收政策成为影响外国直接投资(FDI)流入的一个重要因素。近 20 年来,国内外学者就税收对 FDI 流入的影响进行了大量的规范和实证研究,但国际上关于税收激励政策对 FDI 的实际影响效果的研究,仍无明确的结论。国际货币基金组织的报告就曾指出,从长期来看,税收优惠政策促进 FDI 流入的结论是没有根据的。

改革开放以来,中国长期实行的税收优惠政策在吸引 FDI 流入的过程中功不可没。1978—2003 年,除 1999 年因为受到亚洲金融风暴的影响出现下降外,FDI 一直呈现上升的态势。2005 年中国酝酿取消外资享有的税收优惠以实现内外资企业所得税的合并前后,FDI 一度出现下降。但新的企业所得税法正式出台后,中国的 FDI 并未出现大规模的下降,只是发生了一些结构性的调整。此后,中国 FDI 的规模始终在徘徊中逐步增长。到 2021 年,中国实际使用外资 11 975.8 亿元人民币,同比增长 15.8%;联合国贸发会议发布的《世界投资报告》显示,2021 年中国 FDI 的流入占全球比重为11.4%，居世界第二。

虽然税收优惠政策的实施，在一定程度上有助于吸引FDI流入中国，但随着政策的持续实施，这种正效应趋于减弱，而税收优惠的成本却逐年递增。在已经摆脱资本短缺和全球最低税被提上议事日程的情况下，中国应当对过于依赖税收优惠来吸引FDI的做法进行适当的调整。

资料来源：根据宋凯. 新税法下的外商投资转向[N]. 中国财经报，2008-04-04 和李云峥. FDI下降无碍两税合并[N]. 证券时报，2005-12-21 等编写整理。

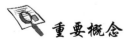

重要概念

税收微观经济效应　收入效应　替代效应　生产者行为　消费者行为　劳动力供给　家庭储蓄　私人投资

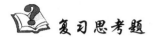

复习思考题

1. 结合图示解释税收对生产者行为的影响。
2. 政府征税对消费者行为有什么影响？
3. 试分析税收对劳动力供给的收入效应和替代效应。
4. 税收对家庭储蓄会产生什么影响？
5. 税收是如何作用于私人投资的？
6. 简述政府征税对私人部门风险投资的影响。

课堂讨论

运用税收的微观经济效应理论，结合以下案例材料，就"中国能否通过大幅提高税负来控制烟草消费"进行讨论。

案例材料　　中国能否通过提高税收来控制烟草消费？

中国有3亿多吸烟者，占15岁以上人口的36%。每年中国死于与烟草相关的疾病的人数，是空气污染引起死亡人数的3倍，是艾滋病引起死亡人数的30倍。若不采取有效的控烟措施，死于与烟草相关疾病的人数还会继续上升。中国控烟协会在题为《烟草税和其在中国的潜在影响》的研究报告中提出，提高烟草税是减少烟草消费、挽救生命最有效的方法。该报告认为，中国烟草制品价格低廉是吸烟率非常高的原因之一，而通过增加烟草税来提高烟价是一项双赢的控烟政策，既保护了公民的健康、挽救了生命，又增加政府收入。

2009年和2015年，中国两次对烟草产品消费税政策做出调整，并导致卷烟价格随之上涨。然而，价格杠杆似乎并未对中国的烟草消费产生实质性影响。在一些专家看来，烟草价格的上涨，远远赶不上"烟民"烟卷支付能力的上涨。

2020年，中国一包烟所含的税收占其销售价格的比例仅为48.4%，远低于75%的世界平均水平。一些控烟人士呼吁，中国应进一步加大对烟草税的征收，持续提高中国烟卷价格，从而降低吸烟率。

资料来源：根据新浪网和南方都市报网站相关资料等编写整理。

 参考文献与延伸阅读资料

1．张金阳．财政学[M]．台北：五南图书出版公司，1981.
2．艾伦，盖尔．美国税制改革的经济影响[M]．北京：中国人民大学出版社，2001．
3．贾．现代公共经济学[M]．北京：清华大学出版社，2017.
4．AUERBACH A J, SMETTERS K. The Economics of Tax Policy[M]. New York: Oxford University Press, 2017.
5．KRUGMAN P, WELLS R. Microeconomics[M]. New York: Worth Publishers, 2017.

网络资源

http://www.americantaxpolicyinstitute.org/
美国税收政策研究院（American Tax Policy Institute）网站
https://www.treasury.gov/resource-center/tax-policy/Pages/default.aspx
美国财政部网站"资源中心"中的"税收政策"专题

第12章 税收的宏观经济效应

- 掌握宏观税收负担与经济增长之间的关系；
- 掌握轻税政策的合理内核；
- 掌握税收作用于经济稳定的机制；
- 掌握税收政策时滞与税收政策的局限性；
- 掌握税收与收入分配之间的关系。

税收宏观经济效应是税收微观经济效应的综合，但两者关注的问题却存在很大不同。税收宏观经济效应是从国民经济整体和总量平衡的角度，来考察税收对经济增长、经济稳定和社会公平等宏观经济运行中几个关键性问题的影响。[①]

12.1 税收与经济增长

经济增长（economic growth）指的是一个国家或地区的经济体系所生产产品和劳务数量的增加。从绝对数值来看，经济增长表现为一个国家或地区国民收入或国内生产总值的增加；从相对数值来看，经济增长表现为一个国家或地区人均国民收入或人均国内生产总值的增加。一个国家或地区的经济增长取决于很多因素，税收是其中的一个重要的影响因素。

12.1.1 国民收入决定中的税收因素

税收与经济增长之间的关系，具体体现为税收与国民收入或与国内生产总值变动之间的关系。

1. 国民收入的决定

国民收入是一个国家或地区以当年价格或不变价格计算用于生产的各种生产要素所得到的报酬总和。在由消费者、厂商和政府组成的三部门经济模型中，通过对社会

---

① 现代主流财政学是微观财政学，它主要运用微观经济学的原理分析政府的经济活动（参见：FELDSTEIN M. The Transformation of Public Economics Research: 1970—2000[J]. Journal of Public Economics, 2002(86): 319-326.）。与主流财政学相适应的是，现代税收学的主要研究范围也基本局限在微观领域内，但为了与第 11 章相对应，本章仍涉及税收对经济增长和经济稳定的影响等宏观问题。

总供给和社会总需求的构成分析,可以得到国民收入水平的决定公式。

从总供给的角度来看,国民收入是一定时期内各个生产要素供给的总和,也就是各种生产要素相应地获得收入的总和,即工资、利息、利润和租金等之和。除了用于消费和储蓄的部分,总收入中还要拿出一部分缴纳税收,因而国民收入的构成可表示为:

$$Y = AS = C+S+T \tag{12-1}$$

其中:AS 为一定时间段内的社会总供给;C 为私人部门的消费;S 为私人部门的储蓄;T 为税收。

从总需求的角度来看,国民收入等于一定时期内消费、投资和政府的购买性支出等各项支出的总和,它可以表示为:

$$Y = AD = C+I+G \tag{12-2}$$

其中:AD 为一定时间段内的社会总需求;I 为私人部门的投资;G 为政府的购买性支出。

按照社会总产出等于总支出、总支出的价值又构成总收入的基本原理,可以把三部门经济中国民收入构成的基本公式表示为:

$$C+I+G = C+S+T \tag{12-3}$$

式(12-3)左右两边消去 C 并移项,则得到:

$$I = S+(T-G) \tag{12-4}$$

其中:$T-G$ 是政府税收收入和政府购买性支出之间的差额,它就是政府储蓄(government saving)。式(12-4)意味着在国民经济运行中,储蓄(私人储蓄与政府储蓄的总和)与投资恒等。

2. 税收对国民收入水平的影响

由于社会总需求和社会总供给在现实生活中经常发生变化并形成经济波动,因而税收 T 与政府的购买性支出 G 可以作为政府干预宏观经济运行的手段,来维持社会总供给与社会总需求之间的平衡。当私人部门的消费和投资出现不足时,就会引起经济增长放缓和失业人数的增加,政府可以通过减少税收 T、增加政府购买性支出 G 来刺激经济增长以维持社会总供求平衡;反之,当私人部门的消费和投资过多引发通货膨胀时,政府则可以增加税收 T、减少购买性支出 G。税收不仅是构成国民收入的一个重要因素,而且在维持社会总供给与总需求之间的平衡方面起着特殊的调节作用。税收对国民收入水平的影响,具体是通过税收乘数效应来实现的。[①]

消费是收入的函数,如果社会成员在没有收入时的基本消费为 C_a,可支配收入为 Y_d,边际消费倾向为 b,于是有:

$$C = C_a+bY_d \tag{12-5}$$

假定税收 T 是总额税,可支配收入 Y_d 等于从总收入 Y 中扣除税收 T 后的余额,即:

$$Y_d = Y-T \tag{12-6}$$

将式(12-6)代入式(12-5)中,然后再代入式(12-2)中,可以得到:

$$Y = C_a+b(Y-T)+I+G \tag{12-7}$$

---

① 税收对国民收入的全面影响,实际上还应结合政府的购买性支出乘数和转移性支出乘数来分析。

$$Y = \frac{C_a - bT + I + G}{1-b} \quad (12\text{-}8)$$

对式（12-8）求 T 的导数，则得到：

$$K_T = -\frac{b}{1-b} \quad (12\text{-}9)$$

式（12-9）中的 K_T 就是通常所说的"税收乘数"（tax multiplier）。税收乘数为负，意味着税收的变动与国民收入的变动是一种反向关系。当政府增加税收时，国民收入将减少，减少的数额相当于税收增加量的 $b/(1-b)$ 倍；而当政府减少税收时，国民收入将增加，增加的数额相当于税收减少量的 $b/(1-b)$ 倍。税收乘数的大小是由边际消费倾向 b 决定的，边际消费倾向越大，则税收乘数的绝对值越大，对国民收入的影响也就越大。

专栏 12-1　"双循环"新发展格局下促进居民消费的税收政策

2020 年 4 月，在中共中央财经委员会第七次会议上，习近平总书记强调要构建以国内大循环为主体、国内国际双循环相互促进的新发展格局。扩大内需，尤其是促进居民消费，是构建"双循环"新发展格局的重要基点，对实现高质量经济发展具有关键性的意义。

中国现阶段 55%左右的最终消费率，不仅低于经济发达国家的平均水平，也低于大多数相同发展阶段的发展中国家。中国的居民消费，还存在较大的提升空间。通过税收政策的调整来提升居民消费能力和意愿，是构建以国内大循环为主体的"双循环"新发展格局的重要步骤。

目前中国实行的是以间接税为主体的税制结构，增值税与消费税是中国间接税体系主要的两大税种。为促进居民消费，一方面应从整体上降低增值税税负，激发企业的经营活力与居民的消费潜力，促进产品与要素市场的流转，发挥市场机制在资源配置中的决定性作用；另一方面，要对消费税的征收范围与税率实施动态调整，降低居民改善性需求类商品的消费税适用税率，促进居民消费升级换代。此外，也不应忽略车辆购置税、关税、城市维护与建设税以及附加在各类消费之上的税种。要让所有与消费相关的所有税种有效配合、形成合力，切实降低消费品的税负以更好地促进消费。

"钱袋子鼓起来"是居民消费的底气，居民收入水平直接决定了居民消费能力。虽然近年来中国个人所得税制改革措施不断出台，但并未从根本上扭转中低收入工薪阶层承担个人所得税主要税收负担的格局。中低收入群体边际消费倾向相对更高，降低中低收入者的个人所得税税负、提高他们的可支配收入，更有利于消费的整体改善。下一步的个人所得税制改革，要继续完善综合与分类相结合的制度、调整税率结构、建立个人所得税基本费用减除标准的动态调整机制，并优化专项附加扣除，有针对性地调整个人所得税的税负结构，在提高高收入者税负的同时进一步降低中低收入者的税负，充分发挥个人所得税的收入再分配效应，提升全社会的平均消费倾向，进而提高居民整体消费水平。

在相当长一段时间，中国的财政支出都存在"重基建、轻民生"等问题，同时社会保障制度不完善，城乡收入差距较大，使得居民对未来缺乏稳定的预期，消费信心不足。要想通过税收手段促进消费，离不开财政支出政策的配合。税收政策与财政支出政策的协调搭配可以从两方面入手：一是健全社会保障制度，解决居民消费的后顾之忧，为居民提供更稳定的预期，降低居民预防性储蓄倾向，从而达到释放中低收入群体的消费潜力、增加居民当期消费的目的。二是通过税收优惠政策与财政政策相配合，继续加大支农力度，加强农村基础设施建设，促进农村生产模式走向大规模集约化生产，发展现代农业，提高农业生产效率，增加农民收入，从而释放农村消费潜力。

资料来源：根据杨志勇. 以国内大循环为主体背景下促进消费的税收政策优化[J]. 税务研究, 2020（11）: 11-16 和张悦, 田发. 居民消费扩容升级促进"双循环"的税收政策研究[J]. 改革与发展, 2021（21）: 51-58 等编写整理。

12.1.2 税收对经济增长的影响机制

在影响经济增长的多方面因素中，最重要的是经济投入要素[①]，具体包括劳动供给、储蓄、投资和技术。由于经济增长的主要源泉是资本形成、劳动供给和技术进步，因而税收对经济增长的影响，就是通过作用于劳动力供给、资本形成和技术进步来实现的。

1. 税收对劳动力供给的影响

劳动力供给对经济增长的影响，主要体现在劳动力总量和劳动时间上。在简单的商品生产中，劳动力供给对经济增长具有决定性的影响，但在现代化的社会大分工背景下，其对经济增长的影响力已大为减弱。

在现代社会，政府对劳动所得征税会同时产生增加工作的收入效应和减少工作的替代效应，其净效应取决于劳动者个人对收入和闲暇的偏好。虽然税收会影响劳动力供给的数量，但劳动力供给的增减是否影响经济增长，又取决于生产的技术构成所决定的劳动和资本的比例。如果劳动力供给已超出资本对劳动力的要求，增加劳动力供给并不能增加产出。只有当劳动力供给低于资本对劳动力的要求时，通过税收调节来增加劳动力供给才会对经济增长起作用。

2. 税收对资本形成的影响

资本形成（capital formation）是经济增长的核心问题。20 世纪以来，资本形成对经济增长的贡献份额就一直在 50%以上，特别是对技术进步所导致的资本密集型产业的发展来说，资本形成几乎成为唯一的推动力。资本形成过程一般分为增加储蓄、动员和引导储蓄转化为投资以及利用储蓄投资于物质资本和人力资本等三个阶段。"储蓄—投资—增长"是世界各国经济增长过程的一般规律。

1）税收与储蓄

国民储蓄（national saving）包括家庭储蓄、企业储蓄和政府储蓄等三个方面。政府储蓄指的是政府预算中经常性财政收入（即税收）与经常性财政支出之间的差额。如果经常性财政收入小于经常性财政支出，则出现政府负储蓄，如果二者相等，则政府储蓄为零。政府储蓄与家庭储蓄、企业储蓄在一定程度上存在此消彼长的关系。政

[①] 无论是哈罗德—多马经济增长模型还是新古典经济增长模型，都强调经济投入要素量的增加以及要素协调对经济增长的影响。

府对个人的所得征税会减少个人收入、降低储蓄报酬率,从而有可能减少家庭储蓄;而政府对企业利润征收企业所得税,会降低企业税后利润,减少企业储蓄;但政府征税在减少家庭储蓄和企业储蓄的同时,也会增加政府储蓄。

从国民储蓄的角度分析,如果个人和企业的边际储蓄倾向大于政府的边际储蓄倾向,减税有利于增加国民储蓄;如果个人和企业的边际储蓄倾向小于政府的储蓄倾向,则增税有利于增加国民储蓄。一个国家的总储蓄水平,不仅取决于该国的人均国民收入水平和国内生产总值的部门构成等诸多因素,还依赖于政府采用的储蓄动员政策。税收就是政府动员储蓄的一个强有力的经济手段。[①]

在发展中国家,政府储蓄率下降,已经成为普遍的现象。政府储蓄率下降主要有两方面的原因:一方面,由于税基被侵蚀以及税收征管漏洞的广泛存在,税收收入增长缓慢,使得政府经常性财政收入的增长速度往往低于经济增长速度;另一方面,政府经常性财政支出的增长速度高于经济增长速度,从而使二者出现了不协调,政府储蓄率下降就是二者不协调的结果。为了防止政府储蓄率下降,既要严格控制政府经常性财政支出的增长,使其与税收收入增长和经济增长相适应,又要增加税收收入,而后者是提高政府储蓄水平的决定性因素。通过增加税收收入来提高政府储蓄的途径很多,具体包括:第一,在现有税种不变的情况下,周期性地提高税率;第二,开征新税种,开辟新的收入来源;第三,改善税务管理,减少逃税,以便在现有税种、税率的条件下组织更多的税收收入;第四,优化税制结构,培植新税源。[②]一般来说,无论是提高某一税种的税率,还是开征新税种,在政治上都会遇到很大的阻力或者根本就是不可行的,而且与经济增长目标也是相悖的,所以通过提高税收收入来增加政府储蓄的主要方式在于挖掘现行税收制度的收入潜力,在不改变现行税制结构的情况下,完善征税办法,同时堵塞税务管理中存在的种种漏洞。

2)税收与投资

储蓄只是为资本形成提供了一种潜在的可能,只有当储蓄转化为有利于经济增长的物质资本和人力资本时,才会形成实际资本,才能促进经济的增长。利用储蓄投资于人力资本和物质资本能否促进经济增长,主要取决于投资的效率和水平。

政府征税一方面会减少个人和企业投资,另一方面又会增加政府投资的资金来源。从整个社会的角度来看,当个人和企业的边际投资倾向大于政府的边际投资倾向时,减税有利于增加社会投资;当个人和企业的边际投资倾向小于政府的边际投资倾向时,增税有利于增加社会投资。虽然税收会影响投资,但投资对经济增长的影响,还取决于资本同劳动之间的协调。在生产技术构成既定的情况下,只有当社会资本小于劳动对资本的要求时,通过税收激励、扩大投资才会对经济增长产生作用;而且只有当政府投资效益大于个人和企业的投资效益时,通过税收减少个人和企业投资、扩大政府投资才有利于经济增长。

3. 税收与技术进步

技术进步既是经济增长的条件,又是经济增长的标志。技术进步对经济增长的影

[①] 税收对家庭储蓄和企业储蓄的影响,在税收的微观经济效应分析中已有所涉及,这里不再重复。

[②] 吉利斯,等. 发展经济学[M]. 李荣昌,等译. 北京:经济科学出版社,1989:379.

响体现为技术进步直接提高劳动生产率。在同样的资金和劳动投入的情况下,整个社会技术水平的高低决定着经济增长率的高低。在科学技术迅猛发展的时代,技术进步对经济增长的贡献份额在快速提升。

技术进步的途径是发明、创新、引进先进技术和增加人力资本投资。对新兴产业、企业技术改造、新产品开发以及高风险的科技产业给予减免税、提高高新技术设备的折旧率、允许税前一次扣除研发费用以及允许税前提取技术开发准备金等措施,都会起到鼓励技术进步、促进经济发展的作用。

12.1.3 宏观税收负担与经济增长

宏观税收负担水平的高低,是影响一个国家经济增长的关键性因素之一,因而宏观税收负担与经济增长之间的关系一直是备受经济学家们关注的一个焦点问题。

1. 拉弗曲线与轻税政策

拓展阅读 12-1

拉弗曲线的提出

供给学派(supply-side school)经济学家阿瑟·B. 拉弗(Laffer)提出的拉弗曲线(Laffer curve),用一个非常简单的图示形象地揭示了税率、经济增长及政府税收收入之间的相互依存关系,它对制定合理的宏观税收负担政策具有重要的参考价值。

在图 12-1 中,横轴表示税率,纵轴表示政府的税收收入,曲线 OAB 呈抛物线形态①,它反映了税率、政府税收收入与经济增长之间的关系。拉弗认为,当税率为 0 时,政府税收收入为 0;在一定的幅度内(在图中表示为 $0<t\leqslant OG$),随着税率的提升,政府的税收收入也会相应的增长;然而,一旦税率超过了一定的范围(在图中表示为 $t>OG$),如果继续提高税率,政府获得的税收收入反而会下降;如果税率提高到 100%,这意味着纳税人要把全部收入用来纳税,此时也就无人愿意工作或投资,因而政府的税收收入也就为 0。

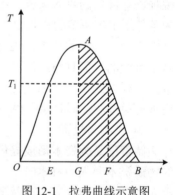

图 12-1 拉弗曲线示意图

通过对拉弗曲线的分析,至少得出以下三方面的结论:第一,税率与税收收入之间的经济关系并不是线性的,高税率不一定能够取得高收入,高收入也不必然要求高税率。一般认为,高税率会挫伤经济活动主体的积极性,从而削弱生产经营者的积极性,直接导致经济的停滞或倒退,所以 AGB(即图中阴影部分)被称为"课税禁区"。税收只有在以社会能够接受的税率下产生有意义的收入,其课征才有价值。第二,取得同样多的税收,可以采取高低两种不同的税率。从图中可以得知,要取得 T_1 数量的税收收入,既可以采用高税率 OF,也可以采用低税率 OE。适度的低税率在短期内可能会减少政府的税收收入,但从长远看却可以刺激生产、扩大税基,并最终有利于政府税收收入的增长。第三,税率、税收收入与经济增长之间存在着一种相互依

---

① 拉弗曲线的具体形态,在相当大程度上取决于特定的税基是如何对实际税率做出反应的。

存、相互制约的关系。税率必须适当,过高的税率会损害社会经济的正常运行。从理论上说,存在一种兼顾税收收入与经济增长的最优税率,三者的最优组合点在图 12-1 中体现为 A 点,此时税率为 OG。

拉弗曲线揭示出,政府征税不应当一味地提高税率,否则效果可能适得其反,这主要是因为决定政府税收收入大小的因素,不仅有税率的高低,还取决于税基的大小或者经济发展水平。税率是影响税基的重要因素。税率过高,经济活动主体承担的税收负担太重,其积极性也必然会受到极大的抑制,从而削弱劳动和资本的投入量,导致生产出现下降,并最终减少税收收入。从某种意义上说,拉弗曲线实际上是在为轻税政策或减税政策(tax cut)寻找理论依据。在以拉弗为代表的供给学派经济学家看来,宏观税收负担水平与经济增长之间的关系可以表述为"轻税政策可以促进经济增长,而重税政策则会抑制经济增长"。

应当说,轻税或减税政策还是有一定依据的。私人部门从事储蓄、投资、劳动与技术革新等活动,就是为了获取更多的报酬,报酬率越高,人们进行储蓄、投资、劳动和技术创新的积极性就越大。政府减税会提高私人部门的税后实际收益率,这使得个人倾向于更多的工作和储蓄,企业倾向于更多地投资、生产和技术创新,并极大地增加社会总供给。由于减税的结果是生产的扩大,此时税基也相应的扩大,因而税率降低并不必然导致政府税收总量的减少。轻税或减税政策的积极效应,在一些国家的实践中也得到了验证。1983 年,世界银行工业部前顾问基思·马斯顿(Marsden)选择了 21 个国家作为样本,对宏观税收负担与经济增长间的关系进行了实证研究。通过回归分析,马斯顿发现,税收占国内生产总值的比重每增加 1 个百分点,经济增长率就下降 0.36 个百分点。"高税收负担是以牺牲经济增长为代价的"几乎成为一个普遍性的规律,这不仅适用于低收入国家,也适用于高收入国家,但它在低收入国家表现得尤为明显。[①]

实行轻税政策,虽然有利于私人经济活动主体的生产和投资活动,但这只是问题的一个方面。另一方面,尽管轻税政策并不必然意味着较低的税收收入,但在其他条件不变的情况下,如果轻税政策实施不当,也有可能减少政府的税收收入、降低政府的储蓄水平并削弱政府的投资能力,而这也会对经济的长期稳定增长产生妨碍作用。

美国 20 世纪 70 年代和 80 年代初的税率,特别是边际税率太高,已经进入了拉弗曲线中的课税禁区。较重的税收负担,不仅造成纳税人实际收入的下降,而且严重挫伤了其储蓄、投资和劳动的积极性,并阻碍了经济的增长,因而实行较大幅度的减税,就成为摆脱经济困境的当务之急。在供给学派理论的指引下,美国推行了以减税为核心的税制改革。然而,美国的减税改革并没有完全实现设想中的乐观前景,它在缓解美国经济滞胀危机的同时,也付出了高额财政赤字的沉重代价。可见,轻税政策或减税政策也不是万能的灵丹妙药,它的实行必须审时度势,适应当时的社会经济条件,并需要相关政策的有效配合,才能取得较好的效果。

拓展阅读 12-2

近年来部分国家的减税实践

---

① 唐腾翔. 比较税制[M]. 北京:中国财政经济出版社,1990:52.

2. 最优宏观税负

拉弗曲线为将抽象的经济原理进行量化分析提供了思路,即通过对税率、税收收入和经济增长三者间关系的实证研究,可以最终找到一个最优税率。尽管拉弗曲线形象地揭示了税率、税收收入与经济增长之间存在一定的依存关系,但仅从理论上看,税收收入的最大化与国民产出的最大化是不可能同时达到的,这可以在数理上得到证明。[①]

根据税收收入等于税基乘以税率的基本原理,可以建立下面的数学关系式:

$$T = tQ \qquad (12\text{-}10)$$

其中:T 代表税收总额;t 代表宏观税率;Q 代表国民产出或 GDP。由于税收收入是税率的函数,税率 t 发生变化,那么税收收入 T 也会相应地发生变化,所以式(12-10)也可以表示为:

$$T = T(t) \qquad (12\text{-}11)$$

政府征税也会影响一定时期的国民产出 Q。税收对国民产出的影响具体是通过税收负担的高低来实现的,而税收负担的高低又主要是由税率的高低决定的,所以国民产出 Q 也是税率 t 的函数,两者间的关系可表示为:

$$Q = Q(t) \qquad (12\text{-}12)$$

将式(12-12)代入式(12-10)中,可得到下面的公式:

$$T = T(t) = tQ(t) \qquad (12\text{-}13)$$

假定在定义域[0,100%]内,函数 $Q(t)$ 是一条圆滑的上凸曲线,也就是说 $Q(t)$ 在(0,100%)的开区间内连续可微,因而它存在最大值。由 $T(t) = tQ(t)$ 以及 $Q(t)$ 在(0,100%)的开区间内连续可微,可推导出函数 $T(t)$ 在(0,100%)的开区间内也连续可微。对式(12-13)求 t 的导数,则有:

$$\frac{dT(t)}{dt} = \frac{d[t \cdot Q(t)]}{dt} = Q(t) + t \cdot \frac{dQ(t)}{dt} \qquad (12\text{-}14)$$

式(12-14)可以分两种情况来进行分析。

1)假定税收收入已经达到最大

若 $T(t)$ 在(0,100%)的开区间内达到最大值,则必然存在一个税率 t,假定为 t_2,使得 $\frac{dT(t)}{dt} = 0$,则有:

$$\frac{dT(t)}{dt} = Q(t) + t \cdot \frac{dQ(t)}{dt} = t[\frac{Q(t)}{t} + \frac{dQ(t)}{dt}] = 0 \qquad (12\text{-}15)$$

$$\frac{Q(t)}{t} + \frac{dQ(t)}{dt} = 0 \text{ 或 } \frac{dQ(t)}{dt} = -\frac{Q(t)}{t} < 0 \qquad (12\text{-}16)$$

既然当税率为 t_2 时,$\frac{dT(t)}{dt} = 0$,但此时 $\frac{dQ(t)}{dt} \neq 0$,这说明当税收收入达到最大时,国民产出并没有同时达到最大。

2)假定国民产出已经达到最大

若 $Q(t)$ 在(0,100%)的开区间内达到最大值,则必然存在一个税率 t,假定为

[①] 王书瑶. 财政支出最大与国民产出最大不相容原理[J]. 数量经济技术经济研究,1988(10):3-9.

t_1，使得 $\dfrac{\mathrm{d}Q(t)}{\mathrm{d}t}=0$，则有

$$\frac{\mathrm{d}T(t)}{\mathrm{d}t}=Q(t)+t\cdot\frac{\mathrm{d}Q(t)}{\mathrm{d}t}=Q(t) \tag{12-17}$$

将式（12-13）代入式（12-17）中，则有

$$\frac{\mathrm{d}T(t)}{\mathrm{d}t}=\frac{T(t)}{t}>0 \tag{12-18}$$

既然当税率为 t_1 时，$\dfrac{\mathrm{d}Q(t)}{\mathrm{d}t}=0$，但此时 $\dfrac{\mathrm{d}T(t)}{\mathrm{d}t}\neq 0$，这说明当国民产出达到最大时，税收收入并没有同时达到最大。

尽管不存在一个税率使得税收收入的最大化与国民产出的最大化同时实现，但寻求一个兼顾税收收入与国民产出或者说兼顾经济增长与财政收入的最优税率，还是有可能的。图 12-2 将函数 $T(t)$ 与 $Q(t)$ 用图示的方式表现出来。从图中可以看到，当政府的税收收入达到最大值 $T_{\max}$ 时，税率为 t_2，此时国民产出 Q_1 没有达到最大；同样，当国民产出达到最大值 $Q_{\max}$ 时，税率为 t_1，此时税收收入 T_1 并不是最大。从理论上说，兼顾经济增长与财政收入的最优税率应在区间（t_1，t_2）内波动，但具体是在哪一点，还要考虑公平、效率和稳定等多方面的因素。

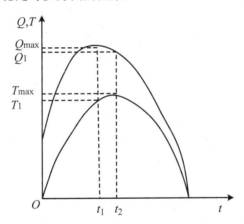

图 12-2 税收收入最大化与国民产出最大化示意图

12.2 税收与经济稳定

经济稳定（economic stabilization）是指在经济发展过程中经济运行不出现大幅度的波动。一般认为，除了适度的经济增长，经济稳定主要体现为充分就业和物价稳定。[①]要实现这几个目标，最重要的是要保持社会总供给和社会总需求间的大体平衡。然而，在现实生活中，经济运行波动却是不可避免的，交替出现经济过热和经济不景气。为了维持经济的平稳运行，客观上需要政府通过宏观经济政策来进行调控，税收是政府保持宏观经济平稳运行的一个重要手段。

---

① 在开放经济条件下，经济稳定还表现为国际收支平衡。

12.2.1 税收对经济稳定的影响机制

税收既可以影响社会总需求，也可以作用于社会总供给，但税收对社会总需求的影响较为直接，而对社会总供给的影响则须先改变资本存量然后才能间接实现。利用自身的需求效应和供给效应，税收可以发挥其在维持经济稳定方面的作用。

1. 税收对就业的影响

充分就业（full employment）指的是一切生产要素都处于以自己愿意的报酬参加生产的状态。在许多国家，失业率不超过 4%～6%，就被认为实现了充分就业。以失业是否是出于失业者自身的愿望为标准，可以将其分为自愿性失业和非自愿性失业两种类型，政府要着力解决的是非自愿性失业。根据形成的原因不同，非自愿性失业又可以进一步分为摩擦性失业、季节性失业、结构性失业和周期性失业四种；其中，周期性失业是政府控制失业的主要政策着力点。

周期性失业是市场对商品和劳务需求不足所导致的失业。当现实中的国民收入水平低于潜在的国民收入水平时，由于资源没有得到充分利用，就会因有效需求不足而产生失业。解决周期性失业的关键，在于增加有效需求。作为社会总需求的一个重要变量因素，税收的调整会直接导致社会总需求的变动，社会总需求变动必然会带来产出变化，而产出和就业又是联系在一起的。当出现因社会总需求不足而引起的失业时，降低税率引发的连锁反应在一定程度上就能起到扩大总需求、增加产出和促进就业的功效。

2. 税收与物价稳定

物价稳定（price stability）指的是一般价格水平或价格总水平的大体稳定。物价不稳定是指一般价格水平或价格总水平持续性地普遍上涨或下跌，即出现通货膨胀或通货紧缩。

1）价格总水平的决定

决定价格总水平变动的因素包括货币供给量、货币流通速度、社会总需求和社会总供给等，其中最关键的影响因素是社会总需求和社会总供给。

从长期看，决定价格总水平的是社会总需求。从短期看，价格总水平是由社会总供给和社会总需求共同决定的。社会总需求与社会总供给之间的关系，一方面决定了均衡的国民收入水平，另一方面也决定了均衡价格水平。当均衡价格水平决定后，社会总需求或社会总供给的变化都会导致价格总水平发生变化。如果社会总需求增长快于社会总供给的增长，价格总水平就有可能上升；反之，如果社会总需求增长慢于社会总供给的增长，价格总水平就有可能下降。作为社会总需求和社会总供给中的变量因素，税收的变化无疑会引起社会总需求或社会总供给的变化，并由此导致价格总水平的变化。

2）通货膨胀时期的税收对策

通货膨胀（currency inflation）是物价不稳定最为常见的一种表现形式。如果要运用税收手段来抑制通货膨胀，必须首先弄清楚所面临的通货膨胀到底是需求拉动型还是成本推进型，然后再采取相应的措施。

需求拉动型的通货膨胀（demand-pull inflation）通常是由过度需求引起的。当社会总需求和社会总供给达到充分就业的均衡状态时，资本和劳动力等资源被充分利用，在这种情况下，进一步扩大需求不仅不能使产出增加，反而只能使价格上升。作为社会总需求中的重要变量，税收的增加通常能减少社会总需求。当现实中的国民收入已经达到潜在的国民收入时，如果经济中还存在超额需求，那么增税将显著降低价格水平，而不会减少国民收入。在图 12-3 中，如果提高税率，则总需求曲线将从 AD_1 下降为 AD_2，价格总水平也从 P_1 降为 P_2，如果继续提高税率，总需求曲线将会从 AD_2 进一步下降为 AD_3，价格总水平降为 P_3。当已经实现充分就业时，采取削减过度需求的增税政策，其全部效应都表现为减轻通货膨胀的压力。

成本推进型通货膨胀（cost-push inflation）是由于包括自然资源和劳动力资源在内的生产投入要素的价格提高，使生产成本上升而引起的平均价格水平普遍上涨而形成的。税收不仅是社会总需求构成中的重要变量，而且是成本的重要组成部分。通过减轻对生产投入要素的征税，就能降低企业的生产成本，并控制成本推动的通货膨胀。减税主要是通过影响经济运行中的劳动和资本的投入来影响社会总供给。当政府采取减税政策时，经济运行中劳动和资本的投入就会增加，从而增加社会总供给，这在图 12-4 中表现为总供给曲线从原来的 AS_1 往右下方移至 AS_2。假定社会总需求不变，仍然为 AD_1，这时产出将从 Y_1 增加到 Y_2，价格总水平却从 P_1 下降为 P_2。然而，在短期内，减税也具有较强的需求增加效应。降低个人所得税，会增加个人实际可支配收入，从而使作为社会总需求主要组成部分的消费需求出现增加；降低公司所得税，会刺激投资增加，也将增加社会总需求。减税既有可能使得总供给出现增加的程度大于社会总需求的增加程度，也有可能使社会总供给的增加程度小于社会总需求的增加程度。当减税的结果是社会总供给的增加程度大于社会总需求的增加程度，那么在图 12-4 中就表现为 AD_1 移至 AD_2 的幅度小于 AS_1 移至 AS_2 的幅度，此时产出水平将从 Y_1 增加到 Y_3，价格总水平从 P_1 下降为 P_3。当减税的结果是社会总供给的增加程度小于社会总需求的增加程度，那么在图 12-4 中就表现为 AD_1 移至 AD_3 的幅度大于 AS_1 移至 AS_2 的幅度，此时的产出水平虽然从 Y_1 增加到 Y_4，价格总水平却从 P_1 提高到 P_4，反而加大了通货膨胀的压力。

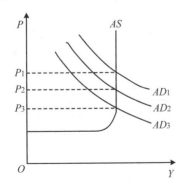

图 12-3　税收与需求拉动型的通货膨胀

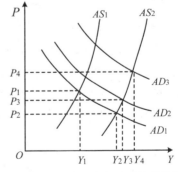

图 12-4　税收与成本推进型的通货膨胀

3）通货紧缩时期的税收对策

通货紧缩（currency deflation）也是物价不稳定的一种表现形式，它形成的原因非常复杂，但一般认为有效需求不足是形成通货紧缩最直接的原因。

多数经济学家认为，为了治理通货紧缩，政府要从财政政策、货币政策、收入政策、产业政策、就业政策及外部环境等多个方面入手，并相互配合方能奏效。就税收而言，政府主要采用降低税率和增加税收优惠等减税措施来刺激个人消费和企业投资，从而间接起到缓解通货紧缩的作用，但税收政策无法从根本上解决通货紧缩的问题。

12.2.2 税收政策的类型

税收能够在维持经济稳定、熨平经济波动方面发挥逆向调节作用。这种逆向调节，具体是通过自动稳定的税收政策与相机抉择的税收政策来实现的。

1. 自动稳定的税收政策

自动稳定的税收政策（automatic stabilizer）是在不调整税收制度的前提下，依靠税收制度中某些特定的制度安排对国民经济运行周期性变化所产生的反应，自动地实现税收收入的增减变化，从而抵消经济波动的部分影响来实现稳定经济的作用，[①]它也常常被称为税收的"内在稳定器"（built-in stabilizer）。税收的"内在稳定器"功能，并不需要政府随时做出判断并采取相应的措施，就能对需求管理起到自动配合的作用，收到自行稳定经济的效果。

税收自动调节社会总需求的内在稳定机制，主要是依靠采用累进税率的个人所得税来实现的。[②]当经济处于繁荣时期，生产迅速发展，个人名义收入也随之快速上升，一方面收入超过免征额的人数会增加，从而扩大了累进所得税的征税范围，另一方面收入的增加也会使得相当一部分纳税人在累进税制中适用税率的档次出现爬升，这些都会使个人所得税收入增加，其结果是在一定程度上抑制经济运行过分扩张，从而延缓通货膨胀的发生。当经济运行不景气时，生产出现衰退，个人名义收入必然下降，一方面收入超过免征额的人数将减少，从而缩小了累进所得税的征税范围，另一方面收入降低也会使得部分纳税人在累进税制中适用税率的档次下滑，这些都会使个人所得税收入减少，其结果是在一定程度上可以防止经济进一步衰退或促进经济恢复。

自动稳定的税收政策只能在一定程度上减缓经济运行中的波动，并不能从根本上解决宏观经济运行不稳定的问题。

2. 相机抉择的税收政策

相机抉择的税收政策（discretionary tax policy）指的是政府根据具体宏观经济形势的变化，相应采取灵活多变的税收措施，以消除经济波动，谋求既无失业又无通货膨胀的稳定增长。相机抉择的税收政策是一种人为的税收政策选择，它具有针对性强的特点，其主要任务是消除税收自动稳定器所无法消除的经济波动。

[①] 如果负所得税能够真正付诸实施，个人所得税制就可以与转移性财政支出有机地结合起来，那么税收的内在稳定器功能将更加明显。

[②] 税收自动稳定机制的反向调节能力的大小，主要取决于税收弹性系数的大小。在其他因素既定的情况下，累进税率的税收弹性系数最大，比例税率的税收弹性系数次之，而定额税率的税收弹性系数最小，所以税收内在的制度性调节机制在累进税制下体现得最充分。

相机抉择的税收政策有扩张性的税收政策与紧缩性的税收政策两种类型。政府应根据具体的宏观经济形势选择相应类型的税收政策并决定是开征还是停征税种，是扩大还是缩小税基，是提高还是降低税率，是增加还是减少税收优惠。当经济运行过热、发生通货膨胀时，国民收入高于充分就业时的均衡水平，存在过度需求，此时就要实行以增税为主要内容的紧缩性税收政策，具体包括开征新税种、提高税率、扩大征税范围以及降低起征点或免征额等措施。增税的结果是减少个人可支配收入，从而造成私人消费支出下降、社会总需求缩小以及国内生产总值下降。当经济运行过冷、发生通货紧缩时，国民收入小于充分就业状态下的均衡水平，这体现为总需求不足，此时就要实行以减税为主要内容的扩张性税收政策，具体包括降低税率、增加减免税等措施。减税的结果是有助于增加个人的可支配收入，进而增加消费支出和投资支出，提高社会总需求水平。

为了使相机抉择的税收政策更为有效，政府应选择税基较宽、弹性较大以及反应速度较快的税种作为政策工具。所得税和商品税作为两大主体税种，在经济稳定中都发挥着重要作用，但它们在促进经济稳定上也有不同的特点。相比较而言，所得税在控制需求方面更为有效，商品税在影响商品生产成本方面更为有效；而从作用于供给的角度看，所得税对储蓄和投资结构的影响比较大，而商品税对生产结构的影响比较大。

12.2.3 税收政策的时滞

对相机抉择税收政策的分析，实际上隐含了"一旦税收政策发生变化，就会立即对经济活动产生影响"的假设。然而，现实中的宏观经济政策并不是一出台就能马上发挥作用的。与其他宏观经济政策一样，从认识到应该出台相应的税收政策到税收政策最终对经济运行产生实际影响，总是存在一个或长或短的时间间隔，这就是"税收政策时滞"，它具体包括认识时滞、执行时滞和反应时滞等三个方面。

税收政策认识时滞（recognition lag）是从经济运行中出现问题到政府对是否需要运用税收手段来进行干预有较为清楚的认识之间的时间间隔。认识时滞的产生，主要是因为经济运行本身就非常复杂，导致经济运行出现偏差的原因也是多方面的，而政策决策者的认识和判断能力又是有限的。

税收政策执行时滞（implementation lag）是决定采取税收手段进行干预到将税收政策付诸实施之间的时间间隔。政府在决定运用税收手段进行干预之后，还要对采取何种干预方案做出选择，并为组织实施该方案采取一系列的准备和布置工作。当出现新情况或新问题时，往往没有一种现成的可供采用的方案，或者新方案在推出前要进行一段时间的试点，于是还必须有一定的时间来准备新方案或新措施的出台。

税收政策反应时滞（response lag）是一项税收政策从付诸实施到最后实际影响经济运行之间的时间间隔。通常情况下，在政府已决定采取某种干预措施并把它付诸实施之后，这种干预措施并不会立即产生效果，根据所采取措施性质的不同和强度的差异，不同干预措施发挥作用的时间不同，效应的显现也有早有晚。

各种政策时滞的存在，不仅降低了税收干预的效力，而且限制了税收稳定政策的有效性，在有的情况下，税收稳定政策的实施甚至还可能会导致经济运行出现更大的波动。这可以用图 12-5 来加以说明。[1]图中的 ADB 线，显示的是经济自发运行的轨迹。当经济运行接近 D 点时，经济进入萧条阶段，此时在税收上应当实行扩张性的政策。但是，由于存在各种政策时滞，扩张性税收政策不到一定时间不会产生效力。如果在 E 点生效，就会增大已经初步显现出来的通货膨胀的压力。在 F 点处，经济又进入过热阶段，需要政府实行紧缩性的税收政策。但在各种政策时滞的影响下，紧缩性税收政策在 G 点才开始真正发挥作用，只能加重接踵而来的经济危机。在政策时滞与难以对未来经济活动及运行趋势做出准确预测的共同作用下，实际的经济周期运行可能是沿着图 12-5 中的 ADC 线运动，税收的"稳定"政策反而使经济更加不稳定。认识到政策的时滞，对于保持宏观经济运行的稳定性具有重要意义，也只有正确把握税收稳定政策的时滞及其影响，才能对税收稳定功能的作用有一个全面的认识。

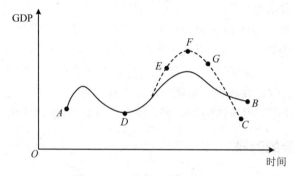

图 12-5　税收稳定政策的时滞

作为重要的税收政策工具，不同税种的政策时滞是各不相同的。采用累进税率的个人所得税等自动稳定器，不存在认识时滞；相比较而言，商品税的执行时滞要短一些，因为商品税的税率可以更为迅速地调整，并可以很快得以实施；采用预扣方式的所得税保证了税款支付与纳税义务在时间上的一致性，所以其反应时滞相对短一些。[2] 选择适当的税种作为税收政策工具，对从总体上缩短税收政策的时滞也很重要。

12.2.4　税收政策的局限性

税收自动稳定机制的主要优点在于其自动反应能力，它完全避免了在相机抉择税收政策中普遍存在的认识时滞，同时还可以避免部分执行时滞，而且税收自动稳定机制的作用目标准确、效果较快。但税收自动稳定机制也存在较大的局限性：第一，税收自动稳定机制无法应对经济运行中较大的外生冲击，这种影响仅靠内在稳定机制是不可能抵消的。第二，税收自动稳定机制只能够缓解经济周期的波动幅度，而无法从根本上消除经济周期波动。这是因为在税收收入产生变化之前，需要有国民收入水平的原始变化，除非税率高达 100%，否则国民收入的原始变化就无法完全被抵消。第三，税收自动稳定机制有可能产生拖累效应，阻碍经济复苏。当经济逐渐走向复苏时，一部分增加的国民收入将被税收的内在稳定机制所吸纳，这实际上就构成经济增

---

[1] JAMES S, NOBES C. Economics of Taxation[M]. Bath: Fiscal Publications, 2015: 118.
[2] JAMES S, NOBES C. Economics of Taxation[M]. Bath: Fiscal Publications, 2015: 123.

长过程中的一种紧缩性因素,从而对经济增长形成财政拖累(fiscal drag),并阻碍经济复苏。税收自动稳定机制越强,对经济复苏的阻力就越大。

相机抉择税收政策对经济稳定的效应,首先,需要政府能够对经济运行状况做出清晰而准确的判断,这就要求政府能够收集大量的经济信息并对其进行认真分析。一旦政府因为未能获得足够的准确信息而做出了错误的判断,那么政府所采取的政策对经济运行的影响就将是灾难性的。其次,即使政府能够做出正确的判断,那么在政府决定实施相机抉择税收政策时,也可能会因为这样或那样的政治阻力而影响税收政策在适当的时机得以执行,尤其是增税政策往往会面临更多的阻力。再次,政府在调整税收政策时,必须使社会公众认识到这一政策是稳定的,否则如果社会公众认识到某种增税或减税政策仅仅是临时性的,那么他们很可能不会改变自己的经济行为,从而降低税收政策的预期效果。此外,相机抉择税收政策的有效性也面临着政策时滞方面的限制。总体来看,相机抉择税收政策的政策时滞非常长。如果政府本身的洞察力不够或者经济运行没有显现出强烈的不稳定信号,那么认识时滞就会比较长一些,相机抉择税收政策中的一些重大调整,往往需要经过立法机构审议批准,由此会产生或长或短的决策时滞,而这些在税收自动稳定机制中是不存在的。

专栏 12-2　　税收政策:相机抉择还是自动稳定?

2004 年的诺贝尔经济学奖授予了挪威经济学家芬恩·基德兰德(Finn E. Kydland)与美国经济学家爱德华·普雷斯科特(Edward C. Prescott),以表彰他们对动态宏观经济学的开创性贡献:经济政策的时间一致性和经济周期背后的驱动力量。

在 1977 年发表的经典论文《规则胜于相机抉择:最优政策选择的不一致性》中,基德兰德和普雷斯科特以经济个体的理性预期和政策制定者的动态博弈为基础,对凯恩斯主义"相机抉择"的经济干预政策提出了质疑和系统的批判,并提出了著名的"经济政策的动态不一致性"命题,其核心要旨是由于政策在时间上的不一致性造成政府政策目标无法完全实现。根据这一命题,即使一项经济政策在出台时是最优的,即使政策制定者也始终以维护社会公众的利益为己任,但在该政策的实施过程中,政策制定者却也有着强有力的违背最初承诺的激励,这是因为政策制定者违背当初承诺同样也是最优的政策选择。在这种情况下,如果能够通过某种正式或非正式的制度安排来强化政府政策的可信性,那么就可以实现一定的帕累托改进,从而使该问题得以解决。

所有的宏观经济政策都存在"动态不一致性"问题,税收政策也是如此。到底是实行相机抉择的税收政策,还是主要依靠税收的自动稳定功能,是一个两难的选择。

资料来源:根据袁云峰,朱启贵. 2004 年诺贝尔经济学奖得主学术思想述评[J]. 数量经济技术经济研究,2005(1):153-159 等编写整理。

12.3　税收与收入分配

现实中的收入分配(distribution of income),往往存在着比较大的差距。收入分配差距过大，不仅不利于社会稳定，而且与构建和谐社会的目标相背离，它的存在需要政府进行适当的干预。在现代社会，税收是政府调节收入分配以实现社会公平的重要手段之一。

12.3.1 收入分配与收入分配差距的衡量

收入分配有功能性收入分配（functional distribution of income）和规模性收入分配（size distribution of income）两种形式。功能性收入分配涉及的是劳动、资本和土地等生产要素所能获得的收入份额是多少，也就是收入在各种生产要素之间的分配，它也被称为要素收入分配。规模性收入分配也被称为居民收入分配，它解决是个人或家庭得到的收入份额是多少，而不管这些收入是通过什么途径获得的。[①]

功能性收入分配与规模性收入分配是相互关联的。收入的功能性分配对收入的规模性分配具有决定作用，这是因为在市场经济体制下生产要素的分配是第一位的，功能性收入分配的状况决定了规模性收入分配的性质和数量。一旦功能性收入分配发生变化，规模性收入分配必然随之发生变化。功能性收入分配的差别越大，规模性收入分配的差别也就越大；反之，则小一些。

收入分配公平与否，通常以不同社会成员之间的收入差距作为判断的基本尺度。一般来说，不同社会成员之间的收入差距越小，收入分配越公平；反之，则越不公平。虽然度量社会成员收入差距的统计指标有很多，但各国使用最为普遍的是由洛伦茨曲线（Lorenz curve）引申出的基尼系数（Gini coefficient）这一指标。洛伦茨曲线直观地表现了收入在不同社会成员间的分配。在图12-6中，横轴表示的是按收入水平由低到高排列并逐个累加的人口占总人口的百分比，纵轴表示的相应规模的人口拥有的收入在总收入中所占的百分比。OPY 线是收入绝对不平均分配状态下的洛伦茨曲线，此时全部的收入都集中到一个社会成员手中，其他人的收入都为零；

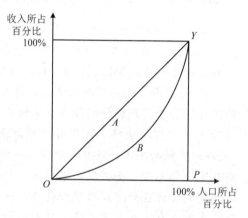

图 12-6 洛伦茨曲线

45°对角线 OY 对应的是个人收入绝对平均分配状态下的洛伦茨曲线。与现实中的收入分配相对应的洛伦茨曲线往往介于 OY 和 OPY 之间。如果与现实中的收入分配相对应的洛伦兹曲线离绝对平均分配状态下的洛伦兹曲线越近，那么现实中的收入分配就越公平；反之，就越不公平。基尼系数被界定为实际收入分配所对应的洛伦茨曲线与绝对平均分配状态下的洛伦茨曲线之间的面积（在图 12-6 中表示为 A）与绝对平均分配状态所对应的洛伦茨曲线与绝对不平均分配状态下的洛伦茨曲线之间的面积（在图 12-6 中表示为 B）的比。基尼系数的计算公式为：

[①] 《发展经济学》编写组. 发展经济学[M]. 北京：高等教育出版社，2019：109-110.

$$\text{基尼系数} = \frac{A}{A+B} \qquad (12\text{-}19)$$

当收入处于绝对公平分配状态时，基尼系数等于 0；当收入处于绝对不公平分配状态时，基尼系数等于 1。现实中的基尼系数总是介于 0 与 1 之间。基尼系数越小，意味着收入分配越公平，反之则收入分配越不公平。一般认为，基尼系数低于 0.2，表示收入分配高度平均；基尼系数保持在 0.2～0.3 内，表示收入分配比较平均；基尼系数保持在 0.3～0.4 内，表示收入分配相对合理。国际上通常将基尼系数 0.4 作为监控收入分配差距的警戒线，基尼系数保持在 0.4～0.5 内表示存在着较大的收入分配差距，而当基尼系数超过 0.6 时，则意味着收入分配差距已经相当悬殊。

专栏 12-3　　　　中国的收入分配差距

改革开放以前，中国的收入分配处于高度平均的状态，很多年份的基尼系数均低于 0.2。改革开放后，在经济快速增长的同时，中国收入分配的差距也在逐年拉大。20 世纪 80 年代，中国的基尼系数就超过了 0.3 的水平，但收入分配仍然处于合理的状态。20 世纪 90 年代中后期，中国的基尼系数开始超过 0.4 的国际公认警戒线，贫富差距突破了合理的限度。

进入 21 世纪后，中国的收入分配差距进一步拉大，这具体体现在基尼系数逐年上升，2003 年为 0.479，2006 年达到 0.487，到 2008 年更是升至 0.491 的水平，而且 2003—2013 年这 11 年的基尼系数，全部都超过 0.47。2008 年后，中国的基尼系数虽然有一定的回落，但到 2015 年仍然高达 0.462，而且 2022 年再次爬升到 0.474。这些表明中国收入分配差距过大的问题，仍未得到解决（见表 12-1）。

表 12-1　中国的基尼系数（2000—2022 年）

年份	基尼系数	年份	基尼系数	年份	基尼系数	年份	基尼系数
2000	0.412	2006	0.487	2012	0.474	2018	0.468
2001	0.450	2007	0.484	2013	0.473	2019	0.465
2002	0.454	2008	0.491	2014	0.469	2020	0.468
2003	0.479	2009	0.490	2015	0.462	2021	0.466
2004	0.473	2010	0.481	2016	0.465	2022	0.474
2005	0.485	2011	0.477	2017	0.467		

资料来源：根据《中国统计年鉴》相关数据编写整理。

12.3.2　税收对收入分配的影响机制

在现代市场经济条件下，能对收入分配产生较大影响的税种主要有个人所得税、商品税、财产税和社会保障税等。改变或调整纳税人的税负水平和税负结构，是各税种作用于收入分配的基本机制。

1. 个人所得税与收入分配

个人所得税是从收入来源方面来实现社会公平的。个人所得税可以从税基、税率和征税方式等三个方面对纳税人的税负水平和税负结构产生影响并进一步作用于收入分配，效应的大小取决于具体的制度安排。

个人所得税的税基是从个人总收入中减去扣除项目后的应税所得。各国在确定应税所得时，有综合扣除和分项扣除两种扣除方式，以及定额扣除和据实扣除两种标准。扣除方式和扣除标准的选择均关系到个人所得税的收入分配效应。综合扣除通常适用于所有纳税人，而分项扣除往往适用于部分纳税人。在对个人所得只进行综合标准扣除的情况下，具有不同收入的个人按同样的标准数额扣除，尽管低收入者扣除项目在个人总收入中所占的比重一般都要高于高收入者，但这并不意味着持续提高综合扣除的标准就有利于缩小高收入者和低收入者之间的相对收入差距。在对个人所得进行分项扣除的情况下，税收对收入分配的影响取决于扣除项目的选择。如果选择的是与个人生活基本支出有关的费用项目进行扣除，则有利于降低低收入者的纳税额，从而缩小高收入者和低收入者之间的相对收入差异。

个人所得税采用的税率形式，有比例税率和累进税率两种。在比例税率下，对于取得不同收入的个人按同样的比例征收，只会影响个人绝对收入水平，难以改变高、低收入者之间的相对收入差异。在累进税率下，由于税率随个人收入的增加而提高，低收入者按比较低的税率纳税，而高收入者按比较高的税率纳税，这不仅会影响个人绝对收入水平，而且还能够在一定程度上缩小高、低收入者间的相对收入差距。一般来说，累进税率的累进程度越高，个人所得税的收入再分配功能就越强。

个人所得税的基本征税方式，有综合征收和分类征收两种。综合所得税制将个人的各种收入汇总，统一按累进税率课征，可以较好地对不同社会成员的综合收入进行调节，但它无法对不同性质的所得在税收上进行区别对待。而在分类所得税制下可以对不同的收入项目进行区别对待，但又无法对社会成员的综合收入进行整体调节。总体上看，综合所得税制的公平功能仍强于分类所得税制。

2. 商品税与收入分配

商品税是从个人可支配收入的使用方面，通过降低纳税人收入的实际购买力来实现社会公平的。商品税有一般商品税和选择性商品税两种不同的类型，它们对收入分配产生的影响是不同的。

一般商品税对所有或大部分商品实行普遍征收，它在个人收入再分配方面通常被认为具有累退性。一般商品税的征收普遍提高了商品的销售价格，从而降低了个人的购买能力。在现实中，社会成员的边际消费倾向通常随着个人收入的增加而递减，在采用比例税率征收一般商品税的情况下，商品税占个人收入的比重，就会随着收入的增加而递减，这实际上起到了拉大高、低收入者之间相对收入差异的作用。

选择性商品税对收入分配的影响，主要取决于具体选择对哪些商品征税。如果选择非生活必需品和奢侈品征税并课以相对较高的税率，那么选择性商品税对收入分配就会产生积极的效果，这是因为随着个人收入的增加，个人收入中用于购买生活必需品的比重必然下降，而用于购买非生活必需品和奢侈品的收入所占的比重增加。对非生活必需品和奢侈品征收选择性商品税，将使得税收占个人收入的比重随个人收入增加而递增,从而缩小高、低收入者之间的相对收入差异。如果选择生活必需品来征收选择性商品税,那么对收入分配将比一般商品税产生更为强烈的负面效应。[①]

3. 财产税与收入分配

财产税着重从收入存量的角度对以往积累起来的财富分配进行调节。财产税的课征遵循"有产者征税,无产者不征税,财产多者多缴税,财产少者少缴税"的原则,它一般在财产保有和财产转让两个环节作用于收入分配。房产税和土地税等财产保有税的课征,可以在一定程度上缩小拥有财产多者、拥有财产少者与无产者之间的差距;而遗产税和赠与税等财产转让税的课征,也是有助于缩小接受转移财产多者、接受转移财产少者与无转移财产者之间的差距,这对防止财富过度集中、缓和分配不公有着积极意义。

4. 社会保障税与收入分配

社会保障税在税收负担上具有累退性。[②]从这个角度上看,社会保障税并不是一个调节收入分配的有效手段,但是这只是问题的一个方面。另一方面,也应从支出角度来考虑社会保障税对收入公平分配的意义。社会保障税是养老保险、医疗保险和失业保险等项目的主要资金来源。只要通过社会保障税筹集的收入支撑起的社会保障制度能够把收入再分配给那些真正需要帮助的人,那么就可以认为社会保障税是有利于收入公平分配的。

5. 其他税收措施与收入分配

一些国家也通过给予低收入者以税收优惠待遇来调节收入分配。从理论上说,对低收入者的所得全部或部分免税,减轻其纳税义务,增加他们的实际可支配收入,可以在一定程度上缓解收入分配不公平的状态。在各国的收入再分配过程中,税收优惠也的确发挥了一定的积极作用。然而,在运用税收优惠措施实现收入公平分配的过程中,也必须谨慎行事,不能毫无限制。在一些国家,税收优惠措施的实际受益对象却主要是高收入者,反而拉大了高、低收入者之间的差距。针对这种状况,以美国为代表的国家和地区推出了最低税负制或类似的措施来解决高收入者因享有过多税收优惠而只承担较少税收负担的问题。尽管出台最低税负制的目的非常明确,但实际效果却不是很理想。

在现实中,有能力和财力通过税收筹划来避税的往往是中高收入者,而且高收入者常常因税收负担较重而内生更强的逃税动机,因而避税和逃税通常会对收入分配产生负面影响。如果政府采取有效的反避税和反逃税等措施,那么对改善收入分配也是有一定积极作用的。

12.3.3 实现社会公平的税收政策选择

税收在收入分配中的首要目标是公平。然而,无论是在理论上,还是在实践中,公平与效率之间都存在着此消彼长的关系,要在更大程度上实现公平,往往是以牺牲

[①] 商品税对收入分配的影响,是以税负可以全部或大部分转嫁作为前提的。
[②] 相关分析,参见第 8.5.5 小节。

效率作为代价的，因此政府运用税收手段进行个人收入再分配，必须考虑其对效率产生的负面影响。

一般认为，个人所得税的累进程度越高，税后收入分配越公平，但是个人所得税的征收既会产生增加工作、储蓄和投资的收入效应，同时也会产生减少工作、储蓄和投资的替代效应。个人所得税的累进程度越高，其替代效应也越大，由此而产生的效率损失也越大。采用差别税率并且课征局限在非生活必需品和奢侈品范围内的选择性商品税，是有利于收入的公平分配的。但是，课征商品税会干扰市场对资源的有效配置，导致效率损失，而选择性商品税的效率损失尤其严重。遗产税虽然能调节财富的代际分配，但也会抑制人们创造财富的动力，而且在经济全球化的背景下，高额的遗产税还会导致财富大量流向国外。效率是有效解决公平问题的基本前提，如果收入再分配措施过多地伤害效率，那么最终也是很难真正解决公平问题的。正因为如此，所以不管是运用所得税、商品税还是财产税来调节收入分配，都应控制在一定的范围内，不能为了实现公平而一味加大收入再分配的力度。

专栏 12-4　个人所得税制改革的政策目标：公平分配还是经济效率？

在传统观念中，税收的收入再分配职责，在相当大程度上是由个人所得税来承担。基于这样一种认识，在较长一段时期内，不少国家的个人所得税制不仅采用了边际税率高、累进税率级次多、累进级距密的制度安排，而且逐步扩大"综合"课征的范围，力图通过保持所谓的"累进性"来实现分配正义。如美国1918年联邦政府个人所得税累进税率的档级就达56档之多，而1944—1945年美国联邦政府个人所得税最高边际税率更是高达惊人的94%。

进入20世纪80年代后，引领世界税制改革潮流的主要经济发达国家的个人所得税制陆陆续续进行了一些调整，其中最明显的变化是降低了个人所得税的整体累进性，这具体体现在以下两个方面：

1. 降低最高边际税率、减少税率的级次

1980年，美国联邦政府个人所得税的最高边际税率仍高达70%。里根就任美国总统后，依据供给学派的理论对美国的联邦个人所得税制进行了大规模的改革。在此次改革和以后的调整中，美国联邦政府个人所得税最高边际税率多次被调低，1988年更是降至28%，此后虽有所回升，但一直在40%以下，2024年为37%。美国还减少了联邦政府个人所得税累进税率的级次，从1986年税制改革之前的15档变为5档，到目前稳定为7档。在美国个人所得税制改革的带动下，尽管大多数国家的个人所得税制仍保留了累进税率，但都普遍大幅降低了最高边际税率、同时减少了税率的级次；部分国家甚至放弃了累进税率，实行单一税率。

2. 分类课征在一定程度上回归

在调整累进税率的同时，一些经济发达国家也对原有的累进课征的综合所得税模式进行了改革。1987年，丹麦率先采用二元所得税制，瑞典、挪威、芬兰等北欧高福利国家分别于1991年、1992年和1993年跟进。二元所得税制反映了部分国家个人所得税制中分类课征因素的悄然回归,其基本趋势是越来越多地实施对资本所得轻税、对劳动所得重税的差别化税收政策。

上述变化反映了个人所得税政策目标逐步由分配正义向经济效率倾斜的趋势,它实际上是各国个人所得税政策回应全球化挑战的一个必然选择。在经济全球化的程度不高、人和资本的跨国流动不那么便捷、跨国投资与生产的规模尚小、跨境消费行为尚不普遍的背景下,各国个人所得税的制度设计可以忽视国际竞争因素而仅围绕国内政策目标来权衡。当年经济发达国家采用累进、综合课征的个人所得税制,主要是基于追求分配正义的国内政策目标考虑的。然而,随着经济全球化进程逐步加快,使得跨国流动壁垒日益减少,相比较而言,资本比劳动更具流动性、高素质劳动力比普通劳动力更具流动性,税基自由移动的能力越强,其对税负的变动越敏感,就越容易逃离高税负的国家或地区。开放度越高的经济体,越有可能为避免资本和高素质劳动力的大量流出,不得不对流动性税基采取更为优惠的税收政策,这有利于提高一国竞争力和稳固税基;但另一方面,国家要维持一定的国民福利,不得不继续对劳动所得课征累进税以取得财政收入;但这客观上也对流动性较低的要素形成了税收歧视。

资料来源:根据高培勇. 个人所得税:迈出走向"综合与分类相结合"的脚步[M]. 北京:中国财政经济出版社,2011:56-58 和税收基金会(Tax foundation)网站相关资料等编写整理。

在不同的历史发展阶段,政府要解决的社会经济发展中的主要问题是不同的、面临的内部和外部压力也不相同,运用税收手段进行收入分配在公平和效率上的权衡与取舍也是不同的,但总体来看"效率优先、兼顾公平"仍然是大多数国家当前的共同选择。此外,也应认识到造成收入分配不公的原因是多方面的,仅依靠税收手段来实现社会公平是远远不够的,要想实现预期的社会公平,还必须在财政支出安排上体现对社会弱势的照顾,并与税收制度进行很好的协调与配合。

12.3.4 税收收入分配效应的评价

税收对收入分配的影响,取决于实际的税负归宿。税收的收入分配效应,可以通过税前与税后的收入分配状况的对比来评价。在图 12-7 中,实线表示的是税前的收入分配所对应的洛伦茨曲线,而虚线则表示税后的收入分配所对应的洛伦茨曲线。对税前和税后两种收入分配状况进行比较,并计算出税前和税后基尼系数的大小,就可以知道税收在收入分配中到底发挥了多大的作用。

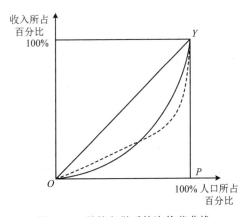

图 12-7 税前和税后的洛伦茨曲线

如果税前和税后的基尼系数之间存在着较大的差距,就说明税收在收入分配中发挥的作用较大,反之则要小一些。当然,也不能完全依靠基尼系数的变化来判断税收对收入分配的作用,因为基尼系数本身是一个综合指标,它不能反映收入分配的内部结构性变化。如果税收对收入分配的调节使得一部分低收入家庭的状况变好而另一部分家庭的状况变差,反映在洛伦茨曲线上,恰恰发生了如图12-7中所显示的变化,那么计算出来的基尼系数就可能没有发生变化,但实际上税收调节却起到了积极的作用,因为低收入家庭的状况得到了改善。

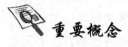

重要概念

税收宏观经济效应　拉弗曲线　轻税政策　自动稳定的税收政策　相机抉择的税收政策　税收政策时滞　认识时滞　执行时滞　反应时滞

复习思考题

1. 要提高政府储蓄率,在税收上可以采取哪些措施?
2. 拉弗曲线包含了哪些政策内涵?它对税收政策的制定有什么指导意义?
3. 如何认识轻税政策?
4. 简述税收与物价稳定之间的关系。
5. 税收的内在稳定器和相机抉择的税收政策各自有哪些局限性?
6. 所得税、商品税和财产税是如何作用于收入分配的?

课堂讨论

请结合当前的社会经济形势和以下材料,就如何通过税收手段促进"橄榄型"收入分配结构的形成以最终实现"共同富裕"目标进行讨论。

案例材料　　　构建"橄榄型"收入分配结构

一般认为,收入分配结构有金字塔型、橄榄型、哑铃型和倒丁字型等。尽管世界上大部分国家的收入分配结构呈现为"金字塔型",但以"中等收入群体"为主体的橄榄型收入分配结构,却被认为是一种比较理想的现代社会结构。

不同的学者对当前中国收入分配结构的类型有不同的看法,但中等收入阶层的占比偏低、低收入者所占的比重过高,而且收入差距过大,却是现阶段中国收入分配不容忽视的事实。

2021年,中共中央财经委员会第十次会议明确提出要"形成中间大、两头小的橄榄型分配结构",同时提出"鼓励勤劳致富""扩大中等收入群体比重,增加低收入群体收入,合理调节高收入,取缔非法收入""保护合法收入"的具体举措。

资料来源:根据光明网相关资料等编写整理。

参考文献与延伸阅读资料

1. 郭庆旺. 税收与经济发展[M]. 北京：中国财政经济出版社，1995.
2. 伯德. 税收政策与经济发展[M]. 萧承龄，译. 北京：中国财政经济出版社，1996.
3. SHOME P. Tax Policy Handbook[M]. Washington D C: International Monetary Fund, 1995.
4. STEUERLE C E. Contemporary U.S. Tax Policy[M]. Washington D C: Urban Institute, 2008.
5. BOADWAY R, CUFF K. Tax Policy: Principles and Lessons[M]. Cambridge: Cambridge University Press, 2022.

网络资源

https://www.imf.org/en/Topics/fiscal-policies/Revenue-Portal/Tax-Policy
国际货币基金组织（IMF）网站"税收政策"专题

https://www.cbo.gov/topics/taxes
美国国会预算办公室（Congressional Budget Office）网站"税收"专题